权威·前沿·原创

皮书系列为
"十二五""十三五"国家重点图书出版规划项目

湖北文化产业蓝皮书

BLUE BOOK OF HUBEI CULTURE INDUSTRIES

湖北文化产业发展报告（2018）

ANNUAL REPORT ON HUBEI CULTURE INDUSTRIES (2018)

湖北省中国文化传承与发展优势学科群
湖北大学湖北文化产业研究中心　　／编
湖北文化建设研究院

主　编／黄晓华
副主编／张　琦　牛　旻　聂远征

社会科学文献出版社
SOCIAL SCIENCES ACADEMIC PRESS (CHINA)

图书在版编目(CIP)数据

湖北文化产业发展报告.2018／黄晓华主编.--北京：社会科学文献出版社，2018.8
（湖北文化产业蓝皮书）
ISBN 978－7－5201－3235－0

Ⅰ.①湖… Ⅱ.①黄… Ⅲ.①文化产业－产业发展－研究报告－湖北－2018 Ⅳ.①G127.63

中国版本图书馆CIP数据核字（2018）第179259号

湖北文化产业蓝皮书
湖北文化产业发展报告（2018）

主　　编／黄晓华
副 主 编／张　琦　牛　旻　聂远征

出 版 人／谢寿光
项目统筹／周　琼
责任编辑／周　琼　韩欣楠

出　　版／社会科学文献出版社·社会政法分社（010）59367156
　　　　　地址：北京市北三环中路甲29号院华龙大厦　邮编：100029
　　　　　网址：www.ssap.com.cn
发　　行／市场营销中心（010）59367081　59367018
印　　装／三河市龙林印务有限公司
规　　格／开本：787mm×1092mm　1/16
　　　　　印张：23　字数：348千字
版　　次／2018年8月第1版　2018年8月第1次印刷
书　　号／ISBN 978－7－5201－3235－0
定　　价／98.00元

皮书序列号／PSN B－2017－656－1/1

本书如有印装质量问题，请与读者服务中心（010－59367028）联系

▲ 版权所有 翻印必究

湖北文化产业蓝皮书编委会

顾　　问　江　畅　刘玉堂

主　　任　刘川鄂

副 主 任　黄晓华

委　　员　（按姓氏拼音排序）
　　　　　　陈卫军　傅才武　郭康松　黄　勤　黄卫星
　　　　　　黄永林　李建华　李志飞　梁艳萍　刘保昌
　　　　　　邵俊青　石　锓　吴成国　朱伟明

主要编撰者简介

黄晓华 男，博士，湖北大学文学院教授、博士生导师，湖北大学湖北文化产业研究中心常务副主任，中华文化发展湖北省协同创新中心研究员，美国加州大学洛杉矶分校（UCLA）访问学者（2013）；主持国家社科基金课题1项，主持完成省部级课题7项；出版专著3部，在《文学评论》等刊物发表论文40余篇；获湖北省、武汉市社科优秀成果奖三等奖各1次；2013年获"湖北五一劳动奖章"。

李志飞 男，博士，湖北大学商学院旅游系教授，北京大学博士后（2008~2010），美国北亚利桑那大学访问学者（2014~2015），2014年入选国家旅游局青年专家人才计划，湖北省旅游学会常务理事。主持国家社科基金、教育部人文社科基金等课题10余项，在APJTR（SSCI）、《旅游学刊》等国内外权威期刊发表学术论文20余篇。担任多地旅游规划评审专家和旅游产业发展顾问。

聂远征 男，博士，湖北大学新闻传播学院副教授，硕士研究生导师，主要研究领域为文化传播，中国新闻史学会会员，湖北网络协会会员，英国威斯敏斯特大学传媒、艺术与设计学院中国传媒中心访问学者（2015~2016）；主持国家社科基金项目1项，主持完成省部级纵向课题3项；曾获湖北省新闻奖（2012）、湖北省教学成果奖一等奖（2013）。

张琦 女，硕士，湖北大学文学院副教授，曾任湖北人民出版社重点图书分社社长，有多年出版从业经历，策划过百余种时政、经济、文史类图书，多个大型出版项目被纳入国家"十三五"出版规划，编辑出版的图书曾获得国家级和省级奖项20余种。目前为湖北大学编辑出版学专业负责人，主要研究方向为出版文化产业研究，在核心期刊发表论文多篇。

牛旻 男，湖北大学文学院博士研究生，湖北工业大学艺术设计学院讲师，湖北文化创意产业化设计研究中心研究员。主持教育部人文社科基金、教育厅人文社科项目等多项；参与国家艺术基金、国家社科基金、湖北省政府智力成果重点招标项目、省教育厅哲学社科重大专项等省级以上课题7项。出版纪实文学《板门店谈判》（与赵勇田合著），任纪录片《中央饭店》编剧，发表论文10余篇。

邹福清 男，博士，湖北大学文学院副教授，主要从事中国古代文学、传统文化的教学与研究，主持完成教育部人文社科青年项目多项，发表论文20余篇，出版著作多种。

徐俊武 男，博士，湖北大学商学院副教授，硕士生导师，经济学系副主任。湖北省经济学会秘书、湖北省外国经济学说研究会理事。主持国家级研究项目1项、省级研究项目2项，在《统计研究》《财经研究》等核心源期刊发表学术论文10余篇。

邹荣 男，博士，湖北省社会科学院马克思主义研究所助理研究员。武汉大学信息管理学院博士后（2016至今）。主持湖北省社科基金、湖北省委圈批课题等3项，出版学术专著1部，在《江汉论坛》《学习与实践》等核心期刊发表论文10余篇。

摘　要

2017年，随着新政策的持续发力，新技术的有效驱动，湖北文化产业发展呈现新亮点：产业特色更为彰显，品牌战略初现成效，新龙头企业涌现；产业"血管"更为通畅，线上与线下壁垒进一步打通，抢先布局现代物流产业；产业功能更加多样，资源开发与文化扶贫并举，公共文化服务与基层文化设施建设水平提升；产业融合更加深入，技术优势彰显，全媒体、泛文娱业态成型，加速靠近全国文化产业第一方阵。

《湖北文化产业发展报告（2018）》（以下简称《报告》）全面梳理了湖北省文化产业在2017年的发展状况，力求看清发展形势与机遇，发掘亮点，抓住重点，找到难点与痛点，及时为湖北文化产业发展提供智力支持与参考。

《报告》认为，针对文化消费动力不足、传统产业转型阵痛等问题，面对网络化、信息化、数字化等一系列新的文化发展环境特征，在"十三五"阶段，湖北的发展重点在于：立足新兴支柱产业建设，升级文化产业结构，加强供给侧改革，构建全媒体、跨地域经营的产业格局；提升居民文化消费需求，做大做强文化内容产业，增强社会文化氛围，形成人才集聚优势，推动高附加值的文化产品及服务的产销；推动产业制度创新，加强可操作性，激发文化企业转型升级活力；加强基层文化设施建设，补齐农村文化短板；推进产业园区转型升级，建立文化产业"网络港口"。

《报告》是本研究团队编写的第二本湖北文化产业蓝皮书。经过新一年的积淀与摸索，团队的思路更为清晰，研究路径更为明确，更加注重对文化产业新趋势的深入把握。在结构和方法上，我们沿用了往年的思路：一方面，点面结合，即采取"总报告＋指数报告＋行业报告＋专题报告"的结构；另一方面，统一研究思路，如行业报告统一采取了"发展环境、发展趋势、特色、问题与对策"五分法。在此基础上，我们根据新业态及其趋势，进一步拓展研究视野，如新增了《湖北文化制造业发展报告（2017）》。在调研和撰写过程中，我们与一批省内外研究院所、代表性企业建立了良好深入的合作关系，各界友人都对蓝皮书的编写工作给予了极大的关注与支持，这也从侧面印证了湖北文化产业发展的良好状况与前景。

关键词： 新兴支柱型产业　新业态　文化消费　文化供给

目 录

Ⅰ 总报告

B.1 湖北文化产业发展总报告（2017） …………… 黄晓华　牛　旻 / 001
  一　发展环境 ………………………………………………… / 002
  二　发展概况 ………………………………………………… / 007
  三　问题与挑战 ……………………………………………… / 012
  四　对策与建议 ……………………………………………… / 016
  五　结语 ……………………………………………………… / 022

Ⅱ 指数报告

B.2 湖北省文化产业发展指数发布与评价报告（2017）
  …………………………………………………… 卿　菁　覃　然 / 023

Ⅲ 行业报告

B.3 湖北报业发展报告（2017） ………… 付　露　翟兰兰　聂远征 / 035
B.4 湖北出版产业发展报告（2017） ………………… 张　琦　陈　革 / 057

001

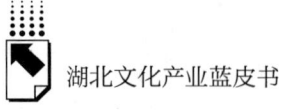

B.5　湖北省广播电视产业发展报告（2017）……………路俊卫　卢松林 / 081
B.6　湖北电影产业发展报告（2017）………………………………刘　丽 / 098
B.7　湖北省广告产业年度发展报告（2017）………………黎　明　舒　翔 / 125
B.8　湖北演艺产业发展报告（2016~2017）…………………胡晓亚　梁艳萍 / 140
B.9　湖北动漫产业发展报告（2017）………………………………牛　旻 / 157
B.10　湖北文化旅游产业发展报告（2017）………………李志飞　喻　珍 / 177
B.11　湖北休闲体育产业发展报告（2017）………………史文文　侯光定 / 199
B.12　湖北数字文化创意产业发展报告（2017）……………姜可雨　童　丹 / 213
B.13　湖北文化制造行业发展报告（2017）…………………………邹　荣 / 232
B.14　武汉市艺术教育产业发展报告（2017）………………………王希翀 / 252

Ⅳ　专题报告

B.15　湖北文化产业发展投融资分析（2017）………………徐俊武　吕亚梅 / 270
B.16　湖北省三国文化产业发展研究报告（2017）…………………邹福清 / 286
B.17　湖北省新华书店发展报告（2017）……………………张　萱　熊旭华 / 302

Ⅴ　附录

B.18　湖北文化产业发展大事记（2017）……………………………………… / 323
B.19　后　记 ………………………………………………………………… / 338

Abstract ……………………………………………………………………… / 340
Contents ……………………………………………………………………… / 342

总 报 告

General Report

B.1
湖北文化产业发展总报告（2017）

黄晓华　牛旻*

摘　要：　进入"十三五"时期，在新政策的引导与新技术的驱动下，湖北文化产业蓬勃发展，公共文化服务水平持续提高，文化产业与实体经济加速融合，"互联网＋"转型初具规模，开始加速向全国文化产业第一方阵靠拢。一方面，新技术与新媒介的普及和革新，正在加速改变传统文化产业的形态，重新整合企业与政府的协作生产方式，逐渐构筑起新业态，从而推动政府与企业创新思维，寻求科技、文化与市场全新的结合模式。另一方面，文化产业的加速发展与转型，也对管理体制、人才培养等方面提出了新要求，促使文化管理体制

---

* 黄晓华，博士，湖北大学文学院教授、博士生导师，湖北大学湖北文化产业研究中心常务副主任，主要从事叙事理论、文化研究、文化产业政策研究。牛旻，湖北大学文学院博士研究生，湖北工业大学讲师，主要从事文化研究与文化产业研究。

与专业人才的培养创新，以适应新时期、新业态的迫切需求。

关键词： 新业态 文化消费 文化供给

2017年，湖北文化产业转型步伐加快，泛文娱业态进一步形成。地方文化资源开发与文化扶贫等政策相结合，在公共文化服务、基层文化设施建设方面提升明显；产业园区进入优化升级阶段；抢先布局现代物流产业，使文化产业的"血管"更为通畅；新技术优势彰显，文化品牌战略初现成效，新龙头企业涌现。与此同时，文化消费动力不足、传统产业转型阵痛等问题，成为现阶段急需突破的瓶颈。

一 发展环境

（一）政策环境

在国家层面，2016~2017年，国务院与中央各部委密集出台了一系列与文化、文化产业相关的法规和政策文件，总数达70余项，力度大、覆盖面广，从宏观发展思路、制度制定、标准体系、绩效评价，到具体监管、扶持措施等，有力地确保了责权利进一步落实，有效地提高了资源配置率。2017年10月，党的十九大报告中指出："推动文化产业发展，健全现代文化产业体系，要以促进文化产业转型升级为着力点，提高文化产业发展质量和效益。"彰显了我国文化产业转型升级的决心与趋势。

根据《国家"十三五"时期文化发展改革规划纲要》与《文化部"十三五"时期文化产业发展规划》两个纲领性文件，在"十三五"阶段末期，文化产业将成为我国国民经济支柱产业。根据国务院公布的《"十三五"国家战略性新兴产业发展规划》，数字创意产业被列为我国第五个国家战略性新兴产业，其产值预计在2020年达到8万亿元，成为我国的新产业支柱之一。2017年前三季度，我国文化及相关产业的10大类中，9个行业的营收实现增长，通过与"互联网+"紧密结合，文化信息传输服务业增速最高，同比增长36.0%，营收达5503亿元。

在地方层面，湖北省在紧跟国家战略的同时，立足自身特点，及时出台了一系列规划文件，并进一步深化、细化了各项管理措施，有效改善了以往文化政策法规订立相对迟缓的状况。如：《湖北省风景名胜区条例》（2018）、《神农架国家公园保护条例》（2017）、《湖北省文物安全管理办法》（2017）、《湖北省"十三五"推进基本公共服务均等化规划》（2017）、《湖北省推进广告产业发展行动计划（2017—2020年）》（2017）、《省人民政府关于加快特色小（城）镇规划建设的指导意见》（2016）、《鄂西生态文化旅游圈发展"十三五"规划》（2016）、《湖北省大数据发展行动计划（2016~2020年）》（2016）、《湖北省旅游业发展"十三五"规划纲要》（2016）。湖北省文化产业发展的政策支持力度持续加大。从2008年起，《中共湖北省委、湖北省人民政府关于扶持文化产业的若干意见》就明确要求各级政府逐年加大对文化事业的投入力度和文化产业的扶持力度，各级政府对重点文化工程项目，要在政策和资金上给予支持。2016年，随着文化部、财政部《关于开展引导城乡居民扩大文化消费试点工作的通知》出台，湖北省也迅速开展相关工作，例如在武汉市武昌区采取文化消费激励政策，既提升居民参与公共文化服务的积极性，又可以刺激自主文化消费，力争形成"武汉模式"，为在更大范围内推行扩大文化消费试点工作奠定基础。在2016年9月，湖北全域被纳入《长江经济带发展规划纲要》，挺起长江经济带的"脊梁"，这一形势将为湖北文化产业发展带来新契机。

（二）经济环境

党的十八大以来，我国经济发展进入新常态，经济结构不断优化，增长模式转为创新驱动，"互联网+"成为重要发展方向，文化产业增速明显提高。整个"十二五"期间,我国文化产业增加值年均增速达14.2%,文化产业在GDP中的占比从3.48%升至4.14%,成为经济增长新引擎。2017年,湖北省地区生产总值达36522.95亿元,同比增长7.8%,增速高于全国平均水平。其中,第三产业实现增加值16503.40亿元,增长9.5%。2014~2016年,湖北第三产业占比逐年上升,增速趋于平稳(见表1)。

表1 2014~2016年湖北地区生产总值及构成

单位:亿元,%

年份	地区生产总值	第一产业增加值及占比	第二产业增加值及占比	第三产业增加值及占比
2014	27379	3177,11.6	12852,46.9	11350,41.5
2015	29551	3310,11.2	13504,45.7	12737,43.1
2016	32297	3659,11.3	14375,44.5	14263,44.2

数据来源:湖北省统计局、湖北省委宣传部编《2016湖北文化及相关产业统计概览》。

近3年来,湖北文化及相关产业的增加值依次为742亿元(2014年)、854亿元(2015年)、954亿元(2016年),逐年上升且增幅显著,占全省GDP比重也持续提高,分别为2.71%、2.89%、2.92%。在中部六省的横向对比中,与增加值最高的湖南、河南两省还存在一定差距(见表2)。

表2 2014~2016年中部六省文化及相关产业增加值

单位:亿元

省份	2014年	2015年	2016年	省份	2014年	2015年	2016年
山西	240	269	292	河南	985	1112	1213
安徽	724	834	976	湖北	742	854	954
江西	584	614	703	湖南	1208	1372	1459

数据来源:湖北省统计局、湖北省委宣传部编《2016湖北文化及相关产业统计概览》。

从三大产业的就业人员构成看,近3年来,第一产业就业人员数逐年递减,依次为1487万人(2014年)、1404万人(2015年)、1338万人

(2016年);第二产业人数稳中有升,依次为834万人、834万人、837万人;第三产业就业人员增长较为明显,依次为1366万人、1420万人、1458万人。至2016年,湖北省三大产业就业人员构成占比为:第一产业37%,第二产业23%,第三产业40%。

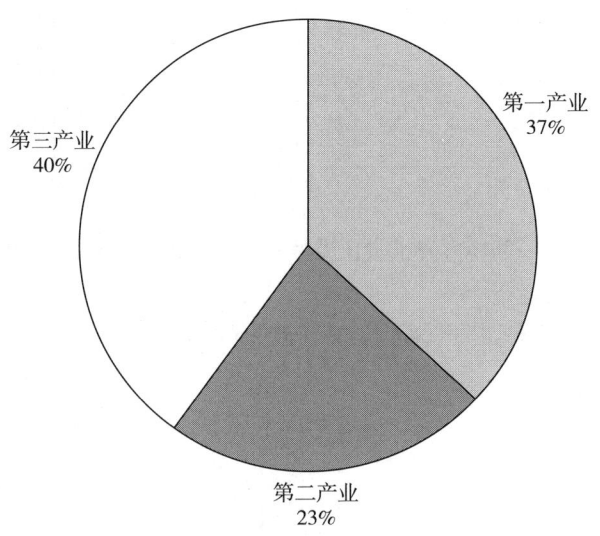

图1 湖北省三大产业就业人员构成(2016)

数据来源:湖北省统计局、湖北省委宣传部编《2016湖北文化及相关产业统计概览》。

从居民收入与消费,以及文化娱乐消费情况看:2014~2016年,全省城镇居民的人均可支配收入稳步提升,人均消费支出加速提升(见图2);农村居民的人均可支配收入与人均支出均稳步提升(见图3)。

从居民文化娱乐消费情况看,无论是城镇居民还是农村居民,其文化娱乐消费支出在其消费总支出中所占比例依然较低。2014~2016年,全省居民人均年度文化娱乐消费支出依次为488元、552元和590元,其中城镇居民为755元、824元、897元,保持了小幅增长;农村居民则为185元、235元、223元,不但出现了小幅下降,且在人均消费中占比过低,仅为2%左右。

若以"教育文化娱乐"为指标进行统计,湖北城镇居民的近三年数据

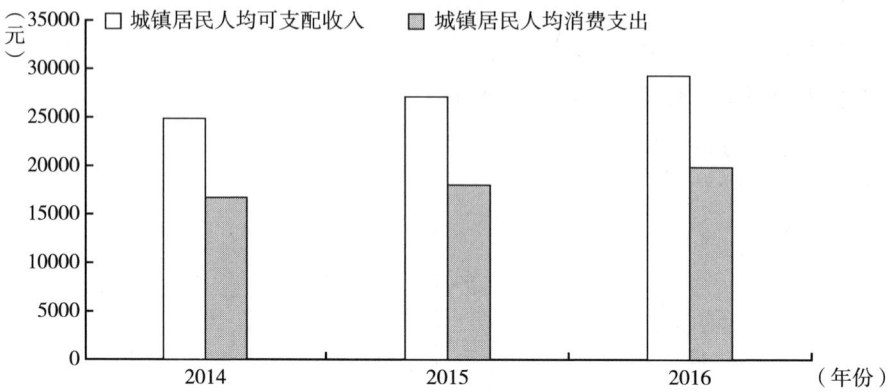

图2 2014~2016年湖北城镇居民人均可支配收入与消费支出情况

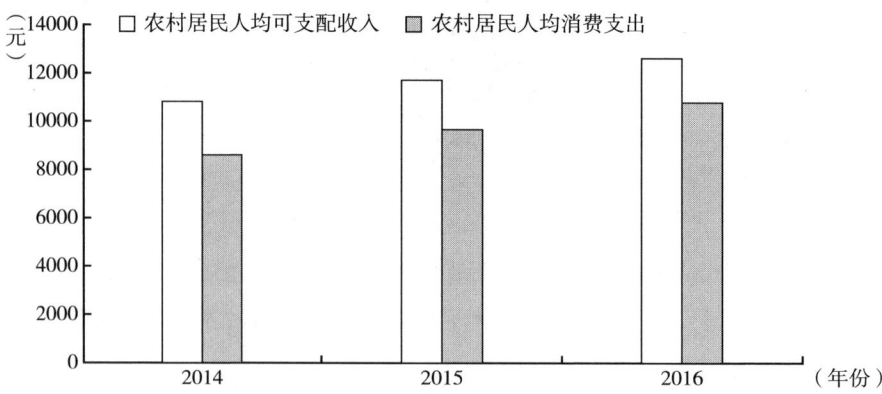

图3 2014~2016年湖北农村居民人均可支配收入与消费支出情况

图2、图3数据来源：湖北省统计局、湖北省委宣传部编《2016湖北文化及相关产业统计概览》。

分别为1895元、1972元、2228元，农村居民则为1010元、1118元、1157元，均呈现增长趋势，且涨幅逐年提升。这一现状，充分说明湖北省居民的文化消费支出让位于教育支出，存在明显的挤出效应。通过问卷调查，本课题组发现，食品、居住、教育支出是湖北省居民的三大支出，文化消费支出则处于垫底位置。在湖北省，教育支出不仅随着收入的提升而大幅度增加，也随着居民总消费支出的增加而大幅上升。教育支出对文化消费支出的挤占效应最大,教育投资周期长,成本大,是湖北省很多家庭的一大负担。

二 发展概况

(一)各市州发展多极并进

2016年,湖北省文化产业增加值为954.48亿元,增速达到11.79%,超过湖北省GDP的增速,占GDP比重达到2.92%,与2015年的853.78亿元(GDP占比为2.89%)相比,数量与占比均有所提升。

对全省的17个市州林区进行统计分析,文化产业增加值最高的武汉市达到了477.28亿元,最低的神农架林区也达到了1.73亿元。文化产业增加值在GDP中占比最高的是神农架林区,达到7.49%,其次是武汉市(4.01%)、孝感市(3.14%)、襄阳市(3.09%)、宜昌市(3.01%),占比最低的潜江市为0.9%(文化产业增加值为5.4亿元)。

武汉市文化产业增加值已超过湖北省总量的一半,达到50.004%(2015年为全省的47.94%)。在经过2015年的大幅增长之后,有5个市州进入调整期,文化产业增加值较2015年略有下降,分别为宜昌(2016年为111.63亿元,2015年为117.49亿元)、荆州(2016年为35.72亿元,2015年为36.74亿元)、咸宁(2016年为21.37亿元,2015年为22.48亿元)、潜江(2016年为5.40亿元,2015年为8.58亿元)、天门(2016年为5.98亿元,2015年为8.82亿元)。

综合分析规模以上文化及相关产业法人单位的基本情况可知,武汉依然居于湖北文化产业的龙头地位,其法人单位数达到505个,占全省1814个单位的27.84%,从业人员为128279人,占全省总人数(253897人)的50.52%,资产总计1756.9亿元,占全省总数2575.9亿元的68.21%,营业收入1027.2亿元,占全省总数2256.2亿元的45.5%。

作为"一主两副多极"布局中的"两副",宜昌与襄阳的文化产业增加值保持了较高的增长量,在2015年被宜昌超越之后,襄阳在2016年的营业收入达到344.8亿元,增速为15.7%,重新超过宜昌(330.6亿元,增速为7.3%)(见表3)。

表3 2015~2016年三市规模以上文化及相关产业法人情况对比

	2015年		2016年	
	法人单位数及占比(家,%)	营业收入及占比(亿元,%)	法人单位数及占比(家,%)	营业收入及占比(亿元,%)
武汉	459,27.8	1009.3,47.1	505,27.8	1027.2,45.5
襄阳	334,20.2	298.1,13.9	360,19.8	344.8,15.2
宜昌	290,17.6	308.1,14.4	311,17.1	330.6,14.6
湖北总数	1652,100	2140.8,100	1814,100	2256.2,100

数据来源:湖北省统计局、湖北省委宣传部编《2016湖北文化及相关产业统计概览》。

2016年,湖北省各市州林区文化产业规模、营收等指标整体呈快速增长趋势,"一主两副多极"的文化产业布局渐趋稳定,各市州林区立足自身特色与优势,产业布局的合理性进一步加强。

(二)文化品牌战略成效显著

文化品牌的塑造,是构建湖北文化产业体系、提振文化消费、增强文化软实力的重要保障。目前,我国文化产业的发展模式已由数量粗放型转为质量集约型,文化品牌的塑造与提升,成为推动文化市场有序进行与繁荣、彰显软实力的主要路径。

从2004年起,湖北省质监局启动了国家地理标志产品保护申报组织工作,至2017年,湖北国家地理标志保护产品已达165个,总数居全国第二。基于科学合理的引导,各地有组织、有计划打造品牌名片,不断发掘特色文化,将地理标志产品申报与地方经济建设、精准扶贫等工作有机结合,取得了显著效果。

湖北文化品牌战略的实施,不但使"老通城"等一批传统品牌焕发新生,还催生了一批新业态下的弄潮儿。以武汉斗鱼网络科技有限公司为例,这个在湖北诞生、在广东注册的鄂企,在湖北省文化企业生存环境日益改善的背景下,毅然"回游"武汉,仅资产转移成本就高达 1800 万元。作为我国互联网直播行业的"独角兽",斗鱼已在武汉创造直接就业岗位 1700 余个,打造了武汉互联网泛娱乐产业集聚地,成为武汉与湖北互联网行业的名片,获得艾媒"2017 年度最具投资价值企业"奖等诸多头衔,在 2017 年成为国内第一家进入 D 轮融资的网络直播平台公司。在斗鱼的整合下,一个汇集了影视、动漫、户外、旅游、游戏、科教等多领域的泛娱乐文化高地渐成气候,湖北文化产业得以获得强劲的创新驱动力。

在文化品牌战略的引领下,湖北省各市州林区都加快了品牌建设力度。以武汉市为例,在 2016 年武汉正式推行的加快文化产业发展"新 30 条"中规定,对获得"湖北名牌""武汉名牌"称号的文化企业,由市质监局一次性分别给予 10 万元、5 万元的奖励。

(三)基层文化设施建设——补齐短板,与文化扶贫相结合

2016 年,湖北省出台《关于加快构建现代公共文化服务体系的实施意见》,明确提出加快推动贫困地区公共文化建设。近几年,湖北基本建成了覆盖全省的公共文化设施网络,新建、改建的文化场馆达 200 余个,基层文体广场达 1 万多个。2017 年 11 月,湖北基层综合文化服务中心建设推进会举行,文化厅、广电网络、长江电影集团、省新华书店集团签订协议,共同推进综合文化服务中心建设。

根据湖北省政府规划,到 2020 年,全省所有村镇将建成集宣传、教育、科普与健身等功能于一体的基层综合性公共文化场所。在这一战略指引下,各地正努力探索"文化 +"建设模式,充分发挥自主性,激活社会各方面资源,例如黄石市利用民间祠堂,建设起"一堂多能"的文化礼堂。

特色小镇建设已成为湖北省地方文化建设的重要战略。2017 年 12 月,湖北省政府正式出台《湖北省特色小镇创建工作实施方案》,预计经过 3 至 5 年建设,培育 50 个国家及省级特色小镇,并每年增补 10 个左右创建对象,打造 3 个以上全国特色名镇。规定新建类特色小镇应完成固定资产投资

20亿元以上（3年内完成，且不含商品住宅、商业综合体项目）；改造提升类特色小镇的固定资产投资为10亿元以上。方案立足创新，目标明确，要求特色小镇必须达到国家卫生镇、湖北省森林城镇标准，达到国家3A级景区标准或湖北省旅游名镇标准，公共Wi-Fi和数字化管理全覆盖成为准入门槛之一。从2018年起，湖北省每年将发放特色小镇创建引导专项资金，探索新型财税分配机制，奖励创建进度较好的小镇，对小镇的基础设施、公共服务项目进行补贴，鼓励小镇创收；同时以年度考核的方式建立动态建设机制，将验收不合格的小镇退出创建名单。

湖北省首批特色小镇创建名单（20个）：

> 武汉江夏乌龙泉街生态特色小镇、蔡甸大集街"景绿网红小镇"、大冶铜绿山青铜小镇、郧西上津古镇、房县野人谷镇生态休闲小镇、谷城县城关镇电商小镇、枝江市安福寺镇绿色食品小镇、宜都市高坝洲镇柑甜小镇、洪湖市瞿家湾镇水乡园林古镇、京山县孙桥镇对节白蜡小镇、鄂州梁子湖区梧桐湖新区科技小镇、汉川市马口镇双弦小镇、汉川市沉湖镇子午线小镇、罗田县九资河镇三宝小镇、蕲春县蕲州镇蕲艾小镇、咸安区贺胜桥镇金融小镇、广水市应山街多肉艺术小镇、巴东县野三关镇酿酒小镇、潜江市王场镇光纤小镇、神农架林区木鱼镇神农驿站小镇。

湖北的特色文化资源产地大多位于贫困地区，有5个中国历史文化名村位于贫困县，97个中国传统村落位于贫困县。因此，以文化扶贫为抓手，挖掘地方特色文化资源，增强地方自身活力，无疑是文化产业发展与扶贫工作的有机结合点。2017年，在对全省贫困村的文化遗产资源、地理区位条件、产业发展基础进行全面研判之后，省文化厅及时推行"文化+"发展模式，探索将乡村文化旅游与精准扶贫相结合，以文化打造产业，以产业带动脱贫。从2017年起，湖北省将进行精准文化扶贫，指导贫困县专业艺术院团打造优秀剧目，每年组织省直院团赴37个贫困县各开展1场以上慰问演出，支持 28 个国家贫困县院团每年到所辖乡镇演出 6 场，为贫困县配送图书，开展长江讲坛服务，从而丰富文化产品供给。

与此同时，湖北还坚持"送文化"与"种文化"相结合，在贫困地区培养高素质文化人才队伍。下一阶段，湖北省将实现对贫困县文化业务骨干培训的全覆盖，在每个贫困县培育 1 个民营文艺院团、10 个群众团队和 100 个群众文艺能人，有意识地引导"三支一扶"高校毕业生到贫困地区参与文化工作。

2017 年 12 月，随着十堰市武当山特区政府盖章验收，省政府《加快推进智慧湖北建设行动方案（2015～2017 年）》的目标"村村通光纤"已经实现，农村地区宽带达到千兆接入能力，所有行政村实现 4G 网络全覆盖。湖北省已在中部地区率先建成"全光网省"，全省共建成手机基站 20.8 万个，4G 网络已实现乡镇以上地区深度覆盖；固定宽带用户网页浏览的平均首屏呈现时间为 1.01 秒，居全国第二。

（四）产品物流——立足中部，辐射全国，启动国际物流核心枢纽项目

随着我国互联网经济的发展，线上购物规模急速扩大，快递行业加速升级转型，成为文化产业的"血管"。湖北是中部崛起战略的支点，更是全国交通航运枢纽。2014 年以来，湖北走在全国前列，抢先布局现代物流产业，积极打造武汉、鄂西物流圈，长江、汉江物流带，以及一批物流节点城市，力求做实物流市场主体与支撑体系，优化物流运输与信息网络，依托长江黄金水道，打造长江经济带的"钢腰"。

2017 年，湖北省政府与顺丰控股公司签署《关于湖北国际物流核心枢纽项目合作协议》，正式启动湖北国际物流核心枢纽项目，规模为全球第四、亚洲第一的专业货运机场——鄂州机场即将投入建设。这一国际物流核心枢纽项目的实施，将使湖北获得覆盖全国的航路航线网络，并进一步辐射全球，成为中国对接国外市场的门户之一。基于货机、大型无人机与小型无人机的"三段式空运网"，将使湖北有能力承担多式联运的交通枢纽重任，

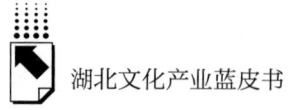

并以此为契机，全面构筑覆盖航空货运网络、综合物流体系及相关配套产业的体系，对中部和全国快递行业、物流业产生显著影响。

（五）园区建设——进入整合、优化时期

2016年以来，我国文化产业园区建设的准入门槛明显提升，开始进入以整合与优化为特征的筛选期，各地文创园区纷纷寻求改变低效集聚业态，并寻求线上园区、数字园区的转型。

在此态势下，湖北省的园区建设开始优中选优，加大对精品项目的扶持力度，专项扶持资金支持力度明显增强。2017年，湖北省文化企业共获批5项中央财政文化产业发展专项资金，资助项目总额达1800万元，是近几年来立项数目最多、资金量最大的一年。

2017年9月，在湖北省文化产业工作会上，第三批湖北省文化产业示范园区和第六批湖北省文化产业示范基地正式挂牌成立。此次新增的省级文化产业示范园区共10个，包括汉阳造创意园、《十堰日报》传媒文化产业示范园、襄阳建设路21号创意产业园、宜昌三峡文化创意产业园、三峡国际珠宝博艺园等。新增的文化产业示范基地共有43个，包括武汉斗鱼网络科技有限公司、今古传奇传媒集团有限公司、湖北剧院有限责任公司、九歌山水文化传媒有限公司等。

2016~2017年，全省各地文化产业园区建设整体提速，以襄阳唐城为例，已承担了《妖猫传》《艳骨》等多个影视剧项目的拍摄任务，极大地带动了当地社会经济建设；枣阳汉城已承接了《影》等多部影视剧拍摄，并逐渐成为中国汉文化的核心地标。

三 问题与挑战

（一）文化生产

1. 传统文化产业需深入开发

湖北拥有丰富的传统文化资源可供转化为产业，但一直存在转化路

径不清晰、缺乏拳头产品等问题,且其文化资源往往与邻省存在交集,如三国文化、长江三峡文化等,这一点也对湖北特色文化品牌的塑造造成障碍。

从供给侧看,湖北传统文化资源丰富,但文化产品和文化服务的市场细分不够,质量和水平落后于消费者的需求,文化产品需求旺盛,但供给质量不高,文化服务需求不够旺盛,且供给不足。本地文化企业对荆楚文化内涵挖掘不深,以作为湖北省文化品牌之一的昙华林为例,经过几年发展,入住的小型商户各自为政,缺乏文化品牌规划与营造,更缺乏统一协作,难以形成整体性的文化氛围与格局。昙华林拥有重要的荆楚文化资源,例如汉绣等传统技艺,张家老宅、翁守谦故居等文化遗址,如何把这些文化内容融入产品,完善配套服务,获得大众喜爱,是让它们重新焕发生机的关键。

近年来,一批优秀的湖北文化企业已具备了深入挖掘并演绎传统文化的创作能力,例如两点十分动画公司,已与重庆江小白酒业合作,推出了在全国引起轰动效应的动画电视剧《我是江小白》,因对重庆的风土人情(如老街街景、生活文化)进行了生动再现,而成为"商业 + 文化 + IP"的成功案例,并引发重庆当地动画企业的热议与反思。在文化企业逐步积累起挖掘并传承文化的经验与能力后,湖北传统文化产业必将迅速拓展出新的发展渠道,与新业态融合,为湖北文化产业提供新的动力。

2. 现代文化产业经历转型阵痛

湖北的现代文化产业结构不仅与中部其他省份类似,且行业内部的同质化程度较高。例如新闻业,在传统媒介时代,大量都市报、日报并存,行业体量臃肿,行业竞争呈现低效、同质化状态,最终在新媒体时代到来后发生了行业剧变。2017年,《楚天金报》正式停刊,这不仅是传统报业急剧萎缩的深刻写照,更预示着湖北报业大规模整合、转型的开始。可以预见,在2018年,以报业为代表的一批湖北现代文化产业会发生重新整合,进一步优化结构,合理分配投资,减少同质化恶性竞争与资源浪费,各自探寻特色发展之路。

传统企业的重组,市场资源的重新分配,是现代文化市场体系建设的必由之路。尤其是出版发行、影视制作、工艺美术等产业,必然会在线上线下融合、并购重组等改革过程中经历剧变,从而实现文化资源与文化产业的有机融合,增强文化企业的规模化、集约化、专业化水平,实现产业结构优化升级。

3. 新兴文化产业需稳住阵脚

新技术、新媒体的飞速变革,正在不断加快新兴文化产业业态的新陈代谢。2016~2017年,随着中部崛起战略的深入实施,依托各种招商引资与人才政策,湖北成功吸引、打造了斗鱼等一批互联网时代的文化企业新贵,在泛文化娱乐等新领域抢先布局,占得先机。但面对飞速变革的新业态,要想在下一个产业"风口"到来时继续站稳脚跟、找准风向,依然亟须解决一系列根本问题。

以创意、数字技术等为核心的新兴文化产业,对人才的需求远远超过传统文化产业,对地域的要求则大为降低,因此,吸引并留住人才,就成了在新业态的不断变革中保持创新发展动力的根本保障。湖北的科教资源虽然处于全国前列,但在人才培养方面,和其他各省面临同样的困境,即学科专业设置较为滞后,应届毕业生难与市场需求紧密结合,技术人才多,创意与管理人才缺乏。在"十一五"阶段,湖北涌现了一批以江通动画为代表的品牌企业,但因为转型乏力,缺乏创新驱动力,迅速被外省同类企业赶超,在日趋激烈的行业竞争中渐渐处于落后状态。

经过"十二五"期间的厚积薄发,湖北凭借新技术和科教优势,再次培育出一批优秀的骨干企业。培育大批复合型高级创意、管理人才,确立新兴文化产业的集聚优势与高地优势,是湖北在飞速更新换代的新业态变革中站稳脚跟的关键。

(二)文化消费

"十二五"期间,湖北文化产业飞速发展,量质齐增,转型加快,改革深化,但和全国文化产业发达省份相比,仍存在一定差距,集中体现为三点：第一，居民文化消费不够旺盛；第二，产业发展缺乏创新动力；第三，社会文化氛围有待加强。

消费需求不够旺盛、创新动力不足，已明显阻碍了湖北文化产业的提质增速。根据本课题组的问卷调查，随着城镇居民生活水平的提高，文化产品的质量和文化服务的类型已成为消费者的重要关注点，而湖北文化产业在产品和服务的质量与多样性方面还需提高。造成湖北居民的文化消费支出偏低、消费欲望不够旺盛的原因是多方面的，主要表现为以下几点。

首先，城镇居民消费结构不合理，消费观念存在偏差。大部分居民对文化消费的认识仅仅停留在休闲、娱乐上，购买娱乐用品、旅游等支出较大，并不注重通过文化消费培养高雅情趣、提升素质，"终身学习""开卷有益"等理念尚未普及，导致享受型文化消费压缩了基本文化消费和发展文化消费的空间。农村居民对文化消费仍持保守态度，在根深蒂固的重储蓄轻消费的传统观念作用下，在总体消费支出不高的情况下，农村居民的文化消费一直难以增长。学历水平对消费观念的影响也较为明显，湖北农村地区户主学历处于中低水平，阻碍了其消费观念的转变，限制了整个家庭对文化消费的投入。

其次，热点消费对文化消费存在挤出效应。以教育支出为例，教育是食品和居住之外的消费支出重点，湖北对教育投入的力度也呈增长趋势，但教育消费比重过大，客观上挤占了居民在其他方面的文化消费支出。

再次，农村家庭人均年收入偏低，也严重限制了其文化消费。通过交叉分析得出，农村居民年收入进入5万～10万元区间时，在文化消费上投入的提升幅度不大，只有当年收入达到10万元以上区间时，其文化消费投入才呈现明显差别。因此，湖北应提高农村居民收入，完善医疗养老等社会保障制度，增强农村居民文化消费能力和信心。

最后，文化消费供给侧发力不够。调查数据显示，文化产品供给类型不足、价位不合理、数量不多、文化服务配套设施建设不足、服务水平滞后等方面的问题依然存在，对居民的文化消费产生了消极影响。

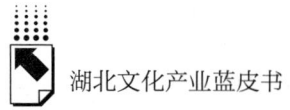
湖北文化产业蓝皮书

四 对策与建议

"十三五"阶段,湖北将重点推进文化软实力建设,加快从文化大省到文化强省的前进步伐,以长江为脉,建设长江文明传承与创新集聚区。根据省政府工作报告,湖北将立足数字时代的新业态,深入推进"互联网+""文化+"战略,大力实行乡村文化振兴战略,实施乡村文化生态保护传承工程,建立文化部门与其他行业融合发展的新机制。在"十二五"基础之上,湖北文化产业要加速进入全国第一方阵,需要政、产、学、商等多方的紧密协作与创新。

1. 创造文化消费需求,提振居民文化消费

本课题组对湖北居民文化消费意愿做了统计与梳理,根据问卷调研得出的数据分析,在支付能力足够的前提下,城镇居民与农村居民都想增加文化消费支出,首选项为可用以获取文化信息的手机、电脑、电视、书刊等,其次是游乐园、风景区、电影院、图书馆等文化服务类的支出。由此可见,湖北省居民的文化消费结构依然是以文化产品消费为主、文化服务消费为辅的传统结构,文化需求实用性强,文化需求档次较低,文化服务消费市场潜力巨大,亟待挖掘。因此,要升级居民的文化消费结构,应尽快引导居民增加对文化服务类消费的支出,企业应增加多样性的文化服务供给,努力打造精品文化服务,提高居民对文化服务消费的兴趣。

首先,应针对不同消费者群体,丰富文化服务供给内容。课题组调研发现,湖北省65岁以上老年家庭的年文化服务消费支出在5000元以上区间的占比最高,尤其是城市退休老人,热衷于旅游以及参加各种展览、观看文艺演出等活动。28岁以下的年轻家庭的年文化服务消费支出也比较高。中年家庭大多工作繁忙,高成本的单项文化服务支出很少,更多选择小型的、能够舒缓压力的放松项目和服务消费。

因此,应促进现有文化服务项目实现从有到优的转变,增加新服务,适应新需求。例如,由于个人电脑普及,网吧一度在居民的文化消费意愿调查

中排倒数第三,但随着大型交互式网络游戏的兴起,以及环境优雅、消费功能多样的网咖的出现,网吧的经营状况显著回暖。

其次,应扩大文化消费支出额度。文化产业增加值有很大一部分取决于居民的文化消费支出额度。2015年,湖北省居民的人均文化消费支出为551.8元,低于全国平均水平(760.1元)。其中,城镇居民文化消费支出为823.9元,低于全国平均水平(1216.1元);农村居民文化消费支出为235.0元,稍低于全国平均水平(239.0元)。提高居民收入,尤其是工资性收入,降低居民教育、医疗等支出成本,可有效促进文化消费。

第一,提高居民工资性收入。工资性收入对文化消费的提升作用最为明显,是拉动文化消费的最有效途径。只有在居民收入达到一定水平之后,文化消费支出才会明显提高。根据本课题组调查,当居民年收入低于3万元,文化消费意愿萎靡,消费支出低;当居民年收入达到3万~5万元时,文化消费支出开始提高;当居民年收入达到5万元以上时,文化消费潜力才得到明显释放。因此,应综合使用多种手段,如利息、税收政策和社会保障制度等,提高居民尤其是中低收入人群的收入。

第二,降低其他消费支出成本。改变消费支出结构,降低其他消费的支出成本,从而减少其他支出对文化支出的挤出效应,是提振居民文化消费的另一途径。根据问卷分析,食品、居住、教育支出是湖北居民的前三大支出,随后是医疗保健支出,文化消费支出垫底,教育支出对文化消费支出的挤出效应最为明显。教育投资的周期长、成本大,教育支出是湖北省很多家庭的一大负担。湖北省应采取多种手段降低居民教育消费成本,如严控乱收费、补课收费,推广线上教育等。

2. 升级文化产业结构,加强供给侧改革

在"十三五"时期之前,报业、期刊业、出版发行业、广播影视业、文化旅游业构成了湖北文化产业的主体。在新常态下,传统文化产业的运营模式被颠覆,纸媒衰退,升级文化产业结构势在必行。

不仅要积极培育居民文化消费观念与习惯,更要提高文化供给档次,强调文化产业的"从有到优",提高文化供给档次和产品文化内涵,升级文化

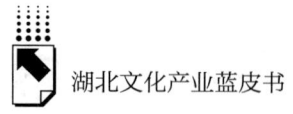

产业内部结构,完善文化服务体系,提高居民文化服务的参与度。目前,湖北省的文化产品供给质量与居民日益增长的文化需求还存在一定差距,文化服务供给也不足。不仅文化企业要提高文化产品的文化附加值,增加文化服务供给,提高文化供给档次,政府更要发挥引导作用,升级文化产业内部结构,推动湖北文化消费水平进入更高层次。

文化服务形式应多样化。文化服务类型较少,文化服务配套设施建设不足,这是湖北省城镇和乡村文化服务的共性短板。基于此,在下一阶段发展中,文化企业应针对居民多样化的文化消费需求,丰富文化、体育、娱乐服务内容,完善配套设施服务。一方面,要改变文化服务内容的庞杂与空泛。目前,为数不少的文化服务和产品都缺乏文化价值,只注重短期经济效益,不注重可持续发展,难以培养长期、固定的消费群体。由于湖北已基本结束了文化产业的粗放型发展阶段,开始进入以龙头企业为主干的深耕细作阶段,因此,提升文化供给质量,培养长期消费群体将是下一阶段企业文化生产与供给的主导思想。另一方面,要尽快完善大型文化场所的配套服务,增加服务的吸引力。一些占地面积较大的文化场所(例如琴台大剧院),闲置面积也较大,使其整体景观不完整,减弱了文化气息。楚天181创意园虽然汇集了众多文化企业,但附近配套服务还不完善,园区本身的产业开发和娱乐休闲等功能也未能有效整合。完善这些文化场所的文化服务体系,提高居民的文化服务参与度,对于升级文化产业结构意义重大。

现阶段,湖北居民更倾向于文化产品消费,而非文化服务消费,因此,企业应及时转变思路,逐步摒弃"山寨"、低仿等生产理念,注重提升产品内涵。一方面,应深挖传统文化,在文化产品中融入大众所喜闻乐见的文化理念,提升大众文化水平,继而可以反向刺激大众对文化产品的需求。另一方面,文化企业要找准自身定位,形成品牌意识,树立独特的企业文化,创造坚实的品牌,打造精品、名品,提升企业知名度。

应完善文化服务体系,提高文化服务参与度。企业单方面增加文化服务供给是不够的,还要完善文化服务项目,提高居民对文化服务的参与度。根据课题组2016年的问卷数据,湖北省家庭从不旅游的比例接近20%,且

60%的家庭旅游消费支出在1000元以下。对于文艺演出或展览,大部分家庭表示"几乎不去"。但是对于免费开放的图书馆、博物馆、公园等,家庭的参与度相对较高。因此,应继续丰富文化服务的样式,适应不同群体需要。

应促进文化服务价格合理化。随着文化服务价格的增加,湖北居民选择文化服务消费的人数呈下降趋势,参与度逐渐降低。对湖北家庭的文化服务支出额度进行问卷调查发现,"从不参加"和"500元以下"的情况最为普遍。面对较高价格的文化消费,居民倾向于选择文化产品消费,而非文化服务。当文化消费支出固定在1000元左右及以下时,家庭更倾向于体验式的文化服务消费;一旦支出超过1000元,家庭的文化产品消费就会多于文化服务支出。合理的价格是提高文化旅游吸引力的关键,对文化服务应合理定价,使之满足不同收入群体的需求。首先,应完善定价机制,定价公开、透明,景区门票、景区体验项目的价格制定要亲民、公平,实现价格多元化;其次,文化服务公司不应一味通过提价实现营利,而应通过增加文化服务体验的多样性实现收支平衡。

3. 加强基层文化设施建设,补齐农村文化短板

应有的放矢地丰富城乡公共文化设施。根据城镇与农村居民的不同需求,应增加农村公共图书馆、博物馆、报刊亭、文化广场等的建设;完善农村晚间照明等基础设施,方便农村居民晚间的文化生活;建设村公共文化活动中心,提供戏曲小舞台、乐器、体育器材等娱乐设施及用品。对于城镇公共文化设施,则应针对城市居民的文化消费需求,为文化企业营造宽松的政策环境,鼓励其增加对公共文化设施的投资建设,推行PPP等新模式,提供附加值高的多样化文化产品和服务。

吸引社会资本参与建设,降低基层公共文化设施闲置率。2016年,《湖北省"十三五"时期基层公共文化设施建设实施办法》提出,在多个县(市、区)建设图书馆、文化馆和文体广场等公共文化设施。但其申报门槛较高,申报成功也需要自行筹备资金建设,只有少数财政补贴,导致一部分文化设施建设不达标,再加上缺乏对公共文化设施的维护,居民的参与度随

之降低,最终形成资源浪费。

加大对基层公共文化设施建设的补贴力度,给地方政府创造可靠的筹资渠道;充分利用众筹平台,促进资金来源的多元化,提高基层公共文化设施的质量;给予大型文化企业优惠政策,鼓励企业对基层文化设施建设进行投资或捐助,保证公共文化设施能够深入到农村居民的日常生活中去,为民所喜爱。最好有专门的文化管理人员对文化设施进行定期的维护,这样能够带动居民参与文化活动的积极性,提高文化场所的人气。

继续推进乡村公共文化服务均等化。加快推动贫困地区公共文化建设,注重保护特殊群体基本文化权益。围绕基层综合文化服务中心建设,建立覆盖所有乡镇、村的综合文化服务中心和农村文化广场;推进数字化建设,打造适应农民需求的文化活动、服务品牌。目前,全省乡镇综合文化服务中心有80%以上达到国家三级(及以上)标准。

大力推进乡村文化振兴行动,实施乡村文化生态保护传承工程,保存具有乡村文化典型特征的物件与建筑;做好农村非遗项目的发掘与保护工作;建设特色文化村、大院。努力实现"产业兴旺、生态宜居、乡风文明、治理有效、生活富裕"的农村文化建设目标。

4. 推进产业园区转型升级,建立文化产业"网络港口"

应进一步改变文化产业园区的低效聚集状态。通过整改、升级,改变以往重申报、轻建设的状况,在逐步提高实体园区准入门槛之后,将重点转移到园区企业的运营和管理上。清退仅以招商为目的的无关企业,对于与文化产业关联性较弱的企业要严格把关,对于具有良好成长前景的小型企业应积极扶持,并鼓励其创新探索。充分利用园区、闲置厂房、特色街区等载体,打造大众创业的集聚地。

以产业园区的转型升级为载体,打通线上与线下的产销界线,加快文化与经济的融合。依托实体产业集聚区、产业园,率先建立跨省域、跨国界的线上文化产业集聚区,充分发挥湖北的新技术、新媒体资源优势,建立线上交易平台,从而有效整合湖北极为丰富的高校、科研院所、人才等优势,促进技术转化;为大众创业与万众创新降低门槛、铺平道路,吸引大批零散

"创客"进驻数字产业园区，使文创个体与小微团队获得成长平台；充分发挥线上产业集聚区的招标、融资、众筹、投标、展示、分销等多种功能，整合文化产业链条的各个环节，使政、产、学、研、投、商等有机融合，高效运作。

5. 激活文化企业的创新动力

应进一步激活市场主体的活力，鼓励中、小、微企业积极参与公共文化服务；继续降低新兴文化产业的政府投资政策门槛，简化审批程序，加快创业融资渠道建设，建设更为透明开放的三方服务平台，有效沟通政府、文化企业和外来投资人，实现文化产业资讯的有效对接和沟通，使缺少资金的文化企业都能够在此平台发布公司信息，对外展示公司的经营状况、人才优势、项目成果和发展前景等。

应加强舆论引导，对大众创业、万众创新进行积极的宣传与报道，形成勇于创新、敢于尝试的"创新文化"，加深公众对创业行为的认知，营造良好、宽松的社会氛围。

6. 增强社会文化氛围，形成人才集聚优势

应与学校、图书馆等文化教育机构紧密合作，多开展文化产业知识论坛和讲座，吸引民众积极投入到文化产业、艺术事业中。鼓励大学生和文化工作者深入湖北基层，挖掘地区丰厚的文化资源。

湖北省高校众多，拥有丰富的人才资源，科教资源位于全国前列。针对创意人才、复合型管理人才的匮乏，湖北应发挥科教资源优势，以双一流大学建设为契机，加快省内大学的学科改革与更新，针对产业的新需求、新趋势，调整人才培养导向与模式，使产学研合作落到实处，形成紧密结合的链条。

应从源头保障文化产业人才的成长。通过加大对文化及产业的宣传，提高在校生的兴趣，为文化产业的可持续发展准备人才孵化基地。鼓励高校，尤其是高职院校设立文化产业相关专业，帮助学校和大型文化企业实现长期合作，为专业人才进入文化企业畅通渠道。

应形成吸引人才、留住人才的长效机制。目前，湖北已出台多项引智计

划，旨在吸引高知人群、大学生就业并定居。随着政策的逐步细化，应对各类人才量体裁衣，如在文化园区聚集地周边为文化产业从业者安排居所等。

应大力引进海内外人才。针对文化产业的新型管理、创作人才，出台人才引进政策，联合高校，出资聘请文化产业高端人才。也可以对聘用海内外高层次管理人才、创意人才和营销人才的文化企业，给予人才引进的政策支持。

五 结语

2018年是贯彻党的十九大精神的开局之年，湖北将在迈向文化强省的转型之路上阔步前行。文化工作者应坚定文化自信，勇于创新，着力解决文化发展的不平衡与不充分问题。

面对网络化、信息化、数字化等一系列新的文化发展环境，湖北将全面推进文化产业倍增工程，以及公共文化服务能效提升工程、文艺精品创作工程、优秀传统文化保护传承工程等一系列重点工程，补齐短板，营造亮点，加强公共文化设施和公共服务的建设，让各项政策落到实处，落到细处，真正改变农村文化建设落后、文化队伍薄弱、活力不够的现状。应立足新兴支柱产业建设，抢占数字文化产业发展的先机，带动传统文化产业全面转型，构建全媒体、跨地域经营的产业格局；做大做强文化内容产业，打通线上与线下壁垒，继续做强龙头企业；提升社会居民的文化消费需求，增强社会文化氛围，推动高附加值的文化产品及文化服务的产销；推动制度创新，为湖北文化产业提供完善的制度保障体系，细化文化产业相关法律法规，加强可操作性，激发文化企业转型升级的活力。

指数报告

Index Report

B.2
湖北省文化产业发展指数发布与评价报告（2017）

卿菁 覃然*

摘　要： 文化产业是湖北省文化强省建设的重要战略支撑，能够满足人民群众多样化精神文化需求，提升文化软实力建设，推动经济社会转型升级，促进创新创业。本报告通过构建文化产业发展指数评价指标体系，对湖北省17个市州林区文化产业具体指标进行统计，得出了2016年湖北省各地市州文化产业发展指数排名，以期对各地区文化产业发展水平做出客观评价，为公共文化政策的制定提供有益参考。

---

* 卿菁（1979～），女，博士，湖北大学政法与公共管理学院副教授、硕士研究生导师，美国加州大学河滨分校（UCR）访问学者（2012～2013）；覃然（1990～），男，湖北大学政法与公共管理学院硕士研究生。

湖北文化产业蓝皮书

关键词： 湖北省　文化产业　指数　评价

一　文化产业发展指数内涵和评价指标体系

党的十九大做出了"坚定文化自信，推动社会主义文化繁荣兴盛"的重大部署。湖北省政府工作报告提出，坚定文化自信，培育和践行社会主义核心价值观，加快建设文化强省。文化产业的发展能够满足人民群众多样化精神文化需求、提高人民群众生活品质和幸福感，有利于推动中华文化走向世界、提升当前文化软实力的建设水平。2017年4月，文化部印发《文化部"十三五"时期文化产业发展规划》，明确提出"推动文化产业成为国民经济支柱性产业，建设社会主义文化强国，进一步坚定文化自信，增强文化自觉，坚持创新驱动，推动文化产业转型升级、提质增效，实现文化产业成为国民经济支柱性产业"的战略目标。

文化产业发展指数用具体可测的指标评价文化产业发展状况，将多个评价指标整合成一个综合分数，以衡量当前的文化产业发展状况。文化产业发展指数以统计数据为基础，为湖北省文化产业发展提供了一个可分析和度量的政策工具，便于对当前湖北省文化产业发展水平进行客观衡量，为相关的文化产业决策提供政策参考。

本报告拟构建一个包含文化产业发展核心指标的综合评价指标体系，并基于此对湖北省17个市州林区进行统计数据分析和指数排名，以期对各地区文化产业发展水平做出客观评价。基于此，湖北省文化产业发展指数评价指标体系具体由8个指标构成，分别是：①文化及相关产业法人单位营业收入；②文化产业增加值；③文化及相关产业年末从业人员数；④文化及相关产业法人单位数；⑤文化及相关产业法人单位资产总计；⑥文化及相关产业固定资产投资完成情况；⑦文化产业增加值占GDP比重；⑧人均文化产业增加值。

二 湖北文化产业发展指数实证分析

基于构建的湖北文化产业发展指数评价指标体系，本部分在收集统计资料的基础上，运用归一化分析法、主成分分析法对湖北文化产业发展指数进行实证分析。

（一）湖北文化产业发展统计数据

依据《2017年湖北省统计年鉴》和《2017年湖北文化及相关产业统计概览》，可以得到湖北省17个市州林区上述指标的具体统计数据（见表1）。

表1 2016年湖北省文化产业统计数据

市州林区	文化及相关产业法人单位营业收入（亿元）	文化产业增加值（亿元）	文化及相关产业年末从业人员数（人）	文化及相关产业法人单位数（个）	文化及相关产业法人单位资产总计（亿元）	文化及相关产业固定资产投资完成额（亿元）	文化产业增加值占GDP比重（%）	人均文化产业增加值（元）
武汉	1027.2	477.28	128279	505	1758.9	152.1	4.01	4433.13
黄石	20.7	16.39	5346	46	18.1	69.3	1.26	612.05
十堰	16.3	16.55	3922	43	32.1	123.8	1.16	478.15
宜昌	330.6	111.63	32242	311	262.1	229.5	3.01	2702.90
襄阳	344.8	114.28	30254	360	181.6	244.0	3.09	2026.60
鄂州	34.2	14.38	2173	31	9.7	37.3	1.80	1106.15
荆门	40.6	15.62	3596	51	21.3	60.1	1.03	459.41
孝感	153.0	49.46	10967	108	62.0	85.6	3.14	933.21
荆州	92.9	35.72	7865	70	41.8	115.6	2.07	626.90
黄冈	47.1	20.41	9189	100	55.0	161.2	1.18	251.98
咸宁	53.6	21.37	6540	63	42.3	143.2	1.93	763.21
随州	25.1	10.73	3440	32	13.5	56.8	1.26	383.21
恩施	16.5	14.49	3784	54	38.1	45.8	1.97	317.76
仙桃	28.0	12.33	3015	18	11.9	15.6	1.90	788.62
潜江	9.5	5.40	392	7	1.7	24.5	0.90	561.33
天门	14.2	5.98	2352	10	12.9	18.2	1.27	366.06
神农架	2.0	1.73	541	5	13.7	1.1	7.49	2183.02

按照构建的文化产业发展指标体系,对湖北省17个市州林区文化产业发展状况的具体指标进行描述分析,对比2015年湖北省文化产业发展指标的具体情况,得到结果如表2所示。

表2 2015~2016年湖北省文化产业发展描述统计对比分析

指标	2016年			2015年		
	最小值	最大值	均值	最小值	最大值	均值
文化及相关产业法人单位营业收入(亿元)	2	1027.20	132.72	0.90	1009.30	125.93
文化产业增加值(亿元)	1.73	477.28	55.51	1.49	409.31	50.17
文化及相关产业年末从业人员数(人)	392	128279	14935.12	228	123750	14425.94
文化及相关产业法人单位数(个)	5	505	106.71	4	459	97.18
文化及相关产业法人单位资产总计(亿元)	1.70	1758.90	151.52	4.70	1570.70	136.19
文化及相关产业固定资产投资完成额(亿元)	1.10	244.00	93.14	0.50	236.40	87.09
文化产业增加值占GDP比重(%)	0.90	7.49	2.26	1.03	7.09	2.29
人均文化产业增加值(元)	251.98	4433.13	1117.28	288.98	3836.91	1102.52

从2015年和2016年文化产业发展的具体指标对比分析来看,除文化产业增加值占GDP比重从2015年的均值为2.29%小幅下降到2016年的2.26%之外,其余指标均实现了正增长。其中,文化及相关产业法人单位资产总计从2015年的均值为136.19万元,增长到2016年的151.52万元,增幅达到11.26%,文化产业增加值从2015年的均值为50.17亿元,增长到2016年的55.51亿元,增幅为10.64%,表明2016年湖北省文化产业取得了长足的发展,文化产业总量在不断扩大,同时也应看到,文化产业增加值占GDP的比重仍然处于较低水平,表明文化产业发展与经济增长之间存在不平衡、不匹配的情况。

(二)湖北文化产业发展指数分析

1. 文化产业发展指数评价指标标准化分析

由于文化产业发展指数评价指标体系中各个评价指标具有不同的量纲和量纲单位,为保证数据的准确、消除指标之间的量纲影响,需要进行数据标准化处理，以解决指标之间的可比性。原始数据经过数据标准化处理后，各指标处于同一数量级，适合进行综合对比评价。本报告采用 Z-score 标准化法，计算公式如下：

$$Z_i =（原始值 - 平均值）/标准差$$

基于湖北省 17 个市州林区文化产业发展指标的统计数据，依据上述计算公式，得出文化发展指数各个指标的标准分数（见表3）。

表3 2016 年湖北省文化产业统计指标标准分数

市州林区	文化及相关产业法人单位营业收入	文化产业增加值	文化及相关产业年末从业人员	文化及相关产业法人单位数	文化及相关产业法人单位资产总计	文化及相关产业固定资产投资完成情况	文化产业增加值占GDP比重	人均文化产业增加值
武汉	3.53	3.71	3.70	2.77	3.83	0.80	1.09	2.98
黄石	-0.44	-0.34	-0.31	-0.42	-0.32	-0.32	-0.62	-0.45
十堰	-0.46	-0.34	-0.36	-0.44	-0.28	0.42	-0.68	-0.57
宜昌	0.78	0.49	0.56	1.42	0.26	1.85	0.47	1.42
襄阳	0.84	0.52	0.50	1.76	0.07	2.05	0.52	0.82
鄂州	-0.39	-0.36	-0.42	-0.53	-0.34	-0.76	-0.29	-0.01
荆门	-0.36	-0.35	-0.37	-0.39	-0.31	-0.45	-0.76	-0.59
孝感	0.08	-0.05	-0.13	0.01	-0.21	-0.10	0.55	-0.17
荆州	-0.16	-0.17	-0.23	-0.26	-0.26	0.31	-0.12	-0.44
黄冈	-0.34	-0.31	-0.19	-0.047	-0.23	0.92	-0.67	-0.78
咸宁	-0.31	-0.30	-0.27	-0.30	-0.26	0.68	-0.20	-0.32
随州	-0.42	-0.39	-0.38	-0.52	-0.33	-0.49	-0.62	-0.66
恩施	-0.46	-0.36	-0.36	-0.37	-0.27	-0.65	-0.18	-0.72
仙桃	-0.41	-0.38	-0.39	-0.62	-0.33	-1.05	-0.22	-0.29
潜江	-0.49	-0.44	-0.47	-0.69	-0.36	-0.93	-0.84	-0.50
天门	-0.47	-0.44	-0.41	-0.67	-0.33	-1.02	-0.61	-0.67
神农架	-0.52	-0.47	-0.47	-0.71	-0.33	-1.25	3.25	0.96

2. 湖北文化产业发展指数综合得分分析

（1）湖北文化产业发展评价指标主成分分析

对湖北省文化产业发展指数的计算,采取主成分分析法,得到湖北省文化产业发展指数分析结果如表4和表5所示。

表4 湖北省文化产业发展指数解释总方差

成分	初始特征值			提取平方和载入			旋转平方和载入		
	合计	方差的贡献率	累积贡献率	合计	方差的贡献率	累积贡献率	合计	方差的贡献率	累积贡献率
1	6.037	75.459	75.459	6.037	75.459	75.459	5.597	69.956	69.956
2	1.100	13.750	89.209	1.100	13.750	89.209	1.540	19.253	89.209
3	0.758	9.475	98.684						
4	0.065	0.818	99.502						
5	0.035	0.432	99.934						
6	0.005	0.058	99.991						
7	0.000	0.005	99.997						
8	0.000	0.003	100.000						

表5 湖北省文化产业发展主成分载荷系数、得分系数、特征值

指标	主成分载荷系数		主成分得分系数	
	文化产业发展规模 F_1	文化产业发展水平 F_2	文化产业发展规模 F_1	文化产业发展水平 F_2
文化及相关产业法人单位数	0.968		0.208	-0.140
文化及相关产业法人单位营业收入	0.960		0.170	0.005
文化及相关产业年末从业人员数	0.943		0.163	0.021
文化产业增加值	0.937		0.160	0.031
文化及相关产业法人单位资产总计	0.889		0.139	0.079
人均文化产业增加值	0.803		0.071	0.288
文化及相关产业固定资产投资完成额	0.712		0.248	-0.479
文化产业增加值占GDP比重		0.885	-0.147	0.709
特征值	6.037	1.100		

以文化发展指数主成分分析结果中提取的两个主成分所对应的特征值占所提取主成分总的特征值之和的比例作为权重进行计算,得出文化发展指数综合得分计算公式如下:

文化发展指数 $F = (6.037F_1 + 1.1F_2) \div (6.037 + 1.1)$
$= 0.846F_1 + 0.154F_2$

(2) 湖北省各市州林区文化产业发展指数得分

依据上述主成分分析结果,在湖北省文化发展指数统计指标的基础上,计算湖北省17个地市州文化产业发展指数得分,结果如表6所示。

表6 湖北省各市州林区文化产业发展指数得分

市州林区	文化产业发展指数 F		文化产业发展规模 F_1		文化产业发展水平 F_2	
	得分	排序	得分	排序	得分	排序
武汉	2.88	1	3.16	1	1.37	2
宜昌	0.91	2	1.13	3	-0.30	8
襄阳	0.90	3	1.17	2	-0.60	15
孝感	-0.08	4	-0.16	7	0.36	3
黄冈	-0.10	5	0.09	4	-1.17	17
咸宁	-0.14	6	-0.07	5	-0.56	14
荆州	-0.16	7	-0.12	6	-0.35	10
十堰	-0.26	8	-0.16	8	-0.83	16
黄石	-0.34	9	-0.33	9	-0.40	12
荆门	-0.36	10	-0.34	10	-0.49	13
鄂州	-0.39	11	-0.50	13	0.18	4
随州	-0.42	12	-0.43	11	-0.37	11
恩施	-0.42	13	-0.49	12	-0.02	5
仙桃	-0.48	14	-0.62	16	-0.30	9
神农架	-0.48	15	-1.15	17	3.22	1
潜江	-0.52	16	-0.57	14	-0.25	7
天门	-0.53	17	-0.61	15	-0.10	6

三 湖北省文化产业发展指数结果分析

(一)2016年湖北文化产业发展指数分析

依据文化产业发展评价指标体系和湖北17个地市州相关的统计数据计

算得出2016年湖北文化产业发展指数，其排名为：武汉市、宜昌市、襄阳市、孝感市、黄冈市、咸宁市、荆州市、十堰市、黄石市、荆门市、鄂州市、随州市、恩施州、仙桃市、神农架林区、潜江市和天门市。

在此次文化产业发展指数排名中武汉市排全省第一，整体发展水平均处于全省领先行列，文化产业发展规模和文化产业发展水平分别位列全省第一和第二位，文化产业各维度发展相对均衡。从文化产业发展的八个指标来看，文化及相关产业法人单位营业收入为1027.2亿元，文化产业增加值为477.28亿元，文化及相关产业年末从业人员数为128279人，文化及相关产业法人单位数为505个，文化及相关产业法人单位资产总计为1758.9亿元，文化及相关产业固定资产投资完成152.1亿元，文化产业增加值占GDP比重为4.01%，人均文化产业增加值为4433.13元。武汉市在省内发展处于领先地位，文化产业结构体系健全，文化产业发展成效显著。

宜昌市在此次湖北省文化产业发展指数排名中排全省第二，其中文化产业发展规模处于全省第三位，然而文化产业发展水平的全省排名由2015年的第三下降到了第八，文化产业总体规模处于全省领先行列，文化产业的发展水平则需要进一步提升。从文化产业发展的八个指标来看，文化及相关产业法人单位营业收入为330.6亿元，文化产业增加值为111.63亿元，文化及相关产业年末从业人员数为32242人，文化及相关产业法人单位数为311个，文化及相关产业法人单位资产总计为262.1亿元，文化及相关产业固定资产投资完成229.5亿元，文化产业增加值占GDP比重为3.01%，人均文化产业增加值为2702.90元。表明宜昌市文化产业居全省领先地位，但宜昌市当前的文化产业占GDP的比重还很低，离目标要求还存在着很大的差距，整体规模虽然有所提升，但文化体制改革和文化产业发展方兴未艾，任重道远，需着力提升文化产业发展水平，以推动宜昌市文化产业发展再上新的台阶。

襄阳市在湖北省文化产业发展指数中居于全省第三位，其中文化产业发展规模排全省第二位，但是文化产业发展水平则从2015年的第九位下降到2016年的全省第十五位，整体发展水平仍处于省内较领先行列。具体来看，文化及相关产业法人单位营业收入为344.8亿元，文化产业增加值为114.28

亿元，文化及相关产业年末从业人员数为30254人，文化及相关产业法人单位数为360个，文化及相关产业法人单位资产总计为181.6亿元，文化及相关产业固定资产投资完成244.0亿元，文化产业增加值占GDP比重为3.09%，人均文化产业增加值为2026.60元。可以看到文化产业增加值占GDP比重和人均文化产业增加值都偏低，未来应着重提升，以促进文化更进一步发展。

2016年湖北省文化产业发展指数排名中，孝感市、黄冈市、咸宁市、荆州市、十堰市、黄石市、荆门市、鄂州市、随州市、恩施州、仙桃市处于中间水平，相较2015年变动不大，文化产业发展稳步推进，未来还需进一步提升文化产业规模，加大对文化产业的支持力度。而神农架林区、潜江市和天门市在此次排名中处于相对落后位置，最主要的原因还是经济发展相对缓慢，未能对前景好的文化项目起到拉动作用。未来可以充分发挥当地文化优势，面向全省进行招商引资，面对新时期也需要提出新的要求，要努力促进文化产业同金融、外贸等领域的协同发展，推动文化产业提速发展实现新突破。

（二）2016年与2015年湖北省文化产业发展指数对比分析

综合对比2016年和2015年湖北省文化产业发展指数排名情况，结果如表7和图1所示：

表7 2016年和2015年湖北省文化产业发展指数排名对比表

市州林区	2016年排序	2015年排序	排名变动	市州林区	2016年排序	2015年排序	排名变动
武汉	1	1	0	荆门	10	10	0
宜昌	2	3	1	鄂州	11	12	1
襄阳	3	2	-1	随州	12	11	-1
孝感	4	5	1	恩施	13	13	0
黄冈	5	4	-1	仙桃	14	14	0
咸宁	6	6	0	神农架	15	17	2
荆州	7	7	0	潜江	16	15	-1
十堰	8	8	0	天门	17	16	-1
黄石	9	9	0				

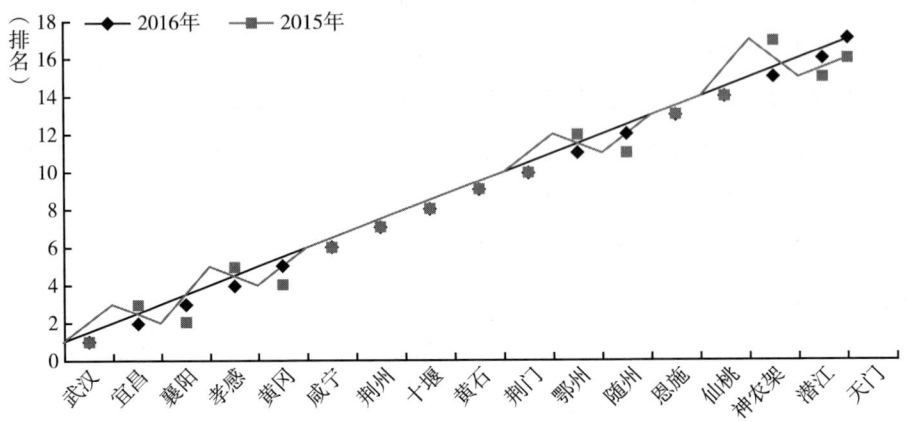

图1　2016年和2015年湖北省文化产业发展指数排名对比

对比2015年和2016年湖北省文化产业发展指数排名，宜昌、孝感、鄂州、神农架排名出现了正增长，其中神农架林区从2015年的17位，上升到2016年的15位，提升2个位次。武汉、咸宁、荆州、十堰、黄石、荆门、恩施和仙桃则排名保持不变，其中武汉市连续两年在文化产业发展指数中排名第一。而襄阳、黄冈、随州、潜江和天门则出现排名位次下降。

（三）湖北省文化产业发展的对策

当前湖北省文化产业发展面临新的历史机遇，《国家"十三五"时期文化发展改革规划纲要》明确提出2020年要将"文化产业建设成为国民经济支柱性产业"，湖北需抓住历史机遇、把握政策趋势、依照顶层规划、结合湖北省自身发展的实际状况，有效推动文化产业的提质进位。

1. 体制创新，营造良好文化产业发展环境

目前来说，湖北省政府对于文化产业的支持力度还是很大的，但是对当前的特色文化产业项目，依然需要加大在财政、税收、土地等方面的政策扶持力度。一是要支持本地特色文化企业积极开拓国际市场，促进特色文化产品的出口和传播。当前文化产品出口存在的困难，一方面源于硬实力不足的问题，另一方面则很大程度上受制于宣传推广的力度不够，资金存在短缺。

二是拓展文化交流渠道，提升文化传播档次，加强文化宣传力度，对湖北特色文化的传播进行系统规划和有序组织，提升湖北文化的影响力和辐射面。三是要拓宽社会资本渠道，多元化筹措资金。当前文化产业发展需要建立多元化的投融资机制，以解决当前的资金缺口，促进文化产业发展水平的提升，扶持特色文化产业的开发和运营。政府可以通过减免税收等优惠措施，广泛吸纳社会资本进入文化产业市场，促进湖北省文化产业发展。

2. 多管齐下，做大做强文化消费市场

随着社会经济的不断发展，当前我国已经成为仅次于美国的全球第二大消费市场，然而文化消费在居民消费中的占比还亟待提高，潜在的文化消费市场巨大，需要拓宽空间，推动文化消费大发展。

湖北省文化消费能力尚存不足，制约了整体文化发展水平。居民文化消费与人均可支配收入形成明显反差，制约了湖北省文化消费能力，是当前需要重点关注和着力开发的方面。具体措施是：一是通过宣传等途径改善居民文化消费观念，提供多元化文化消费的选择，丰富文化消费内容，促进文化消费能力的提升；二是建立文化消费促进机制，加大文化设施建设力度，提高对特定群体的文化消费补贴力度；三是培育文化消费市场，积极探索促进文化消费的有效手段，提供内容丰富的文化消费业态，引导大众培育文化消费的习惯。大力推动数字创意等新兴文化产业的发展，着力创新和丰富文化消费产品，以新供给释放新需求。

3. 以点带面，提升文化产业市场转换能力

针对湖北省文化产业市场转化能力偏弱的现状，要采取以下具体措施：一是健全文化产业体系建设，保护文化企业知识产权，提高文化企业的核心竞争力；二是建立完善全省文化产业重点项目库，加大项目支持服务力度，谋划和实施一批投资规模大、辐射带动强、科技含量高、市场前景好的大项目好项目，促进文化产业的可持续发展；三是推动文化发展平台建设，培育壮大文化市场主体，发挥园区、基地示范引导和辐射作用，带动文化产业转型升级，更新改造传统文化产业，打造重点文化产业链，健全湖北现代文化产业体系；四是积极促进文化产业与相关领域的协同创新和融合发展，着力

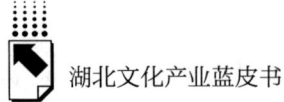

落实金融支持文化产业发展的各项举措,积极参与中国(湖北)自由贸易试验区和国家级、省级特色小镇建设,进一步拓展文化产业的发展新空间。

4. 多元融合,促进文化产业全方位发展创新

湖北省是文化大省,文化产品和服务丰富多样,处于全国较为领先的水平,也是湖北文化发展的重要引擎和动力来源。针对当前湖北省文化供给质量相对落后的现状,一是可充分利用特色文化资源打造,打造主题鲜明、内容丰富多彩的特色文化活动;二是可以深入开发湖北省的特色文化资源,提供差异性的文化产品和服务;三是依托湖北省的教育文化资源和区位优势,以"互联网+"和"文化+"为发展战略,丰富文化产品和服务的供给形式,提升供给水平,推动湖北特色文化产业发展。

行业报告

Industry Reports

B.3
湖北报业发展报告（2017）

付 露 翟兰兰 聂远征*

摘 要： 2017年，在新的媒介态势下，湖北报业面临新的竞争环境，产生了诸多新变化和新调整。在新闻业务方面，互联网环境下的新兴业态重构多元生产，单一化的新闻生产正逐步向跨界新闻制作方向探寻突破。在媒体经营方面，2012年以来报业经营"断崖式"下滑的总体态势并未得到根本性改变，但下滑势头逐渐趋缓，传统报业广告收入跌幅收窄，多元化业务收入逐步增加，2017年上半年报业发展开始呈现局部回暖现象。湖北省数十份报纸呈现出一些共性，如党报价值逐步凸显、报业产业日益多元、报纸到达率边缘化等，省会党报、

---

* 付露，湖北大学新闻传播学院2017级硕士研究生；翟兰兰，就职于长江日报融媒体中心，曾多次获湖北新闻奖、武汉新闻奖等省市级奖项；聂远征，湖北大学新闻传播学院副教授，中国新闻史学会党报党刊研究会常务理事。

都市报与非省会城市报纸相比，又各自存在特点。面对严峻的形势与发展机遇，湖北报业经营将朝着多元化、多极化、高端化、专业化等方向发展。

关键词： 报业　转型　多元化　融合

2017年，湖北报业经历着传统媒体的新一轮市场调整，也在媒介融合的大潮中出现了报业资源重组的趋势。面对新的媒介环境、市场格局，部分报业集团转变经营模式来弥补广告下降的困境，报业经营在不断下滑的趋势中渐趋稳定，并在多元化发展的艰辛探索中呈现出局部回暖态势。纸媒的转型之路能否更加明确稳健？报业多元化发展能否迎来新一轮逆势上扬？本报告选取湖北省部分纸媒的发展状况进行分析，梳理各纸媒报业转型的新路径，由点及面观察2017年湖北报业的发展环境、经营概况、转型特点，并展望报业发展未来趋势，期待2018年湖北报业在新的融合发展和产业转型中，寻求创新突破，形成多元发展的新格局。

一　湖北报业发展环境

2017年，湖北报业受到内外环境的双重影响，呈现出新的发展动向，影响因素包括国家及地方政策、经济发展形势、文化生态格局、媒体内部环境等多种。

（一）政策环境

1. 国内环境

2017年10月18日，中国共产党第十九次全国人民代表大会开幕。习近平总书记在大会中做了题为《决胜全面建成小康社会　夺取新时代中国特色社会主义伟大胜利》的报告。报告指出：要高度重视传播手段建设和创新，提高新闻舆论传播力、引导力、影响力、公信力；推进国际传播能力建设，讲好中国故事，展现真实、立体、全面的中国，提高国家文化软实力。这一报告内容为当下媒体转型和做好新闻舆论工作指明了方向。

2017年11月8日，为祝贺中国记协成立80周年，习近平总书记强调，希望广大新闻工作者坚定"四个自信"，保持人民情怀，记录伟大时代，讲好中国故事，传播中国声音，唱响奋进凯歌，凝聚民族力量，为实现"两个一百年"奋斗目标、实现中华民族伟大复兴的中国梦不断做出新的更大的贡献。习近平总书记对新闻工作者做好新闻舆论工作提出了明确要求，鼓励新闻舆论开拓创新，保持先进性和群众性。

2. 省内环境

为迎接党的十九大和湖北省第十一次党代会的顺利召开，湖北省委、省政府对新闻舆论工作进行了重点部署。2017年2月21日，湖北省宣传部长会议在武汉召开，省委书记蒋超良出席会议并讲话，他强调坚持以习近平总书记系列重要讲话精神为引领和指导，切实加强党对宣传思想文化工作的领导，以迎接宣传贯彻党的十九大为主线做好宣传思想文化工作。坚持稳中求进的工作总基调，务实重行、狠抓落实，为湖北改革发展稳定提供有力的思想舆论保证和良好的精神文化条件。

2017年10月23日，湖北省委书记蒋超良看望在京参加党的十九大报道的中央和省内媒体记者时强调："各媒体要进一步提高政治站位，引领党的十九大精神学习宣传。要进一步发扬创新精神，适应受众需求的发展变化，充分利用各种宣传形式和手段，用老百姓听得懂、接地气的语言，把党的十九大精神讲清楚、讲明白。"

作为湖北省省会城市，"十三五"时期是武汉市以文化发展巩固城市地位，建设创新型城市的关键阶段。为了充分发挥文化建设对城市建设的作用，2017年初，武汉市政府颁发了《武汉市文化产业发展"十三五"规划》，其中就传媒产业的发展提出："推动传统传媒业态转型升级。支持长江日报报业集团、武汉广播电视台等市属传统媒体单位以内容建设为根本，以先进技术为支撑，推进传统媒体和新兴媒体融合发展，建设'内容+平

台+终端'的现代传播体系,建成形态多样、手段先进的新型主流媒体(集团)。"这一规划为近五年武汉市文化产业发展进行了顶层设计。

(二)经济环境

2018年3月6日,湖北省统计局发布《2017年湖北省国民经济和社会发展统计公报》,公报显示,2017年湖北省GDP增长7.8%,居民收入稳定增加(见图1)。

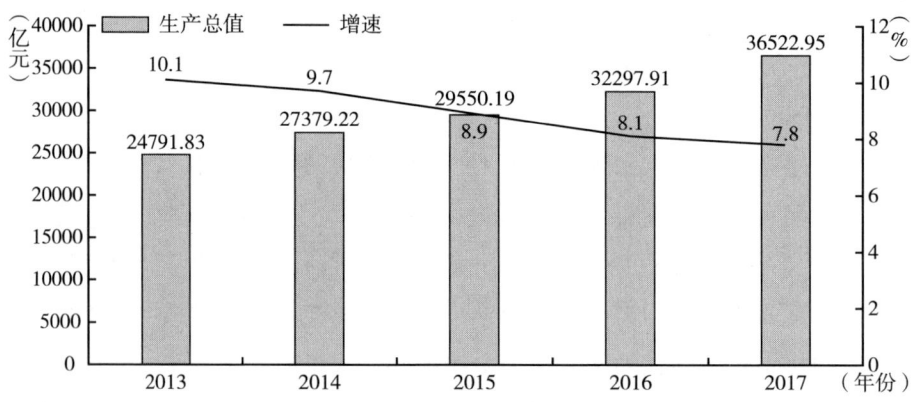

图1　2013~2017年湖北省生产总值及其增长速度

数据来源:《2017年湖北省国民经济和社会发展统计公报》。

2017年末,湖北全省共有广播电台8座,电视台6座,广播电视台75座,有线电视用户1079.4万户。全年出版全国性和省级报纸11.0亿份,各类期刊1.5亿册,图书2.3亿册。湖北省文化产业发展获得更有利的发展空间,也为报业转型提供了发展机会。

根据2018年2月"CTR媒介智讯"发布的最新数据,自2015、2016年中国广告市场连续两年下滑之后,中国广告市场在2017年迎来了新的增长,增幅达到4.3%。在不同媒介形式中,电视、报纸、杂志、广播、传统户外、交通类视频等传统媒体广告市场均获得匀速增长。报纸广告刊例花费由-38.7%增加到-32.5%,尽管变动幅度不大,但实现了下滑速度减缓(见图2)。

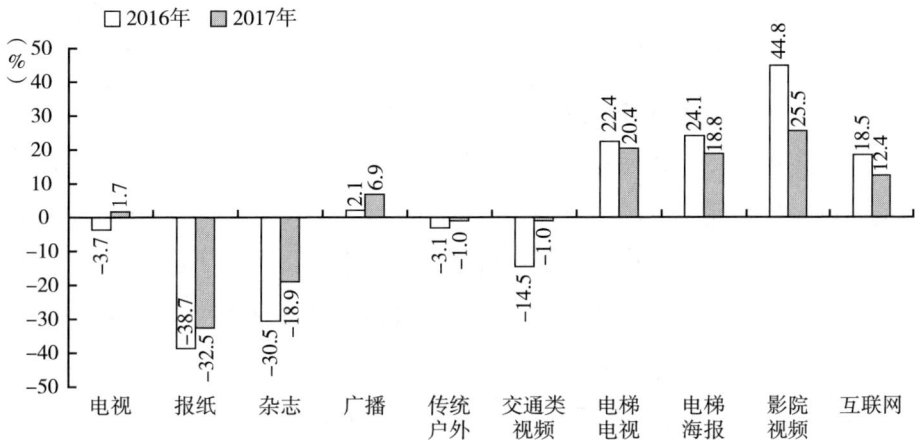

图2　2016~2017年中国各媒介广告刊例花费变化

数据来源：CTR媒介智讯。

2017年中国报业物资供应年会上获得的数据显示，全国107家用纸量大的报社中，2017年用纸量比2016年增加的有26家，所占比例为24.3%；减少的有72家，所占比例为67.3%；9家持平，所占比例为8.4%。这107家报社2016年总用纸量为96.2万吨，2017年总用纸量为89.9万吨，2017年比2016年减少6.3万吨，下降6.5%。根据中国报协预测，2018年国产新闻纸总供应量约为170万吨，报业总需求量约为173.4万吨，加入进口新闻纸的数量，新闻纸市场在2018年将供应略大于需求。

（三）文化环境

2017年3月，湖北省"荆楚文化丝路行"文化交流启动。2017年5月23日，系列活动之一——"2017俄罗斯·湖北新闻出版广电传媒周"，在莫斯科国际多媒体新闻中心开幕。湖北各家报纸纷纷就"荆楚文化丝路行"过程中传递荆楚文化的活动和时间进行了大篇幅报道，其中对"万里茶道""武汉上空的鹰——纪念苏联空军志愿队特展"等话题进行了专题报道，对传播荆楚文化，讲好荆楚故事起到了推动作用。同时伴随传统媒体转型而出现的网络直播、短视频等媒体形式，丰富了新媒体文化环境。

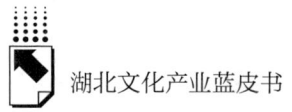

(四)媒体内部环境

1. 报业洗牌加剧,停改合转压力升级

随着新兴媒体日新月异的发展,传统纸媒电子报、微信公众号、App 客户端开始替代纸质报纸的功能,挤压纸质报纸的生存空间。自 2008 年以来,报业的生存压力日益凸显。在信息传播的浪潮中,新兴媒体对市场份额的占领日益明显,传统纸质媒体的收入急速下滑,市场占有率和受众阅读率均在持续走低。

近年来,传统媒体开始探索转型之路,然而在有限的市场范围和日益压缩的读者群体中,每年都有一批报纸停刊或者缩减出版周期(表 1 为 2017 年全国部分停刊报纸名单)。湖北省新闻出版广电局《2017 年上半年新闻出版广电统计数据》显示,2017 年上半年,湖北省报纸出版品种数为 129 种,与 2016 年相同;总印数 5.52 亿份,同比下降 16%;总印张 15.72 亿印张,下降 27%;定价总金额 6.14 亿元,下降 14%。

表 1 2017 年停刊报纸(部分)

刊名	主办单位	存续时间
《京华时报》	人民日报社	2001~2017 年
《东方早报》	上海文汇新民联合报业集团	2003~2017 年
《楚天金报》	湖北日报传媒集团	2001~2017 年
《新余日报》	新余日报社	1985~2017 年
《燕赵都市报(冀中版)》	河北日报报业集团	2012~2017 年
《临空都市报》	重报集团	2014~2017 年
《上海译报》	上海远东出版社	1983~2017 年
《赣西晚报》	宜春报业集团	2002~2017 年
《北京娱乐信报》	北京日报报业集团	1981~2017 年
《渤海早报》	天津今晚传媒集团	2008~2017 年
《球迷报》	天津日报报业集团	1985~2017 年
《大别山晨报》	皖西日报社	2004~2017 年
《白银晚报》	白银日报社	2012~2017 年
《皖南晨刊》	宣城日报社	1989~2017 年

续表

刊名	主办单位	存续时间
《台州商报》	台州日报报业传媒集团	2001~2017年
《湘潭晚报》	湘潭日报社	2000~2017年
《假日100》	天津日报报业集团	2001~2017年
《采风报》	天津日报报业集团	1984~2017年
《无锡商报》	无锡日报报业集团	2007~2017年
《河南青年报》	共青团河南省委	1949~2017年
《汕头都市报》	汕头经济特区报社	1999~2017年
《汕头特区晚报》	汕头经济特区报社	1986~2017年

数据来源：公开资料整理。

2017年12月1日，湖北日报传媒集团旗下创刊于2001年的《楚天金报》宣布停刊，为适应市场需求和精准化受众市场，《楚天金报》曾在2013年转型为财经类媒体，然而转型过程并非一帆风顺，这份有着16年历史，曾经日均发行量超过60万份的报纸已正式休刊。

精减人员和机构的方式在武汉媒体中出现。2017年7月，《武汉晚报》《武汉晨报》汉网改革整合完成，全体员工历经五轮竞聘上岗，从原来的558人精简至330人，部门由原来的31个精简到23个，中层以上管理人员由60人精简至44人，三家媒体组建"中央厨房"，以"一次采集、多种生成、多元传播"的方式进行日常新闻生产。

缩减出版周期也是应对危机的举措之一。2017年12月22日，长江日报报业集团旗下的武汉晨报在头版发布公告，从2018年1月1日起，改为每周一到周五出版发行，周末及节假日休刊。荆门最大的综合类城市报《荆门晚报》宣布由日发行改为每周五发行。

2. 人工智能突起，全媒人才升级紧迫

在当下的媒介环境中，以大数据、人工智能为代表的新兴技术开始不断与传媒行业结合。2017年8月8日九寨沟发生7.0级地震，人工智能写稿机器人便以最快的速度，在25秒内完成新闻稿并对外传播，由此引发了关于人工智能写稿的研究与讨论。

人工智能在信息收集、数据分析、写稿与传播等方面有着强大优势，在传播速度、传播精确度、传播覆盖面等方面超过了人工处理，同时实现了新闻的时效性和真实性的最大化。2017年12月26日，在第五届中国新兴媒体产业融合发展大会上，"媒体大脑"被发布，这一设计被称为"中国第一个媒体人工智能平台"，能够在10秒内完成新闻稿。

在技术挤压、报业收益下降的背景之下，传统媒体出现裁员，一批有经验的传统新闻人开始转入新媒体行业。2017年记者节期间，新华网发布的数据显示，2017年平面媒体记者从84130人下降到83884人，四年来共计减少近万人。① 人工智能的应用势不可挡，在新形势下人才的培养和升级转型也十分迫切，在应用大数据等新兴技术工具方面，需要一批掌握互联网思维，具备融媒体运作理念的人才来作为支撑。在深度写作方面，则仍需要具备用户思维。能够生产精品内容，有温度的新闻人才才能不断实现升级转型，适应当前媒体的需要。

3. 接收终端多元，受众阅读习惯变迁

当前科技发展迅速，媒介技术手段日益丰富，新型媒体形式不断涌现，并逐渐成为当代人们生活中不可或缺的媒体形态。随着直播、短视频的风行，以画面图像见长的视频形式充分填充和利用了受众的碎片时间，这类新媒体产品迎合了受众碎片化、娱乐化的阅读习惯，造成传统媒体受众的流失和分化。

同时，VR、全景航拍技术以其独特的视角、沉浸式的媒介体验和强大的参与性，改变了受众对新闻事件的认知方式和新闻报道的呈现方式，用虚拟技术实现了对新闻现场、真实场景的再现和还原。相较于传统的文字图片形式，这种视觉体验从技术上更能吸引受众的注意力。

二 湖北报业发展概况

2017年，湖北报业的转型融合正在加速进行，在运用互联网思维和新

---

① 《4年流失记者近万，人才吸引力触底，传统媒体生存空间所剩几多？》，搜狐网，http://www.sohu.com/a/209665009_697084，2017年12月10日。

型技术手段的同时，新闻话语创新性表达方面的探索已初显成效。

2017年6月，长江日报获评《传媒》杂志社、中国报业全媒体发展研究中心"中国媒体深度融合30强"。

2017年10月，湖北日报智能"中央厨房"及支撑系统等20个项目，获得2017年中央文化产业发展专项资金扶持，政府扶持资金为部分报业发展创造了条件和发展空间。

湖北报业经营广告收入下滑之势有所改善，经营状况逐步趋向于稳定，但报业整体发展形势仍十分严峻，在新媒体转型过程中趋向多元化融媒体经营。

（一）新闻＋视频：跨界新闻制作探寻突破

2016年，以"两微一端"为代表的平台形式成为各大报纸的转型之路。在新闻生产的新格局中，传统媒体的权威地位受到挤压，海量信息的传播形成各媒体对受众市场的激烈争夺。然而在此种形势下，传统媒体向移动端新闻生产的进军停留在文字、图片形式，对受众视觉的吸引优势尚不明显。

2017年，在湖北报业发展历程中，以网络直播、短视频、H5、游戏、长图等为代表的多样化传播形式如雨后春笋般涌现，年轻一代对于信息的娱乐化获取方式成为传统媒体转型思考的重要内容，同时，媒体传播方式的变迁也为媒体融合发展提供了技术和可能，传统媒体开始更多涉足视频等新媒体领域。

在湖北省内多家报纸中，《长江日报》在视频直播领域探索较早，投入较大。2017年全年，直播达300多场，平均每天一场，在传统报纸新闻生产中大量加入视频新闻的生产；招聘专业主播，有针对性地进行新闻素养的培训，并打造专业化演播厅；培养传统报纸记者的直播技能，鼓励他们大胆转型，积极进行多媒体式新闻生产。在新闻一线，《长江日报》2017年共产生7个点击量过"百万＋"的爆款直播，长江日报在今日头条直播的影响力排名常年位居全国党报前五。

直播成为报道新常态之后，一系列重大选题有了更加丰富的传播方式，

实现了党政报道的重大突破。如2017年2月,《长江日报》推出直播新闻报道《武汉新一届政府上班第一天 跟长报记者一起去敲市长门》向全市推送,当天80万人次观看热议,新华网、人民网、凤凰网等媒体第一时间转载,取得较好反响。

此外,对2017年"汉马"、8城"武汉路上的国庆节"、直播取消ETC收费历史时刻、东湖绿道二期开通等重大城市议题,《长江日报》均派出多路记者进行现场直播,这种跳出格子间,将受众置于新闻现场的新闻传播形式,增强了新闻的真实感,也实现了受众的互动体验。

湖北省属纸媒也纷纷涉足新媒体,结合图片、文字、音频、视频、动画等形式来进行跨领域深入报道。比如,在2017年党的十九大报道中,湖北日报融媒体中心推出的《十九大报告中,这些内容让湖北人沸腾!》、《湖北五年·看家乡》、《砥砺奋进的5年·数说武汉》、《我在现场听报告》、H5《"牢记嘱托、走在前列"系列述评》等报道作品,用视频、H5等形式全面展现湖北面貌。

省市媒体在短视频、直播、H5等交互性产品领域逐步探索,取得了一定的成绩,但仍处于起步阶段,对于直播选题的选择、视频运用的时机、传播效果的监测、受众注意的维持等方面,各媒体尚在不断完善中。在制作技术和内容双优质的新闻产品方面,仍有上升空间。

(二)报业+资本:经济收益反哺传统业务

2017年4月下旬,中国广告协会报刊分会数据中心发布《2016年及2017年1~2月报广经营状况分析报告》。报告显示,受市场格局、产业结构、技术环境和政策等多方面的影响,报纸经营仍处寒冬。但这份不容乐观的报告中却有一组"飘红"数据:《南方日报》广告应收同比增长6.33%、广告实收同比增10.63%;《新华日报》广告经营纯利润1.23亿元;《河南日报》广告同比增长14.53%,创造了《河南日报》历史上的最高纪录……以湖北省的两份党报《湖北日报》和《长江日报》来看,这两份报纸广告收入均比上一年大幅上升。

省、市媒体积极引入资金，在巩固自身舆论场的前提下，不断发展新的盈利模式，形成了多领域、跨行业的项目合作模式。2016年6月，湖北日报传媒集团与恒大地产集团达成合作协议；2017年11月，恒大地产集团、湖北日报传媒集团与襄州区政府签订恒大文化旅游项目。湖北日报集团开始不断地向各个领域开辟道路，成为转型升级的重要板块。2018年1月4日，湖北知音传媒集团旗下湖北长江商报有限公司与武汉悠然一指网络有限公司正式签署战略合作框架协议，将从内容共享、渠道共享、技术支持等方面来进行资源的优化配置，相互协作从而实现双方的互补与共赢。

《长江日报》探索出另一种党报发展模式，立足党报优势，整合政务资源，实现专业传播人才队伍的价值最大化。长江日报立足于临空港编辑部、光谷编辑部、车都编辑部，派出精英团队常驻三个区域，使三个区域均有一支新闻人才和经营人才兼备的队伍来深耕战线资源，挖掘新闻素材，洽谈合作项目。尤其加大对全市13个驻区记者站的打造，探索出一套与城区深度合作的模式，形成了一套将各区日常新闻报道、服务区内的百姓读本、政务宣传的整合包装、官方新媒体平台的托管运营、重大活动项目策划执行等一站式打包服务的新模式，这种模式正在各区记者站推广。

此外，成立多个专业化的传播院，如长江日报教育传播院、长江日报法治传播中心、长江日报地产研究院等，以公司化形式运作，孵化出一批与市场深度接轨的企业，承接商业项目，开拓非报业经营市场。这种经营模式有力地反哺了传统新闻的内容生产。

在党报探索各自转型之路的同时，都市类报纸的生存越发艰难，生存空间不断被挤压，面临各自集团内部的整合。例如在2017年停刊的《楚天金报》，以及同年被整合为一体的《武汉晚报》、《武汉晨报》和汉网。

（三）内容+渠道：新兴业态重构多元生产

移动互联网时代的到来给传媒行业带来了分发渠道的变化，对传统新闻生产流程而言，代替了报纸用户细分和发行的流程，对于受众的阅读习惯和

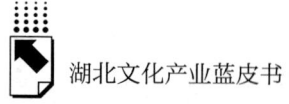

信息接收方式而言，缩减了寻找关注领域信息的搜集过程，进一步巩固了受众自身的价值取向。除信息聚合平台，与报纸相匹配的新媒体形式，如微信公众号、官方微博、新闻客户端、直播间等都在新闻的分发过程中争夺一杯羹。

2017年1月，"动向新闻"更名为"湖北日报新闻客户端"，"荆楚网"更名为"湖北日报网"，同名同姓一体化，透露出湖北日报传媒集团迈向新型媒体集团的决心。

2017年5月，长江日报新闻客户端正式上线，"党端"定位的客户端与机关报《长江日报》形成线上线下的互动效应，不断发挥主流媒体的引导作用。

以《荆州日报》为代表的地方报纸致力于融媒体的发展探索，2017年9月，荆州日报传媒集团承办的党报"云中央厨房"上线，这一"中央厨房"能够实现新闻资源的共享、实时监测、远程直播等功能，成为全省地市州首家上线运营的党报"中央厨房"。

技术发展日新月异，"内容为王"的生产理念仍十分必要。对于传统媒体而言，优质内容是媒体生命力和竞争力的核心，有价值的新闻内容才能被受众认同，而固定用户群体形成之后则成为媒体的天然品牌。对传统纸媒来说，一方面它需要在渠道的布局上进行转变，除两微一端，还可以在短视频、VR、AR等新闻阅读方式上对已有新闻传播渠道进行改良。另一方面，在内容生产上，仍需要增强信息服务意识，在议题设置、内容创新、思想深度等方面下功夫，生产优质新闻内容以适应多样化的受众需求，发扬传统媒体的自身优势。

三 湖北报业发展特点

本报告结合湖北报业的发展现状和实际情况，总结归纳报业发展的共性和个性，有选择性、针对性地从多个角度来立体呈现湖北省、市属报业的发展模式，从而探讨2017年湖北报业的发展特点。

（一）共性

1. 聚焦核心议题，多元化选材视角塑造文化认同

近年来，《长江日报》在新闻内容创新上做出了努力，近5年来收获11个中国新闻奖，原创、深度的新闻作品形成了一定程度上的社会反响，尤其在针对重大主题的多媒体化报道上很有特色。

2017年2月，《长江日报》记者分十路出击，直播探访全市机关真抓实干拼搏赶超作风建设落实情况，获256万次点击。2017年3月28日，长江日报融媒体中心成立，首期举办"长江主轴""长江新城""东湖生态城市绿心"3场主题微峰会直播。

此外，长江日报官方微信推出"早安武汉"，并逐步形成自己的品牌效应，日均点击量保持在13000次左右，成为湖北地区具有影响力的新媒体栏目，每天凌晨5:30发布，有文字，也有语音读新闻，让每一位用户一起床就能立体化地得知当天的武汉大事。

围绕重大报道，制作多种多样的新媒体产品。党的十九大报道期间，长江日报融媒体推出了H5《跟着—新书记学十九大报告》《深读十九大》《十九大代表邀请你加入群聊》等新媒体产品，结合党的十九大议题进行新闻形式上的再生产，不断巩固和拓展党的舆论阵地。

《荆州日报》作为荆州市党报，发挥地方优势，打造地方特色成为发展的路径之一。在央视文化类节目"朗读者"风行之后，2017年5月，《荆州日报》主办第一届"朗读者"大赛，在荆州地区结合古城文化底蕴打造全民阅读的文化氛围。《武汉晚报》在2017年初整合发表了《未来五年，武汉哪些变化？》，这一报道致力于讲述城市变化，关注民生，打造城市形象，在内容选择上也同样有利于武汉市民形成对城市的认同感和归属感。

三峡日报传媒集团等宜昌市级新媒体围绕宜昌争创全国文明城市"三连冠"网络主题宣传，充分发挥新兴媒体在传播中的交互性、娱乐性特点，根据不同用户群体的需求，以融媒体方式推出不同的内容产品，将争创全国文明城市"三连冠"主题宣传活动，办成全市人民主动积极参与的节庆活动,让市民在互动参与中接受主流价值理念,取得了润物无声、成风化人的效果。

媒体坚守职责,向受众传递主流文化,引领社会风尚,在内容上积极求新求变,开拓创新思路成为2017年重要特色之一。

2. 探索媒体融合,融媒体传播平台初见建设成效

随着新媒体日新月异的发展,媒体融合已经从理念转变为越来越多媒体的行动。湖北省市级媒体为提升媒体融合发展的实力和水平,在融媒体传播平台建设上,探索出不同特色的发展之路。伴随着新媒体技术的迅速发展,媒体平台及形式日益多样化,媒介融合的趋势使报纸不再单单成为一份纸质报纸,而是具备两微一端、电子报、直播间等多种形式的融合媒体平台。

为适应新闻信息传播视频化、移动化的趋势,《湖北日报》《长江日报》《荆州日报》《襄阳日报》等报纸均采用了"中央厨房"的运作模式,在两微一端的新媒体平台基础上,加强融媒体新闻产品的生产,借助"中央厨房"对新闻信息的汇聚和集纳能力,发挥"一次采集、多元生成、多渠道传播"的作用,实现融媒体新闻生产流程、内容形式上的创新。

《湖北日报》"中央厨房"将党报集团的公信力与互联网时代新技术的传播力有机融合,坚持一体化融合传播理念,以全媒体新闻采编系统为基础,以互联网和移动互联网为交互方式,以全媒体信息服务为核心,建立了以全媒体新闻业务、融媒体指挥中心和视频直录播云平台为一体的现代立体传播平台,初步形成了"报端网微"融合传播的新格局。

《长江日报》在2016年全国"网安周"报道期间首次尝试"中央厨房"的运作机制,经过一年的探索发展,长报集团在融媒体模式上进行了不断地完善,形成了有益探索。

《长江日报》以2017年5月份上线的长江日报客户端为核心,组合《长江日报》纸质报纸本身、长江网、微信微博等媒体,形成全媒体传播平台。在平台建立基础上,还拥有一项在全国范围内较为前沿的发稿机制,即所有记者稿件必须先在新媒体平台上发布,之后再见报,如果见报早于新媒体发布,此稿件则不计分,该机制倒逼媒体融合、记者转型,在行业内引起

很大反响。

《荆州日报》在2017年取得了新的突破和进展，在市州林区党报的融媒体平台的建构方面做出了努力，"中央厨房"是近年来报业转型的运作模式，《荆州日报》结合荆州地区特色创立了"荆云直播""荆州微视""荆女郎"等地方品牌，形成了"云中央厨房"和融媒体实验室，在全国地市党报媒体中走在了前列。

此外，襄阳日报传媒集团也在集团体制、融合发展、产业化转型等方面进行了改革，成立了全媒体调度指挥中心。2017年9月，人民日报媒体技术股份有限公司和襄阳日报传媒集团共建"汉江工作室"，致力于新媒体精品内容的生产。宜昌市级新媒体集群平台打造区域品牌，运用新媒体拓展舆论阵地，聚合了市级报纸、电视、网站、"双微"等政务信息及新媒体资源，实现了市级媒体的"打通融合"。

在报业纷纷转型融媒体平台时，"中央厨房"模式为报纸转型提供了可能，但各报业在探索可持续盈利模式、多样化新闻产品等方面，还应结合本地区特色进行落地实践。

3. 注重用户体验，交互式新闻产品力求形式创新

互联网时代，用户是媒体致力于提供优质新闻服务的对象，也是媒体赖以生存，持久发展的动力，受众享有公平、主动接收和选取新闻信息的权益。媒体平台的设计如果不能够最大限度地满足受众的需求，为受众提供优质的视觉体验和用户体验，在内容的传送上不能够提供对受众有兴趣、有价值、有情怀的新闻信息时，就难以形成受众的黏性，维持受众的持久关注度。

在用户体验的探索过程中，H5应用十分广泛，对重大新闻事件、活动预告组织等新闻信息的传播增加了传播形式的新可能。同时当前"直播+"的形式得到广泛应用，用"直播+新闻"的方式使新闻得以图像化、视频化、实时化，形成真实可感的新闻体验；短视频则成为新的风口，由于其时间短、适应于受众快节奏的生活和对于实时传播信息的需求，同时短视频的精巧和字、图、乐等多元素的传播形式，为受众营造了更加活泼的收看情

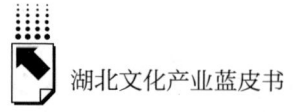

境。此外,"VR"、全景航拍等技术也日益频繁地出现在受众的视线当中,这种沉浸式体验、参与式交流的新闻形式在未来的新闻领域当中将会发挥越来越重要的作用。

《长江日报》作为主流媒体之一,注重与政务信息的结合。直播和短视频形式已经成为长江日报集团记者的工作常态,在熟练掌握直播、视频等传播手段之外,还尝试了"VR"、全景航拍等技术。如2017年5月,《长江日报》推出720°长江主轴全景漫游图,网友可在网络终端上身临其境地从高空俯瞰不一样的长江主轴,感受独特的视觉体验。

《武汉晚报》同样在视频方面进行了探索,截至2018年1月,《武汉晚报》"蝴蝶视频"全网播放量超过5000万次,官方微博粉丝突破45万人。

黄石日报传媒集团新媒体中心作品《工业旅游创新大会·H5 解开这根绳子,你会有惊奇的发现!》以历史老照片为主体,运用H5的呈现方式,串起黄石工业发展的一个个精彩瞬间,让昔日的"工业明珠"绽放出非同一般的魅力和风采。这一呈现形式从体验感上给用户带来了许多新的尝试。

4. 发掘新闻价值,急需一批符合需要的人才队伍

报业在新媒体环境下面临着技术转型和平台更新。融媒体时代,从纸质报纸新闻到网站、App、H5、视频、直播、VR等技术为载体的数字化新闻的转变,也是一次人才需求的转变,报业需要人才结构的调整和技术人才的补充来助力报业转型。

2017年,《荆州日报》提出了"名记者、名编辑、名专栏"的计划,这一计划是要在2017到2020的三年时间里,培养出一批业务水平突出、社会知名度高、群众认可度高的记者、编辑团队;在报纸的内容方面,创立一批有社会影响力、舆论引导力的专栏,这一计划将人才的需求放在了突出的地位。

在媒体传播手段发生变化之后,传统报纸的记者也需要顺应时代潮流进行自我转型。记者不仅仅需要使用文字、图片,还需要学会面对镜头、手持话筒,掌握拍摄、制作视频的专业技能。面对新要求,《长江日报》开始注

重对于传统记者的培训和经验传授,让记者去适应镜头,掌握技术制作能力和遇到突发情况时的随机应变能力。

2017年9月11日,《楚天都市报》推出七名"网红"记者。周一至周日,七个"网红"记者对应的七个专栏,在官方微信上开设专区,与网友互动,主题分别是解读时政新看点、打探消费大市场、畅聊寻医问药、旅游攻略指南、侃买车性价比、互动天下娱乐圈、聊市民身边事。

随着受众需求和习惯的转变,内容生产者需要不断去接触新的领域,具备自我更新的意识,自我学习的能力,自我探索的观念,才能够与受众进行沟通和联系,在新闻的内容生产上更加富有感染力和创新力。

传统报业需要在现有的记者队伍中挖掘有内容创新力的人才,同时也需要培养技术人才,引进掌握大数据分析和报业多元化经营运作的高端人才,才能够让报业具备创新能力,在媒体转型过程中具备人才条件。

(二)个性

1. 党报与都市报:生存压力存在差异

《湖北日报》近3年来发行量由21万份增长到63万多份。

《长江日报》是中国武汉市委机关报,以"影响有影响的人"为办报宗旨,以权威、全面、迅速的特点将最新政策信息传递给受众,形成了品牌效应,获2017年度第三届全国"百强报刊"称号。2017年4月28日隶属于长江日报报业集团的长江网"武汉城市留言板"上线,随后180多个职能部门入驻,全天候在线回应市民反映的各类问题,问题解决和情况反馈纳入绩效考核。自上线开始,网友留言量不断攀升。《长江日报》同步开辟专栏《民有所呼,我有所应》,形成线上线下互动模式。

《荆州日报》则是荆州日报传媒集团下属的荆州市党报。2017年积极响应荆州市委市政府的号召创建"文化三市",在报纸推广专栏,对活动的具体事实进行策划和设计,并及时发声,做好舆论引导作用,对于荆州的文化保护和文化氛围的营造做出了努力。

《武汉晚报》作为长江日报传媒集团旗下的都市报,其口号是"为民谋利益"。报道风格贴近百姓生活，报道内容关注民情民意。2017年12月份《武汉晚报》推出"'知音号'上浪漫遇知音"活动，这一活动是为吸引年轻读者群体，同时结合武汉知音文化的文化背景，为留武汉的青年群体提供一个交友的平台和渠道。

在媒体经营方面，党报掌握了跨界合作的市场竞争力份额，出现"飘红"之态，这是全国范围内的党报经营状况的共性。多重压力之下，都市类报纸生存更加举步维艰，集团整合是大势所趋。

2. 省属与市属报：媒体融合内容差异

省属媒体接触新媒体形式的时间要稍早于地市属媒体，在信息传播上，诸如《长江日报》和《武汉晚报》致力于武汉市新闻资讯的采编和发布，《荆州日报》则重点面对荆州市政府和荆州百姓，在媒介形式上发挥两微一端的作用之外，这三家媒体之间的内容呈现也存在差异。

2016年9月，《长江日报》通过官方微信平台，在同城媒体中率先推出了新闻资讯类专栏《早安武汉》。2017年6月，在全国15家副省级城市党报首届媒体融合案例评选中，长江日报官方微信《早安武汉》专栏获评案例奖。这一栏目内容上以武汉本地新闻为主，实现了新闻和服务的组合。

荆州日报党报聚合云媒体坚持内容融合生产的模块化运作，专注打造荆云直播、荆州微视、荆女郎等创新品牌，形成以文创中心、"云中央厨房"、融媒实验室为载体的融合格局，并以"中央厨房"的运作模式成功实现了市州林区党报的融合发展，成为全国率先实现媒体融合改革的地市党报媒体之一。

2017年11月3日，汉网公益频道开通，武汉晚报传媒公益文化传播院正式上线，它是由武汉晚报传媒、阿里天天正能量及众多爱心伙伴联手打造的全国首个媒体公益文化传播机构。借助互联网优势，第一时间发布公益信息，举办公益活动，传播公益资讯。

总体来看，省会及部分地市报纸转型较早，媒体融合的程度更加深入，媒体生产的形式更加多样化，还有一些地市级报纸尚处在融媒体新闻生产的初始探索阶段。

四 湖北报业发展趋势

2017年，湖北报业在媒介融合的道路上进行了深入的探索，报业竞争领域开始多样化。2018年，湖北报业在激烈的技术竞争中仍应当把握报纸的核心价值，在主流观点的表达方面占据阵地。在媒体经营困境中寻求生存的多元化产业形态，通过跨界合作实现报业的顺利转型。同时，在受众流失比较严重的环境下，应确定专业化、高端化的报纸定位，以优质内容保持受众黏性。

（一）重塑报纸核心价值

长期以来，报纸的广告收入成为报业的直接经济来源。随着当下媒介生态环境的变迁，通过报道维系用户，通过广告支撑经营的局面发生了改变。在突发事件和社会热点事件中，微博、微信、新闻客户端等互联网平台上的信息传播速度之快、传播范围之广是传统报业所不能匹敌的。互联网的裂变效应带来了网络谣言的肆虐，网络暴力的风行，加之受众阅读习惯的转变，对于事实碎片化的信息接收造成了对事件全貌的选择性屏蔽。

主流媒体的及时发声是传统报业的核心价值体现。湖北报业要挖掘核心价值，需要对重要新闻事件进行专题策划，深入现场、细致求证，重视重要主题、事件、活动等报道，及时发布正确舆论，实现意见表达的参与度和公信力。在面临当前报业转型之际，应主动调整，适应传播分众、差异的特点，在社会热点中学会担当社会责任，在谣言四起之时发挥澄清事实、官方发声的作用，营造和谐而稳定的舆论生态环境。这些需要借助记者的深入调查能力、专业的写作和传播能力来赢得传播的即时性。

（二）报章整合大势所趋

近年来，纸媒之间的竞争在地方报业市场体现最为明显。报业集团组建之初，主报还需同时具备6种以上子报、子刊，但一家报业集团旗下的多家

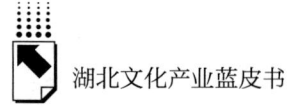

报纸经营状况各不相同。党报、机关报的经营相对稳定，而晚报、晨报、商报、都市报的经营则因报纸数量多、产能过剩等问题陷入同质化竞争的尴尬境地。

在当前报业发展陷入困境之时，"关停并转"是报业转型和市场选择的必然结果，报纸之间的合并有利于资金的合并汇流，节约报业集团的整体支出来弥补新媒体市场的资金缺口，同时，也有利于整合分散于各个报纸的读者群体，集中读者的关注度。

2016年12月，银川市将银川日报社和银川广播电视台进行整合，组建银川新闻传媒集团。2017年底，重庆日报报业集团对旗下三家报纸进行合并，分别是重庆晚报、重庆晨报和重庆商报；2017年12月1日，湖北日报报业集团旗下财经类报纸楚天金报停刊，其相关业务并入楚天都市报；2017年12月11日，无锡商报并入无锡日报。

报纸合并能够减少报业的过度竞争，使报社能够集中人力、财力、物力来办好一张报纸，同时也可以节省采访资源，使记者更加深入去打造优质本地新闻信息，最终致力于形成一张有影响力的报纸，减少内耗，从而实现收益的增加。这种合并的趋势将从报业内部整合，向报业、广播电视业、网络等新媒体平台的集体整合变化，这种深度融合的形式将形成更有效的传播体系和新型主流媒体形态。

（三）跨界经营反哺运营

随着媒体格局的变化，多元化经营与生产是当下报业转型的重要路径。新闻机构与上市公司的合作日益频繁，除与报业相关的文化产业公司、互联网公司外，还包括房地产公司、电子商务公司、旅游公司等，跨界合作的形式日益多样。

在报业集团的资本运作经营过程中，报纸的营收价值逐渐被压缩，但这种压缩给报纸带来了业务上的拓展，在不断下滑的发行与收入困境中，建立起新的经济增长点，形成新的支柱体系，从而维持报社的生存，在资金上给报业转型提供支持。

目前，不少报业集团在经营中普遍选择跨界经营，多元化产业的发展和收入已经能够推动媒体自身的运转。可以预见，2018年，报业转型将更加向多元化产业经营的模式转移，在报纸优质新闻信息所形成的市场品牌效应的支持下，探索更多的媒体合作平台，凝聚专业性的产业机构资源，带动报业自身和其他行业领域的协同发展，形成潜在的报业品牌价值和市场份额，形成多元化的产业格局。

在跨界经营的具体实践方面，一种新的报业经营模式已在武汉初显苗头，未来加以探索或可成为转型样本。在北京等一线城市，社区报和社区微信公众号开始逐步走向市场化，这些信息载体由企业托管，负责日常生产、运营和维护，立足社区特点和居民需求，策划一系列老百姓喜闻乐见的线上线下社区活动，十分接地气，广受居民好评。通过社区报和社区微信公众号，居民可以第一时间获知家门口的实用信息，也密切了基层干部和群众关系。这类企业在运营数十个社区报和公众号的同时，还成立了研究中心，着力打造基层政府服务的外脑和智库。

湖北媒体具有天然的良好基础，尤其是武汉市属媒体，位于拥有千万人口的"超大城市"武汉。全市共有1200多个社区，市场潜力巨大，湖北媒体可以借鉴这种由大众信息服务到为政府决策提供智慧服务的媒体经营模式。

（四）挖掘生产核心技术

大数据等技术手段开始日益成熟并广泛应用，数据分析对于新闻信息的获取、整理、验证、发布等方面带来诸多变化。在信息的获取上，大数据能够实现数据的文本挖掘、个性化定向推荐等方面的功能，从而以数据分析和信息可视化为核心，打造具有传播力和影响力的可视化融媒体作品。在用户流量分析中，大数据能够分析受众的阅读数量、阅读时间、兴趣爱好领域等，为报业生产提供检验和监测的技术支持，帮助报纸更好地适应受众的阅读方式需求和新闻信息内容需求，以最适合受众的方式，实现核心技术对于营销模式的定向设计。

此外，诸如报业与直播领域的合作，则为报业新闻生产增加了可视化的

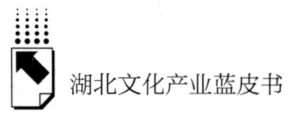

产品和受众观感,对于视频制作技术的掌握,能够迎合当下受众对视频形式信息的依赖。在如今报业打造融媒体平台的过程中,技术发挥着越来越重要的作用。2016年是VR、直播发展的元年,报业应根据年轻受众对新闻技术的要求,把技术转型作为媒体的必经之路,鼓励媒体人抓住机会,形成竞争优势。

(五)打造高端精英媒体

报纸的天然优势是能提供专业化、优质化的新闻内容。在新媒体门槛降低的趋势下,碎片化阅读成为受众的阅读习惯,通俗化、低俗化转播的现象屡有发生。聚集起涉及专业领域的受众,实现深层次阅读,成为报纸下一步可以寻求的出路。

媒体的内容正在向小众化、专业化的方向发展,在当前市场细分的大环境下,报业专业化的趋势是大势所趋。小众化意味着内容有深度,在记者的采访和创作稿件过程中需要定位精准。诸如前文所提到的,当下智能机器人已经具备十几秒之内写出一篇新闻稿的能力,对于记者来讲,新闻生产行为必须与计算机所写的短新闻有所区分,写出有温度、专业性的深度报道,即能够体现报纸特点的内容。

精英媒体应当提供精细化、高质量的新闻作品。当前新媒体生产空间人人都可以成为发声者,成为新闻信息的发布者,但这些网络信息往往粗制滥造,缺乏真实性和新闻来源的可查性,在过分强调速度、数量等方面时出现了很多低端新闻,报纸应当从这种乱象中学会发挥报纸的优势,发扬理性、深度等特色,打造有新闻质量的高端媒介和高端报道。

B.4
湖北出版产业发展报告（2017）

张琦 陈革*

摘　要： 2017年是湖北出版产业全面实施"十三五"规划，全面推进出版业发展的一年。本文首先从政策环境、法律环境、经济环境、社会环境四个方面对湖北出版产业发展环境进行了全面分析；其次，从社会效益、产业规模、融合发展、经营结构、走出去等方面对湖北出版产业的发展概况进行了总结；再次，通过与中部地区出版业的对比，从文化影响力、整体经济实力、主业发展情况、畅销书、常销书打造能力、融合发展新兴出版的角度分析湖北出版产业存在的问题；最后，对湖北出版产业的发展趋势进行分析，并提出聚焦出版资源、推进高质量出版、发展新兴出版、产学研结合助力发展、推动融合发展、深化体制机制改革的相关建议。

关键词： 融合发展　新兴出版　高质量出版　体制机制改革

一　湖北出版产业发展环境

2017年是党的十九大召开之年，是全面实施"十三五"规划、全面建成小康社会的重要一年，湖北出版产业全面贯彻党的十八大、十九大精神，深入学习贯彻习近平总书记系列重要讲话精神和党中央治国理政新理念、

---

* 张琦，湖北大学文学院副教授，主要研究编辑理论与出版发行；陈革，湖北人民出版社编审。

新思想、新战略,牢固树立"四个意识",牢牢坚持正确政治方向、宣传导向、价值取向,圆满地完成了迎接、学习、宣传、贯彻党的十九大精神的重大出版政治任务,在精品创作、融合发展上取得了新的进展,产业不断发展壮大,阵地管理不断加强,国际传播能力显著提升,行业队伍呈现新气象。

(一)政策环境

2017年,湖北省出版产业在扶持主题出版、精品出版等方面出台了一系列的相关政策,在坚持正确政治方向和舆论导向,坚持以人民为中心的工作导向,坚持加快建设新闻出版强省方面营造了良好的政策背景。

2017年,党的十九大召开前后,湖北出版管理机构和相关企业精心组织好相关主题出版工作。统筹"五位一体"总体布局、"四个全面"战略布局、新发展理念、社会主义核心价值观、全面建成小康社会以及中华优秀传统文化、供给侧结构性改革、精准扶贫、长江经济带、"建成支点 走在前列"、"砥砺奋进的五年"等宣传出版工作。以党的十九大召开为主题,实施"九个一"精品献礼工程["九个一"即一本图书、一部电影、一部电视剧、一部纪录片(动画片)、一部网络文学作品、一个节目(栏目)、一个专版(专栏专题)、一个网络视听节目、一种印刷品],适时推出了一批思想先进、内容精良、形式多样的优秀作品。同时,按照中央和省里的统一部署,开展了迎接党的十九大净化舆论环境专项整治工作,切实履行意识形态工作责任制,落实新闻出版舆论导向前端预警和处置机制。严明新闻出版宣传纪律,健全图书出版、音像电子网络出版的三审制、责任编辑制、再版再审制,着重检查图书和音像出版物书号版号实名申领、重大选题备案等工作。牢牢把握正确的政治方向和舆论导向,维护了出版领域的意识形态和文化安全,为全省出版业的顺利发展营造了良好的政策氛围。

(二)法律环境

2017年,湖北省通过推进一系列法律法规,为净化出版市场环境,尤其是网络环境创造了良好的条件。出版行政管理部门通过实施全系统的"七五"普法工作，全面提升干部队伍的执法能力。依据制定的《公共文化服务保障法》《湖北省全民阅读促进办法》《湖北省出版物市场管理与服务办法》等法律法规，开展执法监督检查，确保出版相关法律法规落实到位。与此同时，注重加强制度建设，制定《湖北省网络出版管理办法》《湖北省新闻出版广电局网络视听节目内容审核管理办法》等规章制度。深化行政审批"放管服"改革，推进"双随机一公开"和"互联网+政务服务"，规范行政许可行为，完善网上审批平台，提供优质高效的审批服务。陆续出台《关于支持实体书店发展的实施意见》《关于加快绿色印刷产业发展的实施意见》等，推动了出版产业发展。

持续推进"扫黄打非"进基层，坚持打管结合，对突出问题重拳出击。深入开展"清源、净网、秋风、护苗、固边"专项行动和"扫黄打非"示范县创建活动，强化"查堵反制、网上治理、市场监管、联防协作"，全面净化出版物市场和网络环境。

版权保护方面，强化"两法衔接"和"内外联动"机制，创新版权行政执法举措。以全国"双打""剑网"等专项行动为抓手，开展版权宣传教育与执法管理系列活动。严厉打击网络侵权盗版行为，查处一批大案要案。巩固政府机关软件正版化工作成果，全面推进企业软件正版化工作落实，配合国家版权局抓好国产软件推广应用试点工作，全面督查省、市、县三级政府机关及企业软件正版化活动。推进版权示范创建活动，培育一批版权示范单位和示范园区。[①]

（三）经济环境

湖北出版产业根据国家经济发展规划及产业政策，积极推进出版业供给侧结构性改革，通过大力调整优化出版产业结构、产品结构、消费

---

① 《2017年湖北省新闻出版广播影视工作要点》，湖北省新闻出版广电局、湖北省版权局官网，http://www.hbnp.gov.cn/gk/jhgh/ndjh/22117.htm。

结构，解决图书出版同质化，图书库存积压严重、出版新业态发展动力不足等问题，全面推进精品出版。整体图书库存有明显改善，有效出版得到提升。

湖北出版产业在精品出版方面，根据地方特色，充分挖掘荆楚文化资源，把提高原创力摆在突出位置，立足当代，反映现实，讲好湖北故事。根据国家《关于实施中华优秀传统文化传承发展工程的意见》精神，推进"荆楚文库""荆楚文萃"重大出版工程，并深入开展"弘扬社会主义核心价值观、共筑中国梦"主题的原创网络视听节目和网络文学征集推选活动。通过省学术著作出版及社会公益出版等专项资金，扶持一批内容创作、生产、出版龙头企业、示范企业和重点企业，评选一批重大项目、示范项目和重点项目。[1]

继续推动传统媒体和新兴媒体深度融合，努力实现优势互补，实现由相"加"向相"融"转变。截至2017年，国家新闻出版广电总局有两家出版融合发展重点实验室在湖北落地，一家由长江出版传媒股份有限公司与武汉理工大学共建，另一家则由华中师范大学与人民教育出版社联合建立，主要研究出版融合发展关键性技术和产业化应用，其中基础教育数字出版是重点方向之一。通过出版融合发展重点实验室的建立不断探索、推动传统出版和新兴出版在内容、渠道、平台、经营、管理等方面的深度融合。[2]

在深化出版改革方面，根据国家新闻出版广电总局的要求，稳妥推进网络出版、网络视听节目领域特殊管理股试点工作，并适时开展国有控股的上市出版传媒企业股权激励试点工作。

（四）社会环境

2017年，湖北省通过优化公共服务，全面提升出版社会环境。通过贯

---

[1] 《2017年湖北省新闻出版广播影视工作要点》，湖北省新闻出版广电局 湖北省版权局网站，http://www.hbnp.gov.cn/gk/jhgh/ndjh/22117.htm。
[2] 《两家出版融合发展重点实验室落户湖北》，湖北省人民政府门户网站，http://www.hubei.gov.cn/zwgk/bmdt/201706/t20170612_1005261.shtml。

彻落实《湖北省全民阅读促进办法》《湖北省全民阅读三年行动计划》，突出重点，深抓全省19个试点项目、各类公共阅读服务设施和"双五百工程"建设（500个励志书屋和500个希望书屋）。积极开展国家级、省级全民阅读书香城市创建活动，通过组织"4·23"世界读书日全民阅读月、"9·28"孔子诞辰日全民阅读周等专项活动，以及"书香湘鄂赣"三省全民阅读联合行动提升全省全民阅读水平。通过持续开展"书香门第　耕读人家"主题活动，举办湖北省第三届农民读书节，评选农家书屋工作先进单位、五星级书屋和"耕读人家"。组织好"农家书屋·十年回眸""五个一"活动，即十年回顾总结、自查督查整改、表彰先进典型、主题宣传报道、书屋"五进"（进校园、进家庭、进人群、进电视、进书店）。进一步优化"农家书屋"选点布局，按照标准化、均等化要求，推进"中心农家书屋"建设。完善农家书屋出版物补充更新办法，规范日常管理，健全考核机制，进一步提升"农家书屋"管理使用效能。

同时，加强公共文化服务长效机制建设，落实《公共文化服务保障法》的实施，推动农家书屋、公共阅报栏（屏）等公共文化设施正常运行，推进新闻出版的公共服务提质增效；通过统筹精准扶贫政策措施，全面整合新闻出版公共服务资源，充分发挥综合效益，对贫困地区、贫困户、特殊人群予以重点照顾和倾斜，保证贫困地区人民群众获得均等享受读书、看报等基本文化权益。[①]

二　湖北出版产业发展概况

（一）社会效益持续提升

2017年，湖北出版产业根据《关于推动国有文化企业把社会效益放

[①] 《2017年湖北省新闻出版广播影视工作要点》，湖北省新闻出版广电局　湖北省版权局网站，http://www.hbnp.gov.cn/gk/jhgh/ndjh/22117.htm。

在首位、实现社会效益和经济效益相统一的指导意见》精神,坚持把社会效益放在首位,把出版主业放在首位,通过强化导向意识、阵地意识,进一步强化质量观念、精品生产,重点突出社会效益,取得了明显进展。湖北出版业在获得各类奖项上有新突破,在重点出版项目上有新成效,在服务全民阅读上有新进展,在文化走出去上有新成绩。长江出版传媒集团时隔7年后成功入选第九届全国"文化企业30强"。2017年,长江传媒集团入选国家级各类出版奖项、项目及推荐54项,省级161项。《中国教育改革大系》获第四届"中国出版政府奖";4种出版物获第六届中华优秀出版物奖;9个项目获国家出版基金,同比增加50%;2种图书入选"大众喜爱的50种图书";《小学生天地》入选"向全国少年儿童推荐的百种优秀报刊";《马克思主义大辞典》入选总局"十九大"重点选题;并出版了《泥步修行》《绘森活》等一批畅销图书。中南医院九丘书吧等一批特色书店相继开业。举办"悦读大讲堂""朗读者"等全民阅读活动600余场次,泛海书城、九丘书馆荣获全国"最美新华书店"称号。2017年10月,长江文艺出版社出版的长篇小说《雪祭》荣获第十四届精神文明建设"五个一工程"奖,为入选该奖的仅有的两部长篇小说之一。

(二)产业规模继续扩大

近年来,湖北出版产业实现平稳增长,产业规模继续扩大,其中龙头企业发展迅速,逐步形成了完整的产业链。

从各省图书出版集团总体经济规模看,湖北长江出版传媒集团2015年、2016年连续两年排名进入前十,且2016年较2015提升五位,排名第五,在前十名的集团中名次提升幅度最大(见表1)。另外,在34家图书出版集团中,有7家实现集团资产总额和主营业务收入"双百亿",长江出版传媒集团是其中的一家。

表1　总体经济规模综合评价前十位的图书出版集团

集团名称	2016年排名	2015年排名	排名变化
江苏凤凰出版传媒集团有限公司	1	1	0
湖南出版投资控股集团有限公司	2	2	0
江西省出版集团公司	3	3	0
中国教育出版传媒集团有限公司	4	4	0
湖北长江出版传媒集团有限公司	5	10	5
安徽出版集团有限责任公司	6	6	0
浙江出版联合集团有限公司	7	5	-2
河北出版传媒集团有限责任公司	8	7	-1
中原出版传媒投资控股集团有限公司	9	11	2
中国出版集团公司	10	8	-2

数据来源：国家新闻出版广电总局，2015年、2016年《新闻出版产业分析报告》。

至2017年底，湖北省出版产业龙头企业长江出版传媒集团有限公司已经形成了以图书、期刊、报纸、音像、电子出版物的出版、发行、印制、物资贸易为主业，拥有涵盖"编、印、发、供"的产业链，并逐步向数字阅读、在线教育、动漫影视、文化创意、健康产业、地产开发、投资金融等领域拓展的跨领域、多介质、全链条的产业发展新格局，形成了较为完备的出版产业链。

（三）融合发展不断深入

湖北省出台《关于推动湖北省传统出版和新兴出版融合发展的实施意见》后，全省出版产业不断加大传统出版和新兴出版融合发展的力度，遵循新兴出版发展规律，树立互联网思维，坚持以先进技术为支撑，以内容建设为根本，充分运用互联网技术手段，改造传统出版，创新出版方式，在重点平台建设、改进内容传播方式、加快传统出版数字化转型以及产业基地建设等方面都取得了进展。

2017年2月25日，国家新闻出版广电总局出版融合发展（武汉）重点实验室在武汉理工大学揭牌；6月5日，国家新闻出版广电总局出版融合发展（华中师大）重点实验室在华中师范大学揭牌。

2017年,长江出版传媒集团公司在围绕"出版+""文化+",加速产业转型升级,深化融合发展。初步形成了数字化全民阅读、数字教育、幼儿教育、网络出版、影视动漫、大数据应用等业务体系,上半年承担国家级转型融合发展项目11项。长江少儿社面向幼教全产业链布局的爱立方公司成功进入"新三板"创新层,市值突破3亿元;开发的中小学生课程支撑服务平台,用户近400万,覆盖3500个教学点;与阿里巴巴集团旗下YunOS合作打造"长江云"全民阅读机,拓展"互联网+阅读+政务+生活服务"业务模式,打造了"四屏、一网、两微、一端"的数字化全民阅读立体传播矩阵,产品覆盖湖北多个地区,并打造了湖北首个数字阅读体验馆。网络原创出版平台"长江中文网"驻站作品9万余部,注册用户540万,形成了数字、影视、有声、出版、游戏等全版权运营产业链。湖北科技出版社以"绿手指"园艺图书品牌为基础,策划推出了"绿手指"绿色生活产业项目,从图书出版延伸到园艺旅游、园艺电商、园艺培训、文创服务等业务领域,以"知识+"的方式实现园艺产业链延伸。公司积极进军文化旅游产业,在研学旅行、文化旅游上形成了一定的品牌影响力。①

(四)经营结构逐渐优化

近年来,出版产业在多元化经营方面呈现快速发展的势头,出版传媒集团纷纷涉足不同的领域。湖北长江传媒集团在2015年开始大力拓展多元化经营,特别在大宗贸易上发力,上市公司2015年、2016年连续两年营业收入居全国出版类上市公司第一,2016年物质销售业务已占其营业收入的78.01%。② 通过物质销售贸易做大了企业规模,但物质贸易销售的毛利率较低,且存在一定的经营风险。同期其他省份的出版类上市公司的物质贸易

---

① 《长江传媒2017年半年度报告》,东方财富网,http://guba.eastmoney.com/news,600757,696753538.html。
② 《长江传媒2016年年度报告》,新浪财经,http://vip.stock.finance.sina.com.cn/corp/view/vCB_AllBulletinDetail.php?id=3208156。

占比均较低,且呈逐年下降趋势。

2017年,湖北长江出版集团提出突出出版主业的发展战略,通过优化产业结构,强化出版主业,在做强主业的基础上做优辅业,同时,不断降低多元化经营的风险,减少物质贸易方面的业务。至2017年6月30日,上市公司长江传媒的主营业务收入同比下降37.48%,这其中主要是大宗贸易下降所致;在减少物质贸易销售后,出版主业保持稳定增长,净利润同比增长26.53%[①],公司的出版主业得以强化,业务结构进一步实现优化。

(五)出版走出去扎实推进

2017年,湖北出版产业积极落实《湖北省参与建设丝绸之路经济带和21世纪海上丝绸之路的实施方案》要求,不断加强出版企业走出去的自觉意识和积极性,创新走出去的新路径、新方法,不断扩大中国文化的影响力。

湖北成功筹办"2017俄罗斯·湖北新闻出版广电传媒周"活动并受到广泛好评,湖北少儿出版社与俄方就推进筹建"中俄作家联合创作中心"进行了磋商;非洲出版中心策划的《同舟共济一甲子——中非建交60周年人物录》(中英对照、中法对照版)、《肯尼亚国家地理遥感图集》(英文版)、《肯尼亚常见植物》(英文版)等多个出版项目有序推进;湖北教育社《中国孩子的梦》(阿文版)在阿布扎比国际书展成功首发,"长江传媒中埃编辑部"建设稳步推进。[②]

湖北省有4种图书入选国家新闻出版广电总局"2017年丝路书香工程重点翻译资助项目"名单,分别是:湖北人民出版社的《中国思想发展史》(阿拉伯文版)、长江文艺出版社的《致教师》(英文版)、湖北教育出版社的"中国书法文化教育丛书"(共7册,阿拉伯文版)、湖北科学技术出版社的《同舟共济一甲子:中非建交60周年人物录》(法文版)。

---

① 《长江传媒2017年半年度报告》,东方财富网,http://guba.eastmoney.com/news,600757,696753538.html。
② 《长江传媒2017年半年度报告》,东方财富网,http://guba.eastmoney.com/news,600757,696753538.html。

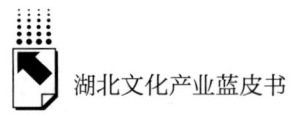

三 湖北出版产业发展面临的问题

2017年,湖北出版产业较以往取得了不少成绩,但与全国出版领先省份相比还存在一定差距,与临近的中部地区出版企业相比也还存在不少问题。以下,我们通过将湖北出版产业与中部地区出版产业进行对比,分析湖北出版产业发展中存在的主要问题。

(一)品牌效应不强,文化影响力不大

近年来湖北出版产业通过不断努力,文化影响力有所提高,但总体来看,与全国出版发达地区相比仍有较大差距。由中央文化体制改革和发展工作领导小组办公室组织推荐、认定,光明日报、经济日报等单位联合组织的"文化企业30强"评选活动是我国文化产业领域较具权威的文化品牌衡量指标之一。自2008年2月全国"文化企业30强"首届评选活动开始,截至2017年5月一共举办了9届,在入选的出版发行类企业中,江苏凤凰出版传媒集团有限公司、中国出版集团公司、江西省出版集团公司、中南出版传媒集团股份有限公司、浙江出版联合集团有限公司5家企业9次均入选,湖北长江出版传媒集团有限公司仅入选2次,在中部六省中排在湖南、江西、安徽、河南之后,居第五位(见表2)。

表2 入选全国"文化企业30强"(出版发行类)企业次数统计

企业名称	入选次数
江苏凤凰出版传媒集团有限公司	9
中国出版集团公司	9
江西省出版集团公司	9
中南出版传媒集团股份有限公司	9
浙江出版联合集团有限公司	9
安徽出版集团有限责任公司	8
中国教育出版传媒集团有限公司	7
安徽新华发行(集团)控股有限公司	7

续表

企业名称	入选次数
山东出版集团有限公司	6
四川新华发行集团有限公司	5
河北出版传媒集团有限责任公司	4
中原出版传媒投资控股集团有限公司	3
广东省出版集团有限公司	2
湖北长江出版传媒集团有限公司	2

资料来源：根据历届全国"文化企业30强"资料整理。

国家一级出版社（"全国百佳图书出版单位"）中，湖南有6家，安徽有4家，江西有3家，而湖北仅有1家。

全球最大指数提供商之一的美国明晟公司（MSCI）选取的中国A股222支标的股中仅有3支出版传媒股入围，它们全部来自中部地区，分别是湖南的中南传媒、江西的中文传媒和安徽的皖新传媒，它们都具备较强的综合实力和品牌效应。而湖北的长江传媒尚未被纳入。

在2017年6月公布的第四届中国出版政府奖中，湖北仅湖北教育出版社的《中国教育改革大系》获奖。而中部地区的湖南出版（中南传媒）有《中国财政通史》等11种图书、电子出版物获奖。[①] 另外，湖南出版有"红色传家宝"等3种选题入选中宣部、总局2017年主题出版重点选题；《月光下的幻梦》等6种出版物入选总局2017年向全国青少年的推荐百种优秀出版物；《兵临碛口》入选中国文艺原创精品出版工程（二期）；《中国古代历史图谱》、"走向世界丛书（续编）"、《世界佛教美术图说大典》等9个重大项目完成出版；有20本图书累计53次登上开卷畅销月榜。总体来看，湖北出版在中部地区，乃至全国尚缺乏一定的品牌效应和文化影响力。

---

① 《第四届中国出版政府奖入选获奖名单公示》，国家新闻出版广电总局网站，http://www.gapp.gov.cn/sapprft/contents/6588/335666.shtml。

（二）行业增速放缓，整体经济实力不强

湖北出版产业前两年进行多元化转型，产业规模迅速扩大。以各地的龙头公司为代表，2015年、2016年湖北长江出版传媒股份有限公司连续两年营业收入在出版发行类上市公司中排名第一，但营业收入绝大部分来源于物资销售等业务。2016年其主营业务收入结构中物资销售业务的比例高达78.01%[①]，远高于其他出版集团，而物质销售具有毛利率较低、风险较大的特点，存在一定的经营风险。2017年，长江传媒大幅减少物资销售业务，在调整业务结构的同时，也带来营业收入的整体下滑。根据统计，至2017年6月底，长江传媒营业收入半年同比下滑达37.48%，由2016年的第一退居第四，净利润排名第六（见表3、表4）。总体经营规模出现缩减，湖北地区出版业的整体经济实力与中部地区的湖南、江西、安徽等相比还有一定差距。

表3　2017年上半年出版发行类上市公司营业收入前十排名

排名	公司简称	营业收入（亿元）	增长率（%）
1	中文传媒	59.92	-1.76
2	凤凰传媒	53.3	6.75
3	中南传媒	49.36	4.02
4	长江传媒	45.41	-37.48
5	大地传媒	38.07	13.68
6	皖新传媒	37.87	12.82
7	时代出版	35.36	9.83
8	新华文轩	31.86	17.12
9	南方传媒	21.41	-1.01
10	城市传媒	9.29	9.78

资料来源：根据相关上市公司2017年半年度报告整理。

---

① 《长江传媒2016年年度报告》，新浪财经，http://vip.stock.finance.sina.com.cn/corp/view/vCB_AllBulletinDetail.php?id=3208156。

表4 2017年上半年出版发行类上市公司净利润前十排名

排名	公司简称	净利润（亿元）	增长率（%）
1	中南传媒	9.17	4.92
2	皖新传媒	8.32	71.19
3	凤凰传媒	8.01	4.69
4	中文传媒	7.97	21.05
5	新华文轩	4.85	43.75
6	长江传媒	3.84	29.10
7	大地传媒	3.25	2.51
8	南方传媒	2.55	17.99
9	时代出版	1.56	-34.59
10	城市传媒	1.40	16.31

资料来源：根据相关上市公司2017年半年度报告整理。

（三）出版主业不突出，资本运营力度较弱

与中部地区其他省份相比，湖北出版产业在出版主业发展方面明显不足。通过对比2017年中部地区出版类上市公司出版、发行主业不难发现，长江传媒的"出版+发行"业务的主营收入为20.31亿元，收入比例为44.72%（未减去分部间抵销数）（见表5），这还是2017年中期大幅消减物资销售业务后的占比，以前的年份占比更小。而湖南中南传媒的"出版+发行"业务的主营收入为53.84亿元，收入比例为109.08%（未减去分部间抵销数）（见表6）；中文传媒的同类业务收入为29.6亿元。

在产业链延伸及多元化运作方面，湖北出版产业和其他省份类似，拥有涵盖"编、印、发、供"的产业链，近年来开始逐步向数字阅读、在线教育、动漫影视、文化创意、健康产业、地产开发、投资金融等领域拓展，希望形成跨领域、多介质、全链条发展格局，但在沿主业拓展方面发展进度较为缓慢，多元化运营形成规模的是与出版主业关联度不高的物资销售、大宗贸易等。以长江传媒为例，2016年其物资贸易销售的收入占比高达78.01%，而在主业拓展上亮点不多、收益不大。

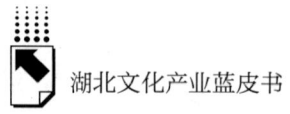

表5 长江传媒2017年中期主营业务构成

主营构成	主营收入（元）	收入比例（%）	主营成本（元）	成本比例（%）	主营利润（元）	利润比例（%）	毛利率（%）
物资销售业务	28.02亿	61.72	27.75亿	73.91	2764.26万	3.52	0.99
发行业务	13.00亿	28.63	8.75亿	23.31	4.25亿	54.04	32.68
出版业务	7.31亿	16.09	4.73亿	12.60	2.58亿	32.79	35.28
其他	1.25亿	2.75	1.14亿	3.04	1085.41万	1.38	8.68
印刷业务	8773.31万	1.93	7373.33万	1.96	1399.99万	1.78	15.96
其他（补充）	7360.78万	1.62	2259.77万	0.60	5101.02万	6.49	69.30
分部间抵销数	-5.79亿	-12.75	-5.79亿	-15.42	0.00	0.00	—

资料来源：长江传媒2017年中报。

表6 中南传媒2017年中期主营业务构成

主营构成	主营收入（元）	收入比例（%）	主营成本（元）	成本比例（%）	主营利润（元）	利润比例（%）	毛利率（%）
发行分部	41.40亿	83.87	26.03亿	94.12	15.36亿	70.81	37.11
出版分部	12.44亿	25.21	8.92亿	32.23	3.53亿	16.25	28.35
印刷分部	3.99亿	8.09	3.68亿	13.29	3166.88万	1.46	7.93
物资分部	3.34亿	6.77	3.17亿	11.45	1751.62万	0.81	5.24
数字出版及媒体传播分部	2.47亿	5.01	2.13亿	7.68	3458.55万	1.59	14.00
金融服务分部	1.69亿	3.43	7895.10万	2.85	9044.58万	4.17	53.39
其他（补充）	8600.64万	1.74	4340.42万	1.57	4260.22万	1.96	49.53
总部分部	211.90万	0.04	218.07万	0.08	-6.17万	0.00	-2.91
分部间抵销	-16.86亿	-34.16	-17.50亿	-63.28	6398.29万	2.95	—

资料来源：中南传媒2017年中报。

（四）畅销书、常销书打造能力不足，出版社市占率不高

中国图书零售市场存在较为显著的"二八效应"，即畅销书能够为整个图书零售市场贡献高比例的销售码洋。开卷信息对地面书店销售监测数据显示，2014年，图书市场中销量排名前1%的图书，为整个市场贡献了43.73%的码洋，随后的2015年和2016年，畅销书的贡献都持续增加，2017年更是增加到了51.70%，即超过一半的市场码洋是由销售排名前1%

的畅销书所取得的。畅销书已经成为拉动中国图书零售市场发展的重要力量，也是各出版社、图书公司主要的利润来源。在市场头部不断壮大的同时，市场长尾也在不断拉长。2014年，为零售市场贡献50%码洋的长尾共有155万个品种，占到当年动销品种的98.46%。经过三年的增长，2017年的市场，市场码洋占比为50%的长尾所包含的品种达到了187.67万种，为2017年动销品种的99.11%。图书市场呈现"头部更大，长尾更长"的趋势。

从开卷2017年畅销书排名来看，虚构类TOP10和少儿类TOP10均没有湖北地区的出版社的图书，在非虚构类图书中仅有长江文艺出版社的《自在·独行：贾平凹的独行世界》一本上榜。湖北出版企业畅销书、常销书的打造能力不足。[①]

从出版社来看，2017年排名前十的出版社市占率达到16.7%。其中北京联合出版社以2.63%的码洋占有率位列第一，中信出版与商务印书馆则分别以2.37%和1.58%的码洋占有率排名第二、第三。单体出版社中没有湖北的出版社上榜（见表7）。

表7　2017年全国图书零售市场出版社排名

排名	出版社	码洋占有率(%)	动销品种
1	北京联合出版有限责任公司	2.63	11395
2	中信出版集团股份有限公司	2.37	7488
3	商务印书馆有限公司	1.58	10354
4	机械工业出版社	1.50	35362
5	外语教学与研究出版有限责任公司	1.49	14305
6	人民日报出版社	1.48	4968
7	人民出版社	1.45	16808
8	世界图书出版有限公司	1.43	14017
9	湖南文艺出版社有限公司	1.42	4416
10	南海出版公司	1.37	4435

数据来源：根据开卷信息整理。

[①]《开卷发布全球背景下的2017中国图书零售市场趋势：头部更大　长尾更长》，和讯网，http://book.hexun.com/2018-01-13/192222979.html。

湖北文化产业蓝皮书

（五）融合发展力度不够，新兴出版能力欠缺

近年来新兴技术不断发展，对出版业产生了深远影响。出版业的融合发展进入提档升级阶段，新兴出版方兴未艾。被视为第四次工业革命重要驱动力的人工智能带动了云服务、大数据、物联网的升级迭代，给多个领域带来颠覆性的变化，对于出版业而言也是如此。2017年人工智能技术在选题策划、出版发行、数据加工、数字阅读等多个领域加速应用，人工智能将逐步使新闻出版流程实现智能化，在机器写稿、智能校对、流程管理等方面可以极大地提高出版效率，对于高质量出版具有非常重要的辅助作用。在这方面已有了现实的应用，如《南方都市报》写稿机器人"小南"可撰写新闻摘要，并能实现稿件的定制化输出，还可以对已有稿件进行改写和编辑加工，写出一定情感、观点、立场的报道；2017年5月，掌阅科技利用人工智能"小冰"写作诗集《阳光失了玻璃窗》，实现了人工智能创作与数字阅读在国内的首次结合。

2017年，知识付费市场呈现爆发式增长，"知乎Live""得到""分答"等兴起并受到市场广泛追捧。阿里应用分发大数据中心提供的数据显示，知识付费市场2017年将达500亿元。知识出版的核心是内容，出版业具有的强大内容优势可以在知识出版中发挥较大作用，这方面，湖北出版界在知识付费的浪潮中参与不多。国家新闻出版广电总局数字出版司副司长冯宏声认为，"出版社要充分运用新技术新应用，创新媒体传播方式"，"出版社要认清出版与互联网的关系，出版企业应该成为互联网企业。要认清信息本质，构建起信息内容的互联网，加快'知识＋'体系建设"。① 不少出版社也在进行知识付费的尝试，如中信出版与其出版的畅销书《人类简史》《未来简史》的作者尤瓦尔·赫拉利签订中国活动的独家代理，并于2017年7月，请作者到北京做活动，这场活动现场的人数是1500人，同时网上有十几家

---

① 《"2017全球知识服务峰会"在京成功召开　重新定义出版业　探索知识服务与新出版之路》，百道网，http://www.bookdao.com/article/400667。

直播的平台，腾讯平台直播的参与量是 280 万人。作者只讲了半个小时，并且票价不便宜，最贵的票价是一本书定价的 100 倍。2015 年，浙江教育出版社上线的微信公众号——青云端，立足于基础课程的深化和拓展性课程的延伸，服务于 800 万人的基础用户。目前小学阶段课程的付费用户就已经超过了 60 万人，2016 年青云端开始尝试内容付费服务，向用户提供基础朗读、评分等功能，获得了比较好的反馈。有了这个良好的开端，2017 年 9 月，中考英语的升级版英语口语测评 App 上线，他们以点卡配书的形式，服务超过 30 万人的纸质图书用户，提供更为全面的英语口语测评资源和服务。[①] 湖北出版业在融合发展方面缺乏深度，在知识付费、IP 运营、大数据运用、AR/VR 出版等方面欠缺发展能力。

四 湖北出版产业发展的趋势与建议

（一）湖北出版产业发展的趋势

1. 主题出版将持续繁荣

近年来，在国家有关部门的大力支持下，主题出版得到较快发展。从未来发展看，主题出版仍将继续繁荣。原因如下：第一，习近平新时代中国特色社会主义思想和党的十九大精神的理论等理论读物仍将是未来湖北出版的热点；第二，2018 年又时逢改革开放 40 周年、马克思 200 周年诞辰等重大时间节点，会有一大批新的热点选题出现；第三，主题出版的类别会更为丰富，时政读物、人文历史、经济政策等出版物中都有可能出现重要的主题出版物；第四，主题出版由单纯的公益出版逐渐成为市场畅销书；第五，结合湖北地方特色的主题出版内容也将更为深入化、多元化。

2. 高质量出版将引领发展

2018 年，根据国家总体部署，湖北出版业将迈向高质量出版时代，实

[①] 《"2017 全球知识服务峰会"在京成功召开 重新定义出版业 探索知识服务与新出版之路》，百道网，http://www.bookdao.com/article/400667。

现以数量规模增长到质量效益增长的转变。首先，从未来的政策环境看，出版相关的政策法规、监管体系、奖惩制度都将向高质量高标准发展，为湖北出版业营造良好的发展氛围；其次，出版企业的发展将转向高质量，这体现在出版主业得以进一步强化，核心竞争力不断加强，品牌效应不断显现，出版效率不断提高；再次，高质量图书引领发展，双效图书、畅销图书等高质量品种将带动图书市场的繁荣，"头部图书更强，长尾图书更长"的二八效应将越来越明显；最后，高质量作者成为各出版企业的核心资源，高质量的作者队伍将是优秀产品的基本保障，也将是各出版企业竞相争夺的重要战略资源。

3. 优秀传统文化"双创"发展将成为热点

2017年1月，中共中央办公厅、国务院办公厅印发《关于实施中华优秀传统文化传承发展工程的意见》，全面推动中华优秀传统的普及。党的十九大报告指出，要"推动中华优秀传统文化创造性转化、创新性发展"。从湖北出版发展情况来看，以"荆楚文库"为代表的大型经典古籍整理工程将得到全面深化，通过全方位搜集、整理湖北历代文献，建立完整的研究湖北的资料系统，以深入认识湖北地域特色，传承弘扬优秀文化，促进湖北文化繁荣发展；另外，推动中华优秀传统文化的大众化普及化，将优秀的中华传统文化与现代生活、现代题材有机融合，实现中华优秀传统文化创造性转化、创新性发展，将成为湖北出版未来的热点之一。

4. 出版改革将不断深化

2018年，湖北出版产业的改革将一步深化。首先，出版企业的考核将更趋于科学化，社会效益考核将得到高度重视。随着人民的需要从物质文化需求发展到美好生活需要，出版产业将肩负为人民提供更为丰富的精神食粮的使命，把社会效益放在首位、社会效益和经济效益相统一将成为未来出版业发展的基本方向，对于出版企业社会效益的考核将逐渐规范化、标准化、常态化。其次，"制版分离"改革将进一步推进。党的十八届三中全会发布《中共中央关于全面深化改革若干重大问题的决定》，明确提出"在坚持出版权、播出权特许经营前提下，允许制作和出版、制作和播出分开"。2016

年,国家新闻出版广电总局将江苏、北京、湖北等地设为"制版分离"改革试点,2018年"制版分离"改革将持续推进。最后,出版业的供给侧改革将持续深化。强主业、降库存、聚焦精品出版、打造出版品牌将贯穿于2018年湖北出版产业的发展过程中。

5. 全民阅读将一步推广

湖北省2015年推出的《湖北省全民阅读促进办法》,是"全国第一部通过的全民阅读法规;是全国第一部通过的全民阅读地方政府规章;是全国第一部把孔子诞辰日设立为节日(读书日)的法规"①。2016年,湖北率先实施《湖北省全民阅读三年行动计划》,创办全民阅读第一刊《阅读时代》,并持续开展"书香门第-耕读人家"主题活动,"书香荆楚-文化湖北"作为全国全民阅读品牌活动写入总局《全民阅读"十三五"时期发展规划》②。2018年,湖北省政府报告中明确提出要大力"开展'荆楚文化丝路行'活动,讲好湖北故事。推动全民阅读,建设书香湖北"③。一直以来,湖北省都在不遗余力地大力推进全民阅读活动,形式多样、深入人心,2018年,湖北省的全民阅读活动将进一步呈现繁荣发展的新面貌。

6. 新兴出版将蓬勃发展

随着移动互联网、大数据、人工智能等科技的高速发展,新的热点和新的出版业态不断涌现。首先,知识付费将持续繁荣,并推动出版业转型发展。2017年的知识付费市场规模约在500亿元,形式上以付费社区、音频问答、在线课程表现最为突出。未来,优质内容的持续供给是知识付费发展的核心因素,而出版业在这方面具有后发优势,在知识付费的重点领域——教育出版和专业出版方向上可以提供更为专业性的知识和服务。其次,以IP为核心的出版产业链逐渐形成。由网络文学IP为源头改编为影视、游戏

---

① 《〈湖北省全民阅读促进办法〉实现全民阅读立法零的突破》,湖北省人民政府门户网站,http://www.hubei.gov.cn/zwgk/bmdt/201504/t20150416_641631.shtml。
② 《湖北2017年继续推进全民阅读》,荆楚网,http://news.cnhubei.com/xw/wh/201702/t3790826.shtml。
③ 《政府工作报告——2018年1月24日在湖北省第十三届人民代表大会第一次会议上》,荆楚网,http://news.cnhubei.com/xw/2018zt/2018lh/201802/t4070396.shtml。

等衍生文化产业的 IP 运作方式逐渐成熟，出版业在 IP 产业链中将发挥越来越重要的作用。再次，人工智能将为出版业提供更多可能。人工智能在出版业的应用将加速，在出版发行、数据加工、选题策划、数字阅读、机器写作、机器校稿、营销推广等诸多环节都将有更为广泛的应用，这将有效提高出版效率，同时对出版的流程、业态产生深远影响。最后，AR、VR、大数据等的应用将持续推动出版业的转型升级。新兴出版的蓬勃发展对于湖北出版业而言既是机遇也是挑战。

（二）湖北出版产业发展建议

1. 聚集资源突出重点，政策扶持加强引导

根据开卷从 2014 年 1 月至 2017 年 10 月综合实体店、网店及零售三个渠道的数据，年销售数量小于 5 本的图书，占全部图书品种的 34.5%；年销售数量小于 10 本的图书，占全部图书品种的 45.19%，这表明每年至少有 1/3 以上的图书沦为滞销书。① 根据开卷最新发布的《2017 年中国图书零售市场报告》，近年来，图书市场中年销量排名前 1% 的图书市场码洋占比逐年攀升，2017 达到 51.70%，即超过了一半的市场码洋是由销售排名前 1% 的畅销书所取得的。② 因此，突出重点出版、减少无效出版仍是湖北出版产业未来的重要任务。湖北出版产业应充分利用湖北高校众多、人才众多、科研实力强的优势，积聚资源优势、人才优势、资金优势，聚焦具有湖北特色的重点图书产品的出版。

与此同时，政府主管部门及行业协会等应在政策上、资金上加大对重点图书的引导与支持力度。通过出台系列配套政策，通过省学术基金、省公益基金以及各类专项资金，加大对双效图书、主题出版等重点图书的引导与扶持；加大对"荆楚文库"等大型出版工程的支持力度，加大对传统文化普

---

① 《报告显示 34.5% 图书年销量不足 5 册　那些卖不掉的书都去哪儿了？》，每经网，http://www.nbd.com.cn/articles/2018-01-03/1178834.html。
② 《最新报告：2017 中国图书零售市场总规模超 800 亿　网上书店依然是主要推动力》，新浪网，http://finance.sina.com.cn/roll/2018-01-10/doc-ifyqptqv6859106.shtml。

及类图书出版工作的支持。出版社内部也要出台相应的配套政策，加大资金支持和各项奖励力度，引导出版产业良性发展。

2. 深化出版改革，增强出版活力，全面促进高质量出版

我国新时代经济的本质特征是高质量发展，中国出版业经过多年的高速发展，也正在走向高质量发展的新时代。2018 年，国家新闻出版广电总局已把高质量发展作为推动图书出版的根本要求，湖北出版业应深化出版改革，增强出版活力，全力推进高质量出版。首先，要加大供给侧改革力度，进一步优化图书出版结构。持续推进主题出版、重大出版、原创出版、融合出版的发展和繁荣，加速推广全民阅读活动，通过营造优质的阅读发展生态、良好的阅读空间，努力打造阅读生态圈，同时，大力提供高附加值的产品和服务，创造新的盈利点。其次，要大力提升出版管理水平，坚持繁荣和管理并重，深化管理制度、用人制度、激励制度的体制机制改革，再造出版业务流程，为高质量出版提供充分的保障。最后，积极推进"制版分离"改革。湖北省是国家新闻出版广电总局"制版分离"改革试点省份，"制版分离"，湖北要积极落实这项改革工作，推动民营出版的发展，丰富出版要素、理顺财务流程、鼓励其进军资本市场；同时，推动国有出版社提升管理效率、明确主体责任、聚焦出版主业，给出版业的发展带来新动力、释放新活力，全面发展高质量出版。

3. 深挖内容优势，积极布局新兴出版业态

湖北出版产业要依托出版的内容核心优势，积极布局新兴出版业态。首先，在日益蓬勃的知识付费浪潮中，湖北出版企业可以利用多年积累起来的丰富的内容资源，通过与互联网企业的合作，实现优势互补。这方面，其他地区的出版单位已有成功的案例，如机械工业出版社华章书院制作的陈春花"90 分钟掌握激活团队的必备能力"付费课程，直播当天购课人数达到 5 万人次，创下了付费直播课程的最高纪录。广西师范大学出版社旗下的"知更社区"与豆瓣时间、喜马拉雅分别进行合作，取得了较好的效果。湖北是教育强省，具有丰富的教育资源，湖北的出版企业可以将重点放在教育出版和专业出版方向，通过对已出版和将出版的图书进行深度挖掘，将有价值

的内容整理出来做成付费产品；同时也可以利用广泛的作者资源，做出或脱离图书或依附图书的知识付费产品，比如做课程等相关内容。其次，以IP为核心，构建版权运营产业链。湖北出版企业要深挖内容价值，树立全版权运营的理念，在图书选题策划、产品制作、营销推广等方面进行IP产业链相关布局及运营，在网络文学等IP源头领域加大布局，同时加强与互联网企业的合作，加强图书产品的IP转化。最后，采用合作的方式，积极与互联网企业合作，以内容为核心，积极应用人工智能、VR、AR、大数据等新技术，主动对新兴出版进行布局。

4. 加强应用性研究，产学研结合助力产业发展

湖北是中国重要的科教基地，截至2016年5月，全省拥有普通高校129所，在校大学生140.18万人，世界一流大学建设高校2所，世界一流学科建设高校5所。科教文化实力位居全国前列，国家科技奖获奖项目数量曾连续7年位居全国前四。[①] 同时，湖北也是全国重要的出版教学、科研强省，有着全国领先的出版教学及研究机构。武汉大学的编辑出版学的前身是武汉大学与新华书店总店1983年合作建立的我国第一个图书发行学专业，目前武汉大学编辑出版学在国内的编辑出版学专业中具有重要的影响力；华中师范大学、武汉理工大学分别是国家新闻出版广电总局出版融合发展重点实验室所在地；而华中科技大学出版社则是国家数字复合出版系统工程三家试点单位之一。湖北地区出版教学和科研实力居于全国前列，湖北出版产业要充分利用这些资源优势进行发展。首先，高校及研究机构要充分利用自身较强的科研实力加强应用性研究，根据出版企业发展实践中的需要进行针对性的课题研究，同时加快进行科研成果的转化，为企业的发展服务；其次，高校、科研机构和出版企业可以加大联合培训人才的力度，为企业提供高素质的人才，同时为出版企业开展多层次的人才培训，充实湖北出版企业的人才队伍；再次，高校、

---

① 百度百科：湖北, https://baike.baidu.com/item/%E6%B9%96%E5%8C%97/173862? fr = Aladdin。

科研机构和出版企业可以建立人才共享机制，高校相关专业的人员到企业挂职，企业高管到学校教学，以便将丰富的实践经验融入教学科研中，加大应用性，加强人才之间的互动；最后，出版行政管理机构及行业协会应加大引导及协调工作，促进高校、科研机构与出版企业的联系，实现产学研的深度融合。

5. 深入推进出版业的开放，全面推动融合发展

2015 年，国家新闻出版广电总局出台《关于推动传统出版和新兴出版融合发展的指导意见》，出版产业的融合发展如火如荼。未来，融合发展进入深化阶段，湖北出版业应该加大以下几方面的融合力度。第一，要加强技术融合。充分利用新技术建立选题策划、协同编辑、结构化加工、全媒体管理等一体化平台，实现内容生产向实时生产、数据化生产转变。同时运用人工智能、大数据、云计算、AR、VR 等新技术，加强出版内容、产品及用户数据库建设，加快发展移动阅读、在线教育、知识服务、按需印刷、电子商业等新业态。第二，要加深制度融合。在国有企业内部通过完善经营管理机制，探索出版企业内部组织结构及流程的再造，变革和融合传统出版和新兴出版的生产经营模式。国有出版企业与民营出版企业也要加强融合，充分实现优势互补，促进行业发展。第三，要加速跨界融合。湖北出版产业要以内容为核心，充分发挥出版自身的优势，加速与信息产业、数字出版产业、影视业、教育培训业、旅游业、金融业等产业的融合，做强企业集群。第四，要加快资本融合。通过资本市场发展壮大，不断强化企业实力。以出版主业为中心，通过兼并收购不断整合资源，增强企业的核心竞争力。

6. 深化体制机制改革，建立全方位人才培养机制

人才问题是困扰出版业发展的核心问题之一，湖北出版业亟须一批出版领军人才、策划营销人才、新兴出版人才，以及高素质的出版管理人才。湖北出版业要通过深化体制机制改革，建立全方位的人才培养机制。首先，高校出版教育要更注重应用型人才的培养，建立产学研结合的人才培养体系；其次，出版企业在人才引进方面要加大力度，打破以

往手续繁杂的引进模式，通过市场化的手段解决企业亟须的人才；再次，出版企业要加大对高端出版人才的激励机制，改变目前僵化的用人体制，通过职业晋升快速通道、股权激励、职业经理人等多种方式积聚人才、留住人才；最后，出版管理机构要通过出台相关政策，为企业引进人才、留住人才营造良好的环境。

B.5 湖北省广播电视产业发展报告（2017）*

路俊卫　卢松林**

摘　要： 2017年是湖北省开启建设新闻出版广电强省新征程之年，随着媒体融合不断改革发展，湖北广电电视产业全年基础设施和公共服务能力提档升级，精品创作生产与"走出去"迈出新的步伐，产业实力进一步壮大。但与此同时，内容创新不足导致精品力作数量不多、融合发展水平不高、融媒人才短缺及"湖北创造"的能力有待提高等因素制约着湖北广播电视产业发展。针对这些问题，本报告提出了相应的发展策略。

关键词： 广播电视产业　媒体融合　公共服务　内容生产　精品创作

2017年是"十三五"全面推进的一年，面对经济发展的新常态和广播电视产业发展的新变化，通过不断加快改革步伐，新闻出版广电体制机制逐步完善，省局机构改革在全国率先进行，被誉为"湖北样本"。全省广电网络整合、报刊转企改制、管办分离、事企改革、市州林区县系统机构改革等不断攻坚克难，为新闻出版广电发展增强动力。湖北广电网络以市场为导

---

* 说明：本报告没有标记出处的数据均来自湖北新闻出版广电局官方网站及湖北广电新媒体长江云官网发布的新闻，在此表示感谢。
** 路俊卫（1970~），女，博士，湖北大学新闻传播学院副教授、硕士研究生导师，主要研究领域为广播电视与视听新媒体，有20余部广播电视作品获湖北新闻奖、湖北省广播电视新闻奖等奖项，目前为国家广电总局、湖北省广电局节目评议专家；卢松林（1995~），女，湖北大学新闻传播学院硕士研究生。

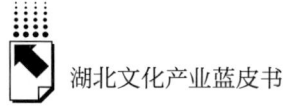

向，进行企业化股份制改革，加强网络基础设施建设，不断增强主流媒体舆论引导力。

一 2017年湖北广播电视产业发展概况

湖北广播电视系统深入贯彻学习党的新闻舆论工作精神，着力加强舆论引导和正面宣传、唱响时代主旋律，组织"荆楚行"系列主题宣传活动，创新精品创作丰富人们文化生活，在广播电视基础设施建设、提升公共服务水平、融合新闻报道等方面取得了显著成效。

（一）广播电视公共服务能力不断完善

2017年，湖北省形成卫星地面、有线无线、电子纸质、移动固定等多元覆盖全媒体服务体系。为了发挥新闻广电系统的意识形态主力军作用，湖北省实施广播电视"村村响""户户通"等公共文化服务建设，推进电影"月月看"、书屋"村村有"的标准化公共服务。全省各级广电采编播平台实现数字网络化转型、高、标清播出，在基础设施建设上，湖北省投资1.8亿元完成79座高山无线发射台建设，投资3.7亿元推进广播电视节目无线数字化覆盖工程，建成省级数字化监管平台，落实省级无线数字化覆盖等工程建设资金5992万余元。

2017年，湖北省安装"户户通"131万余套，开通率90.7%；[1] 建成"村村响"县级平台92个，村级广播系统2.4万余个，安装音柱喇叭26万余只，完成率95.09%。[2] 借助大数据技术对"户户通"进行督查，查处通报了一批工程建设违规违纪问题，推进了"户户通"工程建设进度和质量。从湖北省新闻出版广电局（2017）统计年报得知，湖北省有线电视订阅减少，而数字有线收入增加。湖北广电在2017年投资11亿元加速推进"宽带倍增计划"，通过大规模光网改造，完成300万户光纤到户工作。全省农村

---

[1] 资料来源：湖北省新闻出版广电局《2018年全省新闻出版广电工作会议报告》。
[2] 数据来源：湖北省新闻出版广电局《2018年全省新闻出版广电工作会议报告》。

公益电影放映31.7万场，省局帮扶的全省第一家村级数字影院（潜江市石牌镇老堤村）每周为当地群众提供免费电影放映服务。湖北广电面向基层打造荆楚"红色文艺轻骑兵"，不断繁荣大众文艺。

湖北广电深入贯彻《全民阅读三年行动计划》，开展"书香荆楚 文化湖北"全民阅读活动，全年举办"书香湘鄂赣寻找最美读书人"等多元化读书活动3385场次，互动人数达到70万。2017年全省农家书屋总数为216个，新建28个。[1] 同时，深入落实"深入生活、扎根人民"要求，组织开展"书香门第 耕读人家"读书用书赶集系列活动。对湖北历代文献研究"荆楚文库"进行数字化改造，用于新媒体网络传播。2018年3月16日，湖北省首家专营原版进口图书音像制品的特色书店在武昌开业，丰富了市民广泛阅读需求。[2]

（二）广播电视产业实力进一步壮大

2017年，全省广电行业在内容产品生产上，建有89座播出机构，包括广播电视台77座，广播电台6座，电视台6座；社会影视制作机构236家，商业院线22条（其中银兴、天河为国有院线），农村公益电影院线11条；建成数字影院326家，银幕1842块，座位26.61万个。[3] 湖北广电突出抓好精品创作生产工作，扶持引导精品创作生产，促进湖北广播电视内容创作生产的繁荣发展，打造有影响力的广播影视创作"鄂军"品牌。电视制播分离进一步深化，电视内容生产传播呈现社会化运作，大量引进国际版权节目，民营制作公司创作能力增强，为湖北广播电视荧屏增添了活力。

湖北广播电视台坚持新闻立台、融合兴台战略，追求新闻、电影、纪录片、综艺节目等全面发展。品牌新闻节目《湖北新闻》《湖北之声》权威发布政策信息，报道关心百姓冷暖。2017年湖北广电在内容产品创优中也呈现了一些亮点。广播剧《格桑花开》、纪录片《楚国八百年》、电影《青春

---

[1] 数据来源：湖北省新闻出版广电局《2018年全省新闻出版广电工作会议报告》。
[2] 新闻引自湖北新闻出版广电局官网，http://www.hbnp.gov.cn/。
[3] 数据来源：湖北省新闻出版广电局《2018年湖北省新闻出版广播影视工作情况汇报材料》。

派》获全国第十三届"五个一工程"奖。电视剧《海棠依旧》、电影《血战湘江》获中宣部第十四届"五个一工程"奖。① 电视栏目《汉字解密》被国家新闻出版广电总局评为"迎接十九大节目"一等奖。五集电视专题片《读书的力量》获中国纪录片学会颁发的"中国优秀纪录片"奖，两次在央视播出，同时在全国部分上星频道播出。这部由"全民阅读""文明根脉""精神底色""历史之轮""书写人生"五个方面构成的大型纪录片，用3年时间采访拍摄10余个省市专家，通过采访追溯书的前世今生，阐述阅读的重要性。《兄弟我们一起上去》获"2016～2017年度中国广播影视大奖"广播电视节目奖。2017年，湖北省6部"中国梦"主题原创网络视听作品被国家新闻出版广电总局推荐播出，湖北省先后有28件新闻作品获"中国新闻奖"。湖北垄上频道《垄上行》节目将演播室直接搬到田间，通过记者体验式采访了解"新三农"情况，成为全省17个市州林区服务农民的新平台。

总体来讲，2017年湖北广播电视行业充分挖掘地区荆楚特色优势，开发出具有本地特色的影视文化产品，增强了湖北广电产业在文化市场上的吸引力和竞争力，在新的一年将构建"新闻资讯+人文娱乐+民生服务+政务公益+电视剧+全媒体"六大节目集群，挖掘"内容营销"优势，创造多屏时代多元营销新模式，满足广播电视市场的需求。

（三）有线电视企业增值服务得到拓展

有线电视市场份额在IPTV、OTT冲击下迅速下降，企业转型融合发展成为必然趋势。为了适应三网融合的发展趋势，应对视频网站的竞争，湖北广电在改造高清双向网络的同时，开发增值业务。2017年3月，湖北广电开始开展湖北省的增值电信业务，在促进广电转型发展的同时，也带动幸福农村智慧网络建设。湖北广电分别与仙桃市人民政府、荆州市政府签订"智慧仙桃""智慧荆州"战略合作协议，推动智慧政务、智慧交通、智慧社区等政务、民生领域合作。湖北广电与农行湖北分行在信贷融资业务、互联网接入

---

① 资料来源：湖北省新闻出版广电局《2018年全省新闻出版广电工作会议报告》。

等领域开展合作；湖北广电在国家广电局批复下开设有线、无线融合项目试点，加快智慧湖北建设，进行广电网络业务综合发展。湖北广电携手中信国安签订"DVB+OTT"业务，进行"智慧广电"建设，发放智能终端140万台；湖北广电携手武汉光谷数字家庭研究院进行数字家庭示范项目合作。①

作为地方主流媒体，广播电视为受众提供了丰富的视频资源，其丰富的信息产品服务所创造的经济效益也为其事业发展提供了强有力的支撑。但是在新媒体时代，传统电视广告盈利模式逐步发展为依托节目内容树立的品牌与用户的服务意识，搭建"内容+服务"产业一体化的广告模式。

湖北广播电视产业总创收收入包括广告收入、网络收入以及其他收入，其中收入的主要来源是广告和网络。但随着新媒体背景下广播电视的产业转型，2017年，湖北广播电视产业收入中广告收入减少，截至2017年年底，全省广播电视预估实际创收收入69.97亿元（不含系统外单位收入），其中广告收入18.15亿元，比上一年度减少5.47亿元，广告收入仍然呈下滑趋势；2017年，湖北广播电视产业收入中网络收入为39.48亿元，比上一年增长0.67亿元；而其他创收收入为10.32亿元，比上一年度增长5.81亿元，在总收入中比上一年度占比增加9.66个百分点（见表1）。

表1 2011~2017年湖北省广播电视系统创收收入分类情况

年份	总收入（亿元）	广告收入		网络收入		其他收入	
		总额（亿元）	百分比（%）	总额（亿元）	百分比（%）	总额（亿元）	百分比（%）
2011	58.15	23.07	39.67	25.69	44.18	9.39	16.15
2012	69.37	25.84	37.25	29.14	42.01	15.05	21.70
2013	74.03	26.61	35.94	29.51	39.90	17.91	24.19
2014	91.13	35.85	39.34	33.37	36.62	21.91	24.04
2015	90.10	26.73	29.70	35.34	39.22	28.03	31.11
2016	66.61	23.62	35.46	38.81	58.26	3.68	5.52
2017	67.97	18.15	26.70	39.48	58.08	10.32	15.18

资料来源：湖北省新闻出版广电局统计年报。

---

① 资料引自慧聪网《2017年湖北广电大事件汇总》，http://info.broadcast.hc360.com/list/m_pages.shtml?767287=&from=singlemessage&isappinstalled=0。

总体数据显示，湖北广播电视产业2017年总收入相对于2014~2015年总收入下滑趋势明显，原因主要在于湖北广播电视广告收入、其他收入的减少。近七年来湖北广播电视收入情况的数据显示，网络视听新媒体在分流传统电视受众的同时，也在抢占广告市场，推动广电盈利模式转型。在广播电视融媒发展的趋势下，网络收入呈现稳定增长，其他收入创收空间开发不足，传统广播电视过度依赖广告收入的盈利模式不适应新媒体多屏传播发展要求，应该积极探索多元创收方式——如个性化视听服务，增值互动游戏等，不少电视媒体企业通过发展电视购物开拓新的增长点。通过开展多元化经营，利用自身的品牌延伸到上下游企业，线上线下联动。在多渠道融合方面，利用社交媒体改善用户收视体验，增强受众互动与节目反馈，借助社交媒体优势拓宽节目内涵。在媒介融合政策利好的形势下，用户通过社交媒体进行观感传播充分发挥了社交媒体裂变式优势。加强与社交媒体合作，是拓宽电视产业链的必由之路。

二 2017年湖北广播电视产业发展特点

（一）技术驱动创新媒体融合产品形态

新媒体迅速崛起，广播电视媒体加快数字化转型发展。一方面各地媒体完善传播渠道、制播系统；另一方面各级播出机构发展IPTV、互联网电视等新业态。湖北广电IPTV集成播控平台成为全国第一家与中国网络电视台签约的试点地区，其作用是对IPTV节目进行统一集成播出。[1] 湖北IPTV将热点话题与优质资源进行整合，具有专题点播与互动服务，以提升内容精准度，互动性的增强使得一部分受众从互联网重新回归到了电视。[2] "湖北广电ITV"在湖北17个市州林区上线，依托广电内容平台，借助湖北电信进

---

[1] 新闻引自湖北省新闻出版广电局官网，http://www.hbnp.gov.cn/。
[2] 张晗：《媒介融合背景下传统电视媒体发展策略研究——以湖南卫视芒果TV为例》，《新媒体与社会（第十六辑）》，社会科学文献出版社，2016。

行渠道传播与用户服务，其交互式观看方式全面提升了湖北 6000 万用户的使用体验，通过宽带网络平台与用户建立一对一联系，内容供应方根据用户收视习惯及时做出调整。与此同时，在便民服务方面能为用户提供查询电话号码、缴纳电费水费、玩游戏等增值服务，方便了市民生活。全媒体建设推动了制播模式变革，打造全媒体记者队伍，搭建"中央厨房"式内容集成平台，湖北广电"长江云"融媒体新闻中心以"中央厨房"式内容生产来推动传播影响力，全台 10 套电视频道与电视频率通过打通新媒体端口，实现"中央厨房"总调度一体化传播。

随着多屏传播发展，视听行业进入移动视听新时代。移动互联网、智能手机等移动终端普及，视听发展为多屏传播，广播电视媒体不仅自制内容专业生产，还汇集用户生产内容用于互联网手机等多种终端。微博的兴起，改变了视听媒体发展的生态环境，在信息的产生和传播方面，速度更快，时效性更强。视听新媒体平台建设加快，终端智能化发展为用户提供了个性化音视频服务，提升融合发展服务水平。

（二）广播电视五级矩阵全面开启融合报道

湖北广播电视台的媒体融合同时包括省、市、县三级媒体新闻采编融合与党政部门新媒体融合。移动互联网时代，善于挖掘文字、图片、音视频等各种数据关联的数据新闻成为媒体新宠。长江云自 2014 年 5 月建立以来，集报纸、广播、电视、两微一端等全省各级媒体产品共计 8112 个于一体，进行共享云媒体平台传播，建设区域性智能化媒体融合平台。长江云融媒体新闻中心从信源、选题、记者编辑到产品发布实行统一指挥，省、市、县媒体记者使用"长江行者"手机端 App，就可通过"湖北新闻＋"全媒体系统进行数字采编、视频创作，责编可进行审核，将有价值的信息共享在开放平台中。

媒体融合发展道路上，湖北广电始终走在发展前列。2017 年党的十九大报道期间，全媒体组织开展党的十九大新闻宣传报道，持续时间长，涉及范围广，形成了新闻报道立体传播。各级媒体通过图文、网络直播报道等方式,提升党的十九大报道关注度。为了给党的十九大胜利召开营造良好的舆论氛围,湖北省各级电台、电视台开设专题报道党的十八大"砥砺奋进的五年"取得的辉煌成就。为"迎接宣传贯彻十九大·荆楚行"集中采访活动等设置专题专栏专版,长江云提前三个月策划了《丰收大湖北·系列网络直播》《喜迎十九大·文脉颂中华》等多场大型活动。为全方位、多层次、全景式报道党的十九大盛况,湖北广电积极发挥融媒体实力,在北京搭建全媒体演播室,整合广播《湖北之声》、电视《湖北新闻》、长江云新媒体发挥湖北广电"中央厨房"融合实力,提升融合传播的速度和效果。长江云新媒体第一时间将湖北新闻有关党的十九大的前方报道碎片化,确保在移动端首发。长江云客户端围绕党的十九大宣传推出《新时代新征程　聚焦十九大》的网页和App特色专题,通过动态播报、开启新时代、牢记殷殷嘱托、砥砺奋进的五年、十九大时光、十九大代表风采等栏目,8天24小时全天候随时更新,全面做好党的十九大宣传报道工作。2017年以来,全省广电采编的新闻上央视的有1700多条,其中上《湖北新闻联播》的228条;上央广的312条,其中上《全国新闻联播》的70条。湖北省媒体在党的十九大会议期间在央视《全国新闻联播》发稿22条,在央视其他频道发稿55条,在全省各级党报发稿9900余篇。长江云在传播渠道上,横向整合台内广播、电视、湖北网台、IPTV及"两微一端"平台进行推广,纵向融合全国11家党媒党端,增强媒体传播影响力;同时,整合今日头条、腾讯、优酷、微博、微信等新媒体资源进行多平台矩阵式传播,开启协同作战"新征程"。

湖北广电在两会报道中实行五大矩阵开启融媒体报道。2018年初"两会"新闻报道中,湖北广电依托"中央厨房"优势,围绕两会主题进行"全台一盘棋"融媒体报道。推出了一系列有特色的新闻报道作品,充分发挥了广播电视主流媒体的舆论影响力。湖北广电矩阵是核心报道矩阵,整合了广播、电视、新媒体团队,由北京前方全媒体报道团队和后方"中央厨房"组成,前方70人团队进行新闻采集、全媒体直播、视频访谈,后方进行图文、音频、视频融媒体产品生产,形成多渠道同步分发的传播格局,形成平台化全媒生产传播合力;湖北广电与中央电视台、《人民日报》、新华社等中央级媒体及腾讯、今日头条形成央媒及重量级商业媒体矩阵,提高两会报道的传播影响力;湖北广电联合湖南、河南等开启"党端联动看两会"省域联合媒体矩阵,进行生态长江联动报道;湖北广电依托长江云平台形成市、州、县媒体矩阵,开通"云端联动报两会",在全省117个云上系列客户端上进行长江云"头条""湖北"频道同步推送;① 湖北广电通过Twitter等渠道开启海外媒体矩阵,将中国故事传播海外。

湖北广电融媒体新闻中心在2018两会报道中,为增强两会报道用户参与体验度,突出"科技+文化+传媒"特点,推出了一系列智能AI播报两会融媒产品:如长江云机器人记者"云朵"结合今日头条大数据,化身湖北综合频道帮女郎播报"数据新闻"②;长江云结合腾讯QQ,创新前言AR互动两会,扫一扫两会图片,即可在手机上观看两会宣传片,提升两会传播力;在两会短视频方面,打造两会报道系列IP,推出《超燃60秒》《动感湖北》高品质融媒视频产品,11场《两会V访谈》点击量突破89万次,25期《两会"号外"》在微信朋友圈中广泛传播;创新H5报两会中,长江云推出的创意H5《跳一跳看报告》解读政府工作报告,已有100万人次互动,在《千里山水画一卷 大展湖北这五年》系列创意互动产品中,通过航拍无人机技术打造全景新闻,拓宽了观众视觉体验。③

两会报道发挥了多元分发特点。截至2018年3月11日,《湖北新闻》《长江新闻号》推出两会系列报道18个,播出时间超过1100分钟,在央视《新闻联播》播出新闻19条,在央视一套、新闻频道播出新闻59条;新媒体推送图文视频240个,各平台浏览量达到5600万次;湖北之声《直通全国两会》播出新闻64篇,在中国之声、央广网发稿44篇,新媒体推送图文视频500个;长江云开通两会直播车专栏,发稿1100多篇,两会专题点击

---

① 资料引自湖北网络广播电视台官网长江云平台,http://news.hbtv.com.cn/p/1234239.html。
② 新闻引自长江云平台《长江云全国两会报道再升级!机器人记者"听见"你的心声!》,http://info.broadcast.hc360.com/list/m_pages.shtml?769719,2018年3月5日。
③ 资料引自湖北网络广播电视台官网长江云平台,http://news.hbtv.com.cn/。

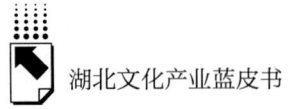

量为1.83亿次。① 这些新媒体产品融合传播，实现了报道内容、平台共享互通，达到了网友互动式、裂变式传播的效果，让湖北广电在两会报道中的影响力有了显著提升。

（三）广播电视体制改革着力提升队伍素质

湖北省新闻出版广电局是我国新一轮机构改革中第一个省级新闻出版广电局，于2013年5月成立，在全国率先完成新闻出版（版权）和广播影视两局合并。2017年，全省基本完成新闻出版与广电行政整合，省有线广播电视网成功上市，实现全省一网。全省已有16个市（州）合并组建新闻出版广电行政部门（潜江市单设新闻出版局和广播电影电视局），并拥有湖北广电、湖北日报、长江日报、长江传媒、知音传媒、三峡传媒等17个大型传媒集团。据统计快报，2017年，全省新闻出版广电系统年度产值840亿元，新闻出版与广播影视分别为720亿元与120亿元，同比增长5%，在全省文化产业核心层产值中占比80%以上。全省从业人员达18.2万余人（新闻出版14.4万人、广播影视3.8万人），其中技术人员9.7万人，占总人数的53.2%，高级职称人员7504人（其中正高级1482人），占总人数的4.1%。② 从人员结构数据来看，从业队伍的年轻化、合理化、专业化进展缓慢，湖北广电系统人才引进工作尚需进一步改善。

人才是传媒事业发展的源泉，为进一步提升广电人才队伍的整体素质，2017年，湖北广电继续推进"两个一百"人才培养工程，对入选对象进行培训提高及项目扶持。通过全省系统远程培训平台进行面授及网络培训，全年共举办各类培训班36期，制作采购20余部优秀课件，进一步完善了全省系统网络教育培训平台。在职业资格管理上，严格执行广电从业持证上岗制度，重点做好播音员、新闻采编人才职业资格管理工作，切实解决持证和上岗"两张皮"问题。这些培训措施大大提升了广电新闻人才队伍素质，全省出版

---

① 资料引自湖北网络广播电视台官网长江云平台，http://news.hbtv.com.cn/。
② 资料来源：湖北省新闻出版广电局《2018年全省新闻出版广电工作会议报告》。

专业技术人员持证上岗率超过95%。在第六届韬奋杯全国出版青年编校大赛中,省新闻出版广电局组队的综合成绩在地方代表团中排名第一。[1]

(四)广播电视对外交流合作迈出新步伐

湖北是国家"一带一路"倡议与长江经济带发展战略的重要交汇点,湖北广电借助湖北广播影视的桥梁作用,实施精品力作走出去战略,促进文化交流和贸易合作。马来西亚湖北传媒周、俄罗斯湖北传媒周成功举办,一批新闻出版广电优秀产品借船出海。借助传媒周合作国的本土播出平台播出中国节目,内容贴近国外受众,通过传媒周的举办,促进了国际交流。在中俄两国总理出席的中俄媒体交流年总结会上,"2017俄罗斯·湖北新闻出版广电传媒周"被评为"2016~2017中俄媒体交流年"十大大型活动类优秀项目,湖北新闻出版广电局荣获优秀组织奖。[2] 湖北教育出版社在埃及设立"中阿文化编辑部",湖北科技出版社在肯尼亚建立出版中心,成为湖北省新闻出版广电机构"走出去"的重要平台。实施对外文化出版工程,多语种双语版"荆楚文萃"出版发行,彰显了荆楚优秀文化,湖北广电还将举办2018非洲湖北传媒周活动来扩大荆楚文化影响力。

三 湖北广播电视产业发展存在的困境

(一)"湖北创造"总体能力有待提高

近年来,湖北广播电视产业规模在逐年扩大,传统媒体与新兴媒体的融合发展也在进一步深化,但从总体来讲,湖北广电总体实力和竞争力不强。从2017年上半年湖南、安徽等中部六省广电发展情况看,湖北省广电产业发展总体平稳,与2016年相比,总收入和实际创收收入都有下降,在中部六省中位居第三位,有线广播电视用户数和数字电视用户数略有增加。全省

---

[1] 材料引自湖北省新闻出版广电局《2018年全省新闻出版广电工作会议报告》。
[2] 材料引自湖北省新闻出版广电局《2018年全省新闻出版广电工作会议报告》。

有线广播电视用户数在2017年上半年为1044.93万户，同比增长1.36%，数字电视用户1032.66万户，同比增长2.49%。① 数字化率由2016年的97.73%上升至2017年的98.83%。从发展速度上来看，中部六省排名在湖北之后的河南、江西、山西等总收入增长率都高于湖北省。总体来讲，"湖北创造"能力有待提高，融媒体发展需要体制、内容和技术的支撑，而传统广播电视系统僵化的事业型体制机制使得现有资源无法在融媒体发展中发挥最大效用。湖北广播电视融媒体发展过程中的主要问题表现在：节目渠道推广能力不足，不重视市场运营吸引用户，鼓励节目栏目利用社交媒体进行宣传推广力度不够，传播内容没有形成自己的节目品牌特色，缺乏大数据分析用户的真实需求，使节目难以在新媒体时代形成竞争力。

全媒体是一个集合了报纸、广播、电视、网络、手机等新旧媒体进行文字、图画、音视频深度融合的媒介传播形态。广播媒体要加强新媒体互动，让节目从直播间走到听众中去，加强与听众互动，塑造亲和品牌形象。湖北广电要以"随时随地看电视"为基本理念，利用跨媒体技术，整合资源，在电视机、PC以及移动客户端等任何屏幕上都能看到电视，借助新媒体拓展发展空间。② 湖北其他地方媒体与武汉媒体收入差距大这一问题成为湖北广电融媒体发展中值得研究的问题，湖北广电应顺应媒介融合多元传播趋势，结合荆楚文化优秀资源，充分挖掘湖北地域特色，合理配置资源形成新媒体的布局，不断依托互联网提升影响力。

（二）电视节目创新与媒体资源开发不足

湖北广播电视受"一剧两星、一晚两集"政策的影响，电视剧行业发展缓慢，缺乏精品力作。主要原因在于湖北省影视产业整体制作水平不高，在内容制作和选取中缺乏创新意识，影视创作企业之间缺乏合作，又缺少国内优势团队的参与，难以打造出有影响的精品力作。一方面，广电节目原创

---

① 统计数据引自湖北省新闻出版广电局官网，http://www.hbnp.gov.cn/。
② 刘云、曲帅：《2012年中国广播产业发展报告》，载《2013年中国传媒发展报告》，社会科学文献出版社，2013。

少，节目模式化严重。另一方面，媒体资源开发不足。湖北广电积累了海量内容资源，但是内容资源的新媒体播映价值二次开发不足，通常整个频道内容在网络广播台上线，但因不符合新媒体传播特性和用户收看习惯，降低了内容吸引力，影响了内容资源的新媒体播映收益。此外，湖北影视作品还存在融资难，资金短缺问题，影视作品盈利能力不强。

此外，在电视节目制作方面，湖北广播电视系统在发展中尚未形成有影响力的品牌，制作的电视节目缺乏专业性的受众市场定位，湖北广电可以在电视创作中融入荆楚文化地域特色，进行区域文化对外传播，形成影视文化优秀产业链。在新媒体时代注重对多屏互动节目的挖掘，满足受众消费需求。

（三）全媒型人才队伍短缺成为媒介融合短板

传播技术的发展使得同时具备基础专业采编能力、数字技术和经营管理能力的全媒型人才成为媒介融合新闻人才需求。但是，当前湖北广播电视人才结构中传统采编型人才居多，在新媒体产品技术、运营、大数据分析方面，人才储备存在短板。传统媒体从业者纷纷转入其他行业使得传统媒体人才流失严重，最大限度地引人、用人、留人、育人，建立一支勇于担当的新闻工作者队伍，是媒体融合发展面临的紧迫问题。面对市县广播电视媒体难以引进专业院校毕业生问题，应该完善人才成长激励机制。总之，培养一支具有全媒体运营技能的新闻工作者队伍，是媒体融合的重要任务。

广播电视融媒体的发展，将传统媒体记者培养成"中央厨房"统领下具有全媒体战略眼光的全媒体记者，进行新闻采编资源的共享互通，形成新闻一次采集，多平台创作发稿机制，优化配置资源，繁荣创作生产，共同促进湖北广播电视融媒发展。

四 湖北广播电视产业发展应对策略及趋势

（一）建设主流舆论阵地工程，精心打造精品力作

湖北广播电视产业紧紧围绕党和国家工作大局，在报道中把握正确舆论

导向，形成新闻报道立体多元的全媒体传播体系。电视节目制作将贯彻学习党的十九大精神作为首要政治任务，深入解读党的十九大精神相关方针政策。在党的十九大的宣传报道中，各级广电媒体要加强台网联动，优化互动报道平台，提升新闻报道水平，积极开办论坛、微博，鼓励网民参与党的十九大精神学习。要用深入浅出、通俗易懂、生动形象的故事，为人民群众解惑，切实把宣传报道落入实际工作。地方广电媒体要加强与知名网站等新媒体的合作，扩大党的十九大相关节目的宣传影响力。

抓好精品创作生产。进一步深入推进全省内容生产"8·20"工程，力争涌现"高原""高峰"之作。广播影视产业作为文化产业的龙头，要加快其发展，出台繁荣精品内容生产相关政策，继续在北京召开重大出版选题策划会和影视创作工作会，重点放在电影《古田军号》《又见红叶》《海外追逃》，电视剧《新万家灯火》《西柏坡的回声》等创作制作工作上。[1] 推动《马克思主义大辞典》《中华人民共和国经济史》等入选国家重点选题出版物按时、高质量地完成出版。抓好"荆楚文库""荆楚文萃"编纂工作，制作播出《荆楚文库—书人书事》专题片第三辑（10集）。

在主题宣传出版方面，要围绕中心进行深化发展。2018年，要做好改革开放40周年宣传报道，充分运用多种形式平台，策划制作出高质量的节目，全方位宣传习近平总书记关于全面深化改革的重要思想[2]，反映改革开放40年来，湖北省在经济、文化等各项事业取得的巨大成就，奏响改革开放人民幸福的时代强音。

（二）聚焦全媒体发力，推动产业结构融合发展

湖北广电依托长江云大数据中心推进"互联网+"计划，整合全省资源，构建湖北省政务云、产业云平台。全省各级党报党刊、广电、网络媒体要在重要版面开设专版专栏，全方位、多层次形成立体正面宣传报道矩阵，

---

[1] 材料引自湖北省新闻出版广电局《2018年全省新闻出版广电工作会议报告》。
[2] 材料引自湖北省新闻出版广电局《2018年全省新闻出版广电工作会议报告》。

要求全媒体开设"新时代湖北讲习所"专题专栏,全省各级媒体继续开展"学习宣传贯彻十九大精神·荆楚行"活动。

目前,互联网已成为意识形态工作的前沿阵地,我们要把握好"互联网"这个动态增量,充分利用新媒体受众广、传播快、互动强、影响大的特点,积极开展网络宣传;强化新媒体"首页首屏首条"建设,统筹"三微一端"传播平台,多用"网言网语",浓墨重彩地做好网上宣传报道,进行立体化推送,形成强势正面网络宣传;坚持效果导向,根据新媒体传播规律和受众特点,因势而谋,引导社会凝聚共识,传播和弘扬社会主义核心价值观,实现网上网下同频共振,绘就主题宣传出版"同心圆"。

广电产业要通过科技与文化融合,加速广电产业全媒体转型升级,占领网络传播制高点。广播电视台要实行台网联动策略,对自身优势内容资源进行数字网络化发展,力争成为网络宣传主力军。"网络电台行业发展火热",UGC 网络电台作为文化产业发展的新业态,称得上是互娱经济的典型,在自制平台基础上,逐渐形成"UGC + PGC + 版权"的移动音频生态链,独特的线上线下互动方式,大量优质原创内容使网络电台迅速吸睛,题材更细分,话题更具吸引力,形成多元场景、精细定位特色。[①] 台网联动是近年来传统电视媒体谋求与互联网等新型媒体融合的方式,能否在内容和渠道上实现双向输入输出,能否巧妙使用新媒体进行营销联动,是当下省级卫视多方面多渠道延伸节目影响力,拓展品牌价值及提升频道核心竞争力的关键。电视台与视频网站合作共赢,栏目协同打造推广成为潮流。

"十三五"期间,湖北广电要通过推动有实力的企业进行资源整合、上市融资,发展一批有市场竞争力的龙头品牌企业,构建多元开放的产业发展格局。新闻出版广电"双百"工程对 100 家企业、100 个项目进行重点扶持。[②] 出台《湖北省贯彻国家支持电影发展若干经济政策的实施意见》推进长江传媒、湖北广电在主板上市,特别关注、荆楚网、亿童文教、金三峡印

---

① 陈方正:《互娱经济视域中的网络电台特色——兼对上海提升 UGC 网络电台的前瞻思考》,载《上海文化产业发展报告(2017)建设现代文化产业体系》,上海人民出版社,2017。
② 材料引自湖北省新闻出版广电局《2018 年全省新闻出版广电工作会议报告》。

务、金海科技、浩源文化、华文包装、爱立方等在创业板上市。积极引导民营广播影视企业发展，鼓励国内非公有资本进入电影、电视剧、网络等企业上市融资。充分运用市场机制，优化资源配置，以省为龙头，以地市县为基础，以股份制为主要方式，加快广播电视传输网络整合，形成资源互联互通的广电网络发展新格局。①

同时，对一些特色鲜明、功能齐全的，具有辐射带动作用的产业园区进行政策扶持，促进新闻出版广电产业实现综合跨越式发展。这20多个产业园区包括华中国家数字出版基地、国家知识资源武汉数据中心、武汉·国家出版融合数据共享研发基地。②依托湖北广电丰富的人才技术优势，进行"文化+科技+金融"的融合产业园发展，对湖北广电网络业务终端进行跨网联动整合，打造"智慧广电"，实现有线、无线内容传输互联互通、互动电视、融合通信、物联网等业务智能协同一体化发展，有效促进湖北广电转型升级。

（三）依托大数据精准传播，培养新型融媒体人才

依靠单一收视率评价节目好坏是片面的，随着大数据的发展，依托大数据思维对观众的职业喜好等数据进行分析，并用于电视内容传播全过程。通过微博、微信进行节目传播，并且将点击率、关注度、社交媒体指标纳入节目评估中。③大数据分析技术的发展对受众兴趣爱好和市场投放都有了数据的分析，使传统电视台在内容制作上以受众为中心，分析用户观看需求，通过有针对性的内容生产进行内容精准投放。互联网内容生产模式分四种：记者编辑职业人员内容生产的OGC模式；专家内容生产的PGC模式；用户内容生产的UGC模式；算法内容生产的AGC模式。新闻客户端内容生产将向

---

① 胡正荣、李继东、黄炜：《新的尺度，新的变革——2005年我国广播影视年度发展报告》，载《2006：中国传媒产业发展报告》，社会科学文献出版社，2016。
② 材料引自湖北省新闻出版广电局《2018年全省新闻出版广电工作会议报告》。
③ 李继东、胡正荣、黄炜：《巨变、转型与革新——2013年中国电视产业发展报告》，载《中国传媒产业发展报告（2014）》，社会科学文献出版社，2014。

"PGC + OGC + UGC + AGC"模式演变，传统媒体新闻客户端应加强对基于AGC模式的个性推荐算法技术的开发，改变传统媒体优质内容无法精准定位目标受众的不足之处，让每一个用户找到自己需要的内容。在虚拟现实技术的推动下，将新闻内容与用户体验深度融合的沉浸式体验报道作为媒体重要的内容策略，为用户提供全新的感官体验，让用户如临其境，这被视为未来新闻的发展方向。

融合创新是传统媒体的发展方向，一个媒体的核心竞争优势是持续不断的内容制作和创新能力。随着融合进程的发展，传统媒体需要大量懂传媒、懂技术、懂互联网话语体系的年轻优秀人才进行数字化运作，未来传统媒体应加大数字技术人才的招募和培养，不断壮大数字技术人才队伍。同时，积极构建产学研一体化平台，加强传统媒体与高等院校深入合作，为传统广电提供更多的智力保障。因此，全媒体时代，造就一支具备"互联网+"思维能力，能够把握互联网时代传播规律与变化，掌握全媒体运营进程的全能型、专家型新闻工作者队伍，是媒体融合发展的重要任务。

2018年，电视内容生产、传播、消费将朝着大数据化、社会化、网络化发展，特别是互联网视频企业正在拓展影视内容市场，收视行为更加移动化、多元化，这些都在改变人们的收视习惯。传媒转型是一场大变革，湖北广电行业只有在政府大政方针和产业政策指导下，系统增强自身发展的能力，才能转型成功。

B.6
湖北电影产业发展报告（2017）

刘 丽*

摘 要： 2017年度，湖北电影市场继续保持增长的态势，产业规模和存量呈加速度递增，年度电影产量和年度电影票房均创下新高。在产业大盘攀升的同时，也暴露出一些不容忽视的问题。如何提高影片文化内涵，以质取胜，吸引更多观众，规范国内电影市场秩序，是湖北电影产业发展中亟待解决的难题。本文分析了湖北电影产业发展中出现的几个比较突出的问题，并就如何加快湖北电影产业发展提出具体的解决对策，最后结合湖北经济发展现状对湖北电影产业发展进行了前景展望。

关键词： 湖北 电影产业 电影专资管理

2017年，在全球电影市场增长趋缓乃至停滞的大背景下，中国电影继续保持乐观向上的发展态势，全国电影总票房达559.11亿元，同比增长13.45%，城市院线观影量为16.2亿人次，同比增长18.08%，全年生产影片970部，同比增长2.7%，银幕总数达到50776块，位居世界第一。从发展指标、发展规模和发展速度上，中国已经成为名副其实的世界第二大电影市场。与此同时，"电影质量促进年"发展战略取得实质性成果。《战狼2》《羞羞的铁拳》《芳华》《二十二》等不同题材、不同类型、不同量级的影

---

* 刘丽，湖北大学新闻传播学院讲师，主要研究影视艺术与视听新媒体传播。

片均获得了票房和口碑的双丰收。从商业类型片到主旋律献礼片再到小成本艺术片，电影创作模式的多样化和观众审美选择的多样化已然成为中国电影的新常态。与北美相比，中国票房增速明显（见图1）。但是，我们的影视产业结构仍存在缺陷，如：整体供需关系不平衡，作品的马太效应和头部效应凸显，产业链布局不完善，衍生产品开发不足，成本回收方式单一。影视产业需要在新的经济和社会环境下深入探索从高速发展向优质发展的路径，继续坚持提质增效，坚持供给侧改革，坚持优化产业结构。

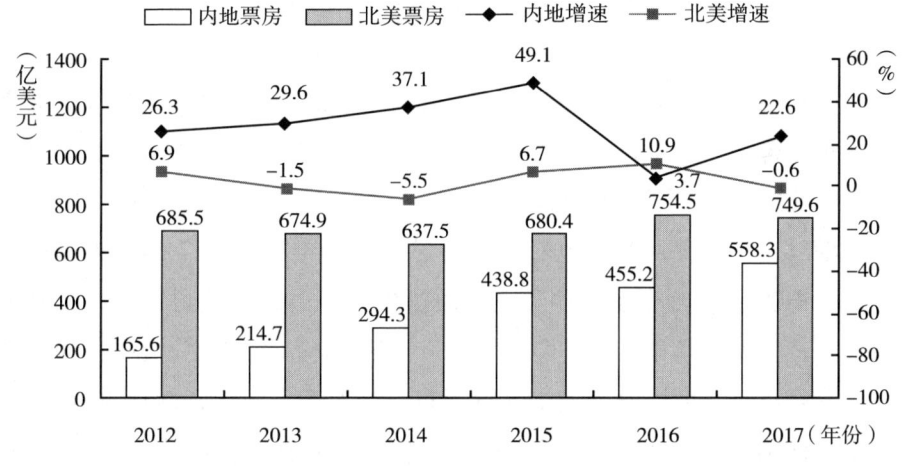

图1　2012~2017年内地票房与北美票房对比

数据来源：《中国电影市场报告二〇一七年》。

一　湖北电影产业发展环境

湖北省新闻出版广电局发布的数据显示：2017年，湖北省内共有院线23条，新增影院56座，新增银幕382块，新增座位5.16万个。目前，全省影院数363座，银幕2112块，座位30.48万个，其中县级影院198座，银幕数937块，座位12.5万个。产生电影票房24.7亿元，同比增长10.2%，位居中部第一、全国第七；观影人数达到8312.4万人次，同比增长10.04%，放映场次400.59万场，同比增长19.55%。在中国电影产业整体大繁荣的态势下，湖北省电影产业和电影市场也得到了快速良好的发展：电影票房收入稳步增长，电影市场规模逐步扩大，城乡电影市场结构逐步合理，县级数字影院建设（改造）全面完成，电影产业的市场竞争力逐步提升。

（一）政策环境：政策落地为国产电影健康发展保驾护航

2017年3月1日，《中华人民共和国电影产业促进法》全面实施，法案第5条第1款规定："国务院应当将电影产业发展纳入国民经济和社会发展规划。县级以上地方人民政府根据当地实际情况将电影产业发展纳入本级国民经济和社会发展规划。"该规定从国家立法层面，明确要求国民经济的各行业、各部门都应积极配合电影产业发展，使电影产业成为拉动内需、促进就业、推动国民经济增长的重要产业。尽管只是短短几十字的表述，却为中国电影产业发展开启了新的时代。

借助《中华人民共和国电影产业促进法》的推行，2017年，中国电影设定了"电影市场规范年"和"电影质量促进年"的双重目标，以推动电影产业规范发展与优化升级。实现双重目标的具体措施有以下几点。①简政放权、激发市场活力。通过减少审批项目、降低准入门槛、简化审批程序、规范审查标准等措施鼓励生产；在财政、税收、土地、金融、用汇等方面对电影产业采取优惠措施，激励资本投入、降低运作成本。②规范秩序、加强市场监管。对票房注水、技术锁场、截留票款等违法行为进行严厉查处；重视行业知识产权保护，与版权管理部门联动，使打击网络盗版行动制度化和常态化。③牢记使命、坚定文化自信。通过明确电影的创作思想和原则、对从业规范的树立和引导、对文化安全的重视、对题材内容的规范、对青少年的保护等制度，强化电影的文化属性，秉承中国的文化价值理念，坚持中国的文化立场。号召电影人立足于当代中国的文化发展现状，思考和解决当代中国人关心的文化问题，制作出植根于中国主流文化的优秀作品。

（二）经济环境：经济发展平稳，文化消费蔚然成风

湖北省统计局和国家统计局湖北调查总队联合公布的数据显示，2017

年湖北省实现地区生产总值（GDP）36522.95亿元，居全国第七位（见图2）。按可比价格计算，同比增长7.8%，高于全国平均增长率0.9个百分点（见图3）。其中，第三产业完成增加值16503.40亿元，同比增长9.5%。三次产业结构由2016年的10.8：44.5：44.7调整为10.3：44.5：45.2。2017年湖北省城镇化率达到59.3%，比2016年增加1.2个百分点，高于全国平均水平，继续保持中部第一。全省城镇常住居民人均可支配收入31889元，同比增长8.5%；农村常住居民人均可支配收入13182元，同比增长8.5%。全省居民消费价格指数（CPI）上涨1.5%。其中，农村上涨1.2%，城市上涨1.7%。分类别看，教育文化和娱乐价格上涨1.7%。文化产业经济发展迅速，全省共有电影放映管理机构96个，放映单位1612个。

省份	GDP（亿元）	GDP增速（%）
广东	89879.23	7.5
江苏	8.59万	7.2
山东	72678.18	7.4
浙江	51768	7.8
河南	44988.16	7.8
四川	36980.2	8.1
湖北	36522.95	7.8
河北	3.6万	6.7
湖南	34590.56	8.0
福建	32298.28	8.1
上海	30133.86	6.9
北京	28000.4	6.7
安徽	27518.7	8.5
辽宁	23942	4.2
陕西	21898.81	8.0

图2　2017年各省GDP排名（前15名）

数据来源：国家统计局。

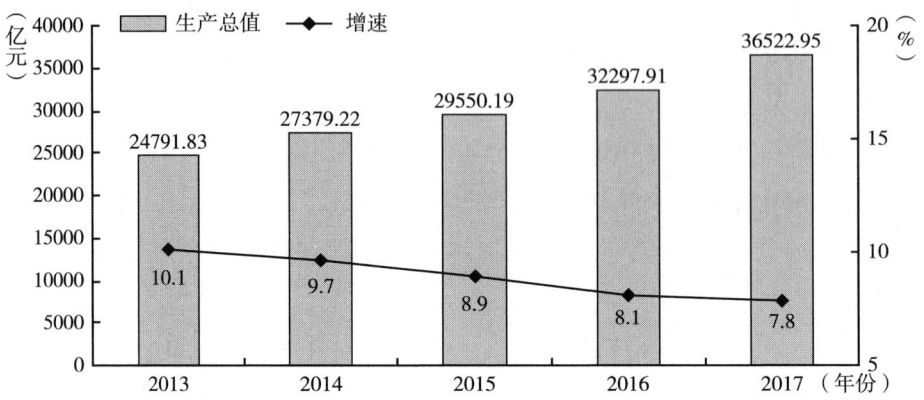

图3　2013~2017年湖北省生产总值及其增长速度

数据来源：湖北省统计局。

2017年湖北省经济呈现稳中有进、质效提升的发展态势，稳的基础继续巩固，进的力度持续加大，新的动能加快培育，好的因素不断积累，这些都为电影产业市场的持续繁荣奠定了基础。

（三）技术环境：技术融合推动产业结构升级

随着互联网技术的飞速发展，中国电影产业数字化程度正不断加深，电影技术、未来影像、高精尖虚拟现实制作、互联网售票、宣传营销以及电影衍生品市场开发等都在逐步完善，电影工业化体系初见端倪。尤其是互联网产业与电影产业的深度融合，横跨技术和资本，引发电影产业生态的结构性重组。

以猫眼为例，作为电影产业下游购票平台，猫眼与国内近9000家影院合作，不断推出在线选座购票及退票改签服务、卖品购买服务、影院联名卡服务，通过优化线上线下一体化（OMO）的消费体验，协助影院提升观众购票频次，拓展电影市场的成长空间。同时，猫眼借助天然的观众资源优势，通过影片试映会、预告片测试、物料及渠道效果评估等专业服务，帮助片方、发行方完成作品测试与改进；通过大数据和观众用户画像分析，为片方、宣发方提供有效、精准的数据参考和决策依据，并结合微信社交媒体生态及美团 O2O 服务场景构筑起的大宣发平台,帮助影片实现海量曝光,最终实现全产业链的数字化电影营销。

目前,中国电影数字化程度全球领先,互联网电影平台 80% 的线上购票率远超好莱坞。类似猫眼这样的互联网企业早已不是单纯的在线票务平台,而是连接影片生产、影院、观众的"互联网+电影"平台。在以 2/3 市场份额获得了票务市场绝对领先优势之后,猫眼已经通过上下游业务延伸,培养出全产业链服务能力,并通过持续的"技术赋能、数据赋能、营销赋能",推动电影行业产业能力全面升级,加速中国电影市场发展方式转型。

(四)社会环境:观影习惯养成,市场发展重心下沉

电影在人们文化娱乐生活中占据重要位置,近年来我国总观影人次和人均观影次数均保持增长状态。2010 年到 2017 年,是消费者养成观影意识和观影习惯的阶段。总观影数从 2.06 亿人次涨至 16.2 亿人次(见图 4),年人均观影次数也从 0.3 次涨至 1 次,全民观影习惯逐步养成已是不争的事实。看电影成为人们越来越喜爱的娱乐方式之一。电影《战狼 2》观影量超过 1.6 亿人次,创下了全球影史单片单一市场观影人次纪录,成为 2017 年度当之无愧的现象级电影。

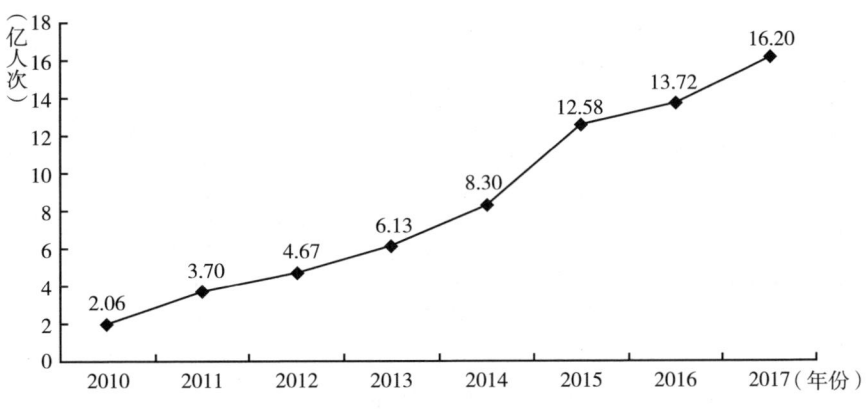

图 4　2010~2017 年年度观影人次

数据来源:微信公众号"comScore 数字洞察"。

同时我们看到,城镇化快速发展为电影产业提供了新机遇。我国城镇化率达到58.52%,城镇化的快速发展进一步释放了消费潜力,带来巨大的投资需求。2017年一线城市票房占比有所下降,三、四线城市票房占比上升。这说明一线城市票房市场基本趋于饱和,三、四线城市将成为拉动票房的引擎。

二 湖北电影产业发展概况

(一)电影市场综述

2017年,湖北省电影总票房超过24.7亿元,增长10.2%(见图5),电影票房继续领跑中部第一,位居全国第七(见表1)。在票价涨幅不大的情况下,与2016年相比,湖北电影票房增长更有含金量,继续延续着盘整爬坡的态势。

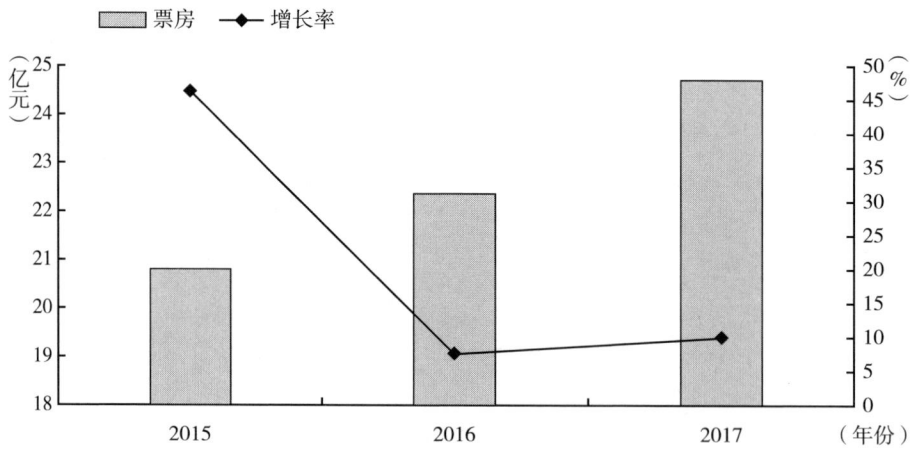

图5 2015~2017年湖北省电影票房比较

数据来源:湖北省新闻出版广电局。

表1 2017年票房收入排名前十的省份情况

排名	省份	总票房(万元)	场次(万次)	人次(万人次)
1	广东省	751881.83	994.99	22110.12
2	江苏省	486241.36	708.27	15988.45
3	浙江省	411633.24	627.38	12499.44
4	上海市	343432.26	305.13	8305.97
5	北京市	322482.66	253.44	7636.31
6	四川省	298064.67	400.28	9490.91
7	湖北省	247317.07	329.37	8312.41
8	山东省	215745.55	388.00	7187.97
9	河南省	190098.09	339.27	6533.13
10	辽宁省	177090.19	267.45	6090.15

数据来源：微信公众号"中国电影票房吧"。

湖北省票房排名前五位的地区为武汉市、襄阳市、荆州市、宜昌市、孝感市。其中武汉市票房占比高达54.41%，武汉一家独大（见图6）。

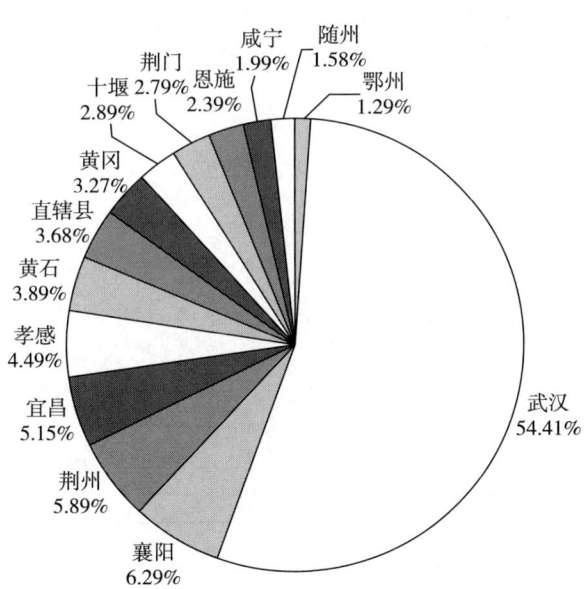

图6 2017年湖北省各地区电影票房占比

数据来源：湖北省新闻出版广电局。

与前两年武汉市的票房占比相比较（2015年为59.4%，2016年为56.7%），2017年武汉市的票房占比小幅降低（见图7）。

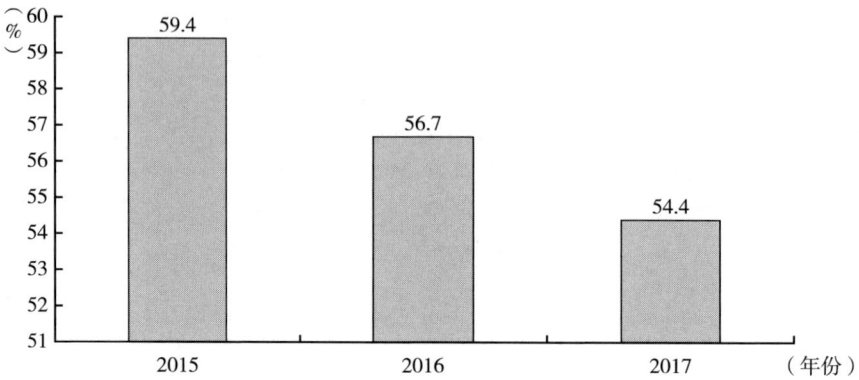

图7　2015~2017年武汉市影院票房占比

数据来源：湖北省新闻出版广电局。

2017年湖北省单放映场次产出为611.5元，与2016年的669.7元、2015年的898.3元相比，在影院数增长的情况下，单放映场次产出呈逐年递减趋势（见图8）。

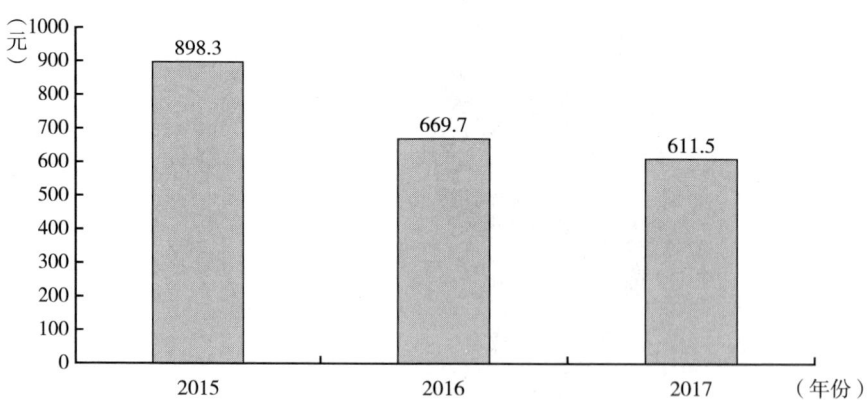

图8　2015~2017年湖北省电影单放映场次产出

数据来源：湖北省新闻出版广电局。

2017年湖北电影单银幕产出116.7万元,高于全国108万元的平均水平。2016年单银幕产出131.1万元,2015年为151.9万元(见图9)。在票价上涨(2017年与2016年相比上涨0.17%,2016年比2015年上涨10%)的情况下,银幕产出降低趋势明显。

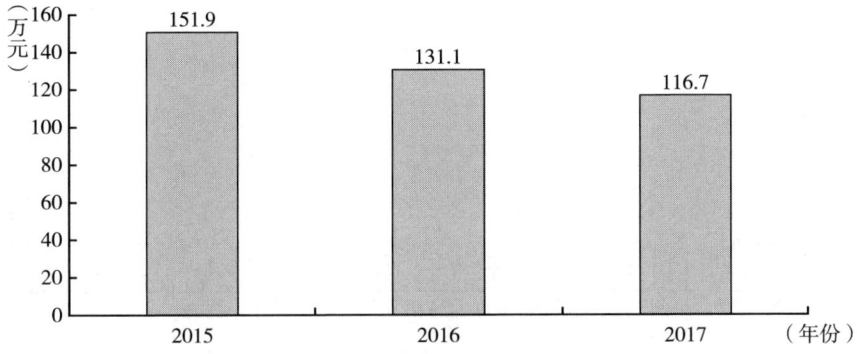

图9　2015~2017年湖北省电影单银幕产出

数据来源：湖北省新闻出版广电局。

2017年平均每场电影上座率(观影人次/放映场次,即"场人数")为20.5人。2016年为22.5人。2017年平均每场电影比2016年少了大约2人观看(见图10)。

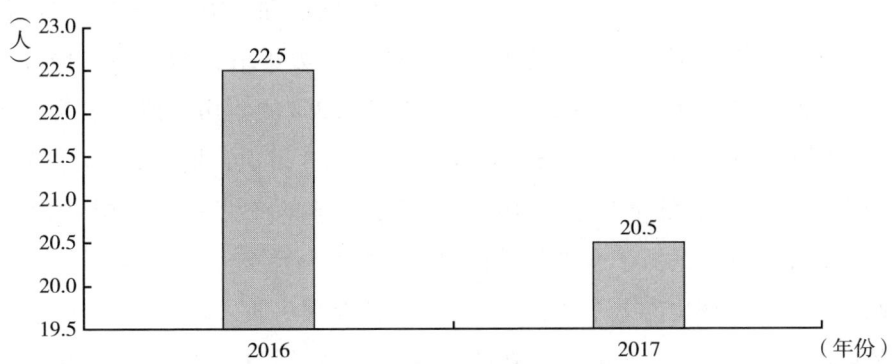

图10　2016~2017年湖北省电影"场人数"比较

数据来源：湖北省新闻出版广电局。

从票房与城镇人口占比的对比来看，除武汉市外，其他地区城镇人口占比普遍高于票房占比。鄂州市有67.3万城镇人口，占全省城镇人口的17%，只贡献了1%的票房（见图11）。

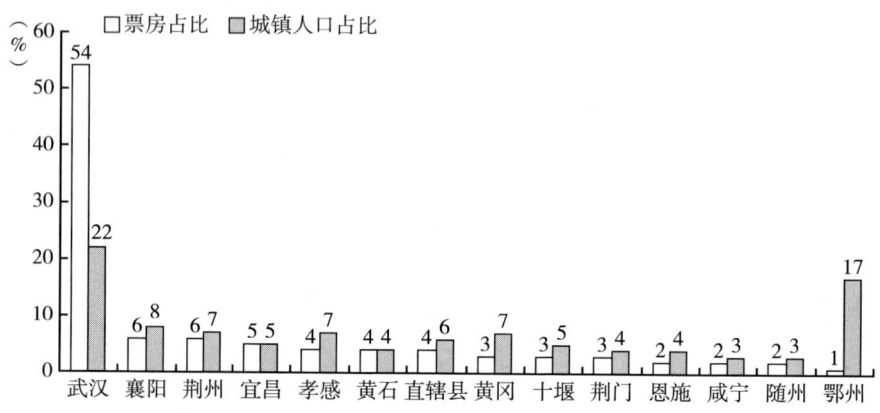

图11　2017年湖北各地票房与城镇人口占比

数据来源：湖北省新闻出版广电局。

2017年，湖北省各地市州林区座位年观影人次（年观影人次/座位数）相比较，武汉和襄阳最高，分别为342人次和305人次，接下来依次为孝感、黄石、鄂州、宜昌、荆州。以上地区均高于平均数（232人次）。荆门、咸宁、黄冈、恩施、随州的座位年观影人次不足200（见图12）。

2017年，湖北省县级行政区划（不包含市辖区和县级市）67家影院票房总额15384.1万元，占全年票房的6.2%，比去年增长26.5%。影厅数268个，占全省影厅数的13%，但只贡献了6.2%的票房，票房盈利能力弱。观影人次491万，增长2.8%，放映场次47.3万次，增长2.3%。单银幕产出57.4万元，低于全省（116.7万元）一半的产出水平；单放映场次产出325.2元，也远低于全省的总体水平（611.5元）（见图13）。但县里的影院的票房表现也参差不齐，如兴山县的影院票房收入翻了264倍。江陵县的影院也增长了53.6倍。随县的影院却下降了将近一半，年票房收入3.3万元，排名垫底，意味着平均每日的票房收入不足100元。票房收入不足百万元的县还有鹤峰县、嘉鱼县、保康县和兴山县。

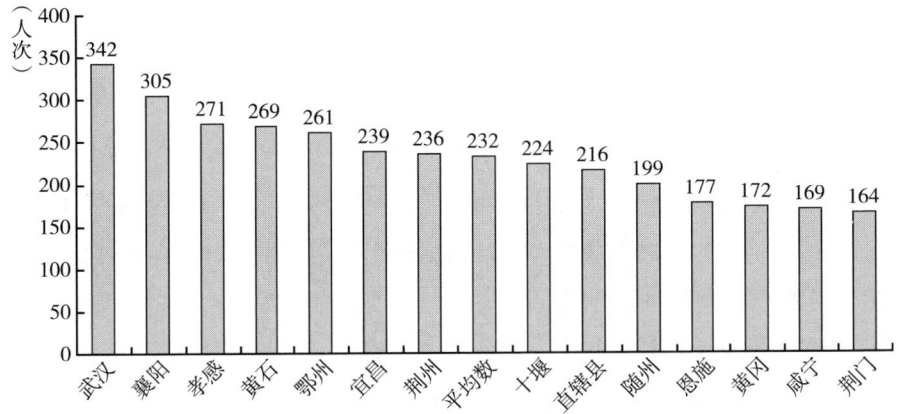

图 12　2017 年湖北省座位年观影人次比较

数据来源：湖北省新闻出版广电局。

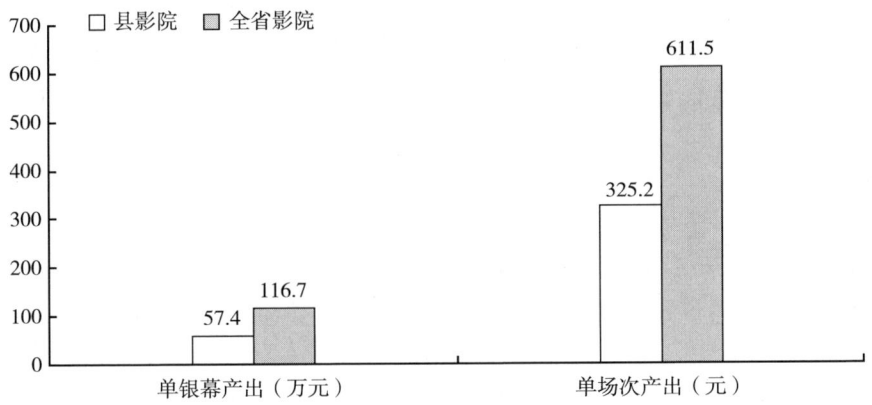

图 13　2017 年县影院与全省影院单产出值对比

数据来源：湖北省新闻出版广电局。

从以上的分析可以发现以下两点。第一，票房表现不均衡现象突出。主要表现在：①武汉市票房一家独大，其他地区票房表现偏弱；②各地州林区票房表现、座位年观影人次、单位人口对票房的贡献也不均衡；③各院线票房差距大，发展不平衡现象突出。票房最高的院线是最低院线的828倍。第二，单银幕产出、单放映场次产出和上座率的逐年走低，反映出在影院数量增长的情况下，影院票房盈利能力的下降。

（二）创作生产

2017年，湖北省备案电影46部，完成电影12部。2016年，备案电影54部，完成9部。2015年备案公示电影54部，完成9部（见图14）。2017年完成电影数量有增长，但增长不大。2017年，湖北长江电影集团联合出品的重大革命历史题材电视剧《海棠依旧》和英雄史诗电影《血战湘江》荣获全国第十四届精神文明建设"五个一工程"优秀作品奖。《海棠依旧》还获得第十二届中美电影节优秀电视剧金天使奖、第二十三届上海电视节白玉兰奖组委会特别奖。《血战湘江》还荣获第三十一届中国电影金鸡奖组委会特别奖、第二十届上海国际电影节组委会电影频道传媒关注单元特别荣誉奖、俄罗斯第十五届奥泽洛夫国际军事电影节最佳视觉效果奖、第十三届中美电影节金天使优秀影片奖和第二届湖北电影周最佳故事片奖。恩施默名影业公司拍摄制作的电影《消失的爱》获得加拿大枫叶电影节最佳原创音乐奖。长江电影集团拍摄制作的电影《云在故乡等我》获得第三届巫山神女杯优秀儿童电影奖。2017年湖北省电影在精品创作生产上取得一定突破。

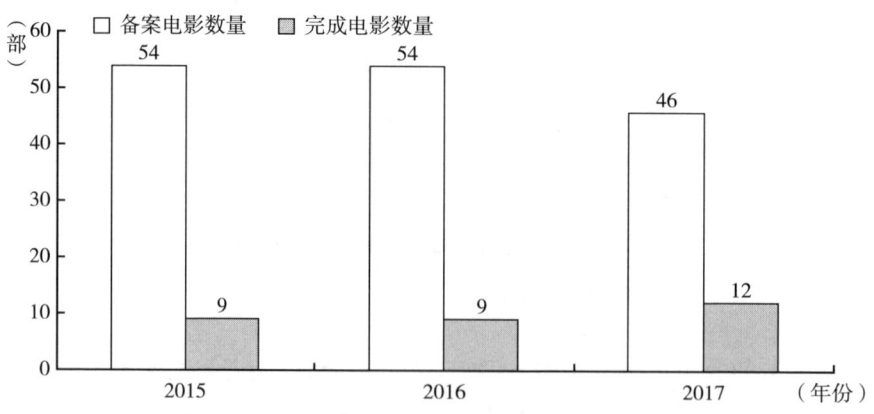

图14　2015~2017年湖北省电影创作情况

数据来源：湖北省新闻出版广电局。

2017年，全省有影视制作公司242家，较2016年增加76家，增长45.8%。其中持电视剧制作甲种证的5家，较2016年新增2家；2017年拍摄电影的31家（2016年为30家），制作动漫电影的3家（2016年为2家）（见图15）。总体而言，2017年影视公司数量有较大增长，但生产出电影作品的公司却相差无几，暴露出湖北省影视制作公司制作能力不足的问题。

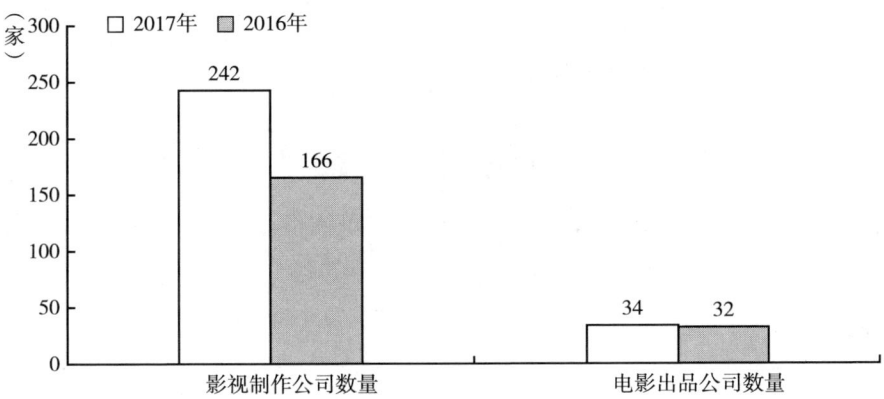

图15　2016～2017年湖北影视制作公司情况

数据来源：湖北省新闻出版广电局。

（三）院线和影院发展

截至2017年12月31日，全省共有电影院线23条，其中本土院线有湖北银兴院线影业有限责任公司和武汉天河影业有限公司。银兴院线旗下影城达115家，银幕673块，形成了以武汉为中心，辐射本省中小城市，地跨北京、上海等全国18个省市的发行放映网络。

从各院线的票房表现来看，全省票房前五名的院线分别是湖北银兴院线影业、霍尔果斯万达电影院线、武汉天河影业、广东大地和广州金逸珠江。它们的票房占比分别为23%、13%、12%、11%和8%（见图16）。

2017年，全省共有影院363家，银幕2112块，座位30.48万个，其中县级影院198家，银幕937块，座位12.5万个。2017年湖北省新增影院56座，新建影院数量增长16.7%，新增银幕382块，新增座位5.16万个。其中2017年新增县级影院26座，银幕151块，座位1.98万个。目前湖北省县级影院达

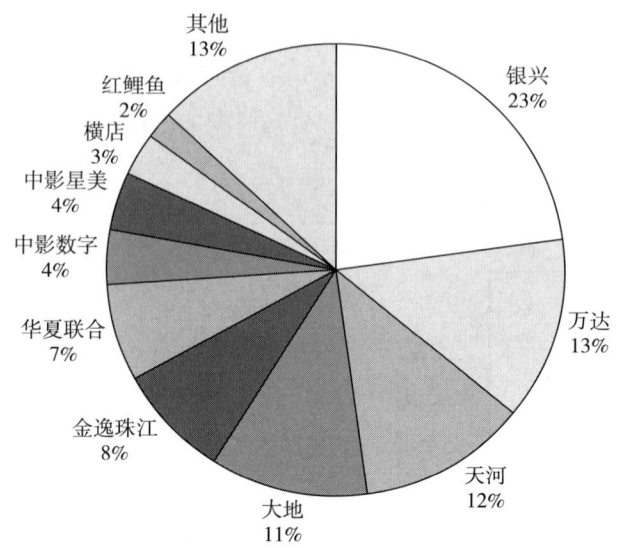

图 16　2017 年湖北省院线票房占比

数据来源：湖北省新闻出版广电局。

到 198 家。从纵向上来看，全省新建影院数量 2015 年增长 37.1%，2016 年增长 20.4%，2017 年增长 16.7%；2017 年县级影院增长 15.9%，2016 年增长 17%，2015 年增长 51.7%（见图 17）。2017 年全省影院增长总体放缓。

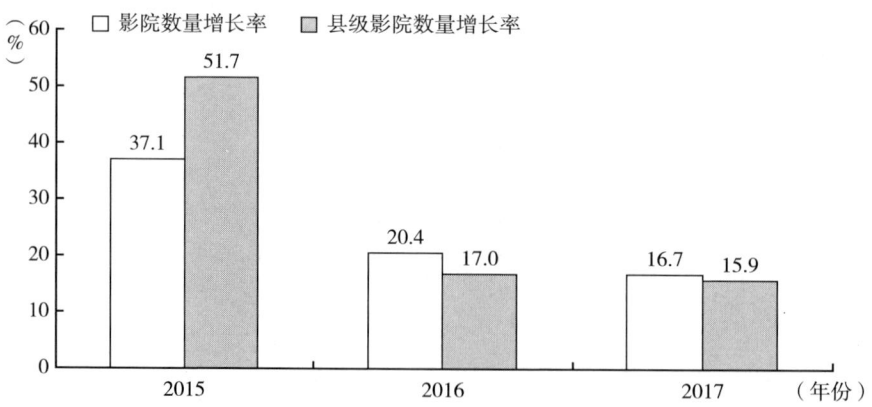

图 17　2015～2017 年湖北省影院数量增长率

数据来源：湖北省新闻出版广电局。

在全省363家影院中,票房前十名的影院武汉有9家,分别是武汉武商摩尔国际电影城、武汉万达影城汉街店、武汉中影天河影城、武汉武商众圆摩尔国际电影城、武汉博纳国际电影城、巨幕影城(武汉光谷广场资本大厦店)、武汉金逸影城、武汉万达影城江汉路店、武汉横店影视电影城。其他地州林区1家,为荆州市万达影城武德路店,居第9位。10家影院占总票房的14.53%(见表2)。在全国影院票房前50名的影院中,湖北省占据三席,分别是武汉武商摩尔国际电影城、武汉万达影城汉街店、武汉中影天河影城,排名依次为第25位、42位、48位。

表2 湖北省票房前十名影院经营状况

	影城	票房(万元)	票房占比(%)	全国排名
1	武汉武商摩尔国际电影城	4579.9	1.85	25
2	武汉市万达影城汉街店	4082.11	1.65	42
3	武汉中影天河影城	3981.25	1.62	48
4	武汉武商众圆摩尔国际电影城	3879.93	1.58	52
5	武汉博纳国际电影城	3693.57	1.49	66
6	巨幕影城(武汉光谷广场资本大厦店)	3672.6	1.48	69
7	武汉金逸影城	3107.7	1.26	
8	武汉万达影城江汉路店	3070.45	1.25	
9	荆州市万达影城武德路店	3009.55	1.23	
10	武汉横店影视电影城	2771.98	1.12	

数据来源:湖北省新闻出版广电局。

应该注意的是,2017年,湖北省注销了44家影院。"市场的手"对影院布局的调整开始显现。

鄂州市每万人城镇人口拥有影院座位数(全市影院座位数/城镇人口数)6个,其余武汉、咸宁、黄石、随州、宜昌、恩施、孝感、十堰和荆州,它们的每万人城镇人口拥有座数低于73个的全省平均水平。而直辖县、襄阳、黄冈每万人城镇人口拥有的座位数最多,分别为112个、109个和98个(见图18)。反映出湖北省影院布局上存在不合理的地方。

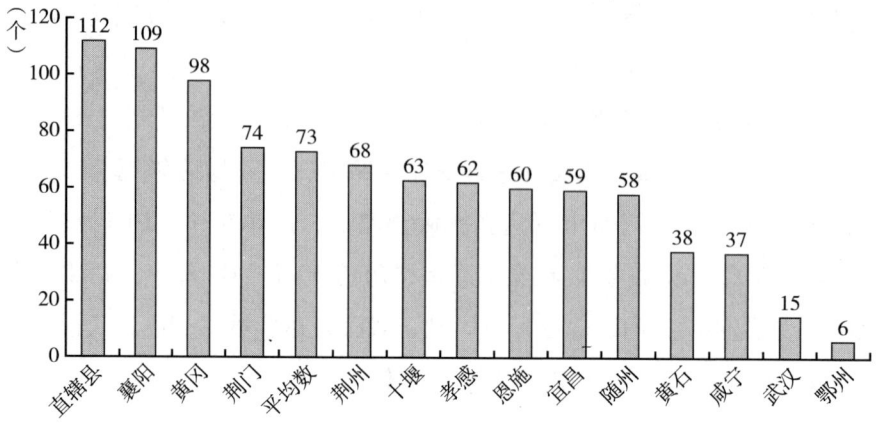

图 18　2017 年湖北省各地区每万人城镇人口拥有影院座位数

数据来源：湖北省新闻出版广电局。

（四）影片放映

2017 年，湖北省放映国产影片 49.13 万部，进口影片 35.69 万部，数量占比分别为 57.9% 和 42.1%。从票房来看，国产影片票房占比为 54%，进口影片占比为 46%（见图 19）。从单片收入来看，进口影片稍稍占优。

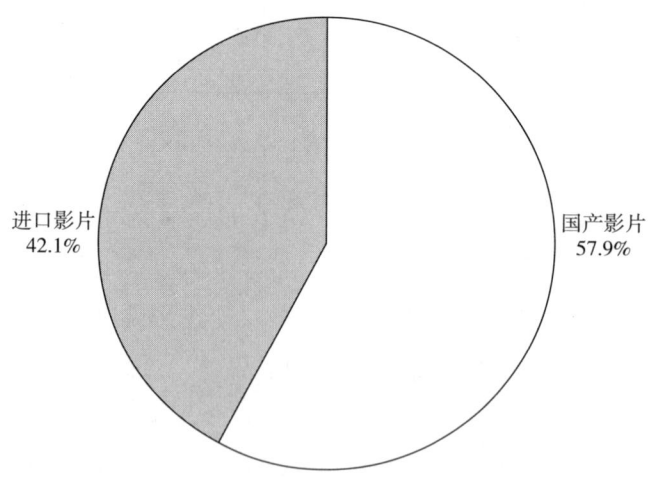

（a）2017年国产影片与进口影片数量占比

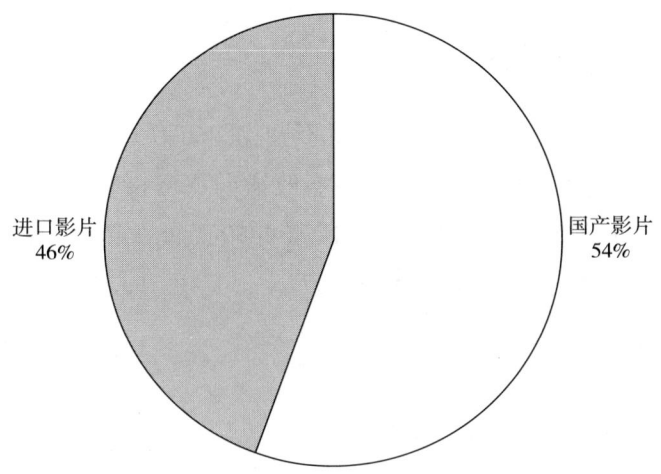

(b）2017年国产影片与进口影片票房占比

图19 2017年国产影片与进口影片放映数量和票房比较

数据来源：《中国电影市场报告二〇一七年》。

全省票房前十名的影片分别是《战狼2》《速度与激情8》《羞羞的铁拳》《西游伏妖篇》《功夫瑜伽》《摔跤吧！爸爸》《乘风破浪》《变形金刚5：最后的骑士》《芳华》《极限特工：终极回归》，票房前五名的影片，国产片占据4席（见表3）。10部电影票房收入占总票房收入的23.8%。其中现象级的《战狼2》占7.8%。

表3 2017年湖北省影片票房前十名

票房排名	影片	放映场次（万场）	观影人次（万人）	票房（万元）	平均票价（元）
1	战狼2	14.05	605.54	19266.65	31.82
2	速度与激情8	9.16	296.42	9017.22	30.42
3	羞羞的铁拳	9.94	278.86	8214.61	29.46
4	西游伏妖篇	4.67	225.3	7771.17	34.49
5	功夫瑜伽	5.00	221.53	7627.35	34.43
6	摔跤吧！爸爸	8.71	234.43	5958.41	25.42
7	乘风破浪	4.94	178.73	5782.77	32.36
8	变形金刚5:最后的骑士	6.95	180.76	5536.4	30.63
9	芳华	5.44	178.89	5373.05	30.04
10	极限特工:终极回归	5.72	158.34	4752.1	30.01

数据来源：湖北省新闻出版广电局。

（五）电影专资管理

2017年，湖北省共收缴电影专项资金12262万元，上缴国家4902万元，留存省级7360万元。电影专项资金收缴同比增长9%。2016年共收缴电影专项资金11225万元，其中上缴国家4480万元，留存省级6745万元。2015年全省共收缴电影专项资金9353万元，其中5107万元上缴国家，留存省级4246万元（见图20）。

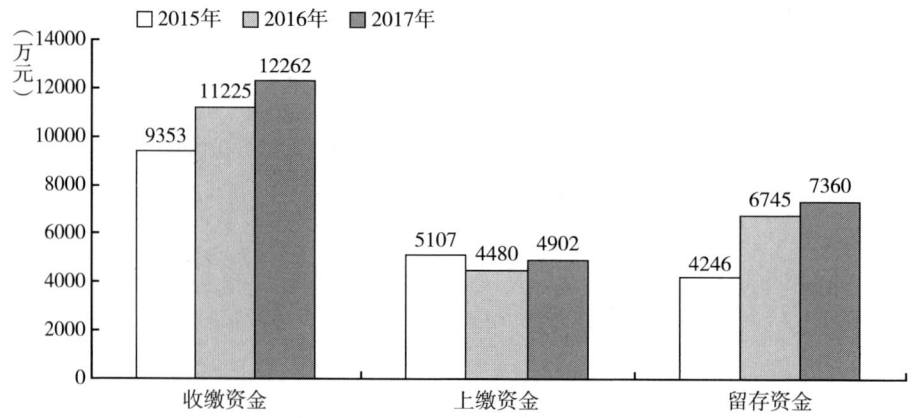

图20　2015~2017年湖北省电影专资管理情况

数据来源：湖北省新闻出版广电局。

电影专项资金支出方面。2017年，电影专项资金支出总额14498万元。相比2016年的14356万元、2015年的8595万元有较大的提高（见图21）。如果把电影资助资金分为创作端的资助资金和发行放映端的资助资金两大部分，那么2015~2017年的电影资金资助情况如下。

2015年，用于扶持创作端的专项资金支出共计1274万元，占总额的14.8%，用于影院建设和扶持县乡镇影院的资金占比为85.2%。2016年用于扶持创作端的资助资金共计1375万元，占全年支出的9.6%，发行放映端的资助占90.4%。2017年，在创作端的资助为4773万元，占全年支出的

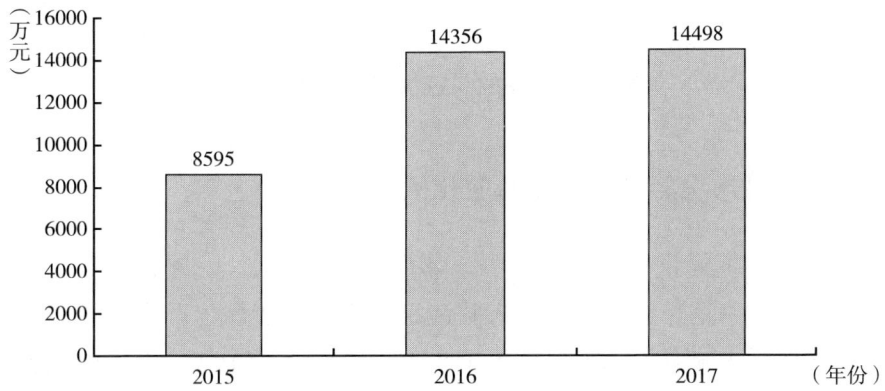

图 21　2015～2017 年电影专项资金支出总额

数据来源：湖北省新闻出版广电局。

32.9%，发行放映端资助占 67.1%，创作端投入相比 2015 年、2016 年有较大提升（见图 22）。

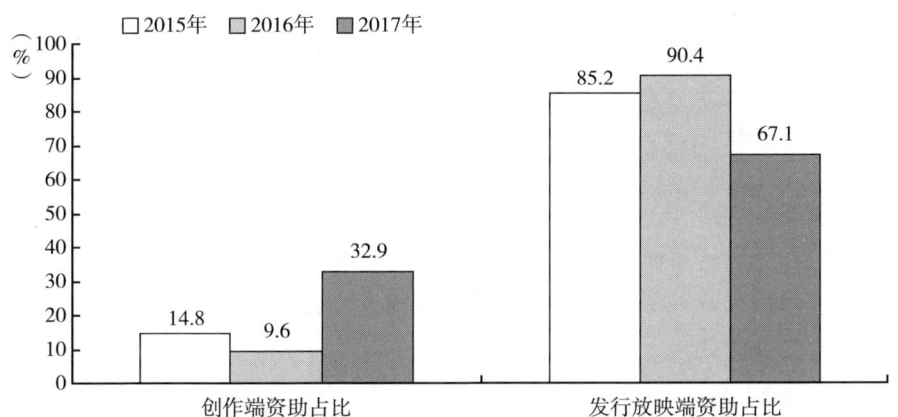

图 22　2015～2017 年湖北省电影专项资金支出占比

数据来源：湖北省新闻出版广电局。

从以上的分析可以看出，目前湖北省电影专项资金的支出主要是用于影院建设和县乡影院的扶持，重在放映端的硬件投资，而在创作生产、人才培养等创作端的投资占比还比较小。

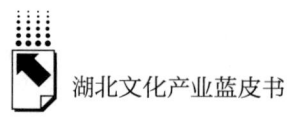

三 湖北电影产业发展特点

(一)城市电影产业注重商业化模式创新

2017年,武汉市新增24家影院,影院总数量已达119家,遍布全城20个商圈。其中单是光谷商圈就已入驻武汉中影天河影城、巨幕影城(武汉光谷广场资本大厦店)、CGV星聚汇影城(武汉光谷店)、华夏国际影城(鲁广店)、华谊兄弟影院(武汉光谷店)、幸福蓝海国际影院、武汉光谷正华银兴影城、武汉耀莱成龙影城(光谷店)等10家影城。影院和商圈形成捆绑式发展,影院的观影人流带动购物中心的商业消费。

从影院品牌发展来看,在武汉市票房排名前20位的影院中,武汉本土品牌的武商摩尔国际电影城上榜3家,中影、万达、金逸、CGV、横店、华夏、华谊兄弟等外来品牌争相上榜,法国卢米埃、百丽宫等新兴高端影城也被渐次引入武汉市场,形成本土品牌与外来品牌相互依存、相互竞争的良性闭环,极大地丰富了武汉电影市场的整体荧幕质量。

除此之外,诸如4D、5D之类私人影院在繁华商圈内也正在悄然兴起。有统计数据显示,光谷、鲁巷、江汉路、街道口、徐东、菱角湖等消费高地均出现私人影院,总量已超过30家。私人影院以小众、私密、可点播为特点,是一种新潮的观影模式,满足了观众的个性化观影需求,但在版权和治安问题上都存在隐患。2017年4月27日,国家新闻出版广电总局发布《关于点播影院、点播院线经营管理工作的通知》,此通知大大提高了私人影院的准入门槛,有效规范了私人影院乱象,维护了电影产业的健康发展。

随着电影产量的爆发式增长,电影营销也变得越来越重要。从"悲情营销"、"下跪营销"到"口碑营销",从传统媒体宣传到新媒体、自媒体宣传,电影营销已成为主导电影票房、电影制作的关键环节。2016年,湖北银兴院线采用"人气明星+本土作家+校园话题"的商业策略,策划了电影《我不是潘金莲》在武汉地区的点映宣传,引发了较高的社会热议。

2017年3月，湖北银兴院线继续拓展思路，策划了英雄战争史诗片《血战湘江》在湖北的巡映礼。导演、主演及影片出品方、发行方先后来到湖北大学、湖北省武警总队和红安县，与高校师生、武警官兵和革命老区群众一一会面。每一场放映都反响热烈：高校学子们在探讨历史使命时热泪盈眶，官兵们在铭记初心的同时备受鼓舞。与革命老区老红军的交流则让主创团队深切地感受到作为艺术工作者，要为当代观众还原真实历史的责任感和使命感。三场点映全方位地覆盖目标受众，精准而深入地传播主旋律、弘扬正能量，激发出观众和创作者的情感共鸣。

我国电影产业经历了十余年的快速发展，逐渐形成了市场分层化、创作多样化、观众需求个性化的新态势。2016年底，全国艺术电影放映联盟正式启动，发出"50个城市100块银幕联合长线放映艺术电影"的号召，邀请全国影院共同助推艺术电影在中国生根发芽、茁壮成长。湖北银兴院线首批加盟，并先后在湖北省开设5家影院参与艺术电影放映，分别是星星国际影城（天门店）、武汉万达（汉街万达广场店）、武汉百老汇影城（人信汇店）、武汉百丽宫影城壹方店、CGV星聚汇影城（武汉奥山店）。2017年，《二十二》《相爱相亲》《嘉年华》《地球：神奇的一天》《冈仁波齐》《不成问题的问题》《天梯：蔡国强的艺术》《一念无明》等一系列优质艺术电影都在湖北的艺术影院提前点映，带动了艺术电影的观影热潮。同时，武汉作为科教文化重镇，高校林立，艺术片的观影群体颇具规模，他们通过众筹的方式与艺术影院协商合作，不定期地推出艺术影展，形成了一道亮丽的电影文化风景。

武汉九省通衢，交通便利，湖北地貌丰富，人文气息浓郁，不少电影都曾在鄂取景，如《桃花灿烂》《人在囧途》《白蛇传说》《全城通缉》《浮城谜事》《万箭穿心》《麦兜响当当》《失孤》《黄金时代》《山楂树之恋》《刺客聂隐娘》《妖猫传》《影》。这些影片的公映，不仅为湖北省培育了观众和市场，还引来了众多投资者。近年湖北省的影视基地建设也逐渐呈现"抱团"趋势。湖北省电影家协会的资料显示，湖北省目前挂牌的"影视创作拍摄基地"已经近10个，均兼具影视剧筹拍、后期制作、影视旅游、休闲度假等完备的全产业链功能。并且，呈现出多元、迥异的文化意象和历史韵味，如再现盛唐气象的湖北襄阳唐城影视基地、弘扬楚汉文化的枣阳市中国汉城·汉宫景区、大洪山地质公园影视创作拍摄基地、沙湖湿地公园影视创作拍摄基地、红色革命情怀的红安七里坪影视创作拍摄基地、兴山昭君故里影视创作拍摄基地、三国荆州古城影视创作拍摄基地、主打民国老武汉风情的"中央新影华中影视文化产业园"。2017年，湖北省麻城市重点招商引资项目——炎黄影视基地正式投入运营。麻城是大别山地区中心城市，是中国古代八大移民圣地之一，以居住在川渝地区的人们为主的来自全国各地的麻城移民后裔不断回乡寻根问祖。炎黄影视基地以孝感乡移民文化园为总部，将麻城28个自然景区和中国传统村落纳入布局，突出中华传统孝文化，并投入2亿元进行硬件建设，将基地打造成国内领先、国际知名的影视拍摄制作文化创意基地和旅游胜地。

（二）乡镇电影产业注重公共文化服务

农村公益电影放映是一项惠民工程，是党中央、国务院关于构建社会主义和谐社会、推进社会主义新农村建设和进一步加强农村文化建设的一项重要内容。通过农村公益电影放映，可以实现和保障农村群众的基本文化权益，普及科学技术知识，提高农村群众的思想道德、科学文化素质，丰富农村群众的精神文化生活，促进农村经济社会协调发展。

2017年，湖北省依托全省农村公益电影数据平台，由市县两级文广新局加强督办，进一步推进农村公益电影放映。银兴农村院线放映农村公益电影58377场，开展精准扶贫送电影下乡活动，惠及两百多万群众。银兴校园院线成功举办第十二届湖北省中小学生暑期电影展映月、湖北省第六个全民国防教育月优秀军事题材影片展映等活动，放映电影988场。银兴网络文化公司举办"电影圆梦"慈善观影活动，解决城镇低收入居民等特殊群体看电影难问题。尤其是宜昌市图书馆开展"闭上眼睛听电影"活动，让点军区桥边镇福利院的20名孤寡老人和10余名视障老人以"听"电影的方式体验了一场不一样的文化志愿服务。同时，为了提高农村公益电影服务水平，促进全省电影市场稳定、健康发展，湖北省新闻出版广电局举办形式多样的业务学习与职能培训活动，包括：农村电影放映员和管理站站长培训班、农村公益电影标准化放映工作现场会、全省电影放映员职业技能竞赛、全省电影专项资金管理培训班、全省影院经营管理培训班。从室外到室内，从流动到固定，从加强农村放映队伍建设到提高基层文化服务水平，让老百姓从看得到变成看得好。湖北省农村公益电影放映工作做得扎实有效，温暖人心。

近年来，随着乡镇经济的高速发展、电影放映设备的不断进步，简易的流动电影放映方式已无法满足广大村民的需要。为改善群众的观影条件，湖北积极探索"政府引导、市场参与"的模式，推进乡镇影院建设。湖北省发改委和省财政厅于2015年拨款530万元，在全省试点建设了17家乡镇影院，湖北省新闻出版广电局为此专门制发《关于湖北省乡镇影院建设暂行标准的通知》。同时，将乡镇影院建设纳入《湖北省新闻出版广电"十三五"规划》，要求在未来5年，全省一半的乡镇建成一座以上乡镇影院，并着力在资金上给予保证。为了更好地推进乡镇影院建设，湖北省新闻出版广电局电影电视处联合中国电影科研所、武汉大学、长江电影集团、深圳定军山科技公司和垄上频道5家单位，重点研究"乡村智能综合影院"的建设运营模式，为全面推进乡村影院建设摸索经验。2017年1月20日，全国第一家乡村智能影院在荆州市公安县南平镇正式开业，该影院不拘泥于固定式排片，可随时点播，影片及时更新，内容题材丰富。除了普及电影文化外，"乡村智能综合影院"本身也是一个以电影放映为桥梁的"乡镇综合服务平台"，借助先进的互联网技术，可以满足基层群众的各项需求。"乡村智能综合影院"建设坚持市场运作、政府推动，积极深化农村电影公共服务与商业运营有机结合的可持续发展新模式，实现"送电影下乡到种电影到乡村"的结构转型，让群众更多地享受公共文化建设成果，实现文化小康。

（三）注重面向海外的电影文化交流

2017年，湖北省电影产业对外文化交流迈出新步伐。与德国巴伐利亚电影企业、新西兰电影协会、奥地利奥中友协等影视企业进行了合作交流。

长江电影集团在俄罗斯举办的"2017 俄罗斯·湖北新闻出版广电传媒周"活动上，与俄罗斯电影集团、俄罗斯 MKP 传媒集团成功签订战略合作协议，与波兰东方电影有限公司就在湖北武汉举办波兰电影周活动达成一致，银兴院线公司与北京沣禾汇文化传媒有限公司合作，在全国代理发行俄罗斯影片《太空救援》，首次涉足国外电影全国发行新业务。另外，2017 年，湖北省先后成功举办了"第六届香港主题电影展""波兰电影武汉展映活动""中澳电影武汉电影周""首届国际戏剧影像展""2017 国家大剧院国际歌剧电影展""第十二届华语青年影像论坛""意大利博物馆主题电影展映""2017 年度法国电影展"等一系列活动。

四 湖北电影产业发展的挑战与对策

（一）解放思想，创新顶层设计

近年来，湖北电影产业发展一直保持稳步增长，但与东部经济发达省份以及电影发展较快的省份相比，在管理理念、市场开发、资本运作、人才培养等方面都还比较薄弱和落后，电影产业发展的顶层设计有待完善，具体要做到以下几点。

（1）未来湖北省电影产业政策的顶层设计要明确电影产业在文化产业发展中的核心位置，进一步解放思想，科学统筹布局产业链，建立合作、转化、搭桥的管理机制。

（2）对于目前资本充分活跃的电影市场来说，制定奖惩分明的规范性管理政策更为重要，这是激发电影市场活力、优化电影市场秩序、保持电影市场可持续化良性发展的重要前提。

（3）对于湖北省的影视基地应统筹安排，整体设计，要摆脱仅仅满足影视拍摄和休闲度假的粗放型需求，引入"数字影视科技"要素，发展以数字电影"科技拍摄和后期制作"为主导的现代影视产业链，走特色化、差异化、集约化发展道路。

(4) 做好电影专项资金的分配使用，加大对新生影视创作力量的扶持力度，明确扶持对象。不仅要帮扶打造本土电影企业和电影作品，还要重点培养资助本土电影导演。

（二）打造文化品牌，提升内容品质

（1）湖北具有丰富的文化资源和深厚的文化底蕴，文化生态多样，文化层次多维，如神农、天仙配等神话系列，炎帝、三国等历史系列，首义、红安等革命系列，王昭君、李时珍等名人系列，巴土、长江、码头等地域系列，南水北调、长江三峡等现实系列。这些独特的文化可以成为湖北电影创作的"题材库"，打造湖北电影的文化IP品牌。

（2）湖北是中国重要的科教基地，科教文化实力位居全国前列，高校本专科在校生数量位居全国前列。据统计，在湖北省高校中，武汉大学、华中师范大学、中南财经政法大学、三峡大学这四所高校设有影视研究机构，其中，武汉大学、华中师范大学设有影视研究博士授予点。除了上述四所高校外，招收影视专业门类本科生的学校还有江汉大学、黄冈师范学院、武汉传媒学院、武汉学院、武汉晴川学院、湖北美术学院、武汉设计工程学院等。在人才培养方面，湖北省具有较强的优势，但需要进一步探索优秀人才服务湖北省电影产业发展的途径和办法。未来，湖北应加快影视"人才库"的建设，优化教育资源和社会资源配置，以影视行业为依托，以市场为导向，以项目为纽带，充分发挥"行、企、校、研"各自的优势，互惠互利、共同发展，打造高水平的电影艺术创作队伍，实现电影内容生产的提质升级。

（三）借力经济发展，优化产业结构

"一带一路"倡议和"长江经济带"战略使湖北迎来了巨大的国际性发展机遇，以黄金水道为纽带带动湖北经济全面发展也正成为湖北战略性部署的重点。湖北省委常委会专题研究文化产业工作要求"既要作为朝阳产业、绿色产业去发展好，又要彰显和体现湖北文化的软实力，文化产业既要做大

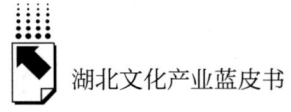

做强存量,更要做大做强增量"。具体要做到以下几点。

(1) 抓住经济发展的历史机遇,进一步开放市场,招商引资,贯彻"产业第一、企业家老大"的服务方针,尽可能为企业提供一站式服务,打造经济高成长、投资高收益、环境高安全、商务低成本的投资环境。

(2) 加快打造主业突出、品牌名优、主导市场的现代电影企业集团,努力培育和重塑一批有活力、有竞争力的新型电影市场主体。

(3) 要借力国家推动分线发行、分区域发行、分轮次发行等发行方式的探索,以资本融合的方式,打造湖北自己的电影发行实体,形成相关产业完整的产业布局,做强湖北电影。

(4) 大力发展传统的制片、发行、院线、影院等核心产业,同时也要积极拓展电影产业链。比如:携手湖北自贸区计划,吸纳互联网投资、风险投资、信贷投资等新兴的投资主体;借助互联网和大数据,通过DVD销售与租赁、有线电视、网络电视、手机电视、在线播放与视频点播、网络购票、用户定制等技术,拓展电影的发行与营销渠道。

B.7
湖北省广告产业年度发展报告（2017）

黎明 舒翔*

摘 要： 2018年，湖北省广告产业在互联网高速发展以及良好的政策环境下，迎来转型升级和革新业态的际遇。一方面，随着地区广告产业逐渐成熟以及互联网产业的崛起，新兴的媒介迅速扩张，传统媒体在变革探索开始初露锋芒，经营状况有所改观，新旧媒介的融合将迎来新的起点；另一方面，随着IP内容以及原生广告的兴起，内容融合的趋势初显，围绕IP内容的泛娱乐化生产以及广告与内容融合的产业受到业内关注，同时新技术变革带来的机遇和挑战并存，因而对业态革新提出了新的要求。

关键词： 广告行业 移动互联网 广告形态 内容生产

一 湖北省广告产业发展环境

（一）经济环境

1. 湖北省经济整体发展状况

2017年湖北省经济发展情况整体向好，全年实现地区总产值36522.92

---

* 黎明，传播学博士、副教授、硕士研究生导师，美国孟菲斯大学访问学者（2016），湖北大学新闻传播学院传播系主任。主要研究领域为广告与媒介经济，在《湖北大学学报》《当代传播》先后发表论文20余篇，其中1篇为《新华文摘》全文转载，获武汉市社会科学优秀成果奖，主持多项纵横向课题，出版学术专著1部，参编4部教材，其中2部国家规划教材。指导策划作品多次荣获全国大学生广告艺术大赛、中国大学生广告艺术节学院奖等赛事的全国奖项。2003年以来，先后为房地产、汽车、传媒等行业客户提供品牌传播与营销推广服务，近年来专注于旅游策划和城市营销，多次为相关政府机构和企事业单位提供战略咨询与智力支持。舒翔，湖北大学新闻传播学院硕士研究生。

亿元，增长幅度为7.8%，增长较为平稳，同期高于全国平均水平0.9个百分点，其中以服务业为主的第三产业占比为45.2%，投资、金融、消费等板块增速明显，尤其是金融和消费板块异常突出，据统计，全省全年共实现社会消费品零售总额17394.10亿元，同比增长11.1%。

2.湖北省广告行业发展态势

截至2017年底，湖北省广告经营单位总计33207户，比2016年增长了34.87%，广告相关行业从业人员达到156750人，同比增长18.63%，经营总额为200.99亿元，比2016年底增长15.84%，增速明显。据统计，湖北全省拥有40个省级广告产业基地，其中，广告产业孵化基地（广告双创示范基地）14个、广告人才培训基地11个、广告创作基地15个。其中，首批28家广告基地于2015年开始建设，广告基地将广告产业与教育文化、科技旅游等产业进行深度融合，产业之间进行优势互补和资源整合，不断延伸广告相关产业的产业链条，极大地完善了相关产业的产业形态，经过3年培育已取得初步成效，其中1处成长为国家级广告创新创业示范基地，并有多处广告产业基地进行升级和改造，成为湖北广告产业园区。

（二）政策环境

1.广告产业自身政策的调整

为了进一步推动广告产业的整合升级，增强全省广告产业的核心竞争力，以及打造中部核心广告产业集群，湖北省政府出台了《湖北省推进广告产业发展行动计划（2017~2020年）》（以下简称《行动计划》），目标直指中部广告产业龙头老大的位置，《行动计划》从产业格局、发展规划、保障环境等方面进行了总体阐述，初步提出以武汉、襄阳、宜昌为中心，以武汉打造国家创新中心为契机，通过产业聚集、人才培养、科技创新，构建中部广告产业的新高地，吸引广告人才以及资金的流入。同时围绕互联网产业建设这座桥头堡，推动云计算、大数据、物联网等高新技术在广告产业中的应用，根据湖北广告产业发展的特点打造自身的优势品牌。

2. 相关行业政策变动带来的影响

近年来，随着互联网发展的逐渐成熟，国家管理部门相继出台了一系列关于维护和净化广告市场秩序的政策，进一步规范了互联网广告投放，并对广告内容进行严格约束，特别是对网络环境中的违法以及不良行为进行遏制，此举为市场构建了一个公平竞争的空间。

其中对于净化网络平台方面的努力最为明显。《网络安全法》的完善进一步落实了网络文化要"积极健康、向上向善""遏制追星炒作的低俗之风、营造清朗网络空间"等规定，对部分自媒体营销大号也进行了整治以及封停。另外，视听节目方面也做了相应的调整，对于部分不符合要求的内容平台进行关停以及全面整改。2017年6月开始施行的《中华人民共和国网络安全法》，对于网络信息安全领域做了更加明确的规定，个人信息安全被纳入重点关注，这一法规的出台对于广告投放以及信息获取提出了更高的要求，智能营销领域以及社交互联网企业有可能也会受到一定影响。

同时，随着网络综艺以及直播平台的兴起，娱乐内容形式不断发生演变，网络平台的开放性使得内容质量参差不齐，对平台的监管能力是极大的考验。面对当下复杂而又火热的娱乐产业，2016年及2017年，新闻出版广电总局针对综艺娱乐领域接连下发了十几个文件，进一步规范和净化综艺市场。2016年6月，新闻出版广电总局针对规范电视版权领域发布了《关于大力推动广播电视节目自主创新工作的通知》，通知规定任何平台的综艺频道引进国外版权模式节目之前（包含当年和往年引进的版权节目），必须提前两个月向当地省属新闻出版广电局备案，省局审核通过后，进一步向国家新闻出版广电总局进行申请备案，未取得同意的节目禁止播出。这一规定的出台，是综艺娱乐领域从"中国制造"加速转变为"中国创造"的尝试，加快国内各平台综艺节目自主原创的步伐，同时也是"海外引进—本土化改造—自主创新—海外输出"的转型升级的体现。

（三）媒介环境

VR作为一种新兴的媒介形式，改变了传统广告信息被动接受的形式，用户可以深入参与到广告内容体验当中来。随着技术的进一步完善，VR 广告的内容形式允许用户进入互动，从而强化了用户和广告之间的关系。据预测，国内 VR/AR 产业在"十三五"末期将达到 500 亿元的市场规模，同时，由 2017 年光谷 VR/AR 产业发展报告可以看到，光谷产业园区 VR 相关产品销售全年达 6.5 亿元，带动园区相关 VR 产业链 15 亿元的产值，武汉因此进入 VR 产业发展的全国第一阵线，位居第四，前三是深圳、北京和上海。

二 湖北省广告产业发展状况

由于消费、金融板块的拉动，在连续两年的下降态势之后，2017 年广告市场迎来了增长，增长了 4.3%；同时，传统媒体在融合和变革中渐渐沉淀，实现了四年来首次增长，全年传统媒体同比微涨 0.2%。随着文娱市场的火热，电视广告也从 2016 年下降的颓势中逆转，增长 1.7%。而由于 2017 年全国票房的持续高涨，电影广告成为所有媒体中增长最快的板块，以 25.5% 领跑业界，其次是电梯电视以及电梯海报，其增长很大程度上是分众传媒等对于户外以及室内媒体整合的结果。全国广告市场的向好带动了湖北省广告市场的增长，截至 2017 年底，湖北省广告经营单位总计 33207 户，同期增长了 34.87%，广告相关行业从业人员达到 156750 人，同比增长 18.63%，广告产业经营总额为 200.99 亿元，同期增长 15.84%。

（一）各类媒体经营状况

1. 报纸

报纸是湖北省媒介经营活动中的重要板块，然而在互联网媒体的强势光环下，传统报纸形态正在褪去此前的光辉。2017 年 11 月 30 日，《楚天金报》在其出版的最后一期报纸上，宣布了休刊消息，并以 3 个版面的图文与读者告别。自此，这份曾经日均最高发行量超过 60 万份的都市报，退出了历史舞台。而湖北本地其他纸媒，例如《湖北日报》《长江日报》《楚天都市报》等也处在不断变革中，一直在进行产业的重塑。一方面围绕传统的内容生产流程进行融媒体的尝试，调整内容生产的流程；另一方面，报纸媒体也在积极拥抱互联网，学习新媒体内容生产方式，与内容分发平台进行合作，增强自身在移动互联网中内容分发的渠道建设。同时，依据观众对新闻内容的需求、品位，不断调整自身的内容定位，比如对数字新闻的尝试。除了内容生产方式的改变，报纸媒体也在广告营销上进行了新的尝试，除了传统的广告版面盈利方式，也进行了与企业合作进行内容策划的尝试。

2. 广播电视

2017年，湖北广电产业发展趋于平稳。一方面，总收入与实际创收与去年相比稍稍下降，幅度不大；另一方面，广播电视用户和数字用户比去年有所增加。在中部地区，排在湖南和安徽之后，实力与湖南和安徽却存在一定的差距。同时，有线电视用户数排在河南之后，位居中部地区第三，数字电视用户数仅次于湖南，具备一定的增长潜力。据官方统计，2017上半年湖北广电实现总收入32.37亿元，总体下降超过10%，实际创收29.14亿元，同比下降11.59%；同时广告作为创收的重要板块，实现收入8.62亿元，比去年减少9.17%；随着网络电视的增长，网络收入逐渐稳定，2017年的收入为17.83亿元。

相比去年，湖北广播电视实际创收收入构成发生了一些改变，广告板块的收入比例由28.80%上升至29.58%，网络收入比例由55.22%上升至61.19%，这两项所占比例之和由84.02%上升至90.77%，由此可以看出文娱市场的火热。其在一定程度上带动了广电业绩的增长，这一点对节目制作以及宣发能力较强的地方卫视来说更为明显。同时，网络收入的上升幅度较大，也意味着收视人群的习惯在慢慢改变。

3. 电影

为了促进湖北影视创作的稳步发展，2017年，湖北省设立了1000万元影视专项扶持基金。同时，湖北省局还安排2630万元资金支持湖北省内影视企业对于电影、电视的创作，鼓励和提升了全省影视公司对于内容生产的开发意愿，同时也促进了影视公司的内容生产能力的进一步提升。另外，湖北省设立专家组，对于影视制作企业的电影电视审批环节进行针对性的指导，提前对市场和消费群体进行预测，增强其内容创作的动力。与此同时，湖北省相关部门组织专家对湖北电影市场以及电影创作能力进行评估，为电影企业提供产业指导，促进产业融合发展，积极助推湖北省电影产业的发展，改善企业经营业绩。

据统计，2017年湖北地区电影放映场次超过400万场，观影人次达8312万人次，中部排名第一，同时武汉在全国票房百强城市中排第六位，武汉作为中部的"九省通衢"，市场消费潜力巨大，拥有122个影院以及2.61%的电影市场份额，在此基础上，6家影城入选全国百强影院。同时，大数据显示，2017年湖北省观影人群中女性占52.3%，成为武汉电影市场的另一大亮点，而从观影人群的年龄结构来看，19~24岁的年轻人成为电影消费的绝对主力，占比34.9%，而位居其后的是25~29岁的观众，在大文娱产业火热的背景下，电影成为当下年轻人的主流娱乐消费方式之一。电影营销也越来越受到重视，主流的形式是广告植入以及电影映前广告，电影广告因其特定空间，观众注意力集中以及特定的声效结合，增强了电影广告的传播效果；而随着广告植入的优化，越来越多的品牌直接与电影主题表达内容相结合，将自己的品牌文化借助电影人物或者主题进行凸显，这样既不影响观众体验，又能够借助电影表达品牌内涵，使电影广告成为当下广告主青睐的营销路径。

4. 户外媒体

场景传播的兴起无疑为户外媒体的崛起提供了语境。最近几年，户外媒体通过资源整合，覆盖消费人群生活中的不同时段、不同空间的信息媒介，并且根据消费者人群的特征进行针对性的内容推送，特别是地铁、电梯场景中的显示屏广告位深受广告主的喜爱，而多屏互动以及大数据的发展，则更好地提升了这些户外媒体的传播效果。例如，2017年，龙帆传媒拿下武汉地铁1、3、8号线的媒体独家经营权，正式布局华中地区户外媒体，为其户外媒体网络又添新成员。可以看出，地铁作为城市生活中必不可少的活动空间受到了广告主的青睐。此外，龙帆在武汉早早就布局了户外媒体，拥有

4000余块候车厅和自行车亭显示屏（广告牌），实现了对武汉地区户外媒体的全面覆盖，户外媒体在互联网语境中通过整合重新获得了一定的话语权。

（二）互联网

《中国互联网发展报告2017》蓝皮书显示，2018年湖北省互联网发展状况位居全国第十，中部第一。评估指标包括基础设施建设、创新能力、数字经济发展、互联网应用、网络安全、网络管理6项。其中，排名前十位的依次是广东、北京、浙江、江苏、上海、福建、四川、山东、天津、湖北。湖北省一直都在努力建设互联网，经过最近几年的沉淀与建设，湖北互联网产业取得了一些成就，例如以斗鱼TV、卷皮网、盛天网络和宁美国度为代表的"四小龙"崛起，同时一些小而美的互联网企业也在萌芽当中，如安天、青藤云等。中国互联网的版图上湖北互联网企业开始初现锋芒。随着互联网企业的崛起，更多的外来资本也开始关注湖北，2016年武汉光谷各类互联网企业融资额达到29亿元，超过历年总和。2017年初，腾讯、中兴通讯、360等国内知名互联网企业纷纷与武汉东湖高新区签约，布局中部互联网产业。与此同时，互联网广告的份额不断攀升，已经超过50%，占据了广告产业的核心位置。预估未来互联网广告产业的份额将继续攀升。

（三）移动互联网

2017年，移动效果广告点击仍然以电商、直播行业为主，电商行业广告点击量占比37.1%，直播行业广告点击量占比30.4%。视频直播行业的爆发，使直播行业移动广告市场异常火爆，通过网红与电商的结合衍生出巨大的能量；与此同时，共享单车应用市场竞争激烈，也促使共享出行行业移动效果广告市场快速扩张，由0.7%上升至3.2%。

近年来，BAT（百度、阿里巴巴、腾讯三大互联网公司首字母，指这三家企业）作为国内互联网巨头，随着互联网广告市场规模的不断扩张，其数字广告营收增长惊人，并且不断收购一些互联网领域的新业务。根据

eMarkteter 预估，2017 年中国数字广告市场规模总和为 500 亿美元，其中 BAT 占 62% 以上；2019 年中国数字广告市场规模总和将会增至 760 亿美元，BAT 将占据 70%。

三 湖北省广告产业年度热点

（一）移动互联网

1. 直播（斗鱼嘉年华）

2017 年，直播平台得到了资本青睐，大量的资本纷纷入局，直播平台依据秀场以及游戏等内容而获得大批用户，中国互联网络信息中心发布的第 41 次《中国互联网络发展状况统计报告》显示，我国网络直播用户经过长足的发展，规模达 4.22 亿人，年增长率为 22.6%。斗鱼直播是网络直播平台中的佼佼者，2017 年第三季度，斗鱼直播在游戏板块直播 App 中以 2% 占比的活跃度位居各大直播 App 之首。斗鱼是行业内最早提出"直播+"概念的平台，而游戏作为当下文娱板块的热门内容，通过对"直播+游戏"内容的深度挖掘，提高了平台用户的存留率，并通过游戏直播良好的互动性，让用户参与到直播内容评价当中，进一步提升了平台用户黏性。

为了更好地创作出内容，减弱主播对于平台流量的控制力，2017 年，斗鱼开始了更多内容生产方式上的尝试，从斗鱼嘉年华到鱼乐盛典颁奖典礼，试图打通线上与线下的壁垒，拓宽自身的业务边界；同时与游戏相关厂商甚至汽车等行业的跨界合作，更是斗鱼实施"直播+""游戏+"的具体步骤，将用户的流量从线上转到线下，既赋予了用户更好的游戏体验，又通过自身强大的流量引导能力赋能合作品牌。而鱼乐盛典的举办也是斗鱼对于自身 IP 的打造，这个机制的形成不仅强化了其对于优秀直播内容的生产能力，更是向泛娱乐延伸的尝试。

通过斗鱼嘉年华、鱼乐盛典等直播平台举办的活动，围绕培养主播机制、打造主播影响力等策略，将主播推向更加大众化的市场，主播成为直播平台商业化的另一个连接节点，通过品牌代言，直播内容植入，电商周边产品等方式，丰富直播平台商业化途径。

2. 地铁广告

2017年，地铁成为新的流量入口，受到各大品牌的青睐，有趣好玩、极具创意的地铁广告案例频繁刷屏。地铁广告是指在地铁范围内设置的各种广告，由于线路固定，所以受众集中，又由于地铁内空间的限制，所以受众的注意力比较集中，这为品牌广告提供了良好的土壤。受注目程度越高，则更能提高产品的认知度，并可通过与新技术的结合以意想不到的创意形式来展示。网易云音乐的乐评地铁专列，让受众线上感受到网易云音乐独特的风格，同时通过有意思的乐评，与乘客、与用户进行对话、沟通，收获了大量的话题和流量。钉钉则是聚焦创业群体，通过与创业者共鸣的文案，直击创业者内心，字里行间透露着对创业者的尊重和鼓励，获得无数创业者的好感，准确的定位收获了不少粉丝和用户。

截止到2017年底，武汉开通地铁线路6条，作为武汉最受欢迎的交通工具，地铁覆盖人群十分广泛，武汉地铁正成为备受广告主青睐的媒体平台，例如，在"2017~2018湖南卫视跨年演唱会"获得关注的护肤品牌"三草两木"，2017年12月底在武汉地铁也推出了一辆"三草两木"专列，通过走心的广告文案，让品牌所倡导的"减法生活"获得人们的关注，引发人们对于生活方式的激烈讨论，为品牌积累了良好的口碑以及流量。

3. 短视频

短视频，作为移动互联网时代迭代出现的内容形式，随着无线网络基础设施的不断完善，其碎片化、易标签化且继承视听内容良好的特征让它大放异彩，同时随着受众的喜好发生改变，简短而具有故事性的短视频成为人们日常生活娱乐中的一部分，电视剧、电影的宣发开始采用短视频推广的手段，甚至创作上是否具有故事简短、线条清晰的特征成为衡量内容创作的重要标准。除此之外，短视频正在重新建构新的媒介关系，通过弹幕、转发、分享、标签化、二次创作，将过去的单一传播模式转变成深度的交互方式。

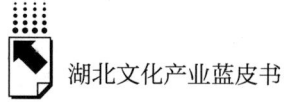

例如，得意生活与悠游天下合作的一档短视频节目《得意悠游》，采取当前最受欢迎的短视频形式，每条视频通过3~5分钟的展示，记录了全球各个旅游目的地最真实、最具趣味性、最具本地特色的旅游体验；同时通过主持人亲身体验，包含旅游过程当中的吃、住、行、游、购、娱，为观众呈现原汁原味的旅行见闻，并用图文方式制作精美的本地出行攻略，内容翔实。据统计，《得意悠游》推出至今，节目内容共300余集，其中涉猎50多个旅游目的地，线上更是获得4000万次的点击量。《得意悠游》通过新媒体与旅游的结合，借力短视频的内容形式，创作出符合当下受众品味以及收视习惯的内容，同时依托合作双方各自的优势资源，共同打造了一个"新媒体+短视频+旅游"的内容生态。

除此之外，武汉最具人气的美食短视频"Taste 武汉"也因为短视频的内容生产而广受赞誉。"Teste 武汉"视频取材内容来自那些在武汉经营了10年的品牌老店。10年既是品牌长青的有力证明，又是挖掘好故事、好素材的保障。故事经过专业团队的打磨，一经推出便受到观众强烈的反响，同时也为这些品牌老店带去了关注以及线下流量。

4. 网红品牌的崛起

网红品牌在文娱市场纷纷创立 IP 的声浪当中一夜爆红，2017 年这把火更是蔓延至整个市场，各大品牌为了吸引年轻人的眼球，纷纷开始了自我重塑的网红之路，通过当下流行的营销手段，运用新技术让人耳目一新，制造超级话题，通过网红品牌的效应，为自己的产品背书，甚至衍生出品牌的产业链，将网红品牌的效应最大限度地进行商业变现

例如，武汉本土网红"ng家的猫"，凭借自身的才艺，以及制作的各种融合本土方言的搞笑段子，在微博、美拍等平台定期创作和更新内容，赢得了大量的粉丝，微博粉丝310万人，在美拍收获了近90万网友的关注，视频累计获赞530万次。随着人气的飙升，其开始了利用自身的品牌效应进行流量变现的商业化之路。"淘宝店铺+短视频广告"成为其主要的变现模式，除此之外还创办了自己的零食店"ng家的味"，很多消费品牌纷纷找他合作，其创作的短视频中更是植入了各大品牌的产品广告。

（二）广告形态的流变

1. 原生广告

随着微信、微博等平台原生广告的出现，各种 App、网络平台相继采取了这种广告模式，原生广告融合了多种广告形式，与原有平台内容无缝对接，同时通过技术调动了受众的感官体验，让用户在消费内容的同时对广告产生认同感，以此提高广告的到达率以及接受度，以前的网页广告，往往在未经用户允许的情境下自动弹出，造成用户体验的不愉快，而今的原生广告仅在用户自己选择打开的情况下播放，用户的体验十分流畅。

另外，原生广告与内容平台的风格特色自我匹配，与平台内容风格保持一致，用户在体验时，原生广告就是平台内容的一部分，甚至部分原生广告通过创意设计等方式，既是广告也是内容，用户也能在广告中收获到自己想要的信息或者知识。这样的形式极大地降低了用户对于广告内容的违和感及不满，同时不少原生广告通过游戏、精美设计等方式，吸引用户与广告内容进行互动，当用户点击进入广告页面时，广告通过创意、视听等形式对内容进行沉浸式展示，在此过程中完成用户对于广告信息的接受以及互动。

2. 跨屏营销

在 CNNIC 发布的第 40 次《中国互联网络发展状况统计报告》中指出，中国网民规模占全球网民总数的 1/5，达到 7.51 亿人。移动互联网的发展势头迅猛，手机网民规模已达 7.24 亿人，同时智能电视的发展也不可小觑，如今电视上网的比例也已经达到 26.7%，用户已经全面进入多屏时代。对于营销而言，如何基于多终端的不同场景、时点、行为习惯、内容偏好等开展匹配用户行为的营销，也成为品牌关注的热点话题。

当下人们的生活当中到处都充斥着屏幕，手机、电脑、电视、电影、户外大屏、地铁电视等占据着我们的大部分注意力。无论是私人空间还是公共空间，屏幕都成为我们获取信息和娱乐不可或缺的入口，因此用户的跨屏行为，成为广告主关注的话题。用户的跨屏行为伴随着各种场景的切换，如何打通各种平台以及界面之间的壁垒,从而方便大数据技术去获取不同用户的画像,为用户及时推送个性化内容,激起用户对于产品的消费欲望,最终转化为消费行为,是跨屏营销所要解决的问题。

可以预测,跨屏营销的未来,就是整合人们生活场景中所有的屏幕和信息接收渠道,通过信息共享等方式,将这些媒介打通,形成信息流通的闭环,平台根据用户的场景以及需求推送对应的广告信息,从而给广告主带来巨大的品牌效应。

3. 内容与广告融为一体

随着用户对广告态度的转变,越来越多的广告开始深耕内容,也就是内容和广告融为一体,受众在消费内容的同时,不知不觉中接受了广告信息。内容潜移默化地将品牌的特色与价值传达给了受众,而且好的内容能够对品牌的形象形成增益效应,消费者将对于节目内容的良好体验转移至品牌,增强了品牌传播的效果。

以优酷推出的《穿越吧厨房》为例。该节目由天猫自主创作,节目融合电商、美食元素,每期节目四个男艺人会为邀请来的女嘉宾精心准备一道菜,通过美食、明星等元素吸引了美食爱好者以及明星粉丝的关注。节目由良品铺子、小熊电器等冠名,这个节目通过将电商元素原生化,告别了传统节目将内容与广告区隔的模式,将广告与内容的界限打破,从而实现了营销与内容的浑然一体。节目中所有的道具都是品牌的展示平台,观众观看节目的同时如果喜欢上某一款产品,可以直接在天猫超市中购买同款产品。同时,节目所传达的消费生活理念正是天猫超市品牌的文化价值观,这种方式让观众在收看节目的同时,深深感受到品牌所倡导的生活观念及价值,令人印象深刻。

(三)数字内容IP全产业链开发

以IP为核心,在网络文学、游戏、影视、生活消费等多个领域进行整合,并延伸至周边相关产业,成为文化产业发展的趋势,而当下移动互联网的高速发展成为IP全产业链开发重要的催化剂。

从当下移动互联网发展的特征以及行业竞争格局来看，我国互联网已告别野蛮生长的阶段，增速进一步减缓，对于 BAT 等强势企业而言，在其核心业务已经沉淀并获得一定积累的情况下，如何延伸自己的业务领域以及开拓新的营收路径，自身累积的庞大的用户群体优势如何进行增值转化，以提高用户的黏性及体验，这些问题则成为重要的课题。而在如今娱乐消费成为受众主流消费形式的语境中，从外部市场环境来看，影视、游戏等娱乐产业发展已经趋于成熟，客观上为数字内容特别是网络视频、网络文学等互联网数字产业发展提供了一定的条件。从技术层面来看，移动互联网的发展为文字、图片、视频转化为数字存储、传输、转化提供了便利的通道，并为数字内容的流通提供了更大的空间。

随着网综爆款越来越多地涌现，腾讯视频等平台的内容创作不再是单一的节目，而围绕一个 IP 进行全方位的挖掘，包含内容的生产、偶像的品牌运营、流量变现、生态打造、围绕 IP 形成产业链闭环，如《明日之子》，其 40 亿次的点击量打破了网综点击量纪录，生产出了毛不易、马伯骞、赵天宇、荷兹 HeZ 等未来偶像，同时围绕偶像进行一系列的开发，包括流量变现、音乐制作、偶像养成等，为内容生产创造出新的价值链。

四 湖北省广告产业问题分析及发展展望

（一）问题分析

1. 融合难度

在移动互联网时代，技术迭代的浪潮汹涌，新的媒介形式层出不穷，这一形势迫使广告传媒产业不断去拥抱新技术和新平台，唯恐自身落后，丧失了先天优势。不同的平台、不同的技术之间的壁垒一时间无法消除，为顾全大局，只能"雨露均沾"，耗费了大量的人力物力，又因方向太多看不到目标而陷入迷茫。同时，移动互联网时代受众的喜好以及内容接受场景会随着技术的改变而难以预测，这给内容生产带来难题。如何生产内容，以及捕捉受众喜好，是否为细分垂直领域的受众制作特定内容，这些都会成为广告从业人员的阻碍。为了更好地适应市场以及内容生产的变化，产业融合自然会引发组织结构的改变，这就要求广告从业人员必须具备更加全面的技能，并且需要强大的适应能力。

2. 内容消费和产品消费边界的消除

今天的消费者面对若干的互联网信息触点，这也让"实时触发"成了消费者的典型特征，购买行为的产生越来越依托于场景，而内容平台也成了触发产品消费行为的重要入口。但是，如果要实现从内容消费到产品消费的联动，必须构建出无缝连接的全场景化的营销生态。今天是一个内容即广告的时代，由于碎片化信息的增多，如何让内容成为产品信息的有机载体，这是品牌在开展内容营销的时候都在孜孜以求的目标，因此，广告与内容融合趋势须进一步加强。

3. 品牌年轻化和精致化的焦虑

随着互联网"原住民"、"90后"成为品牌消费的主体，品牌更多地需要与年轻人对话，他们如何看待品牌，品牌如何具有年轻化因素则成为广告主最为关注的问题。特别是原有品牌经过长时间的累积沉淀，已经被塑造成一个比较延续的形象，而随着"80后"与"90后"的消费喜好断层式的迭代，品牌如何在旧有形象与新形象之间进行取舍、整合？又如何在消费者喜好和审美快速迭代之间进行品牌解构和重构？而品牌精致化则是响应日益壮大的中产阶级群体的消费需求。区别于过去的底层群体消费者，如今的中产阶级消费群体不仅仅满足于产品的美观、耐用，而且对于品牌附加的价值更为看重，品牌的身份认同、趣味性是他们新的消费体验维度。同时，品牌所要表达的价值观尤其重要，产品消费的同时相应的就选择了品牌背后的价值标签，品牌成为消费者社会地位以及个人价值的表达。

（二）发展前景与展望

1. 智能营销是大势所趋

智能营销通过运用当下大数据、云计算、人工智能等技术，将平台信息进行综合分析，从而与受众精准匹配，使广告信息的传播更加高效也更能促成受众消费行为的产生。从这个角度来说，智能营销并不是技术主导的模式，本质上是以消费者为主体的，依据消费者的喜好以及需求，提供个性化的营销信息；对于消费者而言，高质量的广告信息能够为其带来更好的广告体验。同时，智能营销能够对用户的回馈进行快速反应，在用户与品牌的互动中检索有用的信息，对用户画像进行修正，与用户进行真正的沟通，让营销更具人性化的特质。

另外，智能营销不仅要思考如何实现依据人的个性化进行精准的内容推送，也要对生活场景的切换进行甄别和洞察，这就意味着，智能不仅仅是精准人性化，更需要对变化的场景和空间进行内容的有效感知。

2. 线上与线下融为一体、相互协同

随着互联网线上平台的成长，之前关于线上必将颠覆线下商业的定论已不存在，互联巨头纷纷重新重视线下商业模式。特别是2017年"新零售"成为热门词汇，互联网大佬们对线下企业开始进行并购或者联合。尽管传统的线下模式受到互联网的冲击，但在一场浪潮过后，依然有大量的消费者需要实体的体验。甚至很多消费者的购物习惯中无法摆脱实体体验这一环节，更多消费者选择先实体体验，然后在线上进行购买的消费方式，于是线上品牌开始走向实体。线下品牌通过线上的虚拟空间文化让品牌内容更加丰富，同时借助虚拟空间完成品牌和年轻消费群体之间的对话。

企业通过将互联网虚拟内容实体化，实现了线上与线下的无缝对接，从而围绕品牌衍生出了更多具有虚拟空间文化的产品。例如，网易云音乐的评论从来都是精品UGC的代表，农夫山泉将其物化在饮料瓶包装上，通过UGC内容实现与粉丝的互动，对于粉丝而言，UGC内容更像是一种个人喜好的表达方式。通过这种内容物化的方式，农夫山泉为自己的品牌注入了更多的内涵，同时也是品牌年轻化的一种尝试。可以预见，未来将会有更多线上与线下营销结合的案例出现，线上与线下的融合是品牌与消费者沟通的最优解。

B.8
湖北演艺产业发展报告（2016~2017）

胡晓亚 梁艳萍*

摘 要： 2016~2017年，湖北演艺产业①有了更明确的发展目标和角色定位。政府对演艺产业的指导更加规范化和系统化，开始从微观的"办"文化逐渐向宏观的"管"文化过渡。国有文艺院团继续深入改革，艺术创作展演呈现新气象，演出情况及收入总体平稳。以保利院线为龙头的演出剧场运营良好，对外交流频繁，演出层次、演出收入不断提高。同时，湖北演艺产业链还不完善，亟待通过深化文艺院团改革、加强演艺版权保护、鼓励民营演出团体发展、整合演出剧场资源、鼓励文化消费等方式进一步规范演艺市场，促进演艺产业发展。

关键词： 行政指导 演艺产业链 深化改革 演艺版权 资源整合

一 湖北演艺产业发展环境分析

（一）政策环境

继习总书记文艺座谈会讲话后，2015年，中央和地方出台了一系列繁荣社

---

* 胡晓亚，任职于武汉市文化局，中级经济师（人力资源管理）；梁艳萍，湖北大学文学院教授。
① 本行业报告所分析的演艺产业，是以舞台和现场表演为主要方式的艺术行业，主要以实体演出为主，如话剧、音乐剧、儿童剧、旅游演出等。数据以2016年度为主，包含2017年、2018年行业部分发展动态。

会主义文艺的大政方针（见表1）。特别是在传承传统文化上，力度空前。2016年至2017年，党的十九大召开，中央和地方在文化领域相继出台了多个"十三五"规划，从艺术创作到文化科技到文化产业，分类更加细化，内容更有针对性。同时，文化管理部门也相继废止并修订了多项文件，制定并发布了多个行业标准和管理制度，政府对文化事业和文化产业的管理更加规范，更具宏观性。

表1　2016~2017年中央和地方出台的与湖北省演艺产业相关政策

层级	时间	政策名称
中央	2017-12-15	修订娱乐场所管理办法
		修订营业性演出管理条例实施细则
	2017-7-24	文化部关于发布行业标准《演出安全第6部分：舞美装置安全》的通知
	2017-7-6	文化部关于规范营业性演出票务市场经营秩序的通知
	2017-6-28	文化部关于印发《文化部"十三五"时期艺术创作规划》的通知
	2017-5-27	中宣部　文化部　教育部　财政部关于新形势下加强戏曲教育工作的意见
	2017-5-22	文化部关于发布行业标准《演出安全第9部分：舞台幕布安全》的通知
	2017-4-26	文化部关于印发《文化部"十三五"时期文化科技创新规划》的通知
	2017-4-20	文化部关于印发《文化部"十三五"时期文化产业发展规划》的通知
	2017-4-11	文化部关于推动数字文化产业创新发展的指导意见
	2017-2-23	文化部"十三五"时期文化发展改革规划
	2017-2-10	文化部关于废止《歌舞厅照明及光污染限定标准》等9项推荐性行业标准的通知
	2016-12-28	文化部"一带一路"文化发展行动计划
	2016-12-27	文化部关于发布行业标准《舞台管理导则》的通知
	2016-9-13	文化部关于推动文化娱乐行业转型升级的意见
	2016-7-1	文化部关于加强网络表演管理工作的通知
	2016-6-23	关于开展引导城乡居民扩大文化消费试点工作的通知
	2016-6-13	文化部关于发布行业标准《演出场所扩声用扬声器系统通用规范》的通知
	2016-5-17	文化部办公厅关于印发《文华奖章程》的通知
湖北省	2017-10-17	湖北省营业性演出现场监督管理办法（试行）
	2017-9-1	湖北省文化厅关于公布规范性文件清理结果的通知
		湖北省文化厅关于印发《湖北省楚天文华奖评奖办法》的通知
		湖北省文化厅关于印发《省直文艺院团重点创作项目评估和论证办法》的通知
		湖北省文化厅关于印发《湖北艺术节章程》和《首届湖北艺术节总体方案》的通知
		湖北省文化厅关于印发《湖北省文化产业示范园区管理暂行办法》的通知
		湖北省财政厅、省文化厅关于印发《湖北省演艺集团公益性演出补贴管理暂行办法》的通知
	2017-2-28	湖北省"十三五"时期文化事业发展规划
	2016-5-23	关于开展戏曲进校园活动的指导意见

续表

层级	时间	政策名称
武汉市	2017-10-6	武汉市人民政府关于印发武汉市开展引导城乡居民扩大文化消费试点工作的实施方案的通知
	2016-12-31	武汉市人民政府关于印发武汉市文化产业发展"十三五"规划的通知
	2016-10-12	武汉市人民政府办公厅印发关于支持我市戏曲传承发展振兴武汉戏码头的通知
	2016-5-7	武汉市人民政府关于在公共服务领域推广运用政府和社会资本合作模式的意见

（二）经济环境

1. 文化事业财政投入持续增加

2016年统计数据显示①，湖北省文化事业费为29.04亿元，比上年增加5.48亿元，增长23.26%。文化事业费占财政支出比重为0.45%，全国排名第16位，比上年提升6位。全省人均文化事业费49.35元，全国排名第19位，比上年提升2位。湖北省市、州文化事业费排名中，武汉市以7.72亿元排名第一；宜昌市以2.70亿元排名第二；襄阳市以2.36亿元排名第三（省本级不参加排名）。

2. 经济发展转型升级

党的十九大报告中明确提出中国特色社会主义进入了新时代。在新的时代，中国经济必须坚持质量第一、效益优先，以供给侧结构性改革为主线，推动经济发展质量变革、效率变革、动力变革。对于文化产业来说，必须健全现代文化产业体系和市场体系，创新生产经营机制，完善文化经济政策，培育新型文化业态，才能适应经济转型升级的发展需要。同时消费对经济发展的贡献率进一步提高，由54.9%上升到58.8%，服务业比重从45.3%上升到51.6%，成为经济增长主动力。

---

① 《湖北省文化文物产业统计资料（2016年度）》，湖北省文化厅财务处编印，2017。

3. 湖北经济持续快速发展

2017年，湖北省地区生产总值达到3.65万亿元，武汉地区生产总值达到1.34万亿元，过千亿元城市由8个增至10个。城镇常住居民人均可支配收入突破3万元，达到31889元。服务业占比由36.8%提高到45.2%。消费对经济增长的贡献率提高了16.7个百分点。全省深入推进"十大扩消费行动"，着力扩大旅游、文化、体育、健康、养老等服务消费。武汉市创新实施系统发展举措，大力推进招商引资"一号工程"、招才引智"一把手工程"，探索形成"大学＋""大湖＋"的新发展模式。

（三）社会环境

1. 全面深化改革

党的十八大以来，党中央召开七次全会，分别就政府机构改革和职能转变、全面深化改革、全面推进依法治国、制定"十三五"规划等重大问题做出决定和部署。全面深化改革深入到社会方方面面。湖北省国有文艺院团完成转企改制后，在供给侧改革的深入推进下，亟待进一步深化改革，探索社会效益与经济效益相统一的发展新路径。

2. 科学技术手段更加成熟

围绕文化产业的发展需求，数字、互联网、移动互联网、新材料、人工智能、虚拟现实、增强现实等科学技术手段都已经成熟，可以进入与文化产业融合的应用阶段。同时，文化行业标准和国家标准的修订和完善，为文化科技装备水平的提升奠定了基础。

3. 文化消费环境潜力较大

湖北是科教文卫大省，2016年常住人口5885万人，普通高校在校生达到139.99万人，是文化消费的生力军。居民可支配收入的持续增加，地铁、城际铁路等交通设施的建设又有效降低了居民文化消费的时间成本和经济成本。同时，国家推行"二孩"政策，以家庭为单位的文化需求潜力巨大。

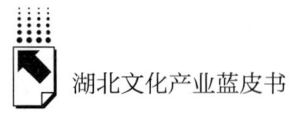

二 湖北演艺产业发展现状及特征分析

（一）行政指导逐渐规范化和系统化

2011年，中共十七届六中全会通过了《中共中央关于深化文化体制改革 推动社会主义文化大发展大繁荣若干重大问题的决定》。决定提出，要加快发展文化产业，推动文化产业成为国民经济支柱性产业。此后，中央到地方出台了一系列推动文化产业发展的纲领性文件，行政指导更加规范化和系统化。近两年，文化部集中废止规范性文件17个，废止部门规章3个，修改部门规章5个，其中涉及演艺产业的有《娱乐场所管理办法》和《营业性演出管理条例实施细则》。同时废止了《歌舞厅照明及光污染限定标准》等9项推荐性行业标准，出台法律法规2个，各类发展规划、行动计划9个，其中包括"十三五"时期文化产业发展规划，发布行业标准6个，其中涉及演艺产业的4个，各类管理办法、暂行规定、实施细则7个，评奖办法2个。

近两年湖北省发布继续有效的规范性文件17个，宣布废止的规范性文件6个，予以修改或评估后重新公布的规范性文件9个，包括湖北省楚天文华奖评奖办法、湖北艺术节章程、省直文艺院团重点创作项目评估和论证办法、湖北省文化产业示范园区管理暂行办法、湖北省演艺集团公益性演出补贴管理暂行办法等。同时印发了湖北省营业性演出现场监督管理办法（试行）和2个发展规划。

紧锣密鼓的政策调整，既是政府转变职能、深化文化体制改革的必然要求，也是政府理清关系、创新制度设计的必然举措。对演艺产业而言，分门别类的行业规划的出台让行业发展有了更明确的发展方向和行动指南，明确的行业标准确定了行业发展的标杆，系统的市场管理办法进一步规范了演出市场。以《营业性演出管理条例实施细则》为例，该条例删除旧有条款6处，修改调整17处，取消营业性演出行政审批项目2项，下放行政审批项目2项，进一步放宽了准入资质，减少了申报程序，增强了市场活力。

（二）武汉成为湖北省演艺产业高地

1. 戏码头渐成品牌

大武汉历来是全国闻名的戏码头。2016年，武汉市人民政府办公厅印发了关于支持戏曲传承发展、振兴武汉戏码头的通知，从戏曲保护传承和理论研究、优秀戏曲创作生产、推进戏曲表演艺术团体、戏曲人才培养、戏曲设施建设、戏曲普及与宣传、保障措施7个方面促进武汉戏码头建设。从2013年开始，武汉剧院连续推出中华优秀戏曲文化艺术节，经过数年经营，戏曲演出和活动日益繁荣。2017年，全国地方戏曲南方会演、第五届中华优秀戏曲文化艺术节、全国戏曲名家名团武汉行、"长江中游城市群"优秀戏曲剧目展演等活动先后在武汉剧院接力上演，77场精彩的演出让江城武汉的戏迷们目不暇接。2018年3月，第六届中华优秀戏曲文化节在武汉剧院举行，23位中国戏曲梅花奖获得者齐聚武汉。戏曲节以武汉剧院为原点，辐射武汉三镇。市民可花20元在剧场看戏，也可以在汉街大戏台、汉口里戏台、吉庆街戏台、武汉天地、洪山广场地铁文化角免费听戏、赏戏。

2. 小剧场彰显活力

小剧场戏剧因其小空间、近距离的特点，简约、灵活、精致，带给观众亲和、共享和鲜活的感受，深受青年人群喜爱。2017年，武汉启动优秀小剧场剧目展演活动，坚持社会效益和经济效益相统一，遵循市场规律，坚守艺术品格，以蓬勃的创新创作能力带动文化事业和文化产业的繁荣发展。展演期间，9部新锐作品、21场演出在武汉8个特色小剧场与观众见面。这些剧场既有传统戏曲小剧场，也有话剧、歌舞、亲子和新锐剧场。此次展演不仅在传统戏曲上接轨现代元素，在合作方式上也实现了与高校艺术学院、民营艺术单位的接轨。在票价上除了参演剧目《我不是李白》外，定价都在50元或50元以下，与电影票价持平，受到居民的追捧。

（三）演艺产业市场化程度进一步提升

1. 演艺产业要素平台更加完善

演艺产业要素平台是演艺产业链的一个重要环节，也是艺术生产的基础环节，包括资本、组织、内容创作和演员①。依据2016年统计数据②，湖北艺术表演团体数量达到308个，其中国有艺术表演团体86个，与上年度持平，非公有制艺术表演团体222个，比上年度增加13.27%。从业人员8699人，其中专业技术人员4940人，占总人数的56.79%，其中拥有高级职称的人数占专业技术人员总数的17.04%。专业艺术表演团体经费自给率为21.5%，较2015年的17.96%提高了3.54个百分点，排名全国第13位（见表2）。演出经纪机构64个，从业人员1737人，营业收入4878万元。原创剧目98个，全国排名仅次于江苏省（134个）。创作剧目涵盖话剧、儿童剧、歌舞音乐、京剧、地方戏曲、杂技、综合表演等多个艺术门类。一批优秀的剧目如歌剧《有爱才有家》、话剧《董必武》、楚剧《大哥大嫂》等入选国家扶持工程，29个项目入选2017年度国家艺术基金资助项目。

2. 演出院线运营良好

统计数据显示，2016年湖北艺术表演场馆58个，从业人员1270人。就场馆数量而言，湖北演出场馆数低于湖南、广东、四川、安徽、山东等省份，但在演（映）出场次上，达到了5.42万场次，全国排名第6位，仅次于江苏、浙江、山西、北京、河北。特别是由保利院线运营的琴台大剧院、琴台音乐厅，按照"政府授权、委托经营、市场运作、行业管理"的运营管理模式，坚持经济效益与社会效益相统一的原则，努力寻求文艺作品在艺术与市场之间的平衡。2017年琴台音乐厅共演出155场，上座率达73%，平均票价163元。第六届琴台音乐节期间，引进"世界第一"柏林爱乐乐团到厅演出，开票两小时即告售罄，创造了武汉古典音乐会最快销售纪录，单场票房收入近500万元。并且琴台音乐厅首次获得了乐团授权，同步让11个城市的保利剧院的2万余名观众欣赏音乐会，让国际乐坛认识了保利院线的规模和影响力。2017年琴台大剧院完成各类演出208场，平均上座率78%，平均票价185元，实现利润总额200万元。并继续"零门槛"与

---

① 王广振、曹晋彰：《中国演出产业发展反思与演艺产业链的构建》，《东岳论丛》2013年第4期。
② 《湖北省文化文物产业统计资料（2016年度）》，湖北省文化厅财务处编印，2017。

武汉说唱团、武汉人民艺术剧院、武汉市歌舞剧院等武汉市优秀院团合作演出，并成功推荐武汉人民艺术剧院创作的话剧《董必武》进入保利院线，全国巡演16场。

3. 行业融合继续深入

演艺产业与旅游、科技的深度融合已经成了演艺产业未来发展的趋势。2016年武汉杂技团演出809场，演出收入1563.3万元，演出收入在全省艺术表演团体中高居榜首。2016年上海迪士尼乐园开业，由武汉杂技团出演的《人猿泰山》在迪士尼实现驻场演出。该团派出演员近百人，分3组轮流演出，每天4到8场。整个项目合约时间为8年，是武汉杂技团历史上最大的商演订单，也是上海迪士尼众多舞台演出项目中唯一和团队整体签约的项目。2017年长江首部漂移式多维体验剧《知音号》对外运营，用体验方式展现武汉文化，创造了游客成为"剧中人"的独特视角，成为湖北旅游市场上的一张亮丽名片。2017年武汉斗鱼嘉年华在汉口江滩举办，从斗鱼直播平台的线下游园扩展为以武汉为焦点、辐射全球的互联网娱乐大会，包含了表演、竞技、美食、游艺、动漫、影视、运动、汽车等多个版块，通过泛娱乐文化盛宴，更好地满足了观众多样化的需求，进一步提升了武汉互联网产业的知名度、影响力。

三 湖北演艺产业存在问题分析

（一）国有文艺院团改革亟待深化

湖北省现有86个国有专业文艺院团，其中企业单位16个，占比18.6%，其中省级3个，武汉市6个，咸宁市3个，黄冈市2个，襄阳市1个，鄂州市1个。其他70个专业文艺院团都保留了事业单位身份。就资金自给率而言，2016年国有文艺院团总支出为7.40亿元，经费自给率为21.5%。较去年的17.96%提高了3.54个百分点，全国排名第13位，比去年上升了4位（见表2）。但纵向比较，湖北专业文艺院团资金自给率最高的年份是1995年，资金自给率为40%，全国排名第12位。排名最靠前的年份是2014年，资金自给率为23.2%，全国排名第9位。

表2　2016年全国国有文艺院团资金自给率排名（前15名）

序号	地区	资金自给率（%）	位次	序号	地区	资金自给率（%）	位次
1	上海	45.5	1	9	福建	26.6	9
2	海南	39.8	2	10	北京	25.1	10
3	安徽	38.7	3	11	河北	21.7	11
4	山西	30.7	4	12	重庆	21.6	12
5	宁夏	28.6	5	13	湖北	21.5	13
6	江苏	28.5	6	14	浙江	21.3	14
7	河南	28.2	7	15	山东	21.1	15
8	广东	27.7	8				

就演出场次、观众和原创剧目而言，湖北省国有文艺院团一直具有优势，全国排名都在前5位。但是就演出收入而言，湖北省和发达地区相比仍然存在距离。2016年事业单位的文艺院团演出收入为3766万元，全国排名第12位（见表3）。

表3　2016年全国事业单位文艺院团演出收入排名（前15名）

序号	地区	演出收入（万元）	位次	序号	地区	演出收入（万元）	位次
1	上海	12613	1	9	福建	5116	9
2	河南	10740	2	10	天津	4482	10
3	江苏	9984	3	11	河北	4164	11
4	浙江	8209	4	12	湖北	3766	12
5	广东	9132	5	13	海南	3622	13
6	山西	7655	6	14	湖南	2465	14
7	北京	7553	7	15	四川	1684	15
8	山东	6126	8				

在管理模式上，湖北国有文艺院团仍然非常传统，虽然在体制上从事业单位变成了企业，但是在机制建设、管理规范上与现代企业制度的要求还存在差距。制度的空白使得部分企业成了监控的盲区，既不受事业单位的规范

管理，又没有现代企业制度的内部监管，为"经验式""家长式"的管理风气留下了滋长的空间。同时，湖北省国有文艺院团市场化意识、版权意识和法律意识都较薄弱，营销、市场开发、法律人才非常匮乏。剧团事务往往是领导说了算，缺乏相应的机制对权力进行制衡和监督，项目论证缺乏版权意识、市场调查、法律咨询和成本核算。

（二）演出产业链亟待完善

演出产业链是指整合创作、院团、剧场、经纪等演艺资源而形成的，集剧本创作、演出策划、剧场经营、市场营销、演艺产品开发等多个环节的，紧密衔接、相互协作的产业链条。就湖北演艺产业而言，湖北省在剧本创作方面的优势明显，但在演出策划、剧场经营、市场营销、演艺产品开发等环节上仍然有提升的空间。

1. 演出场馆市场化程度低，区域发展不平衡

2016年湖北省有艺术表演场馆58个，其中国有场馆49个，全年平均上座率为42.64%，平均每个场馆的年收入为305.76万元，比全国平均值低27.56%。41个事业单位演出场馆主要为县级基层单位，2016年演出收入仅339.6万元，平均每个场馆的年收入为8.28万元。2016年演出收入达到1000万以上的仅有琴台音乐厅和琴台大剧院两家。琴台音乐厅演出收入为3721.1万元，琴台大剧院的演出收入为1312.2万元（见表4）。

表4 2016年企业艺术表演场馆演出收入情况统计

序号	艺术表演场馆	演出收入（万元）	排名	序号	艺术表演场馆	演出收入（万元）	排名
1	琴台音乐厅	3721.1	1	7	中南剧场	2.2	7
2	琴台大剧院	1312.2	2	8	武汉剧院	—	
3	湖北剧院	913.2	3	9	青山剧院	—	
4	武汉杂技厅	251.2	4	10	襄阳剧院	—	
5	鄂州大剧院	69.0	5	11	随州神州大舞台	—	
6	宜昌市五一剧场	24.7	6				

注：2016年统计资料中没有武汉剧院、青山剧院、襄阳剧院、随州神州大舞台的相关数据。

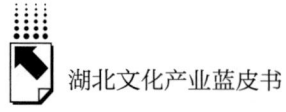

2. 民营演出团体活跃度不高

2016年，湖北省民营演出团体与上年相比有了较大的增幅，但是与其他同类城市相比还存在较大差距，市场发育程度比较低，市场占有率和活跃程度都不高。2016年湖北省民营艺术表演团体222个，数量上比2015年增加了13.27%，但是在营业收入和演出收入上均出现了下滑。2016年营业收入9119万元，比上年减少了11.02%，演出收入8329.6万元，比上年减少了6%。2016年全国民营艺术表演团体平均营业收入达到了119.22万元，是湖北省民营艺术表演团体平均营业收入的2.9倍。与同类城市相比，2016年民营演出团体数量超过500个的地区有安徽、浙江、河南、重庆、河北、四川，从业人员上万的有浙江、安徽、河南、河北。其中演出收入上亿的地区有19个，浙江省民营演出团体演出收入达到43.68亿元，湖北省民营演出团体的演出收入在全国排名为第20位。从演出场次上来看，湖北省民营演出团体2016年演出1.69万场，全国排名第18位，而安徽、河南、浙江等地区的民营演出团体演出场次分别达到44.67万场、41.65万场和27.53万场（见表5）。

表5 2016年民营演出团体情况统计表（机构数排名前15位）

地区	机构数(个)	从业人员数(人)	演出场次(万场)	演出收入(万元)
安徽	1828	31606	44.67	90497.8
浙江	1182	35046	27.53	436864.1
河南	835	20618	41.65	35624.5
重庆	749	8466	8.73	24862.2
河北	591	11634	7.04	25359.0
四川	571	9401	7.82	54373.9
北京	465	8172	1.94	13544.9
山东	464	7986	5.70	14345.1
山西	396	9836	6.45	15890.2
福建	359	9347	7.49	33975.9
湖南	352	7610	4.12	3804.5
江苏	332	5304	4.37	30907.1
广东	285	7153	2.95	22656.6
湖北	222	3203	1.69	8329.6
江西	220	5580	3.47	15220.1

（三）演艺产业消费环境亟待提升

随着供给侧改革的深入，消费在"三驾马车"中的地位越发重要。2016年度国家统计局官网数据显示，我国品质化、个性化、发展享受型等类型的消费在大幅增加。在发达国家，消费对经济增长的贡献率大约为80%，而世界平均水平则是60%。中国的消费支出对经济增长的贡献率仅仅比世界平均水平略高，提升的空间还很大。

1. 湖北居民消费能力偏低

2016年湖北省城镇居民可支配收入2.93万元，全国排名第13位，比全国城镇居民人均可支配收入少4230.4元。城镇居民人均消费支出2万元，全国排名第17位，比全国城镇居民人均消费支出少3038.9元。农村居民人均可支配收入1.27万元，全国排名第9位，与全国农村居民人均可支配收入持平。农村居民人均消费支出1.01万元，全国排名第8位，与全国农村居民人均消费支出持平。

2. 文化消费环境亟待改善

目前，全国居民文化消费总量呈明显上升趋势。2015年突破10000亿元大关，达到10820.4亿元，比2006年增长了6840.78亿元，增加了1.7倍，年均增长11.75%，远超同期的国民经济增长水平，表现出了较强的增长势头。但是湖北省的文化消费却低于全国平均水平。数据显示，2006年，我国整体人均文化消费水平较低，城镇人均文化消费超过1000元的只有北京、上海和广东三个省市。湖北省城镇人均文化消费当时不足500元，全国排名在20位以后。2015年超过半数以上省市城镇人均文化消费超过了1000元，上海突破2000元，北京市接近3000元，但湖北省城镇人均文化消费仍然不足1000元，全国排名在20位以后。从城镇人均文化消费10年增量来看，湖北省人均文化消费年均增值幅度也低于全国平均增长水平，全国排名第21位。湖北省在农村人均文化消费排名上，比城镇情况稍好。2006年湖北省农村人均文化消费56.7元，全国排名第17位。2016年湖北省农村人均文化消费235元，全国排名第13位。

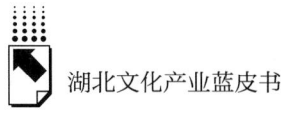

四 湖北演艺产业发展建议

(一)完善演艺产业链的构建

产业链是某个行业具有内在联系的企业群的结构,以社会分工为基础。湖北省演艺产业链在国有文艺院团体量、剧本创作等环节优势明显,但是在其他环节的发展上还有较大的提升空间。

1. 加强演艺版权保护,构建演艺市场法律体系

演艺版权是一个非常复杂的概念,包含了权利的主体、客体、内容、归属以及权力行使和法律责任,每项内容又有许多特殊情形。但是演艺版权的建立又是推动演艺行业市场化的基础,也是演艺产业繁荣的核心。湖北省文艺院团版权意识相对薄弱,版权归属不明,不利于现代企业制度和演艺产业的发展。目前著作权法经过修订后,大幅度增加了演艺版权的内容,增加了表演形式的内涵和外延,也对职务演出做出了明确的规定。因此在政策的制定上,湖北省应当尽快制定演艺产业贯彻落实著作权法的具体政策和措施,进一步明晰演艺版权权属的界定、证明、登记、授权、质押、融资等环节的标准和途径,构建演艺市场法律体系,进一步规范文化市场管理。同时,文艺院团要加强演艺版权相关法律的学习和培训,通过明晰的合同和专业的法律咨询,明确相关权利人的版权权属、利益分配等问题。在此基础上,政府要加强演艺版权的公共服务,搭建文化与金融合作服务平台,通过版权登记、质权登记、作品保管、版权鉴定等公共服务为演艺版权的交易、融资提供便利。

2. 鼓励民营演出团体及中小微企业发展。

近年来,随着文化产业的发展,我国民营演出团体发展迅速,并在演艺产业中占有重要份额。但是湖北省的民营演出团体还不够活跃,整体数量、增长速度、营业能力低于全国平均水平。因此,为完善演艺产业链,增强演艺产业链的活力和竞争力,湖北省应该积极鼓励民营演出团体、剧

场的发展。在政策设计上减少国有文艺院团和民营文艺院团之间的壁垒，加强政府购买、财政补贴、税收等政策的公平性。在演艺产业的公共服务领域积极推行政府和社会资本合作模式（Public-Private-Partnership 模式，简称 PPP 模式），充分发挥 PPP 模式与政府项目运作模式的比较优势，将公共文化的政策目标、社会目标和社会资本的运营效率、技术进步有机结合起来，激发市场主体活力和发展潜力，实现公共利益的最大化。同时建立统一的公共文化信息发布平台，进一步下放行政审批权限，对国有文艺院团和民营文艺院团实行统一的市场准入制度，打破演出市场的身份、地域限制，创造平等的投资机会，依法公平择优确定社会投资人。同时积极推动湖北省演艺产业与"大众创业、万众创新"政策的紧密结合，在演出策划、演出产品开发等环节，扶持"专、精、特、新"中小微文化企业的发展，鼓励国有文艺院团、民营文艺院团和中小微文化企业开展多种形式的合作。

3. 推进以演出剧场为中心的演艺产业链的建设。

目前，湖北省商业运作比较成熟的演出院线是以保利集团为首的保利院线，其他剧场因各自的权属隶属于不同的行政管理范畴，资源分散，难以集中并整体运营。演出剧场是实现文艺作品市场化的关键环节。文艺院团要尊重艺术规律，在文艺产品的生产上，应该坚持社会效益和经济效益相统一，坚持艺术门类和产品的多样化，因此，不必统一模式、统一经营。但是演出剧场应该更多地遵循市场规律，以消费者为中心，从而"倒逼"文艺院团走出为"获奖"而创作的传统模式，通过市场无形的手调整作品生产。政府作为宏观政策和方向的把握者，应该调整单纯以国有文艺院团为重点的改革，积极推进以演出剧场为核心的演艺产业链的构建。依托保留院线，跨区域整合剧场资源，将湖北省的演出剧场资源融入全国性的文艺演出院线，建立布局合理、创作生产与市场销售为一体的演出产品经营机制，破除湖北省演艺产业区域分割，地域发展不平衡的现象。同时，积极整合演出剧场与旅游业的资源，培养旅游演艺市场，丰富旅游演艺产品。鼓励建立规范透明的票务系统，提供优质、多样的便民服务。

（二）继续深化国有文艺院团改革

国有文艺院团历经30多年的改革，经过不断地探索和实践，完成了阶段性的任务。以国有文艺院团改革为支点，我国的演艺产业才能不断地发展和壮大。前期我国国有文艺院团改革推动力主要来自上层，是一种自上而下的改革。目前，随着供给侧改革的深入，继续释放国有文艺院团的活力，增强演艺市场的内动力是深化改革的当务之急。

1. 正确处理两种关系，把握国有文艺院团的定位

国有文艺院团改革的目的不仅仅是推动演艺产业的发展，国有文艺院团始终是我国繁荣社会主义文艺的中坚力量，承担着社会主义精神文明建设的重要使命。因此，深化国有文艺院团改革必须处理好两种关系，即艺术生产规律与市场生产规律的关系、社会效益与经济效益的关系。无论是保留事业单位身份的国有文艺院团还是转企改制的文艺院团，虽然在发展路径上有所差异，但是在整体定位上都应当肩负起繁荣发展社会主义文艺的职责和使命，面向人民的需要，创作出无愧于时代的优秀作品。因此，湖北省国有文艺院团在深化改革时，都应当摆正自己的位置，既不依附于政府，又能肩负起使命；既不挤压民营文艺院团，又能各有分工，合作共赢；既能保持较高的艺术水准，满足人民文化需求，又能尊重市场规律，促进演艺产业的发展。

2. 转变政府职能，建立法人治理结构

就湖北省国有文艺院团存在的问题而言，其艺术生产能力，特别是原创能力一直在全国领先，但内部管理、造血能力和市场营销能力还有待提升，因此湖北省的国有文艺院团必须按照"五个一批"的改革路径实施分类改革，进一步转变政府职能，增强文艺院团的内动力。政府职能从"办文化"到"管文化"的转变，并不是将国有文艺院团推向市场，放任自流。一方面要放，另一方面也要管，避免一放就乱，一管就死的困境。放是要将具体的事务性权限下放给文艺院团，管是要加强政策的延续性，监控文艺院团建立起科学合理的管理制度。目前，湖北省国有文艺院团的人事管理（包括编制、岗位、职称、调配、收入分配、人才引进等）、财务管理（包括项目

资金、政府采购等）等事务性权限仍然由主管部门和上级综合部门进行管理，审批程序相对烦琐。因此，可以结合湖北省《关于印发进一步保障和落实用人主体自主权指导意见的通知》（鄂组通〔2016〕100号）文件精神，对涉及国有文艺院团的权力清单进行公示，该下放的下放，该规范的规范。下放权力的同时必须敦促国有文艺院团按照不同身份、类型建立起相应的体制机制和行业标准，完善以法人治理结为核心的人事、财务、考核、奖惩等配套制度建设，通过加强国有文艺院团自身权力的监督和制约，为国有文艺院团建立现代企业制度，增强内动力提供组织保障。

3. 引入市场竞争机制，增强营销能力建设

目前财政补贴仍然是湖北省国有文艺院团的主要收入来源。院团的竞争意识、产权意识和营销意识不是很强。文艺作品虽然具有准公共物品性质，但是与卫生、教育，乃至文物保护、博物馆提供的公共产品和服务又有差异。国有文艺院团的性质更类似于企业型公共部门。即文艺作品的最终消费是个人，使用必须付费，跟企业生产和提供的产品具有相同的性质。因此，深入国有文艺院团改革，必须引入竞争机制，打破市场垄断和行业垄断。财政资金应该更多地以基金、项目制的形式进行公示，打破地域、体制身份限制，择优而取，让不同地区的国有文艺院团之间、国有文艺院团与民营文艺院团之间产生良性竞争。同时政府应积极建立公共文化服务PPP模式，建立与社会主体（企业）"利益共享，风险共担，全程合作"的共同体关系。除此以外，国有文艺院团还应该加强市场营销能力建设，打造一支专业的营销队伍。国有文艺院团的营销人才既要懂各种营销理念，又要运用各种营销手段，同时要对文化产品有足够的鉴赏能力。在方式途径上，这支队伍可以是国有文艺院团自身培养的，也可以通过共享经济的形式进行资源整合，亦可以通过服务外包的形式引入中介机构进行合作，开展市场调查，确定目标观众，培育消费市场。

（三）鼓励文化消费，满足多样化的文化需求

文化消费是演艺产业的终端和目的所在。湖北消费水平不高，文化消费

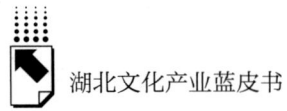

水平低于全国平均水平。为此,一方面湖北省要大力提升居民收入,同时要继续完善收入分配制度,缩小城乡、区域居民收入差距,为居民文化消费创造条件。另一方面,文化产品是富有弹性的产品,价格因素对消费影响较大。政府可以通过"评价文化服务—获得消费积分—取得消费补贴"的政策引导模式,发挥文化扶持资金的杠杆作用。除此以外,政府应积极加强文化基础设施建设,推动演艺产业与数字技术、旅游产业、创意产业的融合,不断丰富演艺产品的生产和销售渠道,为居民提供高层次、多样化的演艺产品服务,积极引导文化消费结构升级。特别是在国家施行的"二孩"政策下,政府应加强儿童文化基础设置建设,鼓励儿童演艺市场发展,促进儿童演艺市场与旅游产业的结合,满足以家庭为单位的多样化文化需求。

B.9 湖北动漫产业发展报告（2017）*

牛旻**

摘　要： 2016～2017年，湖北动漫产业转型进入新阶段，产业链上下游进一步打通，"不平衡"业态有所改善，布局"互联网+"取得先机，漫画、动画、小说和游戏一体化的泛娱乐产业结构渐渐成型，开始布局省外、海外，对外输出拳头产品。基于世界设计之都、国家中心城市、新一线城市等一系列新的文化战略，湖北动漫开始走上一条跨行业、跨形态、跨媒介的创新发展之路。

关键词： 打通产业链　原创　品牌运营　泛娱乐　湖北模式

2016～2017年，随着湖北省文化事业发展进入新时期，湖北动漫产业发展也迎来了全新机遇。培养民族动漫文化品牌、建立文化自信，成为"十三五"时期湖北省乃至全国动漫产业的工作重点。

基于更加精准的政府引导与扶持措施，资本热钱的注入渐趋理性，在以光谷为核心的新技术与通信产业的有力支撑下，湖北动漫产业着力探索

---

* 本报告是湖北省教育厅人文社科研究项目"湖北动漫产业'不平衡'业态及对策研究（17Q070）"成果，是湖北大学当代文艺创作研究中心开放基金"湖北动漫文化产业现状及发展策略研究（17DDWY17）"成果。
** 牛旻，湖北大学文艺学博士，湖北工业大学艺术设计学院讲师。从事文化产业研究，主持教育部、教育厅人文社科项目3项，参与国家艺术基金、国家社科基金及省级以上重点项目10余项。

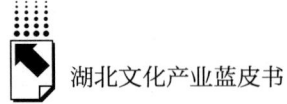

"互联网+"背景下的"大动漫"产业融合发展模式，推动动漫跨形态、跨媒介、跨行业融合，与影视、游戏、文学融合，与制造业、服务业融合，逐步建立湖北模式、武汉模式，全面构建"动漫+"业态，产业链上中下游渐渐打通，动漫IP的变现渠道增加。

截至2016年12月，湖北省规模以上动漫与游戏类企业已达到139家，从业人数逾5万，动漫与游戏类企业的全口径营业收入达182.11亿元。全省有1家国家动画产业基地，3家国家重点动漫企业，6家国家文化产业示范基地，36家湖北文化产业示范基地。斗鱼TV成为全国泛娱乐直播平台领头羊。

湖北动漫产业正逐渐度过产业转型与发展的野蛮生长期，政府的扶持趋于科学、精准。本土品牌开始涌现，《聚精会神榜》《福星猪八戒之大年小怪》《木奇灵之绿影战灵》等动画片先后在央视少儿频道播出。江通动画出品超过1万分钟原创内容。

与此同时，湖北动漫产业的集约化程度需进一步提高，大中小型企业的分工协作需形成有序链条，对IP（知识产权或文化品牌）的培育与增殖也需形成长期深耕意识。

一 湖北动漫产业发展环境

（一）政策环境

2016~2017年，国家与地方相继出台了一系列涉及扶持动漫产业发展的政策及规定（见表1）。

在国家层面，动漫产业的重要性被进一步突出。

第一，培育民族动漫文化品牌成为"十三五"文化产业工作的重点。2017年4月19日，全国文化产业工作会议召开并正式发布《文化部"十三五"时期文化产业发展规划》（以下简称《规划》），成为"十三五"阶段文化产业工作的指导纲领。《规划》将动漫、游戏等11个行业列为发展重点，要求"立足地方实际，把握产业发展规律，突出地方特色"。

表1 相关政策文件

时间	文件名称
2017年1月	《关于实施中华优秀传统文化传承发展工程的意见》
2017年4月	《文化部"十三五"时期文化产业发展规划》
2017年4月	《关于推动数字文化产业创新发展的指导意见》
2017年4月	《湖北省十三五时期文化事业发展规划》
2017年9月	《湖北省扶持动漫产业发展专项资金管理办法》
2017年3月	《武汉市人民政府关于加快文化产业创新发展若干政策的通知》

《规划》重点提出，到2020年，中国动漫产业的产值预计达到2500亿元左右，将打造一批具有国际较强竞争力和影响力的品牌与骨干企业，打造3~5个具有广泛影响力的动漫展会。在《规划》中，突出强调了培育优秀原创动漫，尤其是加大对高端创意人才的扶持力度；推广由我国制定并成为国际通行标准的手机动漫行业标准；引导动漫与新媒体传播渠道有机结合，与实体经济深度融合，形成动漫品牌授权市场，构建新的产业生态体系。《规划》共从七个方面明确了保障措施：创新体制机制、推进法治建设、完善经济政策、强化人才支撑、优化公共服务、加强统计应用、抓好组织实施。

第二，动漫被广泛纳入各领域发展规划，充分发挥其社会功能。2016年3月，国务院办公厅印发《全民科学素质行动计划纲要实施方案(2016—2020年)》，将动漫与游戏纳入科普工作，提出"大力开展科幻、动漫、视频、游戏等科普创作，推动科普游戏开发，加大科普游戏传播推广力度，加强科普创作的国际交流与合作"。

2016年7月，民政部、国家发展改革委员会印发《民政事业发展第十三个五年规划》，将地方文化建设管理同动漫结合起来，提出"扶持社会力量开发影视、动漫、游戏等系列地名文化产品"。

2017年1月，中央办公厅、国务院办公厅印发《关于实施中华优秀传统文化传承发展工程的意见》。该文件共提出15个分项工程，其中之一是

"中国经典民间故事动漫创作工程"。

在地方层面,扶持政策更加科学、精准,力度继续加强。

2017年3月,武汉市公布了《市人民政府关于加快文化产业创新发展若干政策的通知》。文件在加大奖励与扶持力度的同时,也适当提高了奖励门槛,在一定程度上杜绝了企业为获得补贴而粗制滥造的现象。文件规定,在汉注册的动漫企业,其制作的动画电视剧需在中央电视台的黄金时段首播,才能获得一次性奖励(二维动画1000元/分钟,三维动画1500元/分钟),这就杜绝了以往部分企业将粗制滥造的"注水"动画安排在电视台深夜时段播放的牟利做法,保护了优质动画片的成长;动画电影在国内院线上映,一次性奖励其票房收入的3%(100万元封顶);动漫出版物首次获得国际或者国家奖项的,一次性奖励10万元。

(二)经济环境

2016年,湖北省地区生产总值32297.91亿元,跃居全国第7位,为中华人民共和国成立以来最好水平,同比增长8.1%,增速高于全国1.4个百分点;2017年前三季度,全省实现地区生产总值25076.03亿元。2017年,武汉市经济持续健康发展,预计GDP达到1.34万亿元左右,同比增长8%;2018年GDP增速目标拟设定为7.8%。湖北经济得以持续增长,其亮点在于高新技术产业快速增长,新技术加快转化,新业态爆发式增长。以武汉市的文化消费试点项目等为代表,湖北省构建了省、市、区多部门协同的工作机构,经费保障有力,财政补贴资金常态化,方案制定严谨,新的"湖北文化产业模式"和"武汉文化产业模式"呼之欲出。以光谷创意产业基地等平台为孵化器,在政策推动、金融服务、聚集发展等方面都彰显了较好的引领示范作用,线上与线下两个渠道日益融通,动漫产品开发的社会效益和经济效益逐渐显现。

经过一系列减量增质、精准扶持的摸索过程,湖北动漫产业的市场与资本趋于理性,开始走向成熟。一方面,资本的关注力度继续加大,例如两点十分公司在2016年实现两轮融资,总额1亿元;2017年,斗鱼直播完成D

轮融资，成为国内第一家进入 D 轮的网络直播平台。另一方面，随着一批拳头企业的成长，涌入动漫市场的"热钱"不再盲目逐利，而是在逐渐成熟、理性的动漫生产链条中有序流通，同质化生产、恶性追逐热点的现象明显减少。

（三）技术环境

1. 中国手机动漫标准成为国际标准，新媒体动漫获得先行优势

2013 年，文化部发布了由我国自主制定的手机动漫行业标准。这一标准的实行，不仅实现了手机动漫在互联网各平台间的即时互通，也使得手机动漫的生产与运营成本大为降低，为我国动漫产业在移动端的全面发展提供了坚实基础。

经过 4 年的推广与检验，2017 年 3 月，国际电信联盟正式将该标准作为手机动漫国际标准。这也是我国文化领域的首个国际技术标准。

手机动漫成为国际标准，无疑为率先布局新媒体动漫的湖北提供了良好发展契机。无论是处于产业链前端，积极向手机阅读领域转型的湖北漫画期刊群（如《知音漫客》）与漫画新闻媒体（如楚天尚漫），还是处于产业链中端，积极拓展网络播放平台的动画公司，以及处于产业链末端，积极拓展手游、直播、电商等业务的游戏与衍生品公司，都能由此获得主动权与先行优势。

2. 新技术为实现"动漫+"开路

在动漫游戏产品研发、数字艺术展示等多个领域，以光谷为核心，湖北动漫正在凭借其技术研发优势，开拓动漫生产与传播的新路径。2017 年 11 月，"2017 数字艺术产业高峰论坛"在武汉国际会议中心召开，论坛以"发展数字艺术，点亮创意之光"为主题，就"数字艺术展示与体验"和"数字艺术创作、生产与消费"等议题做了深入研讨。

凭借新技术的应用，湖北动漫具备了服务各个领域的跨行业能力，如广泛应用在工程设计的工程动画，应用在医疗领域的仿真动画等。

（四）社会环境

1. 世界级城市文化品牌建设引领动漫产业前行

2017年11月1日，经联合国教科文组织评选批准，武汉市获批成为全球创意城市网络"设计之都"。申都成功，不仅标志着武汉市获得其首个世界级城市文化品牌，文化创意产业成为其新动力和支柱产业之一，也指明了武汉市文化创意产业的下阶段发展路径，即整合各类设计资源，推动工程设计、动漫设计、美术设计等融合，集中展现长江文明、生态特色、发展成就，打造世界级城市中轴文明景观带。

2. 动漫广泛应用于各个社会领域

现代动漫是一种融合了电影叙事手法和数字图像技术的跨行业、跨平台与跨媒体的综合艺术形式，其功能早已超出了传统连环画、讽刺漫画的范围，并不仅仅局限于滑稽、讽刺与低幼读物等少数功能。仅就动画而论，即可广泛应用在影视特效、医疗手术、严肃教育、各行业产品的虚拟影像展示等众多领域，"大动漫"已是数字时代的通行艺术语言。

根据艾瑞咨询数据，2016年，中国核心动漫游戏用户已达7000万人，相关的"泛二次元"用户超过2亿人。作为形象直观、传播广泛的文化符号，动漫形象能有效增强文化品牌的识别度与个性，极大提升品牌的文化附加值，为实体经济注入文化动力，为旅游、演艺、教育、体育等多领域提供创新驱动力。例如，在广告行业，肯德基等大型企业已开始采用虚拟歌手洛天依等动漫角色作为代言人，正是因为动漫角色具有高亲和力、低风险、低成本的特点，可规避真人明星因负面新闻给品牌造成的伤害，尤其是在2015年新广告法实施并规定十周岁以下未成年人被禁止担任广告代言人后，动画广告更是得以迅速普及。如博润通公司旗下的动漫营销工作室"一漫通"，已为绿地集团、云品茂网购平台等企业制作了一系列动画广告。

2017年的中国网络文化产业年会（武汉数字文化产业招商投资洽谈会）上，包括《我是江小白》动画及IP相关开发、《九头神鸟》系列动画、武汉国际文化创意产业城、归元片区文化综合体、国家动漫游戏综合服务平台、盛天网络互联网文娱产品研发生产基地项目等20个文化产业项目现场签约，签约额达349亿元，体现出湖北动漫产业的跨产业辐射能力。

二 湖北动漫产业发展概况

（一）产业转型提速，传统漫画航母重设航道

2017年3月23日，新湖北知音动漫有限公司成立（由湖北知音传媒集团与湖北长江广电传媒集团共同持股71%），并宣布引资5.67亿元，启动业务重组及股改，全力推动知音动漫上市。知音改组，标志着湖北传统漫画产业的转型已进入新阶段。

作为中国发行量最大的传统漫画刊物原创平台，知音漫画期刊群由《知音漫客》（分为《锐周刊》《幻周刊》《萌周刊》《燃周刊》）、《漫客·小说绘》、《漫客·星期天》、《漫客·童话绘》、《漫客·绘心》《时尚漫画》等十余类期刊组成，在2011~2015年连续五年发行量位居中国第一，最高月发行量超过700万册。

近年来，随着新媒体阅读平台逐步挤占传统纸媒生存空间，国内传统纸质漫画平台纷纷谋求转型，探索在线阅读的新盈利模式，尤其是腾讯、网易等在线漫画的先行者，已初步搭建起高水平原创作者汇集、全年龄受众覆盖、IP培育与增值较为有效的大型在线漫画平台。

新媒体的冲击，已极大改变了全球传统漫画产业的业态。在动漫王国日本，《少年跳跃》《少年星期日》等一批王牌杂志的销量下跌不止，传统产业链受到严重冲击，优秀长篇作品急剧减产。在国内，知音漫画的净利润也呈逐年下降趋势，从2013年的7045万元，到2014年的3869万元，再到2015年的3258万元，2016年前三季度的净利润已降为2032万元；受新媒体冲击，其漫画期刊的月发行量在2013年突破700万册之后，开始呈下滑趋势，未再公布具体数字（见表2）。

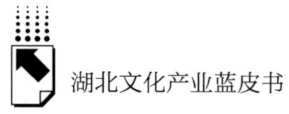

表2　《知音漫客》月发行量

单位：万册

年份	2010	2011	2012	2013	2014~2016
最高月发行量	200	500	650	700	未公布数据

数据来源：《知音漫客》历年公布数据。

在全球漫画行业处于从传统媒介向新媒介转型的阵痛期，以知音漫画为代表的湖北漫画产业积极向互联网转移阵地，探索基于数字刊物的多种盈利模式。经过"十二五"期间的摸索，知音终于迎来了全面转型与改革。通过2017年的改组，知音动漫将建成高度市场化的文化产业经营主体，充分释放股权制的活力，在巩固国内动漫纸媒龙头地位的同时，充分释放漫画产业作为动漫游戏产业链上游的巨大驱动力，将湖北动漫丰富的漫画资源充分转化成中游的动画产品，以及下游的衍生品，从而改善湖北动漫产业以往"上游强，缺转化；中游大，缺亮点；下游弱，缺推广"的产业链不平衡业态。

根据知音动漫公布的建设规划，公司将以品牌运营为核心，充分打通产业链上下游。在动画影视领域，通过引入顶尖动画团队、打造动画频道、推广动漫App、设立动漫影视公司等手段，将本身的优质漫画IP的品牌价值最大化；在游戏领域，将充分发挥武汉的新技术和通讯优势，立足互联网，建立动漫游戏授权开发体系；在衍生品领域，设立衍生品开发公司，建立动漫产业园，形成一体化的动漫IP产业链条。

（二）抢先布局，取得泛娱乐直播平台先机

在"互联网＋"时代，"动漫＋游戏"和"动漫＋直播"成为动漫文化快速变现、获得商业价值的最重要途径，正是基于动漫向游戏的转化，以及泛娱乐平台新的盈利模式，动漫产业链得以打通上下游。2016年被称为中国网络直播元年，"直播＋游戏""直播＋动漫"等泛娱乐模式迅速构成庞大的网络文化产业新业态。在立足网络空间的新一轮文化产业布局中，湖北动漫产业成功取得先机，以斗鱼TV为代表的一批新技术、新平台公司成

了国内泛娱乐综合平台的新贵。

作为土生土长的湖北企业，武汉斗鱼网络科技有限公司经历了在武汉诞生、在广州注册、最终迁回武汉的轮回，其在发展过程中异军突起、最终领跑全国泛娱乐直播业，充分验证了湖北动漫游戏产业跨形态、跨媒介、跨行业的转型战略。

斗鱼公司主营的"斗鱼TV"，是以弹幕直播为主，涵盖了游戏、动漫、娱乐、体育和户外等多种内容的泛娱乐综合直播网站。在经过大量资本热钱涌入所引发的直播平台"烧钱大战"，以及严酷的市场淘汰后，我国泛娱乐直播平台形成了以斗鱼、熊猫、全民、虎牙等几家大平台为核心的市场结构。

2017年12月，斗鱼获"年度优秀游戏评选大赛金翎奖"最佳直播平台奖；2018年1月，斗鱼获艾媒创新科技年度巅峰榜"2017年度最具投资价值企业"奖，在创新性、影响力、发展前景、用户口碑等多个指标上都处于全国领先地位。根据艾媒咨询的调查，2017年第三季度，斗鱼以2.05%的用户活跃占比位居中国主要游戏内容类直播应用软件第一名。

在凤凰资本、腾讯等数十家企业的大批资本注入后，2016年，斗鱼累积融资金额已经超过20亿元人民币，并成为国内第一家迈入C轮和D轮的网络直播平台。同时，斗鱼正式宣布其度过了"烧钱"的网络直播平台融资初级阶段，完全实现盈利，并开始积极对外投资。

随着"互联网+"日渐成为我国文化产业新业态的核心驱动力，网络空间已是各省动漫产业竞相角逐的必争之地。目前，以斗鱼为代表，湖北动漫游戏产业在泛娱乐平台的构建方面，兼顾了动漫文化、游戏竞技、科教、户外等多个板块，涵盖的领域与涉及的受众面积最为广泛，在全国各大泛娱乐平台的横向对比中已占得先机。

先发优势带来了一连串良性连锁反应，斗鱼不仅在全国率先完成了资本积累，也率先结束了原始积累阶段的野蛮生长，开创了以观众人数、弹幕数量、礼物数量等综合指标呈现的"热度值"系统，从而取代了各娱乐平台备受争议的观众人数系统；通过举办"鱼乐盛典"等大型活动，构建起全民参与、推动主播 IP 化的泛娱乐模式，成为培育和传播动漫文化、实现动漫产业商业价值的肥沃土壤。

（三）品牌运营水平提升，新品牌、新模式涌现，开始对外输出 IP

随着我国动漫产业的泛娱乐化业态形成，版权问题成为中国动漫产业面临的严峻问题，各种版权纠纷层出不穷，体现出我国动漫产业在从仿制到原创过程中的阵痛。2017 年 11 月，全国版权社会服务工作会议在京举行，会上授予武汉博润通文化科技股份有限公司"全国版权示范单位"称号，充分肯定了湖北动漫产业版权工作的成效。

以博润通公司创造的著名动漫品牌"木奇灵"为例。围绕其品牌形象与内容，博润通研发了"木奇灵超控陀螺"，通过搭载 AR 技术，用手机扫描可出现虚拟木奇灵形象，与用户实时互动。仅"木奇灵超控陀螺"这一产品，博润通已获得 11 项外观专利，2 项实用新型专利，并申请 1 项发明专利，体现出明确的版权运营意识与经营策略。在销售变现方面，博润通合理规划，线上电商网购与线下商圈综合体并行，使得木奇灵这一 IP 不再如以往几个著名湖北动漫 IP 那样渐渐沉寂，而是稳步实现品牌增值，渐渐成为具有海内外影响力的优质 IP。

凭借扎实的版权工作，以及创新的品牌推广与运营，至今，"木奇灵"已获多项国家级奖励，曾取得全国电视少儿栏目白天时段收视第一的佳绩，在全国 200 余家电视台播映，网络点击总量超 10 亿次，在搜狐视频、优酷视频、乐视视频等主流视频网站中播放量多次排名第一。2017 年，"木奇灵"在卡酷少儿第三轮播出，收视率为 0.68%，市场占有率达到 3.37%。

版权运营是提升品牌价值、延伸产业价值链的根本保障。除了步入正轨的版权运营之外，湖北动漫产业还主动出击，深度介入外省文化建设，一改以往文化资源挖掘转化乏力的颓势。2017 年 11 月，基于重庆江小白酒业有限公司的品牌战略，由武汉两点十分动漫公司制作的动画片《我是江小白》全网播映，成为汉产动漫对外输出的里程碑。

该动画是江小白酒业的品牌文化推广项目之一，是"企业品牌动漫化"的一次创举。《我是江小白》以年轻人的生活方式与梦想为刻画重点，通过实地取景，高度还原了重庆的城市风貌与自然景观，生动再现了重庆的风土人情和文化景观，不仅实现了商业推广，还潜移默化地宣传了重庆的特色文化，上映后一度造成全国各地青年受众的收看热潮，成为现象级动画片。这一动画片的成功制作与发行，验证的是湖北动漫在经过几年IP运营模式的摸索之后，已具备了消化地方传统文化、构建当代文化品牌的原创与运营能力。

武汉天人合一影视动漫传媒有限公司已推出系列动画《九头神鸟》，在其第一季《九头神鸟之美食乐翻天》中，传统的湖北饮食文化以生动鲜活的动画形象登上了大荧幕，湖北人民耳熟能详的热干面、油条、面窝、欢喜坨都成了受众喜闻乐见的动画符号。

同时，湖北动漫产业IP战略日益理性，无论大型企业，还是中小动漫企业，都意识到一拥而上、重复生产所带来的短期获利模式已经过时，开始重视长期深耕、精心培育优质IP，跳出恶性竞争、赚快钱的误区。

以表情包业务为例。在新媒体时代，不仅微信、QQ等社交软件必须依赖形形色色生动活泼的表情包，人们在日常生活、工作中都习惯了动漫表情文化。因此，在汉的动漫企业有接近90%涉及表情包业务。以武汉博润通文化科技股份有限公司为例，其从2015年下半年起开发表情包业务，组织了8人工作室设计、绘制动漫表情包。

目前，表情包几乎不具备直接营利的功能，80%以上的表情包都是以免费使用的形式流传。大批动漫企业之所以纷纷抢占市场，根本目的在于通过表情包的推广积累起动漫角色的知名度，从而进行后续动漫与游戏开发，或以商业授权的模式将动漫角色应用于商业广告、衍生品制作等，以此实现盈利。作为动漫IP推广的重要环节，表情包的开发日益成为动漫企业的共识，其投入成本低、传播效果好的优势使之成为IP培育和增值的重要手段。

（四）展会模式寻求创新，成为产业链对接转化的轴承

根据2017年7月发布的《动漫会展调研报告（2016年度）》，2016年全年，中国国内共举办动漫展会（采取收费制、非首次举办）142次，超过2015年的93次。漫展次数最多的省份依次为：上海（22场），广东（19次），江苏（17次），四川（9次），北京（8次），浙江（8次），湖北（6次）。

同人展依然是国内漫展的主要形式，但已呈现自发性向商业性转化的趋势。大批电竞品牌、手游公司积极介入动漫展会，造成了各类中小型展会数量逐年激增，"舞台表演+嘉宾+产品摊位"的模式成为各展会同质化的标签，商业与资本的涌入与野蛮生长造成了展会的"千会一面"，现场售卖的周边产品流于重复、粗糙，从而降低了动漫展会质量，观众众多但只看不买。

一方面，湖北乃至全国动漫展会本土原创内容不足、模式单一的情况普遍存在。根据《2017~2023年中国动漫衍生品市场运行态势及投资战略咨询报告》（智研咨询）所做的预估和统计，2016年，我国动漫衍生品市值达380亿元，约占动漫产业市值的34.5%。但市场的庞大却反衬出原创内容生产的羸弱，本国原创动漫在国内市场中占比仅有约11%，消费者青睐的依然是日、美动漫及其衍生品。这不仅造成了动漫展会上本土动漫产品的弱势，也造成了商家绕开日、美动漫的版权，以致仿制品大行其道的展会乱象，无疑会使国内原创动漫及衍生品陷入发展瓶颈。

另一方面，业界也在积极寻求运营模式的创新。2016年12月，十堰市举办的"动漫十堰·第六届汽车文化旅游博览会"就是典型范例。十堰市政府和文化企业大胆创新，将清新活泼的动漫文化注入钢筋铁骨的汽车产业，使之成为推广汽车产业、打造十堰"车城"城市品牌形象的催化剂。目前，湖北省的动漫展会日益重视专业类展区业务，以动漫游戏及衍生品的上下游对接为目的的玩具制造、专利技术等的授权展开始增多，并集中于综合类展会的B2B板块。

（五）依托"一带一路"，积极布局海外

湖北一批精品动漫走出国门。系列动画片《闯堂兔》（玛雅动漫）已在新加坡、马来西亚等国上映；动画教学片《糖果英语》（普润传媒）在澳大利亚等国销售；《银之守墓人》（两点十分）与绘梦株式会社合作，在日本发行；《爆蛋晶英》（两点十分）则与暴雪公司签订了动画项目合作协议。

产业平台与好莱坞对接。2017年，楚商泛娱乐联盟与湖北泛圣文化传播有限公司联合，将成立规模约1亿元的泛娱乐文化产业基金，作为本土优秀动漫项目的孵化器，除了对优秀原创作品给予资金扶持之外，还将选送优秀项目与好莱坞进行合作，加快湖北省动漫产品走向世界的步伐。

依托"一带一路"倡议，积极进行海外布局。2016年12月，两点十分动漫公司与菲律宾莱西姆大学合作，共同启动"亚洲动漫高端人才培育计划"，共同创办动漫本科与研究生教育，并以此为基础，加强中菲双方的业务合作，共同开拓海外市场。两点十分公司的跨国动漫教育合作项目，也由此成为湖北动漫产业及人才培养走向海外的一个新里程碑。

（六）武汉的产业高地作用进一步凸显

从2012年起，全国动画片生产进入减量增质阶段。2016年，全国动画片年产量降为11.9万分钟，相比2015年的产量13.4万分钟，降幅达11.2%。武汉动漫产业在2016年的产量则达0.5万分钟，略有提升；在分钟数平稳下降的同时，作品数量显著增加，共制作动画29部（包括影、视），其中7部电视剧在中央电视台播出。超过70%的动漫企业进入互联网、新媒体产销渠道，其中90%的新媒体动漫项目实现盈利。

漫画方面，武汉原创漫画出版发行量为5000万册，保持中国第一地位（见表3）。4家动漫企业登陆证券市场。2016年底，武汉已获批国家动画产业基地1个、国家文化产业示范基地6个、国家重点动漫企业3个、国家认定动漫企业23个、省级文化产业示范基地33个。

表3 武汉动漫产业主要数据

年份	2012	2013	2014	2015	2016
年产量（万分钟）	1.3	0.89	0.6	约0.4	0.5
动漫企业数量（个）	150	约200	约200	150	350（含动漫与游戏企业）
漫画期刊、绘本出版（册）	近1亿	1亿	1亿	近1亿	0.5亿
原创动画数量（部）	10	23	17	20	29

数据来源：湖北省文化厅、武汉动漫协会历年官网数据。

目前，湖北动漫产业的品牌企业已在武汉形成产业聚集区，知音、博润通、两点十分、银都传媒等初步形成了集聚优势，仅在光谷创意产业园，就汇聚了相关创意企业350家。全国泛娱乐直播平台的领军企业——斗鱼TV迁回武汉，也为本土动漫游戏产业的升级转型注入了强劲的创新驱动力。

三 湖北动漫产业优势与制约因素

（一）有利条件

1. 逐步积累文化资源的转化与原创能力

随着知音、博润通、两点十分等一批骨干企业的成长与转型，湖北动漫已开始具备了在网络时代表现、诠释与传播传统文化的能力。在生产出《我是江小白》等一系列优秀动画片后，湖北动漫产业积累了较为成熟而完整的IP培育经验，包括挖掘并转化地方文化，结合市场热点与企业需求进行策划与创作，根据市场特征进行细致的营销与推广等。

在传统媒体时代，湖北动漫由于创作与运营能力不足，导致难以挖掘并使用自身丰富深厚的历史文化资源，坐拥传统文化的富矿而难以开采，往往为他人作嫁衣，如武当山道家文化素材即被应用到香港动画电影《麦兜故事》中。随着现象级动画片《我是江小白》获得市场认可，以及《九头神鸟》等传播湖北饮食文化、历史文化的动画片逐步走向全国，一批能驾驭文化题材的动漫企业迅速成长起来，湖北动漫在内容生产方面将逐步实现质的提升。

2. 新技术高地优势显现

目前，光谷创意产业基地已成为优秀创意企业的聚集高地，入驻的创意类企业达350多家。经过园区的不断升级与重组，光谷已形成了动漫游戏、网络文学、创意设计、数字出版与新媒体传播产业有机交叉互补的一座重镇。湖北省70%以上的动漫企业与60%的游戏企业聚集在光谷创意基地，博润通、斗鱼等拳头企业聚集于此，其新技术优势十分明显，先后产生了湖北省第一部全国公映的三维动画电影、中国第一部3D多媒体全景动漫舞台剧等。随着《"十三五"国家战略性新兴产业发展规划》在2016年11月发布，"以数字技术和先进理念推动文化创意与创新设计等产业加快发展，促进文化科技深度融合、相关产业相互渗透"已成为我国下一阶段文化产业发展的核心思路，湖北动漫的新技术优势无疑将得以彰显。

3. 人才与市场优势明显，力度增强

湖北省是教育大省与人才大省，武汉市是全国三大智力密集区之一，拥有89所高校，在校大学生数量达到120万人（2016年数据），位居世界第一。绝大多数高校都开设了动画以及美术、广告等相关专业，有丰富的人才储备，以及庞大的消费人群。

目前，在新一阶段的人才工作中，湖北已启动多项措施防止人才外流。如武汉市在2017年启动的"百万大学生留汉创业就业工程"，就以零门槛落户、设置最低薪资标准、人才公寓、百万校友资智回汉、大学生创业特区等措施，使留汉创业的大学生数量增加了一倍。

优秀动漫企业则主动出击，采用多种途径培育人才、留住人才。2017年3月，两点十分文化传播公司成立了武汉首个民间动漫产业基金，首期基金规模拟达到2亿~4亿元，以校企合作、企业进高校课堂的形式发掘优秀作品与优秀人才。

4. 服务外包基础较好，世界设计之都建设成为新动力

作为中国服务外包示范城市，武汉市具有国际外包服务的良好环境。得

益于此，湖北在工程动画、虚拟技术跨行业应用等方面稳步发展，2015年，动画虚拟技术应用产生的年产值达到5亿元。随着武汉市成功获批成为世界设计之都，其在城市建设、文化发展等各领域即将加快步伐，动漫无疑将成为整合文化产业各领域、城市建设各方面的黏合剂，成为建设与传播湖北形象与文化的孵化器。

（二）制约因素

1. 动漫企业以小微企业为主，强势企业较少，集约化程度低，盈利水平受限

除了知音、博润通、两点十分等大型动漫企业之外，湖北动漫企业多是10~20人规模的小微企业，不仅不具备承接大型动漫项目的能力，而且人员结构不稳定，企业生命力不强。

在"十二五"后期，由于资本热钱大量涌入，动漫市场规模急剧扩大，但尚未形成理性、有序的市场秩序，导致湖北动漫企业未能形成有序分工、集约化生产的协同模式；大型企业和小微企业都以承接全片业务为主，缺乏配套业务的有效分配与写作，导致制作成本高，资源容易浪费。在"十三五"初期，市场秩序逐渐形成，企业要适应市场变化、提高集约化生产水平则必然需要相应的过程。

2. 产业链"不平衡"业态依然存在

目前，我国各省份动漫产业都存在"前端缺原创，中端缺精品，末端推广慢"的通病，即在产业链前端的漫画与故事环节缺乏有深度的好内容，从而导致在中端的动画环节空有技术和产量，而难以产生原创精品，进而导致在末端的游戏开发、衍生品开发等领域缺乏驱动力，往往只能以跟风仿制国外精品为主，极易导致版权纠纷。

由于受动漫产业传统结构的束缚，湖北动漫虽然拥有丰富的前端漫画资源（如知音漫画期刊群，针对从小学到大学的不同青少年群体打造了多个漫画子刊，生产了一大批适合各年龄段读者的优秀漫画），但难以全部转化为中端的动画（我国传统动画产业是以低幼动画为主），因而形成了桎梏湖北漫画产业转化、营利的枷锁，也造成了湖北省动漫企业产品模式单一，大

多数小微企业难以持续盈利。

随着大动漫文化概念逐步形成,最早一批现代漫画的读者("80后")成为社会生产的主力,我国动漫必将实现向《人民日报》所呼吁的"全年龄动漫"的转型。能否充分发挥新技术、新平台优势,在跨行业、跨媒介、跨形态的动漫产业转型中占得先机,将是湖北动漫产业打通产业链上下游的关键。

3.复合型、创作型人才依然稀缺

目前,湖北省高校在培养动漫人才时,着重培养的是手绘与软件应用能力,这不但导致毕业生在进入动漫企业后并不了解最新的制作方法与流程,也导致了原创人才、规划管理人才的稀缺。美术、计算机等相关专业背景的人才过剩,而戏剧、影视、创作与管理方面的人才缺口较大。

近年来,已有为数不少的高校动漫专业被亮黄牌、减招或者停招,也从侧面证明,"十二五"期间动画专业过热、过快扩容,其实缺乏坚实的师资、硬件等教学资源作支撑,因而形成了动漫教育的泡沫。

4.企业盈利尚不稳定,在长期培育IP与赚快钱之间徘徊

"十二五"期间,虽然资本大量涌入,政府扶持力度持续加强,市场规模快速增长,但动漫企业的根基始终还是优秀作品,唯有依靠优质的内容作支撑,长期培育文化品牌、形成优质IP,方可实现稳定盈利。因此,"十二五"期间,有为数不少的湖北动漫企业因盲目扩大生产而融资失败并夭折,生命周期极短。

随着市场秩序逐渐形成、资本趋于理性、版权管理严格,跟风赚快钱的盈利模式必将被彻底淘汰。因此,尽快调整生产策略,主动适应形势,应是大部分动漫企业急需做到的。

四 湖北动漫产业发展对策

(一)加快园区转型

在"十二五"时期,由于政府补贴优厚,导致为数不少的文化企业一

拥而上，争相入驻动漫产业园，成立动漫研发基地。但不少动漫企业旨在追逐政府补贴，一味抄袭仿制、扎堆生产、作品注水，并未产出动漫精品，有的甚至以动漫企业为名，实际经营的是其他业务。

2016年1月，文化部正式撤销上海城市演艺有限公司等4家单位的"国家文化产业示范基地"资格，标志着我国的文创园区建设进入整合与优化的新阶段，优胜劣汰的"筛选"模式，已开始替代"放水养鱼"的传统模式。

对湖北动漫产业园区而言，首先，应尽快改变动漫企业集聚区的低效状态。在传统的由政府主导的投资拉动模式驱使之下，投入与产出相比往往偏高，运营与管理水平也相对落后。随着园区企业渐渐成熟、市场逐渐规范，政府也由"办文化"向"管文化"转型，从完全包办到扶持管理，企业优胜劣汰的机制必将进一步显现。园区管理者应及时清退无关企业，如非文创类企业等；对相关企业，哪怕是尚未产生明显效益的，也应鼓励其进入。

其次，应注重打通线上与线下，建立网络虚拟动漫产业集聚区。充分发挥光谷等高新区的技术与通信优势，尽快打造线上动漫产业园区，有效汇集各地作者、企业、受众的产需信息，形成创作、引资、融资、交易、授权、分包等一体化的无国界、多语言、高效率产业平台，从而带动动漫产业链上中下游以及相关产业集约化协作发展，形成湖北动漫产业的"网络港口"。

（二）深度介入城市文化品牌建设

随着我国中部崛起战略的推进，湖北作为传统工业大省的优势逐步显现。2017年，武汉以"老城新生"为申报主题，成功获批成为"世界设计之都"，从而获得了首个世界级城市文化品牌，由此进入全球主流文化网络。以申都成功为标志的一系列举措将对湖北文化产业的国际化起到显著推动作用，一方面，必将吸引更多国内外顶级文化企业；另一方面，也在文化出口、扩展海外业务方面获得了极大助益，得到了更多走出国门、融入国际市场的机遇，文创产业的发展即将迎来黄金期。

由美国、日本的一些世界级城市的品牌建设过程可知，动漫文化因其形象直观、亲和力强的优势，往往在城市形象构建与推广、文化认同感的形成等环节起到显著作用，能有力凝练并彰显城市的文化内涵与精神风貌；通过城市文化品牌与软实力的建设，又能回馈并促进文化产业与文化消费的提升。

因此，湖北动漫应充分发挥优势，重视与城市品牌建设的有机结合，与之协调发展。

（三）积极进入海外市场

当下，由于受到媒体转型等因素的影响，海外动漫市场结构正产生剧变。以传统动漫强国日本为例，其传统产业的根基——漫画杂志正在经历大幅度衰退，电子阅读极大影响、挤占了纸质阅读的市场空间，但其转型线上阅读却步履维艰。

20世纪90年代，在"制作委员会"模式的主导之下，日本动漫成功实现了多产业多部门的集约化生产，合理分配人力，平摊投资风险，使作者、版权商、印刷出版商、发行商、电视台、杂志社、动漫周边商品生产商等各司其职，最大限度保证了优质作品的产出与推广。

制作委员会制度造就了日本动漫产业的黄金时期，但也形成了相对僵化的庞大产业链，导致转型缓慢。同时，随着中国市场的变大变强、外包成本的提升，日本动漫（尤其是动画）产业面临的转型障碍日益增多。在出口方面，由于外交问题、盗版、审批等因素呈不可控状态，日本动漫的出口战略也受到消极影响。

显而易见的是，由于"一带一路"倡议的实施，以及本土市场的迅速增长，传统动漫产业相对落后的中国动漫反而在向新业态转型的过程中得以大展拳脚，受到转型束缚相对较少。目前，以《银之守墓人》为代表的湖北动画已进入日本市场，并获得一定社会关注度，截至2017年5月，《银之守墓人》在日本 D Animestore 新番播放榜排名第四；国内动漫企业、平台与日本动漫的交流合作日益深化；一批国际动漫展会与论坛落户湖北。如果能以产业转型为契机，在新一轮业态的建构中缩小与日本、美国等动漫产业强国的差距，湖北动漫乃至中国动漫，都将从长期的模仿依附、低端代工中解脱出来，从而获得市场的主导权。

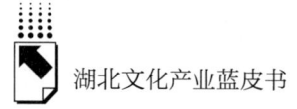

（四）树立长线意识，培育精品 IP

"十二五"期间，大量资本涌入动漫市场，使湖北动漫产业的规模急剧扩大，市值猛增，但内容的生产不是朝夕之功，与20世纪90年代我国动漫产业的起步期相比，当下动漫的进步主要体现在产业规模等业态方面，而在绘画水平、故事内容、价值内涵与思想深度等方面并没有显著提升。

网络化、跨平台化也是一把双刃剑。创作、发表与传播的门槛降低，文化监管与引导的力度减弱，导致为数不少的网络动漫创作不追求出精品，而是以打暴力、色情擦边球的方式制造噱头，吸引眼球。这种"减质增量"的现象也存在于日本动漫产业。近10年来，日本动漫由以往的精心培育优质IP、重视原创，转为向针对青少年生产的轻小说中淘宝取材，"轻改"动画针对受众的内容生产指向性更强，但手法趋于媚俗，且因动画数量增多导致单片制作成本下降，制作水平难以保证，作品水平与传统动画相比下降明显。这种过度市场化的生产模式，虽在短期内造成了市场的繁荣，但必将对市场造成长久损害。

在以小微企业为主体的湖北动漫企业中，目前能实现持续、稳定盈利的并不多。越来越多的企业已经体会到，资本热钱的涌入不会永不停歇，大浪淘沙之后必然形成优胜劣汰的局面。目前，湖北乃至全国动漫的原创生产力的提升，已落后于新业态的发展，且在一定程度上限制了产业的转型升级。例如，各大网络播放平台在动漫频道尝试付费观看模式的尝试屡屡失败，主因即在于本土动漫的原创程度和创作水平普遍不能满足受众预期，且具有显著品牌价值的优质IP尚未在长期的市场积淀与传播中真正形成。投资方、制作方和发行方的"击鼓传花"并不能形成合力与稳固的产业链，更不能造出好IP，逐利资本的层层转手，只能形成短期热度话题。

可以预见，随着高水平线上与线下产业园的形成，创作与传播的门槛进一步降低，市场更为成熟有序，受众对优质原创内容的呼声日趋高涨，湖北乃至我国动漫产业必将在"十三五"期间及时回归内容生产，重视对优质IP的长期培育、保护与增值。

B.10
湖北文化旅游产业发展报告（2017）

李志飞　喻　珍*

摘　要： 近年来，文化旅游产业发展高歌猛进，已经成为人们生活、休闲当中不可或缺的重要部分，得到了各界关注。本报告通过对湖北文化旅游产业面临的发展环境和发展现状进行梳理分析，发现湖北文化旅游产业活力强劲，地位日趋稳固，新业态不断涌现，产品体系日臻完善，改革创新成效凸显，市场管理更加规范，营销拓展力度加大，旅游形象深入人心。但是，湖北省文化旅游产业仍然存在发展不平衡、产品创新不足、人才缺乏等问题，为此本报告提出了优化发展格局、加大产品创新投入、强化新型旅游人才建设等对策建议，以期促进湖北文化旅游产业发展提质增效。

关键词： 湖北省　文化旅游产业　优化　提质

文化与旅游，二者有机联系、相互融合，既满足旅游者的文化享受，又丰富了旅游内容，日渐成为人们享受美好生活的新时尚。由此，文化旅游产

---

* 李志飞（1976～），湖北大学商学院旅游系教授。北京大学博士后（2008～2010），美国北亚利桑那大学访问学者（2014～2015），2014年入选国家旅游局青年专家人才计划。湖北省旅游学会常务理事。主持国家社科基金、教育部人文社科基金等课题10余项，在《APJTR》（SSCI）、《旅游学刊》等国内外权威期刊发表学术论文20余篇。担任多地旅游规划评审专家和旅游产业发展顾问。喻珍（1993～），女，湖北大学商学院旅游系旅游管理专业硕士研究生。

业（Cultural Tourism Industry）应运而生，成了国民经济中涵盖面广、辐射性强、活力大、关联性高的一项综合性产业。2017年，中国旅游产业取得了傲人成绩，综合贡献达8.77万亿元，促进8000万人就业，对国民经济综合贡献率和社会就业综合贡献率分别为11.04%和10.28%，均超过10%，高出世界平均水平。① 可见，文化旅游产业在我国乃至在全球的发展潜力巨大，效益明显，日渐受到重视。

在此大好背景下，湖北文化旅游产业在过去的一年里也发生了诸多变化。一方面，湖北文化旅游产业在谋求自身发展时活力迸发，地位日渐稳固，新兴产品不断涌现，文化旅游产品体系日臻完善，加之改革创新和市场拓展的力度加大，文化旅游市场日趋规范，旅游形象深入人心。但是，另一方面，随着"互联网+""旅游+"的融合推进，湖北文化旅游产业还面临着发展不平衡、产品创新不足、人才缺乏等问题，需要在转型升级的涅槃中寻求新思路、谋求新发展。

一 湖北文化旅游产业发展环境

（一）政策环境

2017年，在融合新时代发展要求下，旅游业较之过去发生了较大变化，已进入到全民旅游的新阶段。在应对新变化上，国家高度重视文化旅游产业的发展，不仅多次在重要讲话中强调旅游发展，而且还将其专门纳入国家发展战略规划中。另外，政府也相应出台了许多利好政策、宏观战略、行业标准来鼓励、支持、引导、规范文化旅游产业的发展，具体政策如表1所示。表1中与文化旅游产业相关的政策从各个方面对其提出了新的发展目标和要求，对文化旅游产业的发展起了重要的引导、支持作用。

---

① 《2018年全国旅游工作报告》，微信公众号"中国旅游报"，http://mp.weixin.qq.com/s/YhIphT2MNUtIsXNJwJ-vdQ. 2018-01-08。

表1　2017年文化旅游产业相关政策

时间	名称	内容
2017年2月	《2017年促进中部崛起工作要点》	利用"旅游+""生态+"等模式,推进农业、林业与旅游、教育、文化、康养等产业深度融合
2017年3月	《关于促进交通运输与旅游融合发展的若干意见》	提出构建"快进慢游"旅游交通网络;因地制宜建设旅游风景道
	《关于印发"十三五"全国旅游公共服务规划的通知》	提出了"十三五"期间旅游公共服务体系建设的发展理念和发展目标,是指导各地加快旅游公共服务建设的行动指南
	《关于印发"十三五"全国旅游信息化规划的通知》	明确了旅游信息化的四大具体量化目标:信息服务集成化、市场营销精准化、产业运行数据化、行业管理职能化
2017年5月	《自驾游目的地基础设施与公共服务指南》	规定了自驾游目的地有关基础设施以及安全保障、应急救援、公共信息等方面的基本原则和要求
	《汽车自驾运动营地发展规划》	明确建设汽车自驾运动营地的目标和举措:2020年建成1000家汽车自驾运动营地,重点打造一批精品汽车自驾运动赛事活动,培育一批专业化程度较高的汽车自驾运动俱乐部,推出一批主题鲜明的汽车运动路线,壮大一批具有影响力的汽车自驾运动营地连锁品牌企业
2017年6月	《全域旅游示范区创建工作指导》	明确了全域旅游示范区创建的行动指南
2017年7月	《促进乡村旅游发展提质升级行动方案》	指出了提升乡村旅游发展质量和服务水平的要求和措施
2017年8月	国家旅游局公告	批准并公布了《旅游经营者处理投诉规范》《文化主题旅游饭店基本要求与评价》《旅游民宿基本要求与评价》《精品旅游饭店》四项行业标准
2017年11月	《全国旅游厕所建设管理新三年行动计划(2018~2020)》	明确提出2018~2020年再建旅游厕所6.4万座,实现厕所革命"数量充足、分布合理、管理有效、服务到位、环保卫生、如厕文明"的新三年目标
2017年12月	《国家工业旅游示范基地规范与评价》	推动旅游业发展与新型工业化相结合,加快推动工业旅游发展
	《关于规范推进特色小镇和特色小城镇建设的若干意见》	明确提出了特色小镇和特色小城镇的建设要求,对其发展有科学引导作用

资料来源:根据公开资料整理。

湖北省除了积极落实表1中提到的重大利好政策，还出台了一些地方性的鼓励措施，为文化旅游产业发展营造了更加有利的政策环境，极大地刺激了省内文化旅游产业的蓬勃发展。此外，湖北还积极对接"一带一路"国家战略、京津冀协同发展、长江经济带、鄂西生态文化旅游圈、武汉城市圈等战略，抓住重要发展机遇，趁势而上做好文化旅游产业发展。总的来说，在国家的大力支持以及地方政府的落实和配合下，湖北文化旅游产业面临的政策环境都是十分有利的，较之以前更加优化。

（二）经济环境

从全球经济环境来看，《世界旅游经济趋势报告（2018）》中指出2017年全球主要国家经济形势向好，人们的消费信心指数仍在上升，对2017年全球旅游总人次的预估为118.8亿人次，约是全球人口规模的1.6倍，全球旅游总收入为5.3万亿美元，相当于全球GDP总量的6.7%，并预测2018年的全球旅游总人次和旅游总收入仍将保持着强劲的增长势头。[1] 可见，在世界范围内，旅游消费群体在不断扩大，旅游需求在稳步增长，旅游经济环境形势良好，对全球经济发展起着重要的推动作用。

从我国经济环境来看，2017年国内旅游总人次近50亿人次，同比增长12.6%；全年旅游总收入5.4万亿元，同比增长15.1%；国内旅游收入达4.57万亿元，同比增长近16%（见图1）。我国旅游市场规模和旅游收入均保持着较高的增长速度，预计2018年国内旅游人次和旅游收入还将持续增长，文化旅游产业发展态势蓬勃。国内良好的经济环境为湖北省文化旅游快速发展注入了新动能。

从省内经济环境来看，《湖北省统计年鉴2017》数据显示，2016年湖北旅游总收入4764.18亿元，同比增长13.3%，接待人数达5.69亿人次，同比增长12.2%，增长趋势与国内基本一致（见图2），表明省内旅游经济

---

[1] 夏瑾：《2018年全球旅游经济趋势预测出炉》，中国青年报·中青在线，http://zqb.cyol.com/html/2017-11/16/nw.D110000zgqnb_20171116_2-06.htm。

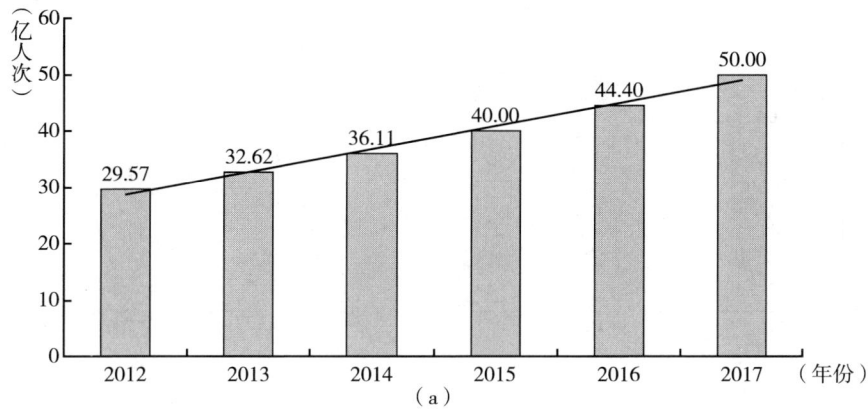

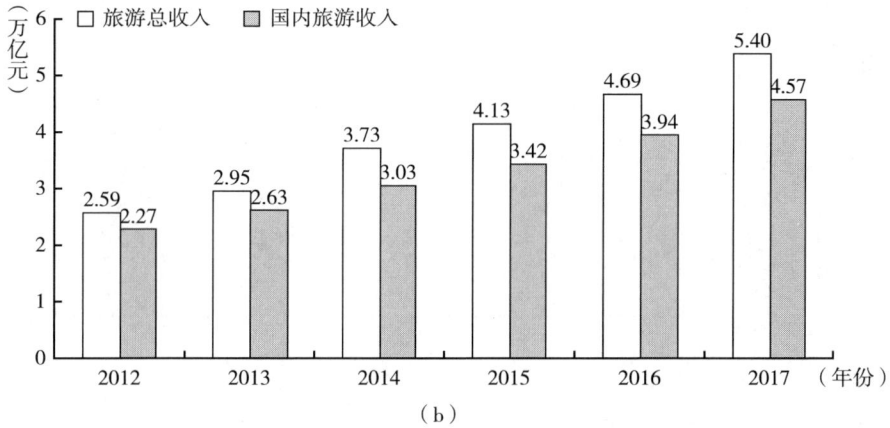

图1 2012~2017年国内旅游人次（a）和旅游收入（b）

数据来源：根据2018年全国旅游工作报告以及中国旅游新闻网和中研网相关数据整理而来。

环境形势同样良好。另外，从2017年上半年统计数据来看，湖北省共接待了海内外游客3.03亿人次，实现旅游总收入2547.4亿元，同比增长分别为16.0%和16.8%[①]，数据表明湖北省入境旅游市场仍在持续增长。在经济发展大好的形势下，预测2018年湖北省文化旅游产业规模仍将继续扩大。

---

① 《2017年上半年3亿人次游湖北》，人民网－湖北频道，http://hb.people.com.cn/n2/2017/0726/c337099-30532510.html。

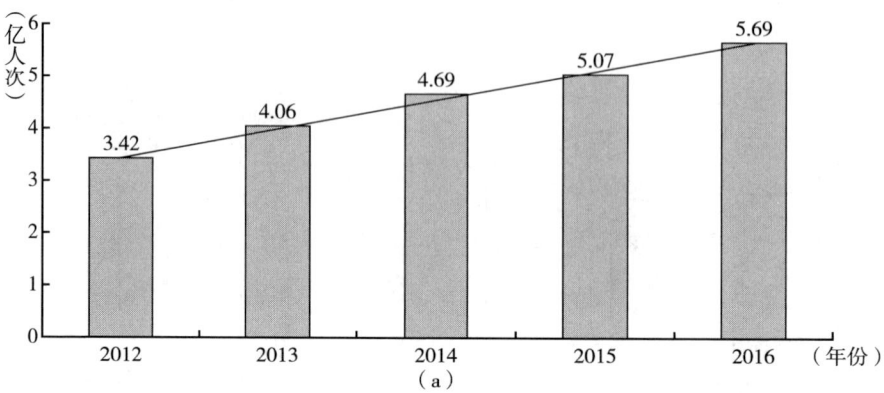

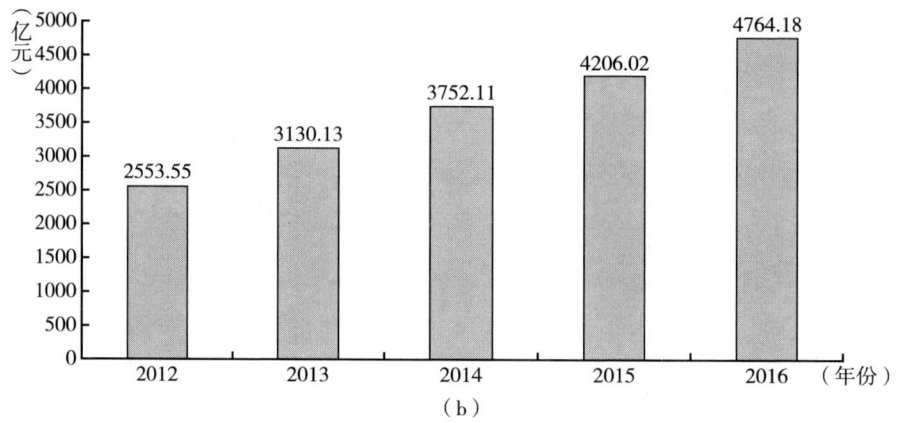

图 2　2012～2016 年湖北省旅游接待人次（a）和旅游收入（b）

数据来源：根据《湖北省统计年鉴 2017》整理而来。

综观全球经济环境、国内经济环境、省内经济环境，随着全球经济向好，经济全球化的趋势加深，国内经济体制改革成效初显，可以说湖北省文化旅游产业面临着良好的国际国内经济环境，为其营造了有利的招商引资环境。相信随着经济的进一步发展，湖北省文化旅游产业在省委、省政府的领导下将进一步腾飞，推动全省经济大发展。

（三）社会环境

《中国统计年鉴 2017》显示：2016 年，我国居民人均可支配收入为

23821元，城镇居民人均可支配收入为33616元，人们的温饱需求已经基本解决。加之带薪休假制度的落实，人们变得更加有钱有闲，在生活需求满足之后，旅游需求更显旺盛。进入新时代以来，我国居民的社会生活更加丰富，旅游成为必需品，旅游人次和旅游花费逐年上升（见图3）。另外，根据2018年全国旅游工作报告披露的数据，2017年我国人均出游已达3.7次，出境旅游人数和旅游消费在世界独占鳌头，出游频次和消费越来越

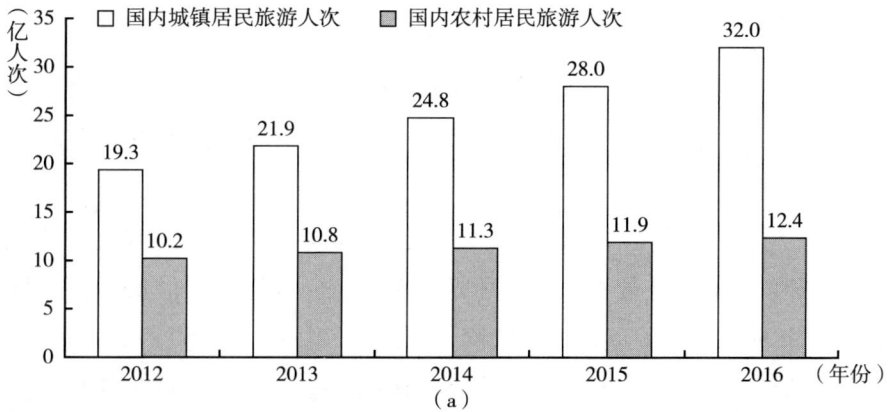

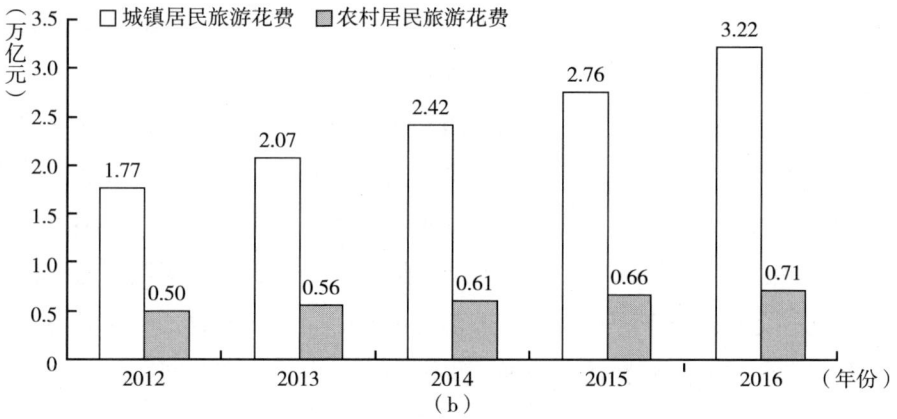

图3　2012～2016年全国旅游人次（a）和旅游消费（b）情况

数据来源：根据2018年全国旅游工作报告、中国旅游新闻网和中研网相关数据整理而来。

高，休闲度假是人们主要的出游动机。同时，中国文化博大精深、旅游安全有保障的形象吸引了越来越多的外国游客入境，而湖北则为文化大省，旅游资源丰富，旅游形象的国际影响力和吸引力越来越大，也是一大入境旅游目的地。综观国内外社会环境，可以说是旅游消费需求旺盛，产业发展的社会环境良好，对湖北省文化旅游产业的发展起到了很大的刺激作用。

（四）技术环境

随着国家科教兴国、建设创新型国家的目标逐步落实，科技的增强在文化旅游产业的发展中得到了很好的运用和体现，技术环境的优化主要表现在以下三个方面。

第一，信息科技化。对游客来说，人手一机就可快捷获取信息，"走遍天下都不怕"，同时还能在旅游中随时发布游记，进行旅游信息的制造与传播。移动智能终端、互联网、物联网、云计算等新一代信息技术的普及和覆盖，为人们提供了获取和发布旅游信息的便捷渠道，在人们的生活与交流中得到了广泛运用。对企业来说，信息的科技化使得旅游企业的营销渠道更加多元，网络终端、移动终端、大数据等多种手段的运用，为人们提供了更加智慧化、个性化、精准化的营销和服务。

第二，交通科技化。毋庸置疑，随着科技的进步以及交通技术环境的改善，海、陆、空交通网络体系不断健全和完善，航空和高铁越发普及，游轮和游艇发展飞快，自驾车和房车数量也越来越多，通用航空和通航小镇的建设也使得旅游目的地的进入性更加便利通达。旅游交通变得更加高效和安全，健全的交通网络极大地缩短了人们的出游时间。交通方式和格局的新变化让参与文化旅游的游客数量激增、出游频率增多、停留时间延长、活动范围扩大。

第三，装备科技化。在新科技层出不穷的21世纪，越来越多新奇的装备应用于文化旅游领域，比如穿戴式、头戴式、便携式等装备和设备，让人们的出行更轻巧，体验更轻松；再比如虚拟现实（Virtual Reality，VR）、增强现实（Augmented Reality，AR）、混合现实（Mixed Reality，MR）等设备及其应用，让人们的旅游体验更丰富；在不远的将来，还会有人工智能（Artificial Intelligence，AI）的设备及其广泛应用，帮助人们获得更加优质的旅行服务和体验。因而，装备的科技化是大势所趋，并且将以全新的方式改变人们的旅游体验和质量。这些都得益于装备制造技术的创新，为旅游出行和体验提供了不一样的可能。

总之，技术的进步深刻地影响着人们的生产生活和消费方式，成为旅游发展的驱动力和催化剂，让人们的出行和体验更便捷、更个性、更自在，可以说旅游行业发展已经走进新技术时代，科技革命和产业变革逐日推进，社会信息化和科技化程度日益加深，技术环境不断优化，为湖北加快文化旅游产业的发展提供了技术支撑和保障。

二 湖北文化旅游产业发展概况

（一）全域发展活力迸发，文化旅游产业地位日趋稳固

当前旅游业已经处在全域旅游的新时代，全域旅游发展势不可挡，已经成为旅游经济增长的重要抓手。2017年，湖北省以全域旅游建设为契机，打造随处皆美景的旅游目的地，全域旅游建设如火如荼，人气旺盛，本就是资源大省、文化大省、旅游大省的湖北，发展活力进一步增强，文化旅游产业渐入佳境。

湖北省旅游委发布的《2017年统计便览》相关数据显示，2016年湖北旅游收入约4800亿元，相当于全省GDP的15%，产业规模和实力逐年增强。从全域旅游建设成果来看，湖北省拥有的"国字号"和省级全域旅游示范区创建单位分别为16个、17个，旅游强县、旅游名镇、旅游名村个数分别为21个、24个、97个。全省A级景区368家，3A级及以上景区占到84.51%，星级饭店529家，三星级及以上饭店约占73.36%（见图4）。由此可见湖北省旅游综合实力非常雄厚。

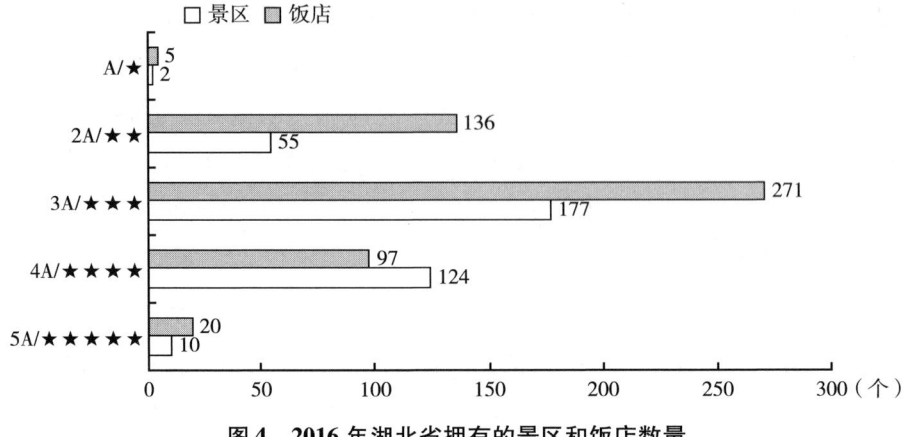

图4 2016年湖北省拥有的景区和饭店数量

数据来源：湖北省旅游委官网发布的《2017年统计便览》。

从旅游竞争力来看，《2017中国旅游业发展报告》通过调查和大数据的挖掘，以竞争力评价指标对省域旅游竞争力进行了评价，结果发现湖北旅游现实竞争力处在第一梯队，主要是旅游需求、旅游目的地、旅行社业等方面的现实竞争力表现较好；且湖北省在省域旅游推荐积分排名中处于第十位[①]，表明湖北旅游很受好评，综合实力很强，在全国旅游竞争中占据着较高的地位。从旅游发展指数来看，2016年湖北旅游发展水平指数为74.1分，较之2015年增长2.9分，总体上旅游产业竞争力指数达70.1分，属于国内旅游发达地区，综合发展水平较高。

综观已经取得的成果，在全域旅游发展的推动下，湖北省文化旅游产业规模和实力不断增强，竞争力地位高，综合实力日益增强，产业地位日渐提高，文化旅游产业发展蹄疾步稳，潜力无限。

（二）新兴业态受到热捧，文化旅游产品体系日臻完善

在信息化程度越来越高的今天，个性化、自由化成为新的趋势，传统的休闲活动和观光旅游已不能满足旅游者的需求，各种内容丰富、新颖独特的

---

① 《〈2017中国旅游业发展报告〉发布 湖北这一项迈入第一梯队》，荆楚网，http://news.cnhubei.com/xw/jj/201712/t4040673.shtml。

旅游方式和旅游项目应运而生。在"旅游+"的助推下，湖北文化旅游产业领域特色旅游产品不断涌现，新兴业态受到人们追捧。

仅从假日旅游产品消费情况来看，各类旅游产品深受消费者青睐，市场规模和旅游收入在全年当中占有较高比例。根据湖北省旅游委官网发布的2017年清明节、五一劳动节、端午节、国庆节和中秋节等几大重要假日旅游的数据来看，全省假日各地共接待游客9202.75万人次，实现旅游收入571.33亿元（见图5）。各地旅游产品丰富多彩，节庆演艺、体育赛事、民俗活动等应接不暇，为人们假日出行提供了异彩纷呈的旅游活动。

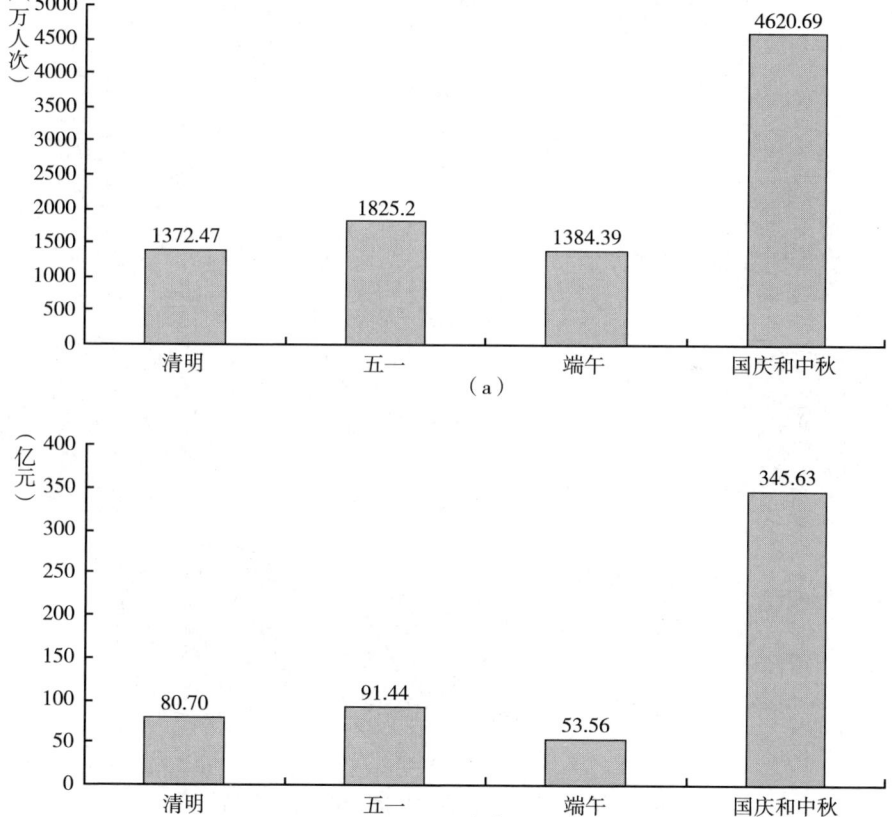

图5 2017年湖北省几大假日旅游情况（a图为接待游客人次，b图为旅游收入）
数据来源：湖北省旅游委官网。

随着消费换代升级，新兴旅游产品层出不穷，总有一款能满足消费者挑剔的"胃口"。细数湖北文化旅游产品，可以说其门类繁多，内容丰富（见图6），产品体系日臻完善。在众多旅游产品中，乡村生态旅游热度不减，温泉滑雪游持续升温，主题公园游异常火爆，历史文化街区游人摩肩接踵，工业旅游方兴未艾，汽车旅游和家庭亲子游成为时尚，新兴高科技旅游博人眼球。

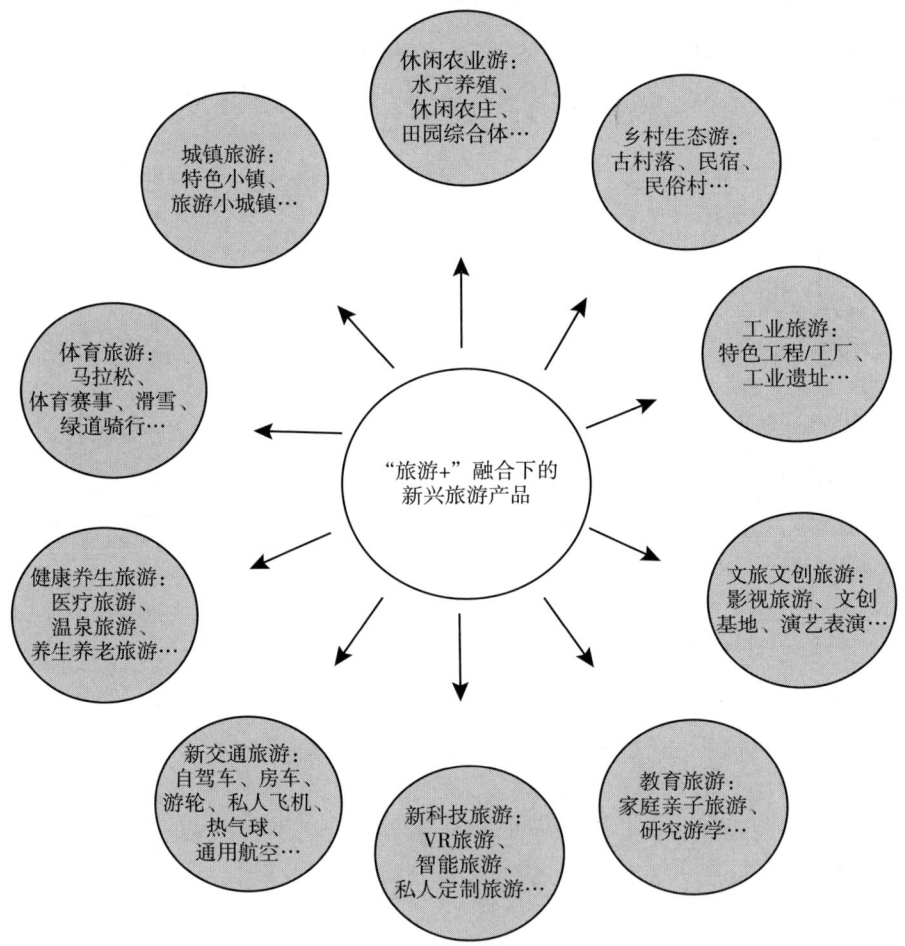

图6 湖北省市场上的文化旅游新业态产品

湖北省文化旅游产业在"旅游+"的发展思路下，假日旅游热火朝天，新兴的各类旅游产品满足了人们多种多样的消费新需求，使得湖北省旅游产品体系得到不断丰富和完善，产品开发有许多新方向，有力地促进了文化旅游及其相关产业的融合发展。

（三）改革创新成效凸显，文化旅游市场日渐规范

过去的一年里，湖北省在供给侧改革的落实中，加大了对文化旅游产业的改革创新和市场整治力度，以"厕所革命"为突破口，极大程度地推进了全省旅游公共服务大升级，加强了旅游监管和整治，并且把市场秩序整治和服务质量提升工作纳入年度绩效考核中，诸多举措成效显然，使得湖北省文化旅游市场管理日渐规范，文明旅游蔚然成风。

旅游厕所是衡量旅游目的地文明形象的重要标准，为此，湖北大力推进厕所革命，一方面积极建设旅游厕所，为游客提供文明如厕的环境。从表2数据看，湖北省旅游厕所的总数量还在继续增加，未来还会继续加大改革力度，落实"厕所革命"工作，在2018~2020年三年间计划新建和改扩建旅游厕所总计达到2883座，可以说能充分满足人们的如厕需求。另一方面，湖北省还加强了对游客的文明旅游宣传，发挥舆论导向作用，共同营造文明旅游的风气。在一系列改革举措下，湖北省基础设施有了很大提升，游客不仅能用上干净无味的厕所，也自觉提高了文明旅游的素质。

表2 湖北省旅游厕所建设情况

时间	厕所数量（座）		总计（座）
截至2017年7月	新建1232	改扩建871	2103
2018~2020年（计划）	新建2223	改扩建660	2883

数据来源：唐昌华：《湖北"厕所革命八动法"推动"厕所革命"再上新台阶》，人民网－旅游频道，http://travel.cnr.cn/list/20171226/t20171226_524075884.shtml。

湖北省针对A级景区开展了严格的治理行动，整治检查覆盖到全省353家A级景区，不符合要求的旅游景区被摘牌，甚至受到严肃处理，可见湖北省对旅游市场秩序整治的决心之大。除了整治行动，湖北省也对先进从业工作者和集体进行了奖励和表彰。湖北省文化旅游工作在奖惩有度的把握中

不仅调动了从业者的积极性，也为人们营造了诚信可靠的旅游市场环境。此外，湖北省还在各大景区设立旅游巡回法庭，对旅游陷阱进行了专项整治，坚持以问题为导向加大旅游市场秩序的整治力度，采取联合执法、综合监管、公开曝光等有力措施，使得游客投诉减少，旅游市场秩序井然。游客对湖北省旅游市场秩序的印象普遍反映较好，对其旅游服务水平和质量给予高度评价，表示在旅游过程中得到了既放心又愉悦的感受，充分表明湖北省旅游整治成效显著。

综上所述，在文化旅游市场秩序方面，湖北省力求为人民群众提供放心、顺心、舒心的体验，通过建立旅游巡回法庭，鼓励各市州林区成立旅游委员会，推进厕所革命，加大景区、酒店和旅行社的整治力度等措施，加强了旅游管理规范，改革创新成效凸显，湖北省旅游更文明，旅游市场秩序井然，初步建立起了风清严正的现代化治理体系。

（四）市场拓展效果明显，文化旅游形象日渐提升

按照湖北省"十三五"期间建设旅游经济强省的战略目标和总体要求，2017年湖北省继续加大市场拓展力度，实施智慧旅游营销，并加强旅游品牌建设，取得了诸多效果，使湖北省旅游对外形象进一步提升。

从营销推广来看，湖北省创新营销策略，例如实施"全区域旅游整体营销、全媒体覆盖联动营销、全方位布局联合营销、全过程管理精细营销"，加强了营销力度并统一宣传湖北旅游形象，使得湖北省旅游形象深入人心。在海外旅游市场上，湖北利用长江旅游推广联盟的平台以及航空优势，对接海外旅游批发商，组建入境旅游推广联合体，统一包装长江旅游品牌，打造湖北旅游名片，使得长江旅游精品获得了国内外的认可，加深了游客对湖北旅游品牌的喜爱。不仅如此，在全国区域品牌价值评价中，"宜昌三峡旅游"赫然在榜，位列前三。这充分表明"长江旅游""三峡旅游"的品牌更加闪亮，成为湖北省吸引海内外客源的重要法宝。在省委省政府的领导下，湖北国际旅游市场拓展效果明显，入境旅游人次持续增长，2016年实现入境旅游337.56万人次，同比增长8.28%，入境

旅游客源主要来自亚洲、欧洲、美洲（见图7），囊括了诸多消费水平较高的发达国家。

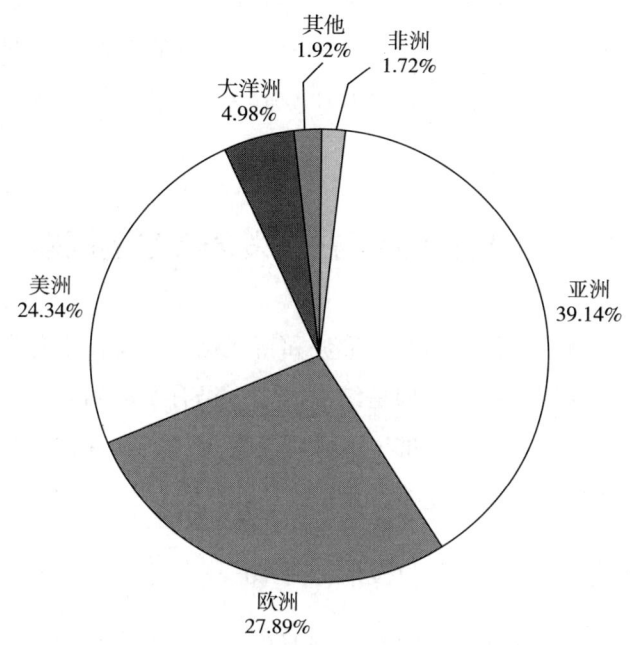

图7　2016年湖北省国际客源分布的比重

数据来源：湖北旅游委官网发布的《2017统计便览》。

此外，从节庆旅游及旅游演艺来看，湖北省2017年各地旅游节庆活动不断，例如武汉国际马拉松、黄陂木兰登山节、木兰徒步竞速赛、少数民族传统体育运动会暨来凤·中国土家摆手舞文化旅游节、麻城杜鹃文化旅游节、咸宁国际温泉文化旅游节、恩施土家女儿会文化旅游节、湖北艺术节、潜江龙虾节、神农架国际滑雪节等，这些每年举办的景点节庆旅游活动场场人气兴旺。仅就国庆和中秋黄金周来说，据不完全统计，全省各地景区举办的大大小小旅游节庆、展会、民俗等活动多达130场。① 各类品牌

---

① 《2017年国庆黄金周假日旅游情况综述》，湖北省旅游发展委员会官网，http：//lyw.hubei.gov.cn/open_desc.html?channelCode=lyyw&id=95491.2017-10-08。

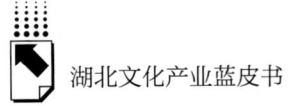

盛世旅游活动精彩绝伦，为游客献上了一场场丰富多彩的节庆盛宴，提升了湖北省旅游人气，使得湖北省旅游形象和口碑进一步扩大。

市场拓展力度和旅游品牌的建设对湖北旅游形象传播起着重要作用，节庆旅游及演艺活动更为湖北旅游赚足了人气，湖北省在此方面的积极宣传和推介效果明显，文化旅游形象日渐提升，比以往更加接近建成国际知名旅游目的地的宏伟目标。

三 湖北文化旅游产业发展存在的问题

湖北省在新时代背景下面对新形势和新变化，在文化旅游产业发展上取得了许多进步。这固然可喜，但是细思忖之，仍有许多问题存在，文化旅游产业发展不平衡、产品创新不够、人才缺乏等困扰实际存在，制约着湖北文化旅游产业提质增效，亟须正视和解决。

（一）湖北文化旅游产业发展不平衡

党的十九大报告指出中国已步入新时代，人们对美好生活的追求同不平衡不充分的发展之间矛盾重重。文化旅游产业的主要目的是满足人们对美好生活的向往，然而从湖北省文化旅游产业的供给与需求来看，其仍然面临着不平衡、不充分的问题，主要表现在以下几个方面。

第一，区域空间发展不平衡。武汉、宜昌、襄阳文化旅游比较发达，旅游发展活力大、带动性强，旅游总接待人次和旅游总收入排名靠前，尤其是武汉占的比例最大，但省内其他市州林区与这"一主两副"城市相比，在文化旅游资源、基础设施建设、人力资源等方面层级相差较大。虽然襄阳与宜昌的增速渐渐赶超武汉，且孝感、咸宁、黄石、黄冈等城市随着武汉城市圈建设的推进，也已进入发展的快车道，但就全省而言，发展不平衡状况并没有得到有效改善。因此，从湖北文化旅游产业发展格局上来说，地区发展空间不平衡，不同城市之间旅游产业发展的差异较为明显。

第二,城乡发展不平衡。从上文中图 3 的数据来看,全国旅游人次和旅游消费均是城镇高于农村,尽管从旅游人次来看,农村居民和城镇居民均在逐年增加,但是城镇居民旅游人次几乎是乡村地区居民旅游人次的 2 倍,旅游花费也普遍高出农村居民许多,表明城乡在旅游消费方面存在着较大差异。另外,湖北省 2016 年城镇居民人均可支配收入也高出农村居民许多,前者为 29386 元,后者为 12725 元,而全省居民人均可支配收入为 21787 元[①],农村居民收入明显落后,而且城乡收入还存在很大差异。尽管湖北省在乡村地区采取了一系列脱贫、扶贫措施,取得了一些成效,较之过去居民收入差异在缩小,但是不可否认,城乡居民在收入和文化旅游上的消费存在着不平衡。

第三,行业结构发展不平衡。一方面,传统文化旅游产业资源根基深厚,但是囿于地方社会经济条件水平落后,文化旅游资源难以转化为现实效益,发展步履迟缓,存在较大的提质增速空间;此外,还有以传统艺术表演为主的各地剧团以及非遗项目的传承与保护,在市场中的发展步履维艰,濒临无人继承甚至消亡的局面,与现代文化旅游项目以及新兴的文化旅游项目相比则是鲜有人问津。另一方面,现代文化旅游资源分布比较集中,博物馆、艺术馆、影院等客流较多,同时,新兴文化旅游项目在市场上此起彼伏,甚至有的出现投资过剩,造成资源浪费现象,需要去合理调整以达两者发展的均衡。

尽管由于各地文化旅游资源本身分布不平衡、基础设施建设不均衡、人才流动不均衡、消费群体不同等多方面客观原因的存在,文化旅游产业不可能实现完全意义上的平衡发展,但是,如果不进行合理规划、科学布局,任由各地文化旅游产业粗放经营、野蛮生长,不仅将制约其经济发展,而且将影响各地民众共享文化旅游产业的发展成果,妨碍民众正常的文化旅游消费需要。

---

① 《湖北省 2016 年国民经济和社会发展统计公报》,湖北省统计局,http://www.stats-hb.gov.cn/tjgb/ndtjgb/hbs/114833.htm.2017-03-06。

（二）湖北文化旅游产品创新不足

一方面，传统的文化旅游产品缺乏创新，或是体验性不足，或是规模小众，游客游览之后既没有感受到浓厚的人文底蕴，又没有震撼的旅游体验，无法满足人们的需求，更无法适应市场竞争。而很多新业态文旅项目则是盲目跟风和模仿，比如很多乡村旅游项目，都会有户外拓展、垂钓、赏花等雷同的旅游活动，再比如各地汽车旅游露营地的盲目建设，未充分考虑实际可行性。因而湖北省在文化旅游产品开发上，很多项目没有因地制宜地结合当地的特色开发，造成了资源的浪费。

另一方面，由于产品的创新不够，精品旅游项目和活动比较缺乏，真正有品位、有内涵、有档次的文化旅游娱乐场所和方式不多，使得游客在夜间的文化旅游活动和消费较少，而且很多景区景点仍停留在"门票经济"上，住宿、餐饮和交通占的花费比重较大，而购物娱乐消费较低，这也从侧面反映出湖北省文化旅游产品还有很大的提升空间。尽管湖北2017年以旅游产品转型升级为工作方向开拓了"两江四岸""夜游三游洞"等旅游产品以及其他主题夜游活动，弥补了湖北夜间旅游活动的不足，但对于游客巨大的需求来说仍是不够的，多数项目仍处在起步阶段，"夜游"产品体系尚不健全，完整的产业链也需构建，经济效益还未完全发挥出来。

（三）湖北文化旅游产业人才缺乏

文化旅游产业是创意型产业、劳动密集型产业，需要依托大量的人才进行创新才能支撑其快速发展，而不能只是依赖天赐资源，人才才是其创新发展的动力和竞争力的重要来源。但是，目前湖北省文化旅游领域的人才十分缺乏，旅游人才培养和队伍建设有待强化。首先，随着新兴业态的出现，现有的旅游人才已不能满足新时代人们对旅游需求个性化、品质化的高标准和严要求，还停留在学习阶段，而产品需求已经走在前列，如此就产生了人才供给侧与需求侧之间的矛盾。其次，在"互联网+""旅游+"的推动下，文化旅游产业与其他行业跨界融合加深，但是既懂旅游经营又懂其他行业的跨界旅游人才十分稀缺，复合型、创新型旅游人才严重不足。最后，现有的旅游人才培养教育也难以满足市场的巨大需求。王英哲的研究指出湖北省现有旅游从业人员23260人，约占全国同行业总从业人数的4.5%，而省内旅游院系培养出来的专科以上学生，近几年仅约1/3进入了本领域，不及以前的一半①，学生人数在逐年减少，行业中人才的流动率和流失率都非常高。这充分说明湖北省不仅中高级旅游服务人才匮乏，而且还面临着旅游人才培养增长停滞的问题。这样的旅游人才培养显然和当前高速发展的文化旅游产业需求不相匹配，势必造成文化旅游行业专业性、技术性人才供给紧张，对文化旅游产业长远发展来说是一个潜在的大威胁。

四 湖北文化旅游产业发展的对策建议

针对上述湖北省文化旅游产业发展中存在的主要问题，笔者认为可从如下几个方面加以解决。

（一）优化旅游产业发展格局

优化湖北省文化旅游产业发展格局，要着力解决上述问题中提到的三个不平衡，逐步构建大产业格局。

第一，对于空间发展不平衡需要做到旅游产业有序、有量、有度地开发，各市州林区拥有的文化旅游资源虽有所差别，但各有亮点，如果做到有序性整体开发、差异化营销、精准化管理，则可实现"多核支撑、多极带动、多点突破"的局面，实现湖北省文化旅游产业发展遍地开花。此外，也要充分利用全域旅游建设的机遇和新思维，合理调控地区之间发展不平衡的问题，构建全域旅游空间格局，打破地区发展之间的界限，比如资源优势比较集中的地区在发展时不应该"资源独大""一枝独秀"，而应该与周边

---

① 王英哲：《湖北省旅游市场专业人才调查研究》，《决策与信息》2017年第9期，第104~109页。

市镇充分合作，构建产业集群，共同发展共同富裕。

第二，要建立完善通达的交通网络以及健全乡村地区公共服务体系，重点解决城乡基础建设不平衡的问题，让游客到每一个乡村都非常通畅，也为其他拥挤景区分流，让客流流向更均衡。同时，对于旅游扶贫工作要持续下去，缩小城乡差异。另外还要在现有基础上，继续深化改革，加强对文化旅游产业的调节和控制，建立不同地区、不同领域之间更加公平合理的利益分配和资源要素分配机制。

第三，要通过文化旅游产业的结构优化与改革创新举措推进其提质增效。具体做法可从整合各种旅游要素出发，延长产业链，完善产业体系，比如合理布局高、中、低档的旅游饭店、旅游商品、娱乐场所等。另外还要优化传统文化旅游项目以及现代和新兴的旅游项目的分布。对传统文化旅游项目要予以重视，加以扶持，加大营销力度和创新投入，与"非遗"相结合，运用互联网时代的思维去开发，提高其附加值和效益转化，而对于现代的和新兴的旅游项目则要科学开发和合理布局，严格把关，避免重复建设或是产品雷同，从而实现湖北省文化旅游项目科学、均衡的布局。

（二）加大旅游产品创新投入

首先，旅游产品的创新需要新的发展理念、新的发展思路、新的发展举措。当下全域旅游发展以及"互联网+""旅游+"为旅游产品创新转变思路提供了契机。例如"全时空"思维下的湖北夜游项目，就很好地留下了游客，只是在夜游项目的特色挖掘上、品牌建设上、市场推广上还需要进一步的加强。可将长江、东湖、黄鹤楼、三游洞等景区景点串点成线，并加入一些具有文化内涵的演艺节目或者光影元素，对夜游工程进行项目延伸和品质塑造，使之成为湖北省最具特色的夜游品牌，并加大对外的宣传推介力度。因此，结合当前时代发展背景和理念，运用新的发展思路去开发文旅产品，尤其是跨界融合思维，或可成为下一步湖北省文化旅游产品创新努力的方向。

其次，旅游产品的创新也需要新的运营模式。文化旅游的魅力就在于文化底蕴，产品的打造离不开这个内核，所以要进一步糅合与挖掘产品的文化内涵。但同时，对于挖掘到的文化内涵也需要通过创意去转化，需要通过好的运营模式去变现，从而获取利润。这两者的结合可以通过 IP 运营，例如迪士尼乐园，既让人体验到产品当中蕴含的文化和主题，又让人感觉到创意和耳目一新，还能让企业将其商品化获取附加值。

最后，需要加大旅游产品的创意研发投入。除了需要在旅游产品开发上投入更多的创意，加大文化挖掘力度外，产品创意变现还需要资金支持，因此，湖北省需要集合社会众人的力量和创意，参与文化旅游产品的开发、生产与经营，并为他们提供政策支持、奖励以及其他便利的条件，并鼓励和引导社会资本、民营资金投入到文化旅游产品的研发中，为文化旅游产品的创新和开发提供资金支持。

（三）强化新型旅游人才建设

新时代新发展需要新型人才来推进和完成，强化新型旅游人才的建设不仅对于湖北省文化旅游产业转型升级和全域旅游建设有着重要的推动作用，而且这也是适应新时代发展要求和加快我国建成旅游强国目标的关键环节。具体来说，可从政策支持、教育培养、合作体系构建等方面着手。

一是政策上要加大人才引进和人才培养投入。大力实行旅游人才政策对于湖北省吸引一批、培养一批高层次旅游人才有着积极作用，一方面要出台一些符合旅游发展实际需要的人才政策，引进和培养一批旅游行政领导、经营管理、专业技术人才，从政策支持上为他们提供便于发挥积极性和创造性的平台，另一方面要实施旅游人才培养工程，加大对其培养、培训力度以及奖励。例如，可以设立专项资金用于旅游人才的引进、培训、培养和奖励，从而吸引和留住各类人才。

二是教育培养上要紧跟旅游产业发展现实需要。新时代文化旅游领域的诸多变革都对人才建设提出了新的要求，全域旅游发展要求下，从业人员的综合统筹能力不仅要提升，而且全面协调能力也要加强，跨界融合和国际交流加深的背景下，旅游人才不仅需要懂旅游行业，懂其他相关领域，而且也

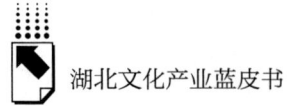

需要既有国际视野又熟悉国内环境。这就需要旅游人才的培养与行业实际紧密结合，与时代需求相结合，理论与实践相结合，培养出学习能力强、综合素质高、创新性强的复合型经营管理人才，而不是出现滞后和断层现象，与行业人才需求脱节。因此，在教育的培养上应当与国际接轨，与国情、省情结合，注重人才的创新性和综合素质。另外还要均衡中、高级层次旅游人才的培养，提高旅游人才职业素质，为产业发展输送一批中高级层次人才。

三是要完善旅游人才建设的合作体系。在新型旅游人才的建设中，除了要培养符合各行政部门、旅游企业、高校和学研机构等需要的人才，还要构建和完善其合作体系，多鼓励官、产、学、研之间的旅游交流和合作，搭建灵活顺畅的人才流通平台和机制，提倡各类旅游人才走进边远贫困区，加大对乡村地区旅游人才输入的帮扶力度。

B.11
湖北休闲体育产业发展报告（2017）

史文文　侯光定*

摘　要： 随着我国经济的快速发展和人们对健康娱乐的不断追求，休闲已成为人们追求高品质生活的一种表现。随着国家政策对休闲体育的支持与倡导，极大地提升了休闲体育产业的发展空间。本报告运用文献资料法、问卷调查法和访谈法对湖北省城乡居民和体育部门管理者进行调研，解读2017年湖北省休闲体育产业发展现状，发现存在的问题，并提出针对性的发展策略。

关键词： 休闲体育　休闲体育产业　运动休闲特色小镇　融合

进入21世纪，休闲已成为人们追求高品质生活的一种表现，在人类生活中扮演着重要角色，也在改变着人们的生活方式。与竞技体育、社会体育和学校体育相比，休闲体育更加侧重体育的休闲性、体验性和精神愉悦性，具有时间自由、活动身体、主动参与和非功利性等特征。随着我国经济社会的不断发展变化，人们的闲暇时间和可支配收入也在逐年增长，人们对于精神文化的需求也逐渐递增，为休闲体育的发展提供了有利的机会。休闲体育产业是社会各部门提供的与休闲体育相关的一切产品、服务以及有关经营活动的总和，其外延通常包括竞赛表演、健身休闲、体育旅游等业态。

---

* 史文文，博士，湖北大学体育学院副教授，硕士生导师；侯光定，湖北大学体育学院硕士研究生。

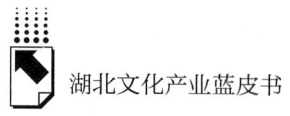

一 湖北休闲体育产业发展概况

（一）出台休闲体育政策

2017年，为推动休闲体育产业在湖北省的发展，在《国务院办公厅关于加快发展健身休闲产业的指导意见》《国务院办公厅关于进一步扩大旅游文化体育健康养老教育培训等领域消费的意见》《全民健身计划（2016～2020年）》等文件的基础上，湖北省也出台了系列政策文件，对休闲体育发展提出了规划目标。如《湖北省关于加快健身休闲产业发展的实施意见》《关于加快转变发展方式推进体育强省建设的意见》《湖北省体育产业发展引导资金管理办法》等。除了湖北省出台的相关文件外，国家发改委、国土资源部、环境保护部、住房城乡建设部联合出台的《关于规范推进特色小镇和特色小城镇建设的若干意见》和国家旅游局、国家体育总局联合发布的《"一带一路"体育旅游发展行动方案（2017～2020年）》都有关于休闲体育发展的指导性意见（见表1）。

表1 2017年出台的休闲体育相关政策法规

政策法规	重点内容
《湖北省关于加快健身休闲产业发展的实施意见》	加快推进运动项目产业发展、培育市场主体、加强健身休闲设施建设、推动健身休闲装备产业转型发展、加快形成健身休闲多级发展格局、促进融合发展、扩大健身休闲消费
《关于加快转变发展方式推进体育强省建设的意见》	健全服务体系，优化公共服务，增强全民健身综合配套有效供给；大力改革创新，完善体制机制，提升竞技体育持续发展综合实力；完善市场体系，激活产业要素，推进体育产业成为新经济增长极；强化文化引领，整合社会资源，为全面深化体育改革发展夯实基础；加强组织领导，狠抓工作落实，为加快推进体育强省建设强化保障
《关于规范推进特色小镇和特色小城镇建设的若干意见》	准确把握特色小镇内涵、遵循城镇化发展规律、注重打造鲜明特色、有效推进"三生融合"、厘清政府与市场边界、实行创建达标制度、严防政府债务风险、严控房地产化倾向、严格节约集约用地、严守生态保护红线

续表

政策法规	重点内容
《"一带一路"体育旅游发展行动方案(2017~2020年)》	加大体育旅游宣传力度、培育体育旅游重点项目、加强体育旅游设施建设、促进体育旅游装备制造、推动体育旅游典型示范、发展体育旅游目的地、打造体育旅游合作平台、强化体育旅游智力支撑

（二）举办休闲体育赛事

2017年，湖北省成功举办了马拉松、登山、徒步、漂流、钓鱼等休闲体育赛事（见表2），赛事的举办不仅优化了湖北省体育设施和环境建设，还创造了良好的文化氛围，提升了举办城市的知名度，带动了全民健身运动的快速发展。体育赛事具有媒体关注度高和市场吸引力大的特点，因而受到各大城市的青睐。2017年，湖北省各地举办的休闲体育赛事具有以下特点。

（1）马拉松赛事成城市亮点。2017年湖北省各地共举办22场马拉松，这些马拉松赛事不仅展示了湖北省各城市的地域特点，还体现了湖北省的文化底蕴。如在东湖举办的"首届水上马拉松"、神农架的高山湿地国际马拉松、咸宁的国际温泉马拉松、主打"三国文化"的襄阳马拉松和荆州马拉松。在2018年1月举行的中国马拉松年度盛典颁奖晚会上，神农架国际马拉松被评为最美赛道特色赛事，宜昌马拉松和黄石磁湖国际半程马拉松被评为自然生态特色赛事，襄阳马拉松被评为红色文化特色赛事，武汉马拉松被评为金牌赛事。

（2）打造"一城一品"赛事。湖北省各地根据自身地域特点，大力培育并打造"一城一品"赛事。如武汉市打造的"水马"、"汉马"、"赛马"、"天马"（世界飞行者大会），武汉的赛事活动呈现"四马奔腾"之势。还有神农架滑雪比赛、武汉黄陂区的风筝邀请赛、咸宁的温泉马拉松、荆门爱飞客飞行大会、宜昌朝天吼自然水域国际龙舟漂流大赛等。这些赛事涵盖"水域、山地、高空"等空间区域，且各具特色，既能反映城市地理地貌特点，又凸显荆楚文化特色。

（3）赛事与城市景观融合。在挖掘体育赛事功能的基础上，对城市特有的景观资源也合理有效地利用。如武汉马拉松的路线中穿越"一城两江三镇四桥五湖"，让参赛选手在参加马拉松赛事的过程中，还能领略黄鹤楼、东湖、长江大桥等景点的秀美风景。

表2　2017年湖北省举办的部分休闲体育赛事

赛事名称	赛事时间	赛事地点	参与情况
2017远安国际田野马拉松赛	2017年3月	湖北远安	8000人
2017年武汉木兰草原杯第二届国际风筝邀请赛	2017年4月	湖北武汉	200人
2017年湖北省老年人体育健身大会钓鱼交流比赛	2017年4月	湖北宜都	100人
2017年武汉新洲第三届问津之路徒步大赛	2017年4月	湖北武汉	6000人
2017年武汉马拉松	2017年4月	湖北武汉	22000人
"锦鲲杯"2017年中国体育舞蹈公开系列赛武汉站	2017年4月	湖北武汉	3000人
2017极目楚天舒-荆楚露营大会	2017年5月	湖北长阳	1000人
2017年全国徒步大会第四届江夏徒步大赛	2017年5月	湖北武汉	30000人
2017中国山地自行车公开赛-湖北	2017年5月	湖北蕲春	750人
2017年中国山地马拉松系列赛	2017年6月	湖北利川	3000人
中国·宜昌自然水域国际漂流大赛	2017年6月	湖北宜昌	1000人
2017第43届武汉7.16渡江节	2017年7月	湖北武汉	5309人
湖北恩施建始县首届"景阳杯"清江江钓大赛	2017年7月	湖北建始	(60支队伍)180人
中国来凤垂钓大赛-"全能王"全国钓鱼锦标赛	2017年7月	湖北来凤	360人
2017神农架国际大学生自行车赛	2017年8月	湖北神农架	400人
2017武汉网球公开赛	2017年9月	湖北武汉	13场
第三届中国(京山)绿林网球·英雄会	2017年9月	湖北京山	480人
2017"谁是舞王"孝感广场舞大赛	2017年9月	湖北孝昌	17支队伍
2017年"邮爱生活,舞动生命"第四届全国广场舞大赛湖北赛区	2017年9月	湖北武汉	100支队伍
2017年湖北群众广场舞展演赛	2017年9月	湖北武汉	45支队伍
2017年神农架国际马拉松赛	2017年10月	湖北神农架	2000人
2017年全国姚记万盛达扑克大赛湖北赛区	2017年10月	湖北武汉	60人
2017年荆州国际马拉松赛	2017年10月	湖北荆州	10000人
第九届中国武汉木兰山登山节	2017年10月	湖北武汉	10000人
2017年第一届湖北省"极目楚天舒"全民健身系列赛事名山攀登挑战赛	2017年10月	湖北神农架	700人

续表

赛事名称	赛事时间	赛事地点	参与情况
2017襄阳市老年人第19届钓鱼比赛	2017年10月	湖北襄阳	（42支队伍）126人
2017襄阳马拉松入围"奔跑中国"	2017年10月	湖北襄阳	15000人
2017武汉首届水上马拉松	2017年11月	湖北武汉	1030人
2017咸宁国际温泉马拉松赛	2017年11月	湖北咸宁	12000人
2017年宜昌国际马拉松赛	2017年11月	湖北宜昌	20000人
2017年"贝蒂杯"湖北省体育舞蹈公开赛－宜昌市第十二届体育舞蹈锦标赛	2017年11月	湖北宜昌	4500人
2017年首届通用航空国际航联飞行者大会	2017年11月	湖北武汉	40个国家
2017年黄石磁湖国际半程马拉松	2017年12月	湖北黄石	15000人
2017湖北省第二届滑雪比赛	2017年12月	湖北神农架	20支队伍

（三）获批国家级运动休闲特色小镇

在国家体育总局公布的首批运动休闲特色小镇中，湖北省获批6个试点项目，分别是荆门市漳河镇爱飞客航空运动休闲特色小镇、宜昌市兴山县高岚户外运动休闲特色小镇、孝感市孝昌县小悟乡运动休闲特色小镇、孝感市大悟县新城镇运动休闲特色小镇、荆州松滋市洈水运动休闲小镇、荆门市京山县网球特色小镇。

其中，洈水运动休闲小镇是集户外运动、观光旅游、休闲养生和度假居住为一体的全国首个五星级汽车自驾运动营地，形成"汽车营地＋核心景区＋体育运动"的特色小镇。荆门漳河新区爱飞客航空运动休闲特色小镇主打航空运动休闲，以特种飞行器和通用航空器研发制造为基础，集聚发展通航全产业链，打造以航空为特色的运动休闲小镇。京山县网球特色小镇主打网球主题公园特色，京山县是中国网球协会授予的"中国网球特色城市"。

（四）参与休闲体育活动

1. 全民健身活动的开展

2017年，湖北省体育局共举办国家级全民健身赛事活动48次，省级全民健身赛事活动约200场,参与者达300多万人。在广泛开展全民健身活动中,湖北省以赛事活动引领场馆建设,为老百姓提供更多更好的健身场所和运动平台。开展的全民健身活动涵盖球类运动、水上运动、智力运动、传统体育、休闲时尚、户外拓展、航空运动、冰雪运动等休闲体育项目,构建了省、市、县逐级办赛的全民健身赛事体系,精心打造了一批具有影响力的自主品牌赛事。此外,全民健身活动中还发掘和推广了摆手舞、龙舟、武术等民族传统体育项目,加大体育文化传承与传播力度。

2. 参与休闲体育的目的

调查显示,有69%的人参与休闲体育的目的是"增进健康";29.7%的被调查者参与休闲体育有"消遣娱乐"的目的;19.8%和18.9%的被调查者参与休闲体育的目的是"减轻压力"和"减肥瘦身";"增进社交"和"提高运动技能"的目的分别占10.2%和8.3%。从对湖北省居民参与休闲体育目的调查结果来看,一方面,说明人们的健康意识很强,另一方面,也说明了休闲体育的功能不断被人们认识和发现。值得一提的是,在众多的目的当中,选择"消遣娱乐"的排在第二位,这说明了除了追求身体的健康之外,人们开始更多地把休闲体育活动当成丰富生活、享受生活的方式。

3. 影响参与休闲体育活动的因素

通过对影响居民参与休闲体育活动的因素调查统计发现,被调查者认为影响程度从大至小依次为:首先是空余时间,占58.8%;其次是个人兴趣,占35.6%,再次是身体健康状况,占26%;最后是工作状况,占19.3%。显然,空余时间、个人兴趣、身体健康状况和工作状况已经成为影响人们参与休闲体育活动的四大主要因素。

4. 居民对政府提供休闲体育活动的满意度

(1) 对体育场地数量的满意度

调查显示,28.9%的被调查居民对体育场地数量表示满意(包括很满意),43.4%的居民表示一般,23.5%的居民表示不满意,4.2%的居民表示很不满意(见图1)。

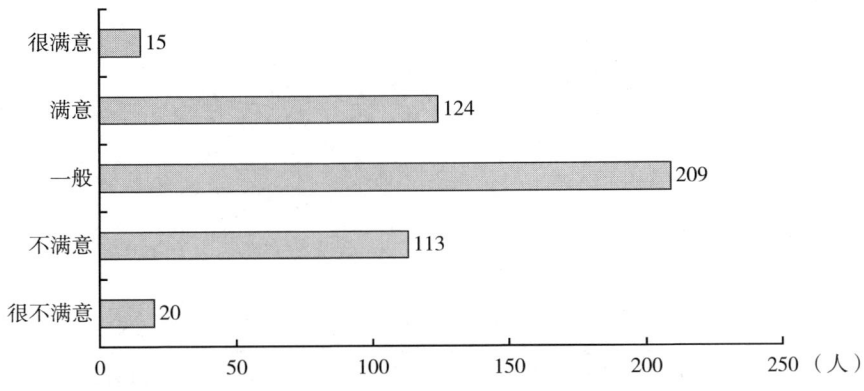

图 1　湖北省居民对体育场地数量的满意度

(2) 对体育场地配套设施的满意度

调查显示，31%的被调查居民对体育场地配套设施表示满意（包括很满意），40.7%的居民表示一般，24.9%的居民表示不满意，3.3%的居民表示很不满意（见图2）。

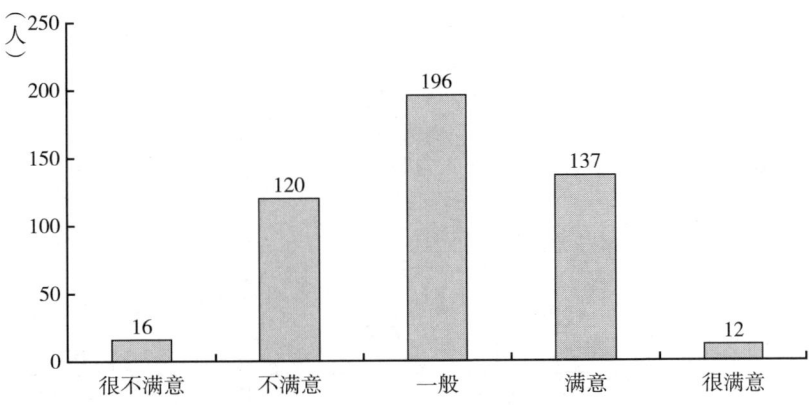

图 2　湖北省居民对体育场地配套设施的满意度

(3) 对体育场地收费标准的满意度

调查显示，33.5%的被调查居民对体育场地收费标准表示满意（包括很满意），52.6%的居民表示一般，12.3%的居民表示不满意，1.7%的居民表示很不满意（见图3）。

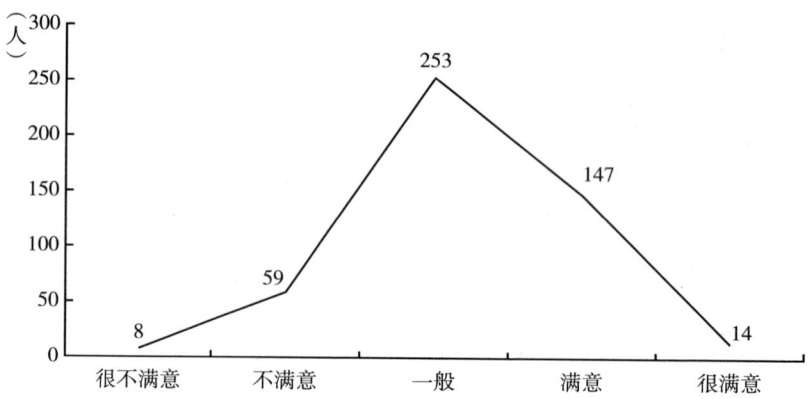

图3 湖北省居民对体育场地收费标准的满意度

(4) 对现有公共体育设施管理的满意度

调查显示,38.2%的被调查居民对公共体育设施管理表示满意(包括很满意),40.8%的居民表示一般,18.5%的居民表示不满意,2.5%的居民表示很不满意(见图4)。

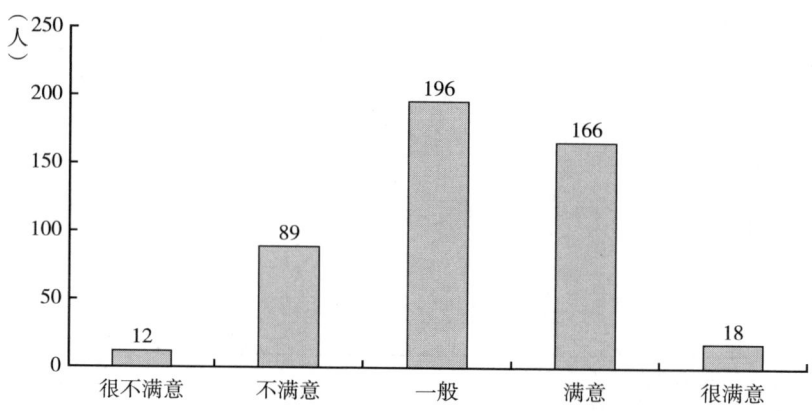

图4 湖北省居民对公共体育设施管理的满意度

(5) 对政府组织的公益性体育活动满意度

调查显示,43.5%的被调查居民对政府组织的公益性体育活动表示满意(包括很满意),40.1%的居民表示一般,14.6%的居民表示不满意,1.9%的居民表示很不满意(见图5)。

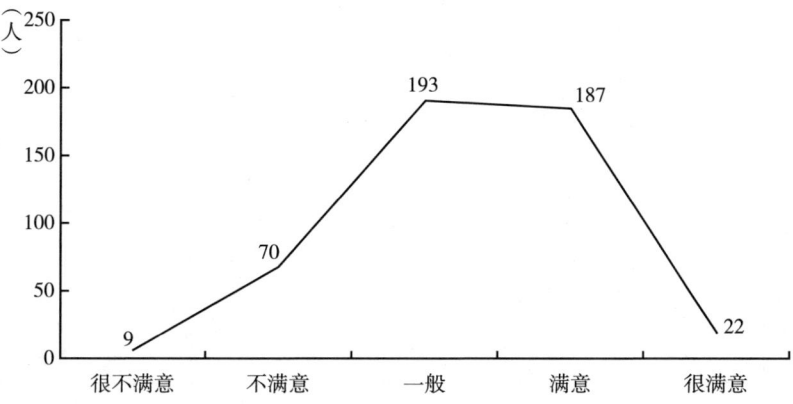

图5　湖北省居民对政府组织的公益性体育活动的满意度

（6）对体育场地免费开放使用情况的满意度

调查显示，48.2%的被调查居民对体育场地免费开放使用情况表示满意（包括很满意），36.8%的居民表示一般，13.1%的居民表示不满意，1.9%的居民表示很不满意（见图6）。

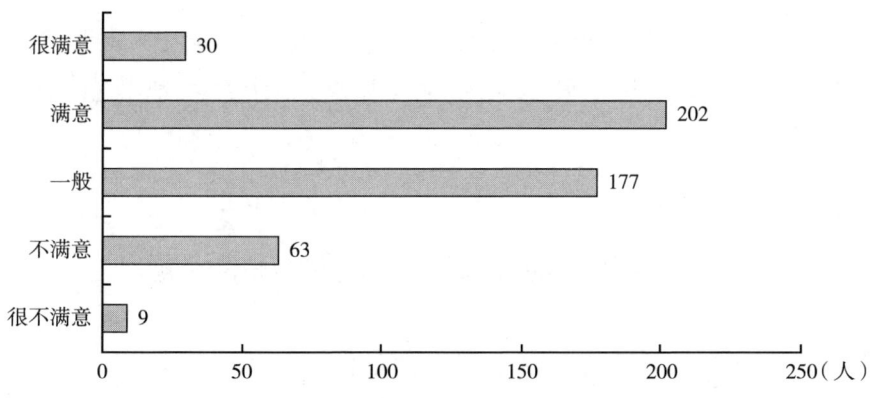

图6　湖北省居民对体育场地免费开放使用情况的满意度

（7）对免费开放的场地设施满意度

调查显示，46.7%的被调查居民对免费开放的场地设施表示满意（包括很满意），37.4%的居民表示一般，14.6%的居民表示不满意，1.2%的居民表示很不满意（见图7）。

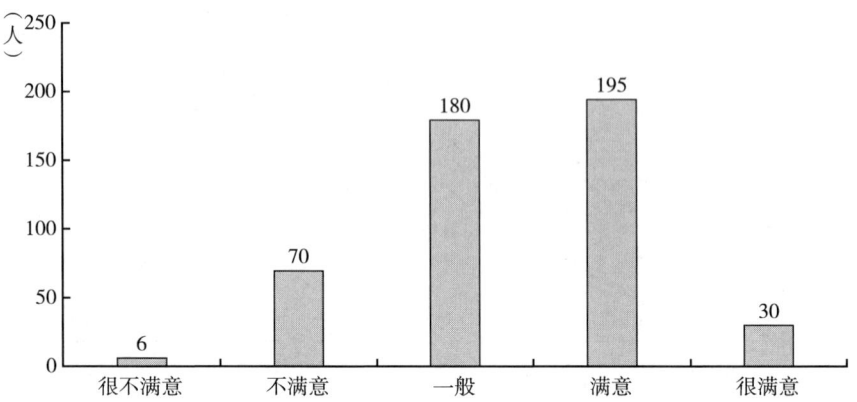

图 7　湖北省居民对免费开放的场地设施满意度

此次调查采用 Likert 5 级计分，从"1 - 很不满意"到"5 - 很满意"，得分越高说明满意度越高。对所有样本的平均值分析结果来看，7 项满意度调查从高至低的排序为：体育场地免费开放使用情况满意度（3.37）、免费开放的场地设施满意度（3.36）、政府组织的公益性体育活动满意度（3.30）、体育场地收费标准满意度（3.21）、公共健身设施管理满意度（3.19）、体育场地配套设施满意度（3.02）、体育场地数量满意度（3.00）。

二　湖北休闲体育产业发展存在的问题

（一）休闲体育产业总体规模仍待提高

从总体上来看，湖北省休闲体育产业对湖北省经济发展的贡献偏小，发展空间仍然很大。与发达省份及发达国家的休闲体育产业规模相比，湖北省休闲体育产业所占比例明显偏低，对湖北省经济的带动作用明显不足。因此，进一步提升休闲体育产业在国民经济中的比重和地位是湖北体育产业发展的重要目标之一。

（二）区域休闲体育发展不平衡

从湖北省各城市经济发展情况来看，武汉市处于绝对优势地位，各地经济发展差别较大。经济发展的不平衡也使得休闲体育产业发展产生较大差异。如鄂西北地区虽有得天独厚的自然资源优势，但受地方政府财力所限，纵使政府竭尽全力开发山地户外运动资源，但终因基础设施交叉、开发资金短缺等突出问题导致休闲体育运动资源开发不力。除此之外，目前湖北省各地在休闲体育资源开发方面还存在缺乏产业融合的现象，没有将体育产业与相关产业有机结合，缺乏对相关产业链的开发。在休闲体育赛事发展方面，武汉市也是独占鳌头，如武汉国际马拉松、武汉网球公开赛、渡江节、木兰山登山节等休闲体育赛事都形成品牌，也成为武汉市对外宣传的重要资料，但其他城市在品牌赛事打造和运行方面有待提高。

（三）休闲体育赛事的品牌效应亟待提升

近年来，湖北省休闲体育赛事种类繁多，为居民提供了观赏和参与体验的机会。然而，大多数赛事活动的运营仅限于赛事本身，各部门之间缺乏连动与协作，赛事的营销推广工作也有待提升。总体而言，人们对赛事难以形成深度记忆，对赛事认知度不高。此外，赛事主办方对于赛事可能产生的经济效益与社会效益的理解还处于赛事层面，这使得大量的赛事无形资源没有得到充分的利用。这就导致大多数赛事本身的回报率不高，社会效益的开发缺乏能动性，赛事外部活动效应难以释放。

三 湖北休闲体育产业发展策略

（一）体育旅游产业与文化创意产业深度融合

产业融合是我国现阶段经济结构调整与居民消费水平提升的必然趋势。体育旅游业是体育产业与旅游产业交叉渗透的结果，是近年来在我国产业结构调整的背景下产生的新型产业。文化创意产业以创造力为核心，通过技术、创意和产业化的方式开发及营销知识产权，是一个内涵和外延都十分丰富的产业业态。体育旅游业与文化创意产业的深度融合不仅可以有效地优化服务产业结构和产品供应，还能满足消费者多层次的精神文化需求。因此，"体育＋旅游＋文化"能将体育项目背后蕴含的文化通过旅游体现出来，使得人们在"体育＋旅游"中也能感受到湖北省厚重的文化底蕴与内涵，进而推动体育旅游产业与文化创意产业的融合发展。

湖北省拥有深厚的历史文化底蕴，文化资源丰富，有五座国家历史文化名城。湖北省可将丰富的文化资源与体育资源结合起来，大力促进道教文化、巴蜀文化、荆楚文化、红色文化等文化资源与体育旅游产业融合发展，如将道教文化与民族传统体育融合，打造武当武术产业链；将红色文化与赛事旅游融合，打造"红色"主题的马拉松、徒步、登山等休闲体育赛事。

（二）开发特色休闲体育项目

湖北省自然资源丰富，可借助资源优势，大力发展特色休闲运动项目。首先，鄂西北地区山地资源类型丰富，有武陵山、巫山、大巴山、武当山和荆山。鄂西北地区可以借助山地资源优势，推广徒步、登山、攀岩、露营等户外休闲运动的发展，打造独具特色的鄂西北户外运动项目集群。

其次，湖北省山地水系发达，峡谷溪流、瀑潭、高山湖泊、河流等水资源星罗棋布，适合开展溯溪、漂流、龙舟、游泳、垂钓等多种水上休闲项目。同时，借助2022年北京冬季奥运会这一契机，积极推动冰雪运动的设施建设，提升冰雪运动在湖北省的普及程度和产业发展水平。

最后，湖北省有55个少数民族，少数民族人口占全省总人口的4.5%。民族传统体育项目的开发也是湖北省休闲体育项目发展的重要环节之一，如传承与发展健身气功、舞龙舞狮、摆手舞、太极拳等传统体育项目，加强体育类非物质文化遗产的保护和开发。

（三）培育休闲体育品牌赛事

在积极开展已有的各项休闲体育赛事的基础上，还要重点打造地方特色的赛事，打造湖北省品牌赛事，着力培育竞赛表演市场。积极探索体育赛事运作机制和资源整合方式，构建以武汉国际马拉松为核心的系列马拉松赛事活动，且各城市根据自身文化与地理特点，创建有地域特色和文化特点的马拉松赛事，如体现以荆楚文化和三国文化为主题的"文化之旅"马拉松，以"红色精神"为主题的红色马拉松等。鼓励各地开展品牌赛事"一城一品"创建活动，将赛事举办与旅游、文化交流等相互融合，形成具有本地区特色的品牌赛事。充分发挥品牌赛事对城市发展和体育服务业的带动作用，把赛事办成品牌赛事、效益赛事、规范赛事，通过赛事引导市民体育消费，推动湖北省休闲体育产业的发展。

（四）打造运动休闲特色小镇

运动休闲特色小镇建设的关键在于如何将项目落地，"落地生根"的重点在于建立完善运动休闲特色小镇建设保障体系。目前，湖北省有6个国家级运动休闲特色小镇，以国家级运动休闲特色小镇试点项目为契机，探寻体育特色小镇的"体育＋文化＋旅游"发展之路，并以6个特色小镇为示范点，引导湖北省其他地区开展特色小镇的申报和建设工作。如钟祥市以旗鼓台清平乐露营地为基础，依托黄仙洞、娘娘寨、八折河、葛文化风情园等旅游景观地，打造"钟祥市客店户外运动休闲特色小镇"。

（五）加快休闲体育设施建设

休闲体育设施建设是满足人们日益增长的健身需求的基础，湖北省各地需要加快休闲体育设施建设，进一步推动休闲体育的发展。首先是新建体育设施，各级政府可采取财政资金投入和民间资本参与相结合的方式推动休闲体育设施建设，进一步完善各市（州）、县（区）、乡镇（街道）的休闲体育设施的种类、规模、数量和布局建设。其次是改造现有休闲体育设施，如在公园绿地基础上，建设一批健身步道、自行车道等健身休闲设施。最后是盘活现有休闲体育设施，如体育部门与教育部门联合制定学校体育场馆对外开放相关政策，推动学校体育场馆向社会开放。

（六）深入开发休闲体育市场

休闲体育产业市场的开发与消费者息息相关，由于不同类型消费者具有各自的消费心理和消费行为特征，因此，在休闲体育市场开发过程中需针对不同地域、年龄、性别、职业、收入、社会阶层的群体开发相应的产品和服务。如针对老年群体的消费特点，开展"体育+康养"产业的融合发展。针对中青年群体的消费特点，开展"互联网+体育"产业的融合发展。针对地域特点，开展有地域特色的"文化+体育"产业的融合发展。总体而言，根据不同群体的需要，开发出多类型和多层次的休闲体育产品，推动休闲体育市场的深度开发。

B.12
湖北数字文化创意产业发展报告（2017）[*]

姜可雨 童丹[**]

摘　要： 2017年湖北数字文化创意产业发展的总体特点表现为：传统动漫企业向"互联网+"逐步转型；游戏产业链延伸，直播电竞等新模式成为新的增长点；光影互动体验产业方兴未艾；数字教育和出版产业催生教育革命；互联网文学IP登录，以精品版权驱动产业发展；互联网企业广泛落地，催生新媒体服务业发展新机遇。其中，文化科技融合乏力，数字化转型有待提速；民营股份制数字文化创意企业融资渠道不畅，产业竞争力有待提高；数字文化创意产业人才培养模式有待改进是2017年湖北数字创意产业发展面临的问题与挑战。

关键词： 湖北省　数字文化创意产业　文化科技融合　互联网

数字文化创意产业是现代信息技术与文化创意产业逐渐融合而产生的一种新产业形态，不同于基于终端产品的产业形态，它具有精神文化和物质文化双重属性，是在知识经济时代脱颖而出的朝阳产业和充满创新驱动活力的战略性新兴产业。它具有高技术性、高融合性、高增值性、低能耗、低污染等特点，是21世纪最具发展潜力的行业之一。

---

[*] 本成果为湖北人文社科重点研究基地"湖北大学文化科技融合创新研究中心"的阶段性成果。
[**] 姜可雨，湖北大学艺术学院动画与数字媒体系讲师，武汉大学跨文化传播学博士。研究方向为视听传播、跨文化传播、数字创意产业；童丹，武汉大学生物化学与分子生物学博士研究生，研究方向为科技创新与文化科技产业发展。

2017年是湖北数字创意产业发展的转型之年，其发展迎来新的机遇。自从《2016年政府工作报告》中"数字创意产业"被首次提出以来，湖北省各部门努力发展数字创意产业，并大力实施高技术创新服务的一系列工程，取得了一系列的成绩。此外，在中部崛起、建设国家中心城市、长江经济带、武汉申报世界设计之都等新战略、新时代命题的驱动之下，湖北省发展数字创意产业也将成为"十三五"期间加快湖北文化产业升级转型的重要工程。因此，通过盘点2017年湖北数字文化创意产业的发展概况，我们将找到湖北数字创意产业发展所面临的问题，并更为清楚地了解和把握"十三五"期间湖北省数字创意产业发展的方向。

一 湖北数字文化创意产业发展环境与总体概况

（一）湖北省数字创意产业发展的政策环境

我国数字创意产业在2009年以前一直处于萌芽阶段，之后随着国家政策和科技演变而逐步发展完善。2009年9月，《文化产业振兴规划》发布，明确提出"数字内容产业"是新兴文化业态发展的重点；2010年10月发布的《国务院关于加快培育和发展战略性新兴产业的决定》提出"大力发展数字虚拟技术，促进文化创意产业发展"；2011年3月的《"十二五"规划纲要》提出"发展数字内容服务，大力发展文化创意、影视制作、出版发行、印刷复制、演艺娱乐、数字内容和动漫等重点文化产业"；2014年2月发布的《关于推进文化创意和设计服务与相关产业融合发展的若干意见》提出促进文化产业与科技的融合，包括移动互联网在内的数字文化产业、动漫、手游等文创企业都将获得政府支持。2016年3月，国务院《2016年政府工作报告》首次提出"数字创意产业"——启动新一轮国家服务业综合改革试点，实施高技术服务业创新工程，大力发展数字创意产业。紧接着在3月下旬发布的《"十三五"国家战略性新兴产业发展规划》中，"数字创意"这一词语再次出现，并于10月份首次被纳入"十三五"战略性新兴产业的重点领域。

基于以上国家有关发展数字创意产业的政策条例，湖北省人民政府也先后发布了各类关于推进文化创意和设计服务与相关产业融合发展的实施意见，其中涉及数字创意产业的重点工程及进度安排如表1所示。

表1 近年来湖北省相关政策文件中涉及数字创意产业的重点工程及进度安排

序号	工程	责任单位	时间进度
1	文化与科技融合工程	省文化厅、省科技厅、省发展改革委、省经信委、省财政厅、省新闻出版广电局等	持续实施
2	数字内容产业发展工程	省经信委、省文化厅、省发展改革委、省科技厅、省新闻出版广电局等	持续实施
3	增强创新动力工程	省经信委、省教育厅、省科技厅、省工商局、省知识产权局等	2015年3月底前启动
4	人才培养扶持工程	省人社厅、省经信委、省科技厅、省住建厅、省农业厅、省文化厅、省新闻出版广电局、省工商局、省旅游局、省文物局等	2015年3月底前启动
5	中小企业成长工程	省经信委、省发展改革委	持续实施

不同于基于终端产品的单纯产业形态，文化创意产业语境下的数字创意应该是精神文化和物质文化两种文化紧密结合的产物，推进文化科技融合工程因此也就成为湖北省政府引导数字创意产业发展方向的核心工程。在实施初期，为发挥科技和文化相互促进的作用，从2012年开始，湖北省科技厅组织召开了创建全国文化与科技融合试点城市座谈会，并颁布了《湖北省武汉市国家文化和科技融合示范基地建设发展规划（2012~2020年）》《武汉市国家级文化和科技融合示范基地建设实施方案》。为进一步推动湖北省文化科技融合创新发展，2014年，省文化厅、省科技厅签订了《促进文化与科技融合合作备忘录》，双方约定了包括建立联席会议制度、开展文化科技创新发展平台建设、出台或落实相关扶持政策和措施等10个方面的内容。为增强科技创新，鼓励建立专业技术开发平台，积极落实好解决文化企业"融资难、贷款难、担保难、结算难"等瓶颈问题，2015年5月，湖北省科技厅发布了《湖北省科学技术厅关于深入推进科技创业的十条意见》，湖北省文化厅制定了《湖北省文化产业示范基地管理办法》，并与中国人民银行

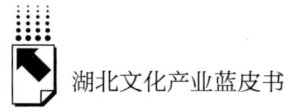

武汉分行、湖北省财政厅联合出台《关于深入推进湖北省文化金融合作的实施意见》等。

（二）湖北省数字创意产业发展的总体情况

2017年国家信息中心所提供的统计数据显示，战略性新兴产业已经成为投资市场的绝对主体，其投资金额在总体中的占比达到了90.4%。[①] 2017年，湖北省统计局的结果显示，相较于2016年，湖北省GDP增长7.8%，全省实现地区生产总值达36522.95亿元，战略性新兴产业的发展成效显著。相较于新一代信息技术、生物、高端装备、新材料、绿色低碳这六大新兴产业，数字创意产业因其具有创意性、引领性、低消耗、可持续等特点，对于转变湖北生产方式、调整产业结构、促进文化消费、扩大就业等具有独特作用。基于此，从图1中可看出，一些大的省会城市都在竞相发展数字创意产业，其中北京、上海、深圳、杭州、广州、天津、厦门、南京、成都、武汉十大城市的投资占比达到90%，超过七成的投资发生在北京、上海、深圳。相较于另外9个城市，武汉的数字创意投资案例数占比达1.2%，位于十大城市最末位，仅次于成都和南京，其发展潜力巨大。

作为湖北省经济社会发展"发动机"、"增长极"和"试验田"的各类开发区，其经济总量已占全省一半以上，成为全省经济的重要的支撑点和"火车头"。根据我国发布的各类开发区总目录，湖北省国家级高新区数量居中部第一，共有19家国家级开发区，包括7家经济开发区、9家高新技术开发区、3家海关特别监管区。除此以外，湖北省还有84家省级开发区。这些高新技术开发区对于促进数字创意产业发展起到了极大的推动和引领作用，其中发展最为显著的当属东湖高新区。作为国家首批国家级文化科技融合示范基地核心区，东湖高新区也成为国内数字创意产业发展最密集的地区之一，其市场领域包括动漫、游戏、网络文学、VR、在线教

---

① 《国家信息中心：20张图定格"数字创意产业投资热点"》，360个人图书馆，http://www.360doc.com/content/17/0912/21/6605377_686598872.shtml。

育、创意设计等。科技部正式发布的《2017年中国独角兽企业发展报告》显示,东湖高新区"独角兽"企业已达5家,居全国第四位。除此以外,截至2016年底,东湖高新区光谷创意产业基地已经集聚了各类文化创意企业350多家,涵盖动漫、游戏、新媒体、数字出版、网络增值服务、软件开发、创新设计等领域,实现了从业人数8000余人,园区企业共获得12亿元的融资。

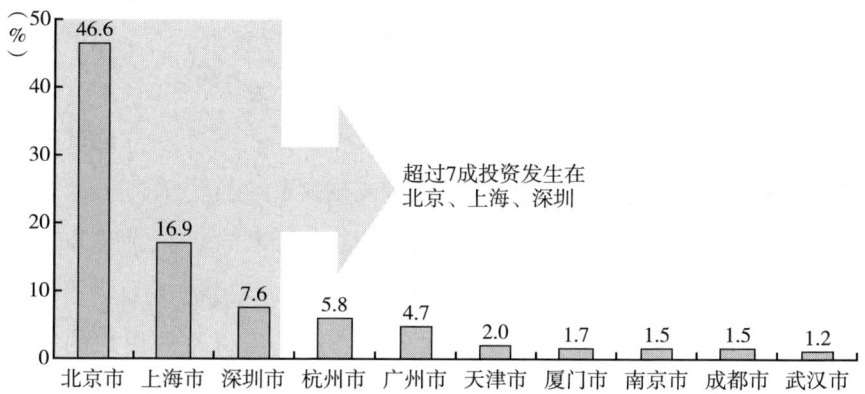

图1　各城市数字创意投资案例数占比

数据来源:国家信息中心。

2017年文化部发布的《关于推动数字文化产业创新发展的指导意见》首次明确了数字文化产业的发展内涵与核心内容,并将"动漫产业、游戏产业、网络文化产业、数字文化装备产业、数字艺术展示产业以及部分前沿领域"作为数字文化产业的重点领域部署。基于此,笔者对以上领域进行了调研,并归纳出其发展的以下特点。

1. 传统动漫企业向"互联网+"逐步转型

动漫作为一种综合艺术和产业形态,融合了绘画、漫画、电影、数字媒体、摄影、音乐、文学、计算机等多种门类,本身具有跨形态、跨媒介、跨行业融合的特质。"互联网+"的思维模式就为一些传统的动漫企业创新表现形式,发展基于互联网和移动智能终端的动漫传播运营,促进动漫"全产业链"和"全年龄段"的发展提供了路径。由于"互联网+"的思维模式的逐渐渗透,以及新媒体技术进入门槛低、高开放性及消费者众多的特性,湖北动漫业也迎来了数字信息技术发展革新的浪潮。武汉《知音漫客》是我国第一本全彩原创漫画周刊,曾获评"优秀期刊",面对近年来营业收入、净利润下降的趋势开始谋求转型。《知音漫客》通过书、刊、网络与手机等多媒体整合,建设了以"知音漫客"网站为核心阵地的新媒体漫画平台,开发了"知音漫客"手机App,并积极应用大数据等新技术,实现了更加科学精确的市场定位和运营发展,成为整合动漫资讯、衍生品营销、娱乐等多种功能的综合平台。通过与新媒体平台融合发展,2016年,以《知音漫客》为代表的武汉原创动漫期刊、绘本等少儿出版物发行总量继续领先全国,销售总收入超过5亿元。① 在东湖高新区几乎聚集了湖北省70%以上的动漫游戏企业,这些企业抱团发展的同时也纷纷向"互联网+"快速转型。以江通动画为代表,超级玩家、博润通、两点十分、玛雅动漫等一批知名企业在互联网环境下,基于大数据分析与运营得以掌握用户的行为数据、动漫消费习惯偏好,为用户制定出一系列个性化服务,为湖北动漫产业带来了全新的发展局面。

2. 游戏产业链延伸,直播电竞等新模式成为新的增长点

游戏产业近些年来已经成为文化产业中规模最大、发展最为迅速的产业门类,在数字文化创意产业中处于排头兵的位置。与动漫产业类似,湖北省游戏企业呈抱团发展,其集聚效应显著。2016年10月28日,武汉游戏产业基地企业入驻签约仪式在洪山区武汉创意天地举行,9家游戏企业正式签约落户,标志着洪山区游戏产业发展进入新阶段。洪山区游戏大厦也成为名副其实的游戏产业集聚区,形成了一条完整的游戏产业链,其中武汉掌游科技有限公司、武汉多采信息科技有限公司、武汉手游汇科技有限公司等企业起到了很好的示范作用。在东湖高新区的光谷创意天地,像盛天网络、凌空游戏等企业均通过"游戏产业+网络文学""游戏产

---

① 《湖北动漫集团集体亮相第十三届中国国际动漫节》,湖北省文化厅网站,2017年5月3日。

业+影视联动""游戏产业+VR体验"等延伸产业链的方式创造效益。在这些产业链中，直播电竞成为2017年推动湖北数字创意产业发展的新增长点。

直播电竞是一项集竞技、娱乐、科技于一体的新型运动模式，它可以推动文化娱乐行业转型升级，引导文化娱乐行业积极开展阳光娱乐行动。基于此，2017年11月23~26日，"健康娱乐全民赛"2017 CGL中国电子游戏超级联赛暨2017 ECGC湖北省文化市场行业转型升级电子竞技大赛总决赛在武汉国际会展中心圆满举行。CGL中国电子游戏超级联赛由文化部备案，是国内唯一全国性游戏游艺竞技赛事。2017年，CGL中国电子游戏超级联赛将"健康娱乐全民赛"理念贯穿活动始终，比赛项目包括超乐篮球、E舞成名、舞立方、湾岸4、铁拳等热门游戏。来自全国30个省区市的229座城市，超过209万名选手报名参赛，受到人民群众的普遍欢迎，受众群体年龄跨度从6岁到70岁。ECGC湖北省文化市场行业转型升级电子竞技大赛是湖北省文化厅贯彻落实国家发改委、文化部等24部委把电子竞技比赛作为拉动文化消费的具体举措，是探索"互联网+文化+娱乐+电子竞技"模式，搭建资源共享、合作共赢平台，推动文化市场行业转型的重要抓手，也是推动网络文化产业融合发展的有益探索和尝试。该赛事已连续开展了3年，已经建立了省、片区、市、县四级竞赛体系。2017 ECGC湖北省文化市场行业转型升级电子竞技大赛启动以来，全省近7000家上网服务场所、近1000家游艺娱乐场所参与此次比赛活动，组织线下比赛500余场次，赛事活动精彩纷呈，网络媒体、传统媒体持续宣传报道赛事活动，线上、线下吸引了150余万人关注，更加广泛、深入地传播了文化市场行业转型升级、文化娱乐消费升级的理念。

此外，为认真贯彻落实党的十九大精神，加快推进文化领域供给侧结构性改革，扩大文化消费，推动湖北游戏游艺产业发展，2017年11月23日至26日，利用第二届中国电子游戏超级联赛总决赛和中国游戏行业年会在武汉举办的契机，湖北省文化厅联合中国文化娱乐协会在武汉国际会展中心成功举办2017湖北游戏游艺产业展示招商会。此次活动展览面积共12100平方米，分为网络游戏、电子游戏、游乐设施、VR/AR、动漫、湖北游戏游艺转型升级6大板块，吸引国内世嘉、华立、世宇、玖的等50余家业内知名企业携最新产品来汉参展，包括万达、腾讯、百度、九城、大爱好者等知名企业的近1000名代表前来观展、体验和洽谈。4天的展期，参观人数达2万人次，总计成交额为1.1亿元（现场销售额达7800万元，意向成交额3200万元），湖北省的武汉斗鱼、盛天网络、武汉犇犇向前冲等企业参展。

3. 光影互动体验产业方兴未艾

不论是数字文化装备产业还是数字艺术展示产业，其中一个非常显著的产业特征就在于其互动体验性，而这种以"体验经济"拉动文化消费的方式也成为2017年湖北数字文化创意产业发展的重要特征。所谓"体验经济"本质上是服务业的延伸，它从生活与情境出发，通过塑造感官体验及思维认同，从而吸引用户的注意力，为产品创造新的生存价值与空间。

为适应沉浸体验、智能交互等消费需求，从虚拟现实（VR）爆发元年2016年开始，湖北省积极谋划VR产业的相关规划。2016年7月19日，为引导国外VR、AR领域先进企业进入国内发展并落户，武汉首个VR产业基地在东湖高新区挂牌，华山资本与"光谷里"也专门成立了VR/AR基金。2016年8月，中国光谷VR/AR产业联盟成立，37家VR/AR企业，武汉大学、华中科技大学等5家高校，楚商资本等4家投资机构抱团攻关，研发相关技术。除此以外，U-max沉浸投影系统技术、动感球幕影院系统集成技术、环幕影院系统及弧幕影院系统集成技术、移动互联3D交互演示技术、L型数字沙盘复合投影技术、多媒体数字沙盘系统开发技术、360度全息投影技术、CAVE洞穴式虚拟现实环境技术等多种数字内容展示和应用技术不断更新换代。这些技术也被广泛应用于数字艺术展示产业。

为传承中华文明，保护非物质文化遗产，以数字技术手段传承荆楚文化，湖北省文物局于2016年成立了"互联网+中华文明"及文物信息化建设工作领导小组，统筹开展全省"互联网+中华文明"与文物信息化工作，并于2017年组织各有关文博单位、科技企业积极申报"互联网+中华文明"示范项目，其中"荆楚系列馆藏文物的文创产品开发与运营""辛亥首义文化VR/AR展示与公共教育推广""湖北省文化遗产知识平台"等3个项目成功申请列入国家文物局项目库（共 69 个）。与此同时，为推动湖北省智慧文博产业在全国率先发展，省文物局向国家文物局申请依托湖北文博资源优势，在汉大学人才优势和光谷创意产业科技优势，充分利用武汉新技术产业扶持政策，在武汉东湖新技术开发区建设"互联网＋中华文明"示范基地暨国家级智慧文博新融合产业基地。在此基础上，围绕"互联网＋中华文明"的民族文化科技保护示范工程也相继展开。为推动荆楚文化资源库建设，湖北武汉的神农文化、楚文化、道教文化、知音文化、首义文化、木兰文化以及汉剧、汉绣、泥塑等非物质遗产的数字化运营工作也相继展开。

同时，为提升艺术展演效果，满足高端消费需求，一些运用自动化舞台、声光电综合集成、虚拟现实舞台布景的技术也被广泛应用于以武昌区"汉秀"剧场为代表的文化演艺节目中。为搭建这样的研发环境，2017 年，武汉理工大学的"数字舞台设计与服务实验室"入选第二批文化部重点实验室名单。

4. 数字教育和出版产业催生教育革命

湖北省聚集了众多高等学府和研究院所，拥有较为丰富的教育资源，这也为湖北省发展数字教育和出版产业创造了有利的条件。

早在 2012 年底，由教育部主导、湖北移动承建的"国家教育资源公共服务平台"就落户湖北武汉。围绕"教育云"示范工程——湖北省依托华中师范大学、天喻信息、长江传媒、长江盘古等单位，在东湖国家自主创新示范区构建以基础教育数字内容为核心的教育云服务平台，引导数字化学习产业技术进步和创新服务等。作为教育部首批国家"教育云"试点单位，东湖高新区在数字教育和出版产业，共拥有幼教、中小学、大学、职业教育等相关企业 50 多家，例如颂大教育、天喻信息、湖北元天下、直播优选等明星企业通过综合应用云计算、移动互联网、物联网等技术将国内教育资源丰富地区的名校、名师资源集中起来，让各个地区的师生都能通过共享的平台享受优质的学习资源。在"教育云"工程的实施推动下，湖北省武汉市青山区自 2015 年适时引入"人教数字校园"开始，以资源应用为教育信息化发展的突破口，创新拓展资源应用模式，开辟特色化教学资源应用新路，其教育信息化步伐进入快车道。

与此同时，在数字教育和出版产业方面，2017年，因循《武汉国家级文化和科技融合示范基地建设实施方案（2012—2015年）》，"数字图书馆建设示范工程"和"数字出版产业发展示范工程"也取得了进一步发展。依托湖北省图书馆、武汉图书馆所建设的数字图书馆工程及推行的一批24小时智慧自助图书馆活动，推动了网络阅读和移动阅读等数字化阅读方式。"数字出版产业发展示范工程"，主要依托湖北日报楚天传媒产业园、武汉经济技术开发区华中国家数字出版基地、江岸区后湖出版产业区等园区，推动出版印刷数字化改造、出版物数字化发行传播及数字版权管理服务。

5. 互联网文学IP登陆，以精品版权驱动产业发展

为推动优秀文化产品网络传播，保护激励原创，促进网络文化产业链相关环节的融合与沟通，研究建立规范合理的分成模式，东湖高新区作为国家自主创新示范区，凭借其丰富的企业资源，率先引入了阅文集团助力湖北互联网文化产业发展，并于2015年组建了阅文集团的一个精品IP运营公司，即"武汉泛娱信息技术有限公司"。这家公司成立才两年多，便在"互联网+文学"产业取得了令人瞩目的成绩。2017年7月，在上海举行的第十五届中国国际数码互动娱乐展览会上，武汉泛娱信息技术有限公司携其重量级大世界IP项目"六迹"登陆，点燃全民创作新风潮。此次参展的《六迹》邀请了业内顶尖的六位"大神"作家携手其他实力作家，在同一"六迹"世界观下进行文学创作。题材贯穿蛮荒时代、仙侠时代、修真时代、都市时代、末世时代等六个时代。以此为IP，还将开发游戏等一系列产品。除了新作品的亮相，泛娱信息旗下众多实体书、漫画和周边产品悉数亮相本次展会，让粉丝们共享IP的狂欢盛典。

作为专业从事精品文学IP运营的明星企业，武汉泛娱公司的成功之处在于它确定了将海量版权转向精品版权的定位。在全国范围内都少有纯粹做小说和IP加持公司的情况下，他们将竞争力定位于专注互联网小说、作家、IP等方面的包装打造上，再进一步提炼出作家经纪人模式以及互联网小说IP周边服务概念以驱动产业发展。目前，该公司不仅拥有国内超一线网络作家与强大的下游资源联动优势，还能联手国内一线游戏、影视、动漫公司，将互联网文学IP影视化、游戏化、动漫化，从而实现文学IP经济价值最大化。

6. 互联网企业广泛落地，催生新媒体服务业发展新机遇

2017年，湖北省依托信息通信前沿新技术，催生出新媒体服务业发展的新机遇。新媒体服务业是信息产业的主题，根据需求提供信息内容服务、网络服务以及信息系统的集成服务。在新媒体服务业领域，湖北省依托现代化信息基础设施，在三网融合、基于下一代广播电视网、移动互联网、云计算、物联网等新技术、新模式、新业态所开展的传统媒体与新兴媒体的融合发展过程中取得了较好的成绩。以东湖高新区为例，该辖区重点培育互联网内容渠道和分发平台，形成了文网亿联、福禄网络、传神语联网、百纳信息等为代表的互联网平台公司。

武汉市在实施"多语云翻译示范工程"的过程中主要依托武汉传神语联网等骨干企业取得了优异的成绩。2017年11月，传神语联在北京举行的2017中国财经峰会冬季论坛上，凭借其基于AI和大数据所打造的语联网大脑，接入了人工译员和机器译者，大大提高人工和机器共同翻译的速度，最终也荣获了年度影响力企业奖。2017年12月，李克强总理在湖北考察并主持召开全国自贸试验区工作座谈会时曾高度肯定了传神语联网网络科技有限公司所取得的成绩。该公司搭建语联网平台，吸引近80万名国内外专业译员注册，提供60多个语种的翻译服务，不仅为企业商务谈判等活动提供翻译服务，还完成了大量院线进口译制片的中文翻译，并将许多中国文艺作品翻译成多国语言。文网亿联是国内领先的网络安全服务提供商，其核心产品"文网卫士"，日活跃用户量达到2500万人。迈异信息是华中地区知名的行业云服务提供商，公司运营着移动教育云、智慧园区云、MDM物联云等云平台。2017年，迈异信息与阿里云平台达成深度战略合作，联手打造全方位云服务，共创混合云市场。

二 湖北数字创意产业发展面临的问题与挑战

（一）文化科技融合乏力，数字化转型有待提速

2009年以前，在我国"数字创意产业"一词一直处于萌芽阶段，之后

随着国家政策和科技演变而逐步发展完善，相应地"数字内容产业""战略性新兴产业"等概念也被写入我国的政策实践中。随着文化创意产业的内容被越来越多地注入数字内容，数字创意产业也成为文化创意产业的重要组成部分。

不同于基于终端产品的单纯文化产业，数字文化创意产业具有精神文化和物质文化的双重属性，创意创新是其立足之本，同时必须构筑严密科学的支撑体系，才能有效实现高新技术与文化创意的融合。如果任何一方面不具备融合的基础，都难以真正推进产业的转型升级。然而，在现实中，一方面，由于数字文化创意产业作为一种技术密集型企业，其核心技术的积累和持续的技术创新是企业取得竞争优势的关键因素，因此，较高的技术门槛就对一些新进入企业的发展构成了壁垒；另一方面，一些企业过度追求技术含量与商业利益，而不注重产品的文化价值，这就直接导致数字经济在文化落地的过程中难以真正推动产业升级。

（二）民营股份制数字文化创意企业融资渠道不畅，产业竞争力有待提高

数字文化创意产业所从事的数字内容制作、展览展示和主题活动体验馆、VR沉浸投影系统、VR虚拟现实等项目，一般需要较大金额的投资，技术难度较大，项目周期较长，客户对项目创意设计的要求较高。然而国家信息中心的统计数据显示，2017年数字创意产业投资的主要特点为企业单笔投资额度小，且企业相对年轻。2017年，国家战略性新兴产业的总体投资额达1.69亿元，而数字创意产业投资金额仅有0.77亿元，其中53.9%的企业投资金额在1000万元及以下（见图2）。这种投资环境就给一些新进入产业市场的中小企业造成了发展障碍。

除此以外，由于国内从事数字创意产业的企业多为轻资产的企业，在企业遇到资金困境时，主要依赖自身力量解决所需的运营资金，从银行等其他金融机构获取融资的能力较弱。因此，在面对蓬勃的市场需求时，由于资金的限制，有时候研发部门很难承接持续周期长、合同金额较大的项目。没有充足的资金作为支撑,一些中小企业在树立品牌的过程中就需要经历更长的时间积累,这就构成了行业转型升级的难题。

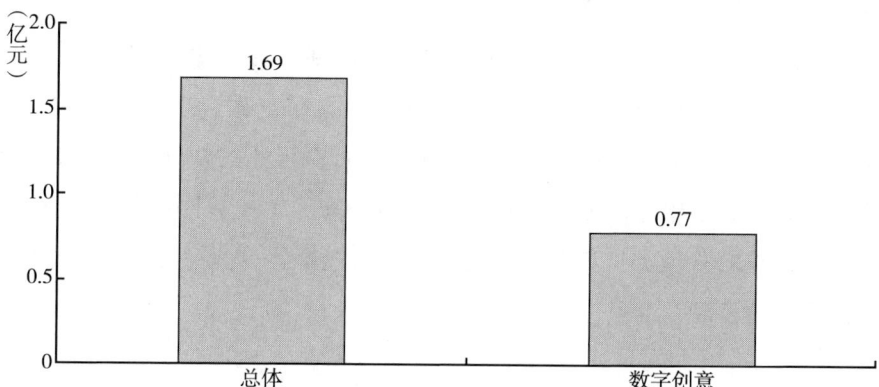

(a)数字创意产业投资金额与战略新兴产业总体投资额比较

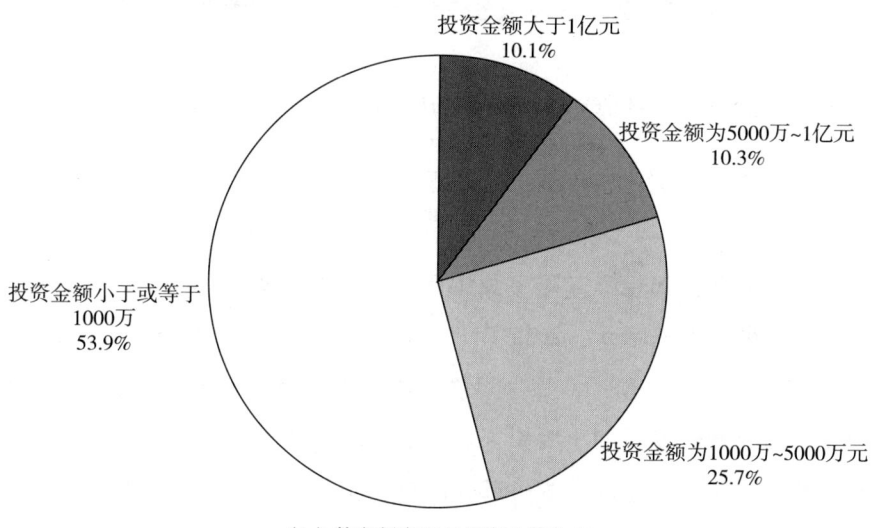

(b)数字创意项目投资金额分布

图2 数字创意产业投资情况分析

数据来源:国家信息中心。

(三)数字文化创意产业人才培养有待改进

数字文化创意产业竞争的实质是人才的竞争。数字文化创意产业既是文化创意产业，又是高新技术服务业；它既需要从业人员具有较好的文化艺术修养，又需要掌握专业创作的高新技术知识，拥有一定服务水平，能够制作出满足客户个性化需求的优质产品。

智研咨询发布的《2017～2023 年中国数字创意行业深度调研及投资战略研究报告》及中国信息网所统计的公开资料显示，截至 2017 年，市场上对于 CG 领域的人才缺口达 39 万人左右。然而，行业的快速发展导致了高素质优秀人才的供给不能满足行业对人才的需求。尤其是具有丰富数字创意技术行业经验的管理类、创意设计类人才十分短缺，这进一步制约了数字文化创意产业的发展。

三 湖北数字文化创意产业发展的趋势与建议

（一）湖北数字创意产业发展的趋势

1. 传统"泛娱乐"业态迎来精细化发展，网络直播、移动音视频等新兴业态方兴未艾

工业和信息化部在第五届中国国际互动娱乐大会所发布的《2018 中国泛娱乐产业白皮书》显示，2017 年，中国泛娱乐核心产业产值约为 5484 亿元，同比增长 32%，预计占数字经济的比重将会超过 1/5，成为数字经济的重要支柱和新经济发展的重要引擎。① 自 2014 年以来，"泛娱乐"一词被文化部、新闻出版广电总局等中央部委的行业报告收录并重点提及，小米、华谊、阿里数娱、百度文学、艺动、通耀、360 等企业纷纷将"泛娱乐"作为公司战略大力推进，泛娱乐成为引领互联网发展的新趋势。

作为一种新兴业态，"泛娱乐"一词最早由腾讯公司副总裁程武于 2011 年提出，它本质上是一种基于互联网和移动互联网共生所创立的以打造明星

---

① 《2018 中国泛娱乐产业白皮书》，https：//baijiahao.baidu.com/s？id = 1595617835190887448&wfr = spider&for = pc，2018 年 3 月 22 日。

IP（Intellectual Property，知识产权）为基础的粉丝经济。它的核心是明星IP，而打造这种明星效应的可以是一个故事、一个角色或者其他任何为大量用户喜爱的事物。基于此，网络文学、网络影视、网络动漫、网络音乐、网络游戏等传统泛娱乐业态已经实现了让内容生产者和粉丝之间的互动性达到不间断、无边界的状态，并已经迎来了专业化和精细化发展，而像网络直播、短视频、互联网音频等新兴业态方兴未艾，形式更加多样，互联网内容生产的模式也从 UGC（用户生产内容）向 PGC（专业生产内容）和 PUGC（专业和用户共同生产内容）发展。

以网络直播业为例，其生产模式就为一种典型的 PUGC（专业和用户共同生产内容）模式。PUGC 生态战略集合了 UGC、PGC 的双重优势，有了 UGC 的广度，通过 PGC 产生的专业化的内容能更好地吸引、沉淀用户。通过首创 PUGC 生态模式，不仅视频行业迎来创新发展，音频行业也加速创新。如喜马拉雅 FM 帮助平台上的主播实现"微创业"栏目，目前平台内已拥有 400 万名主播，包括 8 万名认证主播，这其中既有投身音频"微创业"的罗振宇、郭德纲、王自健、韩寒等 6000 位自媒体大咖，也有通过平台孵化成为声音大咖的采采、窦超等诸多草根主播，他们共同创造了平台内 2000 万条有声内容。

2. 数字艺术展示产业将迎来新一轮文化消费浪潮

在文化部于 2017 年 3 月发布的《数字创意产业发展指导意见》中，数字艺术展示产业被列为数字文化创意产业发展的重点方向。数字艺术展示产业具有拉动地方消费、提升地区形象、提高文化品位等的作用。基于此，一些传统的文化事业和公共服务业也将以更加积极的姿态发展数字技术，充分运用光学、电子等新兴媒介为表现形式，发挥数字艺术高互动性、高应用性、高融合性的特点，拓展数字艺术展示应用范围和市场空间。

如图书馆、博物馆存储着丰富的文化资源。在数字经济的推动下，这些文化资源借助数字化手段实现着版权化再生，在跨媒体、跨介质传播中发挥着很大的作用。

再如传统旅游业，从 2018 年 3 月 20 日从全省旅游工作会上获悉，预计

2018年全省接待旅游者7亿人次，实现旅游综合收入6100亿元，同比分别增长11%和12%；与此同时，湖北实施旅游形象提升工程，到2020年完成旅游投资3000亿元，全省旅游在迈上新台阶的过程中，将进一步推动数字艺术展示产业与智慧旅游、旅游公共设施、旅游城市综合体、特色小（城）镇的结合，打造数字艺术展示品牌活动，发挥数字艺术展示在拉动地方消费、提升地区形象、提高文化品位等方面的作用。

3. 新技术带来了新一轮的教育和学习革命

在信息社会里，在知识经济时代，知识作为一种财富，其重要性前所未有地凸显出来。新技术颠覆传统认知，改造着社会、商业、社交逻辑，人类从来没有像今天一样对适应这个时代的充满强烈的知识渴望和生存焦虑。新技术带来的生产模式、专业化生产内容不仅满足浅层次的社交需要，也使得传统的教育制度和教育学科体系被更新，教育行业发生颠覆性的变化，表现在以下三个方面。

一是在线教育打破了地域限制，实现了教育资源的充分共享，有效解决了教育公平的问题。传统教育以教师、课堂为中心的模式翻转为以学生为中心，从而更加尊重学生的个性。

二是终生学习理念深入人心。知识更新迭代，学习成为人们一生的不懈追求，从被动学习到主动学习，学习成为一种能力，而不是纯粹的知识成为重要目标。

三是创新教育方兴未艾。随着未来人工智能的发展，大量机械化、程序性的工作将被机器人取代，人类的核心价值在于跨界思维、创意能力、创新能力和想象力，对于创新能力的培养，想象力的培养成为未来教育的核心目标。

4. 新媒体服务业的人性化、数据化和智能化

随着信息从单向传播向双向互动传播、个性化传播转型，大量具有粉丝赋能的个人和团队纷纷建立自媒体平台，推动大量具有人性化服务内容的自媒体平台崛起，而且自媒体平台也走向了更加垂直细分的发展道路。

同时，随着海量信息的产生，为用户进行信息过滤，针对用户的个性化需求推送服务的新媒体平台，产生基于对信息的数据挖掘和一套算法，向用

户提供智能化信息服务。其中智能化是利用数字化交付手段对所产生的数据进行分析，持续优化其服务模式，并为用户带来更多价值，数据量并不绝对重要，关键是数据的算法。

5. 创意设计业将迎来基于综合系统设计和高新技术的创客革命

设计是将技术与艺术、商业与艺术完美融合的核心环节。一旦设计真正能在技术与艺术之间架起一座桥梁，引起用户的共鸣，就能迅速占有市场。当前，数字经济时代，创意设计业呈现以下两个趋势。

一是创意设计由传统意义上的产品设计走向定制化产品设计，创意设计服务不再是基于单个设计师针对产品的个性化设计，而是不同设计工种的协同作战和整合创意设计服务。如建筑设计行业的建筑信息模型就是对建筑各工种的协同整合和模型构建，这大大降低了传统设计服务的返工现象。

二是创意设计不再是一个纯粹的设计美学生产，而需要不断与新技术融合。如一些创业者使用开源设计和3D打印设计，将制造业搬上自家桌面，这将给全球制造业带来一场新的革命。

（二）湖北数字文化创意产业发展的建议

1. 创新生态体系，优化数字创意产业供给结构

创新生态体系最早是由美国竞争力委员会提出的，它是由一个相互联系、相互适应、协同整合、共生演化的多重创新要素组成的，具有动态性和网状结构特征的开放性复杂系统。创新生态体系引入生态系统发展规律，系统由创新主体与创新环境构成，具有开放、协调、动态等特征。数字文化创意产业以文化创意、技术创新为核心推动产业发展，产业主体在系统内部与外部会进行知识、技术、智力、信息传递与交换，完成创新工作，共享创新成果。同时，文化、政策、市场，创新活动资源等环境因素影响各个主体和产业系统的发展，因此符合创新生态系统的发展范式。因此《数字创意产业发展指导意见》将建设创新生态系统作为数字文化产业的重要任务。通过"培育数字文化产业市场主体，推动数字文化产业创新创业，引导数字文化产业集聚发展，优化数字文化产业市场环境"构建

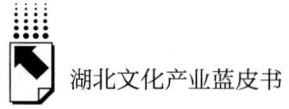

创新生态体系。

同时，推进供给侧结构性改革，是适应我国经济发展新常态的必然要求，也是文化产业当前面临的首要问题。文化产业在数量规模的快速扩张后，在供给与消费方面出现了很多问题和矛盾。文化供给质量不高、供给与消费之间缺口大，文化消费形势开始发生改变，供需错位与脱节现象严重。数字文化产业的内核是文化内容和创意服务。因此要以文化内容为王，扩大高质品牌供给；以数字技术为翼，盘活呆滞供给，淘汰过剩供给；以创意创新为本，研究新消费，激发新供给，培育和引导新消费。

2. 夯实文化科技融合的基础，拓宽数字文化创意产业融合的领域

融合发展是文化产业发展的重要趋势，同时也是数字文化创意产业发展最显著的特征，数字文化创意产业本身就是数字信息产业与文化产业融合而成的新业态，更需要在文化产业内部实现数字技术的全面渗透，在产业间激发"文化+"与"互联网+"融合的新气象。

"互联网+文化"具有高知识性、高增值性和低能耗、低污染等特征。"互联网+文化"能够极大激发大众的消费意愿，消除各产业间的壁垒。推进文化与科技的深度融合，是培育国民经济新的增长点、提升湖北文化软实力和产业竞争力的重大举措，是发展创新型经济、促进经济结构调整和发展方式转变、催生新兴业态、带动就业、满足多样化消费需求、提高人民生活质量的重要途径。

"互联网+"与"文化+"并不是简单的两者相加，而必须夯实文化科技融合的基础。首先，"互联网+各个传统行业"并不是简单的两者相加，而是利用信息通信技术以及互联网平台，让互联网与传统行业进行深度融合，创造新的经济发展业态。其次，它代表一种新的社会形态，即充分发挥互联网在社会资源配置中的优化和集成作用，将互联网的创新成果深度融合于经济和社会的各领域之中，提升全社会的创新力和生产力，形成更广泛的以互联网为基础设施和实现工具的经济发展新形态。最后，"文化+"要强调文化对信息产业、虚拟旅游、社交电商、"粉丝经济"等虚拟经济的内容支撑、创意提升与消费体验提升等作用。

皮书系列

2018年

智库成果出版与传播平台

社会科学文献出版社
SOCIAL SCIENCES ACADEMIC PRESS (CHINA)

社长致辞

蓦然回首,皮书的专业化历程已经走过了二十年。20年来从一个出版社的学术产品名称到媒体热词再到智库成果研创及传播平台,皮书以专业化为主线,进行了系列化、市场化、品牌化、数字化、国际化、平台化的运作,实现了跨越式的发展。特别是在党的十八大以后,以习近平总书记为核心的党中央高度重视新型智库建设,皮书也迎来了长足的发展,总品种达到600余种,经过专业评审机制、淘汰机制遴选,目前,每年稳定出版近400个品种。"皮书"已经成为中国新型智库建设的抓手,成为国际国内社会各界快速、便捷地了解真实中国的最佳窗口。

20年孜孜以求,"皮书"始终将自己的研究视野与经济社会发展中的前沿热点问题紧密相连。600个研究领域,3万多位分布于800余个研究机构的专家学者参与了研创写作。皮书数据库中共收录了15万篇专业报告,50余万张数据图表,合计30亿字,每年报告下载量近80万次。皮书为中国学术与社会发展实践的结合提供了一个激荡智力、传播思想的入口,皮书作者们用学术的话语、客观翔实的数据谱写出了中国故事壮丽的篇章。

20年跬步千里,"皮书"始终将自己的发展与时代赋予的使命与责任紧紧相连。每年百余场新闻发布会,10万余次中外媒体报道,中、英、俄、日、韩等12个语种共同出版。皮书所具有的凝聚力正在形成一种无形的力量,吸引着社会各界关注中国的发展,参与中国的发展,它是我们向世界传递中国声音、总结中国经验、争取中国国际话语权最主要的平台。

皮书这一系列成就的取得,得益于中国改革开放的伟大时代,离不开来自中国社会科学院、新闻出版广电总局、全国哲学社会科学规划办公室等主管部门的大力支持和帮助,也离不开皮书研创者和出版者的共同努力。他们与皮书的故事创造了皮书的历史,他们对皮书的拳拳之心将继续谱写皮书的未来!

现在,"皮书"品牌已经进入了快速成长的青壮年时期。全方位进行规范化管理,树立中国的学术出版标准;不断提升皮书的内容质量和影响力,搭建起中国智库产品和智库建设的交流服务平台和国际传播平台;发布各类皮书指数,并使之成为中国指数,让中国智库的声音响彻世界舞台,为人类的发展做出中国的贡献——这是皮书未来发展的图景。作为"皮书"这个概念的提出者,"皮书"从一般图书到系列图书和品牌图书,最终成为智库研究和社会科学应用对策研究的知识服务和成果推广平台这整个过程的操盘者,我相信,这也是每一位皮书人执着追求的目标。

"当代中国正经历着我国历史上最为广泛而深刻的社会变革,也正在进行着人类历史上最为宏大而独特的实践创新。这种前无古人的伟大实践,必将给理论创造、学术繁荣提供强大动力和广阔空间。"

在这个需要思想而且一定能够产生思想的时代,皮书的研创出版一定能创造出新的更大的辉煌!

社会科学文献出版社社长
中国社会学会秘书长
2017年11月

社会科学文献出版社简介

社会科学文献出版社（以下简称"社科文献出版社"）成立于1985年，是直属于中国社会科学院的人文社会科学学术出版机构。成立至今，社科文献出版社始终依托中国社会科学院和国内外人文社会科学界丰厚的学术出版和专家学者资源，坚持"创社科经典，出传世文献"的出版理念、"权威、前沿、原创"的产品定位以及学术成果和智库成果出版的专业化、数字化、国际化、市场化的经营道路。

社科文献出版社是中国新闻出版业转型与文化体制改革的先行者。积极探索文化体制改革的先进方向和现代企业经营决策机制，社科文献出版社先后荣获"全国文化体制改革工作先进单位"、中国出版政府奖·先进出版单位奖、中国社会科学院先进集体、全国科普工作先进集体等荣誉称号。多人次荣获"第十届韬奋出版奖""全国新闻出版行业领军人才""数字出版先进人物""北京市新闻出版广电行业领军人才"等称号。

社科文献出版社是中国人文社会科学学术出版的大社名社，也是以皮书为代表的智库成果出版的专业强社。年出版图书2000余种，其中皮书400余种，出版新书字数5.5亿字，承印与发行中国社科院院属期刊72种，先后创立了皮书系列、列国志、中国史话、社科文献学术译库、社科文献学术文库、甲骨文书系等一大批既有学术影响又有市场价值的品牌，确立了在社会学、近代史、苏东问题研究等专业学科及领域出版的领先地位。图书多次荣获中国出版政府奖、"三个一百"原创图书出版工程、"五个'一'工程奖"、"大众喜爱的50种图书"等奖项，在中央国家机关"强素质·做表率"读书活动中，入选图书品种数位居各大出版社之首。

社科文献出版社是中国学术出版规范与标准的倡议者与制定者，代表全国50多家出版社发起实施学术著作出版规范的倡议，承担学术著作规范国家标准的起草工作，率先编撰完成《皮书手册》对皮书品牌进行规范化管理，并在此基础上推出中国版芝加哥手册——《社科文献出版社学术出版手册》。

社科文献出版社是中国数字出版的引领者，拥有皮书数据库、列国志数据库、"一带一路"数据库、减贫数据库、集刊数据库等4大产品线11个数据库产品，机构用户达1300余家，海外用户百余家，荣获"数字出版转型示范单位""新闻出版标准化先进单位""专业数字内容资源知识服务模式试点企业标准化示范单位"等称号。

社科文献出版社是中国学术出版走出去的践行者。社科文献出版社海外图书出版与学术合作业务遍及全球40余个国家和地区，并于2016年成立俄罗斯分社，累计输出图书500余种，涉及近20个语种，累计获得国家社科基金中华学术外译项目资助76种、"丝路书香工程"项目资助60种、中国图书对外推广计划项目资助71种以及经典中国国际出版工程资助28种，被五部委联合认定为"2015-2016年度国家文化出口重点企业"。

如今，社科文献出版社完全靠自身积累拥有固定资产3.6亿元，年收入3亿元，设置了七大出版分社、六大专业部门，成立了皮书研究院和博士后科研工作站，培养了一支近400人的高素质与高效率的编辑、出版、营销和国际推广队伍，为未来成为学术出版的大社、名社、强社，成为文化体制改革与文化企业转型发展的排头兵奠定了坚实的基础。

 宏观经济类 | 皮书系列 重点推荐

宏观经济类

经济蓝皮书
2018年中国经济形势分析与预测
李平 / 主编　2017年12月出版　定价：89.00元

◆ 本书为总理基金项目，由著名经济学家李扬领衔，联合中国社会科学院等数十家科研机构、国家部委和高等院校的专家共同撰写，系统分析了2017年的中国经济形势并预测2018年中国经济运行情况。

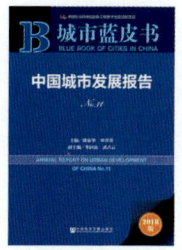

城市蓝皮书
中国城市发展报告 No.11
潘家华　单菁菁 / 主编　2018年9月出版　估价：99.00元

◆ 本书是由中国社会科学院城市发展与环境研究中心编著的，多角度、全方位地立体展示了中国城市的发展状况，并对中国城市的未来发展提出了许多建议。该书有强烈的时代感，对中国城市发展实践有重要的参考价值。

人口与劳动绿皮书
中国人口与劳动问题报告 No.19
张车伟 / 主编　2018年10月出版　估价：99.00元

◆ 本书为中国社会科学院人口与劳动经济研究所主编的年度报告，对当前中国人口与劳动形势做了比较全面和系统的深入讨论，为研究中国人口与劳动问题提供了一个专业性的视角。

宏观经济类・区域经济类

中国省域竞争力蓝皮书
中国省域经济综合竞争力发展报告（2017～2018）

李建平 / 李闽榕 高燕京 / 主编　2018年5月出版　估价：198.00元

◆ 本书融多学科的理论为一体，深入追踪研究了省域经济发展与中国国家竞争力的内在关系，为提升中国省域经济综合竞争力提供有价值的决策依据。

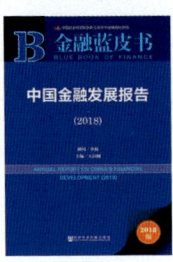

金融蓝皮书
中国金融发展报告（2018）

王国刚 / 主编　2018年6月出版　估价：99.00元

◆ 本书由中国社会科学院金融研究所组织编写，概括和分析了2017年中国金融发展和运行中的各方面情况，研讨和评论了2017年发生的主要金融事件，有利于读者了解掌握2017年中国的金融状况，把握2018年中国金融的走势。

区域经济类

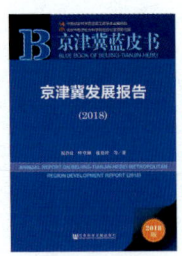

京津冀蓝皮书
京津冀发展报告（2018）

祝合良 叶堂林 张贵祥 / 等著　2018年6月出版　估价：99.00元

◆ 本书遵循问题导向与目标导向相结合、统计数据分析与大数据分析相结合、纵向分析和长期监测与结构分析和综合监测相结合等原则，对京津冀协同发展新形势与新进展进行测度与评价。

 社会政法类

皮书系列
重点推荐

社会政法类

社会蓝皮书
2018年中国社会形势分析与预测

李培林　陈光金　张翼 / 主编　2017年12月出版　定价：89.00元

◆ 本书由中国社会科学院社会学研究所组织研究机构专家、高校学者和政府研究人员撰写，聚焦当下社会热点，对2017年中国社会发展的各个方面内容进行了权威解读，同时对2018年社会形势发展趋势进行了预测。

法治蓝皮书
中国法治发展报告 No.16（2018）

李林　田禾 / 主编　2018年3月出版　定价：128.00元

◆ 本年度法治蓝皮书回顾总结了2017年度中国法治发展取得的成就和存在的不足，对中国政府、司法、检务透明度进行了跟踪调研，并对2018年中国法治发展形势进行了预测和展望。

教育蓝皮书
中国教育发展报告（2018）

杨东平 / 主编　2018年3月出版　定价：89.00元

◆ 本书重点关注了2017年教育领域的热点，资料翔实，分析有据，既有专题研究，又有实践案例，从多角度对2017年教育改革和实践进行了分析和研究。

皮书系列 重点推荐　社会政法类

社会体制蓝皮书
中国社会体制改革报告 No.6（2018）

龚维斌 / 主编　2018 年 3 月出版　定价：98.00 元

◆ 本书由国家行政学院社会治理研究中心和北京师范大学中国社会管理研究院共同组织编写，主要对 2017 年社会体制改革情况进行回顾和总结，对 2018 年的改革走向进行分析，提出相关政策建议。

社会心态蓝皮书
中国社会心态研究报告（2018）

王俊秀　杨宜音 / 主编　2018 年 12 月出版　估价：99.00 元

◆ 本书是中国社会科学院社会学研究所社会心理研究中心"社会心态蓝皮书课题组"的年度研究成果，运用社会心理学、社会学、经济学、传播学等多种学科的方法进行了调查和研究，对于目前中国社会心态状况有较广泛和深入的揭示。

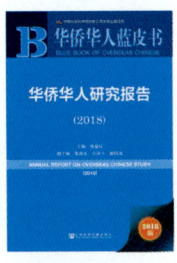

华侨华人蓝皮书
华侨华人研究报告（2018）

贾益民 / 主编　2017 年 12 月出版　估价：139.00 元

◆ 本书关注华侨华人生产与生活的方方面面。华侨华人是中国建设 21 世纪海上丝绸之路的重要中介者、推动者和参与者。本书旨在全面调研华侨华人，提供最新涉侨动态、理论研究成果和政策建议。

民族发展蓝皮书
中国民族发展报告（2018）

王延中 / 主编　2018 年 10 月出版　估价：188.00 元

◆ 本书从民族学人类学视角，研究近年来少数民族和民族地区的发展情况，展示民族地区经济、政治、文化、社会和生态文明"五位一体"建设取得的辉煌成就和面临的困难挑战，为深刻理解中央民族工作会议精神、加快民族地区全面建成小康社会进程提供了实证材料。

产业经济类

房地产蓝皮书
中国房地产发展报告 No.15（2018）

李春华 王业强 / 主编　2018 年 5 月出版　估价：99.00 元

◆ 2018 年《房地产蓝皮书》持续追踪中国房地产市场最新动态，深度剖析市场热点，展望 2018 年发展趋势，积极谋划应对策略。对 2017 年房地产市场的发展态势进行全面、综合的分析。

新能源汽车蓝皮书
中国新能源汽车产业发展报告（2018）

中国汽车技术研究中心　日产（中国）投资有限公司
东风汽车有限公司 / 编著　2018 年 8 月出版　估价：99.00 元

◆ 本书对中国 2017 年新能源汽车产业发展进行了全面系统的分析，并介绍了国外的发展经验。有助于相关机构、行业和社会公众等了解中国新能源汽车产业发展的最新动态，为政府部门出台新能源汽车产业相关政策法规、企业制定相关战略规划，提供必要的借鉴和参考。

行业及其他类

旅游绿皮书
2017～2018 年中国旅游发展分析与预测

中国社会科学院旅游研究中心 / 编　2018 年 1 月出版　定价：99.00 元

◆ 本书从政策、产业、市场、社会等多个角度勾画出 2017 年中国旅游发展全貌，剖析了其中的热点和核心问题，并就未来发展作出预测。

行业及其他类

民营医院蓝皮书
中国民营医院发展报告（2018）

薛晓林 / 主编　2018年11月出版　估价：99.00元

◆ 本书在梳理国家对社会办医的各种利好政策的前提下，对我国民营医疗发展现状、我国民营医院竞争力进行了分析，并结合我国医疗体制改革对民营医院的发展趋势、发展策略、战略规划等方面进行了预估。

会展蓝皮书
中外会展业动态评估研究报告（2018）

张敏 / 主编　2018年12月出版　估价：99.00元

◆ 本书回顾了2017年的会展业发展动态，结合"供给侧改革"、"互联网+"、"绿色经济"的新形势分析了我国展会的行业现状，并介绍了国外的发展经验，有助于行业和社会了解最新的展会业动态。

中国上市公司蓝皮书
中国上市公司发展报告（2018）

张平　王宏淼 / 主编　2018年9月出版　估价：99.00元

◆ 本书由中国社会科学院上市公司研究中心组织编写的，着力于全面、真实、客观反映当前中国上市公司财务状况和价值评估的综合性年度报告。本书详尽分析了2017年中国上市公司情况，特别是现实中暴露出的制度性、基础性问题，并对资本市场改革进行了探讨。

工业和信息化蓝皮书
人工智能发展报告（2017～2018）

尹丽波 / 主编　2018年6月出版　估价：99.00元

◆ 本书国家工业信息安全发展研究中心在对2017年全球人工智能技术和产业进行全面跟踪研究基础上形成的研究报告。该报告内容翔实、视角独特，具有较强的产业发展前瞻性和预测性，可为相关主管部门、行业协会、企业等全面了解人工智能发展形势以及进行科学决策提供参考。

 国际问题与全球治理类　皮书系列 重点推荐

国际问题与全球治理类

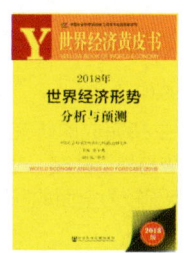

世界经济黄皮书

2018年世界经济形势分析与预测

张宇燕/主编　2018年1月出版　定价：99.00元

◆ 本书由中国社会科学院世界经济与政治研究所的研究团队撰写，分总论、国别与地区、专题、热点、世界经济统计与预测等五个部分，对2018年世界经济形势进行了分析。

国际城市蓝皮书

国际城市发展报告（2018）

屠启宇/主编　2018年2月出版　定价：89.00元

◆ 本书作者以上海社会科学院从事国际城市研究的学者团队为核心，汇集同济大学、华东师范大学、复旦大学、上海交通大学、南京大学、浙江大学相关城市研究专业学者。立足动态跟踪介绍国际城市发展时间中，最新出现的重大战略、重大理念、重大项目、重大报告和最佳案例。

非洲黄皮书

非洲发展报告No.20（2017～2018）

张宏明/主编　2018年7月出版　估价：99.00元

◆ 本书是由中国社会科学院西亚非洲研究所组织编撰的非洲形势年度报告，比较全面、系统地分析了2017年非洲政治形势和热点问题，探讨了非洲经济形势和市场走向，剖析了大国对非洲关系的新动向；此外，还介绍了国内非洲研究的新成果。

国别类

国别类

美国蓝皮书
美国研究报告（2018）
郑秉文 黄平 / 主编　2018年5月出版　估价：99.00元

◆ 本书是由中国社会科学院美国研究所主持完成的研究成果，它回顾了美国2017年的经济、政治形势与外交战略，对美国内政外交发生的重大事件及重要政策进行了较为全面的回顾和梳理。

德国蓝皮书
德国发展报告（2018）
郑春荣 / 主编　2018年6月出版　估价：99.00元

◆ 本报告由同济大学德国研究所组织编撰，由该领域的专家学者对德国的政治、经济、社会文化、外交等方面的形势发展情况，进行全面的阐述与分析。

俄罗斯黄皮书
俄罗斯发展报告（2018）
李永全 / 编著　2018年6月出版　估价：99.00元

◆ 本书系统介绍了2017年俄罗斯经济政治情况，并对2016年该地区发生的焦点、热点问题进行了分析与回顾；在此基础上，对该地区2018年的发展前景进行了预测。

 文化传媒类　皮书系列 重点推荐

文 化 传 媒 类

新媒体蓝皮书
中国新媒体发展报告 No.9（2018）

唐绪军 / 主编　2018 年 6 月出版　估价：99.00 元

◆ 本书是由中国社会科学院新闻与传播研究所组织编写的关于新媒体发展的最新年度报告，旨在全面分析中国新媒体的发展现状，解读新媒体的发展趋势，探析新媒体的深刻影响。

移动互联网蓝皮书
中国移动互联网发展报告（2018）

余清楚 / 主编　2018 年 6 月出版　估价：99.00 元

◆ 本书着眼于对 2017 年度中国移动互联网的发展情况做深入解析，对未来发展趋势进行预测，力求从不同视角、不同层面全面剖析中国移动互联网发展的现状、年度突破及热点趋势等。

文化蓝皮书
中国文化消费需求景气评价报告（2018）

王亚南 / 主编　2018 年 3 月出版　定价：99.00 元

◆ 本书首创全国文化发展量化检测评价体系，也是至今全国唯一的文化民生量化检测评价体系，对于检验全国及各地"以人民为中心"的文化发展具有首创意义。

地方发展类

北京蓝皮书
北京经济发展报告（2017～2018）

杨松 / 主编　2018 年 6 月出版　估价：99.00 元

◆ 本书对 2017 年北京市经济发展的整体形势进行了系统性的分析与回顾，并对 2018 年经济形势走势进行了预测与研判，聚焦北京市经济社会发展中的全局性、战略性和关键领域的重点问题，运用定量和定性分析相结合的方法，对北京市经济社会发展的现状、问题、成因进行了深入分析，提出了可操作性的对策建议。

温州蓝皮书
2018 年温州经济社会形势分析与预测

蒋儒标　王春光　金浩 / 主编　2018 年 6 月出版　估价：99.00 元

◆ 本书是中共温州市委党校和中国社会科学院社会学研究所合作推出的第十一本温州蓝皮书，由来自党校、政府部门、科研机构、高校的专家、学者共同撰写的 2017 年温州区域发展形势的最新研究成果。

黑龙江蓝皮书
黑龙江社会发展报告（2018）

王爱丽 / 主编　2018 年 1 月出版　定价：89.00 元

◆ 本书以千份随机抽样问卷调查和专题研究为依据，运用社会学理论框架和分析方法，从专家和学者的独特视角，对 2017 年黑龙江省关系民生的问题进行广泛的调研与分析，并对 2017 年黑龙江省诸多社会热点和焦点问题进行了有益的探索。这些研究不仅可以为政府部门更加全面深入了解省情、科学制定决策提供智力支持，同时也可以为广大读者认识、了解、关注黑龙江社会发展提供理性思考。

皮书系列 2018全品种

宏观经济类

宏观经济类

城市蓝皮书
中国城市发展报告（No.11）
著(编)者：潘家华 单菁菁
2018年9月出版 / 估价：99.00元
PSN B-2007-091-1/1

城乡一体化蓝皮书
中国城乡一体化发展报告（2018）
著(编)者：付崇兰
2018年9月出版 / 估价：99.00元
PSN B-2011-226-1/2

城镇化蓝皮书
中国新型城镇化健康发展报告（2018）
著(编)者：张占斌
2018年8月出版 / 估价：99.00元
PSN B-2014-396-1/1

创新蓝皮书
创新型国家建设报告（2018～2019）
著(编)者：詹正茂
2018年12月出版 / 估价：99.00元
PSN B-2009-140-1/1

低碳发展蓝皮书
中国低碳发展报告（2018）
著(编)者：张希良 齐晔
2018年6月出版 / 估价：99.00元
PSN B-2011-223-1/1

低碳经济蓝皮书
中国低碳经济发展报告（2018）
著(编)者：薛进军 赵忠秀
2018年11月出版 / 估价：99.00元
PSN B-2011-194-1/1

发展和改革蓝皮书
中国经济发展和体制改革报告No.9
著(编)者：邹东涛 王再文
2018年1月出版 / 估价：99.00元
PSN B-2008-122-1/1

国家创新蓝皮书
中国创新发展报告（2017）
著(编)者：陈劲　2018年5月出版 / 估价：99.00元
PSN B-2014-370-1/1

金融蓝皮书
中国金融发展报告（2018）
著(编)者：王国刚
2018年6月出版 / 估价：99.00元
PSN B-2004-031-1/7

经济蓝皮书
2018年中国经济形势分析与预测
著(编)者：李平　2017年12月出版 / 定价：89.00元
PSN B-1996-001-1/1

经济蓝皮书春季号
2018年中国经济前景分析
著(编)者：李扬　2018年5月出版 / 定价：99.00元
PSN B-1999-008-1/1

经济蓝皮书夏季号
中国经济增长报告（2017～2018）
著(编)者：李扬　2018年9月出版 / 定价：99.00元
PSN B-2010-176-1/1

农村绿皮书
中国农村经济形势分析与预测（2017～2018）
著(编)者：魏后凯 黄秉信
2018年4月出版 / 定价：99.00元
PSN G-1998-003-1/1

人口与劳动绿皮书
中国人口与劳动问题报告No.19
著(编)者：张车伟　2018年11月出版 / 估价：99.00元
PSN G-2000-012-1/1

新型城镇化蓝皮书
新型城镇化发展报告（2017）
著(编)者：李伟 宋敏
2018年3月出版 / 定价：98.00元
PSN B-2005-038-1/1

中国省域竞争力蓝皮书
中国省域经济综合竞争力发展报告（2016～2017）
著(编)者：李建平 李闽榕
2018年2月出版 / 定价：198.00元
PSN B-2007-088-1/1

中小城市绿皮书
中国中小城市发展报告（2018）
著(编)者：中国城市经济学会中小城市经济发展委员会
　　　　　中国城镇化促进会中小城市发展委员会
　　　　　《中国中小城市发展报告》编纂委员会
　　　　　中小城市发展战略研究院
2018年11月出版 / 估价：128.00元
PSN G-2010-161-1/1

区域经济类

东北蓝皮书
中国东北地区发展报告（2018）
著(编)者：姜晓秋　2018年11月出版／估价：99.00元
PSN B-2006-067-1/1

金融蓝皮书
中国金融中心发展报告（2017~2018）
著(编)者：王力　黄育华　2018年11月出版／估价：99.00元
PSN B-2011-186-6/7

京津冀蓝皮书
京津冀发展报告（2018）
著(编)者：祝合良　叶堂林　张贵祥
2018年6月出版／估价：99.00元
PSN B-2012-262-1/1

西北蓝皮书
中国西北发展报告（2018）
著(编)者：王福生　马廷旭　董秋生
2018年1月出版／定价：99.00元
PSN B-2012-261-1/1

西部蓝皮书
中国西部发展报告（2018）
著(编)者：璋勇　任保平　2018年8月出版／估价：99.00元
PSN B-2005-039-1/1

长江经济带产业蓝皮书
长江经济带产业发展报告（2018）
著(编)者：吴传清　2018年11月出版／估价：128.00元
PSN B-2017-666-1/1

长江经济带蓝皮书
长江经济带发展报告（2017~2018）
著(编)者：王振　2018年11月出版／估价：99.00元
PSN B-2016-575-1/1

长江中游城市群蓝皮书
长江中游城市群新型城镇化与产业协同发展报告（2018）
著(编)者：杨刚强　2018年11月出版／估价：99.00元
PSN B-2016-578-1/1

长三角蓝皮书
2017年创新融合发展的长三角
著(编)者：刘飞跃　2018年5月出版／估价：99.00元
PSN B-2005-038-1/1

长株潭城市群蓝皮书
长株潭城市群发展报告（2017）
著(编)者：张萍　朱有志　2018年6月出版／估价：99.00元
PSN B-2008-109-1/1

特色小镇蓝皮书
特色小镇智慧运营报告（2018）：顶层设计与智慧架构标准
著(编)者：陈劲　2018年1月出版／定价：79.00元
PSN B-2018-692-1/1

中部竞争力蓝皮书
中国中部经济社会竞争力报告（2018）
著(编)者：教育部人文社会科学重点研究基地南昌大学中国中部经济社会发展研究中心
2018年12月出版／估价：99.00元
PSN B-2012-276-1/1

中部蓝皮书
中国中部地区发展报告（2018）
著(编)者：宋亚平　2018年12月出版／估价：99.00元
PSN B-2007-089-1/1

区域蓝皮书
中国区域经济发展报告（2017~2018）
著(编)者：赵弘　2018年5月出版／估价：99.00元
PSN B-2004-034-1/1

中三角蓝皮书
长江中游城市群发展报告（2018）
著(编)者：秦尊文　2018年9月出版／估价：99.00元
PSN B-2014-417-1/1

中原蓝皮书
中原经济区发展报告（2018）
著(编)者：李英杰　2018年6月出版／估价：99.00元
PSN B-2011-192-1/1

珠三角流通蓝皮书
珠三角商圈发展研究报告（2018）
著(编)者：王先庆　林至颖　2018年7月出版／估价：99.00元
PSN B-2012-292-1/1

社会政法类

北京蓝皮书
中国社区发展报告（2017~2018）
著(编)者：于燕燕　2018年9月出版／估价：99.00元
PSN B-2007-083-5/8

殡葬绿皮书
中国殡葬事业发展报告（2017~2018）
著(编)者：李伯森　2018年6月出版／估价：158.00元
PSN G-2010-180-1/1

城市管理蓝皮书
中国城市管理报告（2017-2018）
著(编)者：刘林　刘承水　2018年5月出版／估价：158.00元
PSN B-2013-336-1/1

城市生活质量蓝皮书
中国城市生活质量报告（2017）
著(编)者：张连城　张平　杨春学　郎丽华
2017年12月出版／定价：89.00元
PSN B-2013-326-1/1

社会政法类 皮书系列 2018全品种

城市政府能力蓝皮书
中国城市政府公共服务能力评估报告（2018）
著(编)者：何艳玲　2018年5月出版／估价：99.00元
PSN B-2013-338-1/1

创业蓝皮书
中国创业发展研究报告（2017～2018）
著(编)者：黄群慧　赵卫星　钟宏武
2018年11月出版／估价：99.00元
PSN B-2016-577-1/1

慈善蓝皮书
中国慈善发展报告（2018）
著(编)者：杨团　2018年6月出版／估价：99.00元
PSN B-2009-142-1/1

党建蓝皮书
党的建设研究报告No.2（2018）
著(编)者：崔建民　陈东平　2018年6月出版／估价：99.00元
PSN B-2016-523-1/1

地方法治蓝皮书
中国地方法治发展报告No.3（2018）
著(编)者：李林　田禾　2018年6月出版／估价：118.00元
PSN B-2015-442-1/1

电子政务蓝皮书
中国电子政务发展报告（2018）
著(编)者：李季　2018年8月出版／估价：99.00元
PSN B-2003-022-1/1

儿童蓝皮书
中国儿童参与状况报告（2017）
著(编)者：苑立新　2017年12月出版／定价：89.00元
PSN B-2017-682-1/1

法治蓝皮书
中国法治发展报告No.16（2018）
著(编)者：李林　田禾　2018年3月出版／定价：128.00元
PSN B-2004-027-1/3

法治蓝皮书
中国法院信息化发展报告No.2（2018）
著(编)者：李林　田禾　2018年2月出版／定价：118.00元
PSN B-2017-604-3/3

法治政府蓝皮书
中国法治政府发展报告（2017）
著(编)者：中国政法大学法治政府研究院
2018年3月出版／定价：158.00元
PSN B-2015-502-1/2

法治政府蓝皮书
中国法治政府评估报告（2018）
著(编)者：中国政法大学法治政府研究院
2018年9月出版／估价：168.00元
PSN B-2016-576-2/2

反腐倡廉蓝皮书
中国反腐倡廉建设报告No.8
著(编)者：张英伟　2018年12月出版／估价：99.00元
PSN B-2012-259-1/1

扶贫蓝皮书
中国扶贫开发报告（2018）
著(编)者：李培林　魏后凯　2018年12月出版／估价：128.00元
PSN B-2016-599-1/1

妇女发展蓝皮书
中国妇女发展报告 No.6
著(编)者：王金玲　2018年9月出版／估价：158.00元
PSN B-2006-069-1/1

妇女教育蓝皮书
中国妇女教育发展报告 No.3
著(编)者：张李玺　2018年10月出版／估价：99.00元
PSN B-2008-121-1/1

妇女绿皮书
2018年：中国性别平等与妇女发展报告
著(编)者：谭琳　2018年12月出版／估价：99.00元
PSN G-2006-073-1/1

公共安全蓝皮书
中国城市公共安全发展报告（2017～2018）
著(编)者：黄育华　杨文明　赵建辉
2018年6月出版／估价：99.00元
PSN B-2017-628-1/1

公共服务蓝皮书
中国城市基本公共服务力评价（2018）
著(编)者：钟君　刘志昌　吴正果
2018年12月出版／估价：99.00元
PSN B-2011-214-1/1

公民科学素质蓝皮书
中国公民科学素质报告（2017～2018）
著(编)者：李群　陈雄　马宗文
2017年12月出版／估价：89.00元
PSN B-2014-379-1/1

公益蓝皮书
中国公益慈善发展报告（2016）
著(编)者：朱健刚　胡小军　2018年6月出版／估价：99.00元
PSN B-2012-283-1/1

国际人才蓝皮书
中国国际移民报告（2018）
著(编)者：王辉耀　2018年6月出版／估价：99.00元
PSN B-2012-304-3/4

国际人才蓝皮书
中国留学发展报告（2018）No.7
著(编)者：王辉耀　苗绿　2018年12月出版／估价：99.00元
PSN B-2012-244-2/4

海洋社会蓝皮书
中国海洋社会发展报告（2017）
著(编)者：崔凤　宋宁而　2018年3月出版／定价：99.00元
PSN B-2015-478-1/1

行政改革蓝皮书
中国行政体制改革报告No.7（2018）
著(编)者：魏礼群　2018年6月出版／估价：99.00元
PSN B-2011-231-1/1

皮书系列 2018全品种 社会政法类

华侨华人蓝皮书
华侨华人研究报告（2017）
著(编)者：张禹东 庄国土　2017年12月出版　定价：148.00元
PSN B-2011-204-1/1

互联网与国家治理蓝皮书
互联网与国家治理发展报告（2017）
著(编)者：张志安　2018年1月出版　定价：98.00元
PSN B-2017-671-1/1

环境管理蓝皮书
中国环境管理发展报告（2017）
著(编)者：李金惠　2017年12月出版　定价：98.00元
PSN B-2017-678-1/1

环境竞争力绿皮书
中国省域环境竞争力发展报告（2018）
著(编)者：李建平 李闽榕 王金南
2018年11月出版　定价：198.00元
PSN G-2010-165-1/1

环境绿皮书
中国环境发展报告（2017~2018）
著(编)者：李波　2018年6月出版　估价：99.00元
PSN G-2006-048-1/1

家庭蓝皮书
中国"创建幸福家庭活动"评估报告（2018）
著(编)者：国务院发展研究中心"创建幸福家庭活动评估"课题组
2018年12月出版　估价：99.00元
PSN B-2015-508-1/1

健康城市蓝皮书
中国健康城市建设研究报告（2018）
著(编)者：王鸿春 盛继洪　2018年12月出版　估价：99.00元
PSN B-2016-564-2/2

健康中国蓝皮书
社区首诊与健康中国分析报告（2018）
著(编)者：高和荣 杨叔禹 姜杰
2018年6月出版　估价：99.00元
PSN B-2017-611-1/1

教师蓝皮书
中国中小学教师发展报告（2017）
著(编)者：曾晓东 鱼霞
2018年6月出版　估价：99.00元
PSN B-2012-289-1/1

教育扶贫蓝皮书
中国教育扶贫报告（2018）
著(编)者：司树杰 王文静 李兴洲
2018年12月出版　估价：99.00元
PSN B-2016-590-1/1

教育蓝皮书
中国教育发展报告（2018）
著(编)者：杨东平　2018年3月出版　定价：89.00元
PSN B-2006-047-1/1

金融法治建设蓝皮书
中国金融法治建设年度报告（2015~2016）
著(编)者：朱小黄　2018年6月出版　估价：99.00元
PSN B-2017-633-1/1

京津冀教育蓝皮书
京津冀教育发展研究报告（2017~2018）
著(编)者：方中雄　2018年6月出版　估价：99.00元
PSN B-2017-608-1/1

就业蓝皮书
2018年中国本科生就业报告
著(编)者：麦可思研究院　2018年6月出版　估价：99.00元
PSN B-2009-146-1/2

就业蓝皮书
2018年中国高职高专生就业报告
著(编)者：麦可思研究院　2018年6月出版　估价：99.00元
PSN B-2015-472-2/2

科学教育蓝皮书
中国科学教育发展报告（2018）
著(编)者：王康友　2018年10月出版　估价：99.00元
PSN B-2015-487-1/1

劳动保障蓝皮书
中国劳动保障发展报告（2018）
著(编)者：刘燕斌　2018年9月出版　估价：158.00元
PSN B-2014-415-1/1

老龄蓝皮书
中国老年宜居环境发展报告（2017）
著(编)者：党俊武 周燕珉　2018年6月出版　估价：99.00元
PSN B-2013-320-1/1

连片特困区蓝皮书
中国连片特困区发展报告（2017~2018）
著(编)者：游俊 冷志明 丁建军
2018年6月出版　估价：99.00元
PSN B-2013-321-1/1

流动儿童蓝皮书
中国流动儿童教育发展报告（2017）
著(编)者：杨东平　2018年6月出版　估价：99.00元
PSN B-2017-600-1/1

民调蓝皮书
中国民生调查报告（2018）
著(编)者：谢耘耕　2018年12月出版　估价：99.00元
PSN B-2014-398-1/1

民族发展蓝皮书
中国民族发展报告（2018）
著(编)者：王延中　2018年10月出版　估价：188.00元
PSN B-2006-070-1/1

女性生活蓝皮书
中国女性生活状况报告No.12（2018）
著(编)者：高博燕　2018年7月出版　估价：99.00元
PSN B-2006-071-1/1

皮书系列 2018全品种

社会政法类

汽车社会蓝皮书
中国汽车社会发展报告（2017~2018）
著(编)者：王俊秀　2018年6月出版／估价：99.00元
PSN B-2011-224-1/1

青年蓝皮书
中国青年发展报告（2018）No.3
著(编)者：廉思　2018年6月出版／估价：99.00元
PSN B-2013-333-1/1

青少年蓝皮书
中国未成年人互联网运用报告（2017~2018）
著(编)者：李为民　李文革　沈杰
2018年11月出版／估价：99.00元
PSN B-2010-156-1/1

人权蓝皮书
中国人权事业发展报告No.8（2018）
著(编)者：李君如　2018年9月出版／估价：99.00元
PSN B-2011-215-1/1

社会保障绿皮书
中国社会保障发展报告No.9（2018）
著(编)者：王延中　2018年6月出版／估价：99.00元
PSN G-2001-014-1/1

社会风险评估蓝皮书
风险评估与危机预警报告（2017~2018）
著(编)者：唐钧　2018年8月出版／估价：99.00元
PSN B-2012-293-1/1

社会工作蓝皮书
中国社会工作发展报告（2016~2017）
著(编)者：民政部社会工作研究中心
2018年8月出版／估价：99.00元
PSN B-2009-141-1/1

社会管理蓝皮书
中国社会管理创新报告No.6
著(编)者：连玉明　2018年11月出版／估价：99.00元
PSN B-2012-300-1/1

社会蓝皮书
2018年中国社会形势分析与预测
著(编)者：李培林　陈光金　张翼
2017年12月出版／定价：89.00元
PSN B-1998-002-1/1

社会体制蓝皮书
中国社会体制改革报告No.6（2018）
著(编)者：龚维斌　2018年3月出版／定价：98.00元
PSN B-2013-330-1/1

社会心态蓝皮书
中国社会心态研究报告（2018）
著(编)者：王俊秀　2018年12月出版／估价：99.00元
PSN B-2011-199-1/1

社会组织蓝皮书
中国社会组织报告（2017-2018）
著(编)者：黄晓勇　2018年6月出版／估价：99.00元
PSN B-2008-118-1/2

社会组织蓝皮书
中国社会组织评估发展报告（2018）
著(编)者：徐家良　2018年12月出版／估价：99.00元
PSN B-2013-366-2/2

生态城市绿皮书
中国生态城市建设发展报告（2018）
著(编)者：刘举科　孙伟平　胡文臻
2018年9月出版／估价：158.00元
PSN G-2012-269-1/1

生态文明绿皮书
中国省域生态文明建设评价报告（ECI 2018）
著(编)者：严耕　2018年12月出版／估价：99.00元
PSN G-2010-170-1/1

退休生活蓝皮书
中国城市居民退休生活质量指数报告（2017）
著(编)者：杨一帆　2018年6月出版／估价：99.00元
PSN B-2017-618-1/1

危机管理蓝皮书
中国危机管理报告（2018）
著(编)者：文学国　范正青
2018年8月出版／估价：99.00元
PSN B-2010-171-1/1

学会蓝皮书
2018年中国学会发展报告
著(编)者：麦可思研究院　2018年12月出版／估价：99.00元
PSN B-2016-597-1/1

医改蓝皮书
中国医药卫生体制改革报告（2017~2018）
著(编)者：文学国　房志武
2018年11月出版／估价：99.00元
PSN B-2014-432-1/1

应急管理蓝皮书
中国应急管理报告（2018）
著(编)者：宋英华　2018年9月出版／估价：99.00元
PSN B-2016-562-1/1

政府绩效评估蓝皮书
中国地方政府绩效评估报告 No.2
著(编)者：贠杰　2018年12月出版／估价：99.00元
PSN B-2017-672-1/1

政治参与蓝皮书
中国政治参与报告（2018）
著(编)者：房宁　2018年8月出版／估价：128.00元
PSN B-2011-200-1/1

政治文化蓝皮书
中国政治文化报告（2018）
著(编)者：邢元敏　魏大鹏　龚克
2018年8月出版／估价：128.00元
PSN B-2017-615-1/1

中国传统村落蓝皮书
中国传统村落保护现状报告（2018）
著(编)者：胡彬彬　李向军　王晓波
2018年12月出版／估价：99.00元
PSN B-2017-663-1/1

皮书系列 2018全品种 社会政法类·产业经济类

中国农村妇女发展蓝皮书
农村流动女性城市生活发展报告（2018）
著（编）者：谢丽华　2018年12月出版 / 估价：99.00元
PSN B-2014-434-1/1

宗教蓝皮书
中国宗教报告（2017）
著（编）者：邱永辉　2018年8月出版 / 估价：99.00元
PSN B-2008-117-1/1

产业经济类

保健蓝皮书
中国保健服务产业发展报告 No.2
著（编）者：中国保健协会　中共中央党校
2018年7月出版 / 估价：198.00元
PSN B-2012-272-3/3

保健蓝皮书
中国保健食品产业发展报告 No.2
著（编）者：中国保健协会
　　　中国社会科学院食品药品产业发展与监管研究中心
2018年8月出版 / 估价：198.00元
PSN B-2012-271-2/3

保健蓝皮书
中国保健用品产业发展报告 No.2
著（编）者：中国保健协会
　　　国务院国有资产监督管理委员会研究中心
2018年6月出版 / 估价：198.00元
PSN B-2012-270-1/3

保险蓝皮书
中国保险业竞争力报告（2018）
著（编）者：保监会　2018年12月出版 / 估价：99.00元
PSN B-2013-311-1/1

冰雪蓝皮书
中国冰上运动产业发展报告（2018）
著（编）者：孙承华　杨占武　刘戈　张鸿俊
2018年9月出版 / 估价：99.00元
PSN B-2017-648-3/3

冰雪蓝皮书
中国滑雪产业发展报告（2018）
著（编）者：孙承华　伍斌　魏庆华　张鸿俊
2018年9月出版 / 估价：99.00元
PSN B-2016-559-1/3

餐饮产业蓝皮书
中国餐饮产业发展报告（2018）
著（编）者：邢颖
2018年6月出版 / 估价：99.00元
PSN B-2009-151-1/1

茶业蓝皮书
中国茶产业发展报告（2018）
著（编）者：杨江帆　李闽榕
2018年10月出版 / 估价：99.00元
PSN B-2010-164-1/1

产业安全蓝皮书
中国文化产业安全报告（2018）
著（编）者：北京印刷学院文化产业安全研究院
2018年12月出版 / 估价：99.00元
PSN B-2014-378-12/14

产业安全蓝皮书
中国新媒体产业安全报告（2016~2017）
著（编）者：肖丽　2018年6月出版 / 估价：99.00元
PSN B-2015-500-14/14

产业安全蓝皮书
中国出版传媒产业安全报告（2017~2018）
著（编）者：北京印刷学院文化产业安全研究院
2018年6月出版 / 估价：99.00元
PSN B-2014-384-13/14

产业蓝皮书
中国产业竞争力报告（2018）No.8
著（编）者：张其仔　2018年12月出版 / 估价：168.00元
PSN B-2010-175-1/1

动力电池蓝皮书
中国新能源汽车动力电池产业发展报告（2018）
著（编）者：中国汽车技术研究中心
2018年8月出版 / 估价：99.00元
PSN B-2017-639-1/1

杜仲产业绿皮书
中国杜仲橡胶资源与产业发展报告（2017~2018）
著（编）者：杜红岩　胡文臻　俞锐
2018年6月出版 / 估价：99.00元
PSN G-2013-350-1/1

房地产蓝皮书
中国房地产发展报告No.15（2018）
著（编）者：李春华　王业强
2018年5月出版 / 估价：99.00元
PSN B-2004-028-1/1

服务外包蓝皮书
中国服务外包产业发展报告（2017~2018）
著（编）者：王晓红　刘德军
2018年6月出版 / 估价：99.00元
PSN B-2013-331-2/2

服务外包蓝皮书
中国服务外包竞争力报告（2017~2018）
著（编）者：刘春生　王力　黄育华
2018年12月出版 / 估价：99.00元
PSN B-2011-216-1/2

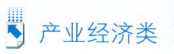

皮书系列 2018全品种

产业经济类

工业和信息化蓝皮书
世界信息技术产业发展报告（2017～2018）
著（编）者：尹丽波　2018年6月出版／估价：99.00元
PSN B-2015-449-2/6

工业和信息化蓝皮书
战略性新兴产业发展报告（2017～2018）
著（编）者：尹丽波　2018年6月出版／估价：99.00元
PSN B-2015-450-3/6

海洋经济蓝皮书
中国海洋经济发展报告（2015～2018）
著（编）者：殷克东　高金田　方胜民
2018年3月出版　／　定价：128.00元
PSN B-2018-697-1/1

康养蓝皮书
中国康养产业发展报告（2017）
著（编）者：何莽　2017年12月出版／定价：88.00元
PSN B-2017-685-1/1

客车蓝皮书
中国客车产业发展报告（2017～2018）
著（编）者：姚蔚　2018年10月出版／估价：99.00元
PSN B-2013-361-1/1

流通蓝皮书
中国商业发展报告（2018～2019）
著（编）者：王雪峰　林诗慧
2018年7月出版／估价：99.00元
PSN B-2009-152-1/2

能源蓝皮书
中国能源发展报告（2018）
著（编）者：崔民选　王军生　陈义和
2018年12月出版／估价：99.00元
PSN B-2006-049-1/1

农产品流通蓝皮书
中国农产品流通产业发展报告（2017）
著（编）者：贾敬敦　张东科　张玉玺　张鹏毅　周伟
2018年6月出版／估价：99.00元
PSN B-2012-288-1/1

汽车工业蓝皮书
中国汽车工业发展年度报告（2018）
著（编）者：中国汽车工业协会
　　　　　　中国汽车技术研究中心
　　　　　　丰田汽车公司
2018年5月出版／估价：168.00元
PSN B-2015-463-1/2

汽车工业蓝皮书
中国汽车零部件产业发展报告（2017～2018）
著（编）者：中国汽车工业协会
　　　　　　中国汽车工程研究院深圳市沃特玛电池有限公司
2018年9月出版／估价：99.00元
PSN B-2016-515-2/2

汽车蓝皮书
中国汽车产业发展报告（2018）
著（编）者：中国汽车工程学会
　　　　　　大众汽车集团（中国）
2018年11月出版／估价：99.00元
PSN B-2008-124-1/1

世界茶业蓝皮书
世界茶业发展报告（2018）
著（编）者：李闽榕　冯廷佺
2018年5月出版／估价：168.00元
PSN B-2017-619-1/1

世界能源蓝皮书
世界能源发展报告（2018）
著（编）者：黄晓勇　2018年6月出版／估价：168.00元
PSN B-2013-349-1/1

石油蓝皮书
中国石油产业发展报告（2018）
著（编）者：中国石油化工集团公司经济技术研究院
　　　　　　中国国际石油化工联合有限责任公司
　　　　　　中国社会科学院数量经济与技术经济研究所
2018年2月出版　／　定价：98.00元
PSN B-2018-690-1/1

体育蓝皮书
国家体育产业基地发展报告（2016～2017）
著（编）者：李颖川　2018年6月出版／估价：168.00元
PSN B-2017-609-5/5

体育蓝皮书
中国体育产业发展报告（2018）
著（编）者：阮伟　钟秉枢
2018年12月出版／估价：99.00元
PSN B-2010-179-1/5

文化金融蓝皮书
中国文化金融发展报告（2018）
著（编）者：杨涛　金巍
2018年6月出版／估价：99.00元
PSN B-2017-610-1/1

新能源汽车蓝皮书
中国新能源汽车产业发展报告（2018）
著（编）者：中国汽车技术研究中心
　　　　　　日产（中国）投资有限公司
　　　　　　东风汽车有限公司
2018年8月出版／估价：99.00元
PSN B-2013-347-1/1

薏仁米产业蓝皮书
中国薏仁米产业发展报告No.2（2018）
著（编）者：李发耀　石明　秦礼康
2018年8月出版／估价：99.00元
PSN B-2017-645-1/1

邮轮绿皮书
中国邮轮产业发展报告（2018）
著（编）者：汪泓　2018年10月出版／估价：99.00元
PSN G-2014-419-1/1

智能养老蓝皮书
中国智能养老产业发展报告（2018）
著（编）者：朱勇　2018年10月出版／估价：99.00元
PSN B-2015-488-1/1

中国节能汽车蓝皮书
中国节能汽车发展报告（2017～2018）
著（编）者：中国汽车工程研究院股份有限公司
2018年9月出版／估价：99.00元
PSN B-2016-565-1/1

产业经济类·行业及其他类

中国陶瓷产业蓝皮书
中国陶瓷产业发展报告（2018）
著(编)者：左和平 黄速建
2018年10月出版 / 估价：99.00元
PSN B-2016-573-1/1

装备制造业蓝皮书
中国装备制造业发展报告（2018）
著(编)者：徐东华
2018年12月出版 / 估价：118.00元
PSN B-2015-505-1/1

行业及其他类

"三农"互联网金融蓝皮书
中国"三农"互联网金融发展报告（2018）
著(编)者：李勇坚 王弢
2018年8月出版 / 估价：99.00元
PSN B-2016-560-1/1

SUV蓝皮书
中国SUV市场发展报告（2017~2018）
著(编)者：靳军 2018年9月出版 / 估价：99.00元
PSN B-2016-571-1/1

冰雪蓝皮书
中国冬季奥运会发展报告（2018）
著(编)者：孙承华 伍斌 魏庆华 张鸿俊
2018年9月出版 / 估价：99.00元
PSN B-2017-647-2/3

彩票蓝皮书
中国彩票发展报告（2018）
著(编)者：益彩基金 2018年6月出版 / 估价：99.00元
PSN B-2015-462-1/1

测绘地理信息蓝皮书
测绘地理信息供给侧结构性改革研究报告（2018）
著(编)者：库热西·买合苏提
2018年12月出版 / 估价：168.00元
PSN B-2009-145-1/1

产权市场蓝皮书
中国产权市场发展报告（2017）
著(编)者：曹和平
2018年5月出版 / 估价：99.00元
PSN B-2009-147-1/1

城投蓝皮书
中国城投行业发展报告（2018）
著(编)者：华景斌
2018年11月出版 / 估价：300.00元
PSN B-2016-514-1/1

城市轨道交通蓝皮书
中国城市轨道交通运营发展报告（2017~2018）
著(编)者：崔学忠 贾文峥
2018年3月出版 / 定价：89.00元
PSN B-2018-694-1/1

大数据蓝皮书
中国大数据发展报告（No.2）
著(编)者：连玉明 2018年5月出版 / 估价：99.00元
PSN B-2017-620-1/1

大数据应用蓝皮书
中国大数据应用发展报告No.2（2018）
著(编)者：陈军君 2018年8月出版 / 估价：99.00元
PSN B-2017-644-1/1

对外投资与风险蓝皮书
中国对外直接投资与国家风险报告（2018）
著(编)者：中债资信评估有限责任公司
中国社会科学院世界经济与政治研究所
2018年6月出版 / 估价：189.00元
PSN B-2017-606-1/1

工业和信息化蓝皮书
人工智能发展报告（2017~2018）
著(编)者：尹丽波 2018年6月出版 / 估价：99.00元
PSN B-2015-448-1/6

工业和信息化蓝皮书
世界智慧城市发展报告（2017~2018）
著(编)者：尹丽波 2018年6月出版 / 估价：99.00元
PSN B-2017-624-6/6

工业和信息化蓝皮书
世界网络安全发展报告（2017~2018）
著(编)者：尹丽波 2018年6月出版 / 估价：99.00元
PSN B-2015-452-5/6

工业和信息化蓝皮书
世界信息化发展报告（2017~2018）
著(编)者：尹丽波 2018年6月出版 / 估价：99.00元
PSN B-2015-451-4/6

工业设计蓝皮书
中国工业设计发展报告（2018）
著(编)者：王晓红 于炜 张立群 2018年9月出版 / 估价：168.00元
PSN B-2014-420-1/1

公共关系蓝皮书
中国公共关系发展报告（2017）
著(编)者：柳斌杰 2018年1月出版 / 定价：89.00元
PSN B-2016-579-1/1

行业及其他类

皮书系列
2018全品种

公共关系蓝皮书
中国公共关系发展报告（2018）
著(编)者：柳斌杰　2018年11月出版／估价：99.00元
PSN B-2016-579-1/1

管理蓝皮书
中国管理发展报告（2018）
著(编)者：张晓东　2018年10月出版／估价：99.00元
PSN B-2014-416-1/1

轨道交通蓝皮书
中国轨道交通行业发展报告（2017）
著(编)者：仲建华　李闻榕
2017年12月出版／定价：98.00元
PSN B-2017-674-1/1

海关发展蓝皮书
中国海关发展前沿报告（2018）
著(编)者：干春晖　2018年6月出版／估价：99.00元
PSN B-2017-616-1/1

互联网医疗蓝皮书
中国互联网健康医疗发展报告（2018）
著(编)者：芮晓武　2018年6月出版／估价：99.00元
PSN B-2018-567-1/1

黄金市场蓝皮书
中国商业银行黄金业务发展报告（2017~2018）
著(编)者：平安银行　2018年6月出版／估价：99.00元
PSN B-2016-524-1/1

会展蓝皮书
中外会展业动态评估研究报告（2018）
著(编)者：张敏　任中峰　聂鑫焱　牛盼强
2018年12月出版／估价：99.00元
PSN B-2013-327-1/1

基金会蓝皮书
中国基金会发展报告（2017~2018）
著(编)者：中国基金会发展报告课题组
2018年6月出版／估价：99.00元
PSN B-2013-368-1/1

基金会绿皮书
中国基金会发展独立研究报告（2018）
著(编)者：基金会中心网　中央民族大学基金会研究中心
2018年6月出版／估价：99.00元
PSN G-2011-213-1/1

基金会透明度蓝皮书
中国基金会透明度发展研究报告（2018）
著(编)者：基金会中心网
　　　　　清华大学廉政与治理研究中心
2018年9月出版／估价：99.00元
PSN B-2013-339-1/1

建筑装饰蓝皮书
中国建筑装饰行业发展报告（2018）
著(编)者：葛道顺　刘晓一
2018年10月出版／估价：198.00元
PSN B-2016-553-1/1

金融监管蓝皮书
中国金融监管报告（2018）
著(编)者：胡滨　2018年3月出版／定价：98.00元
PSN B-2012-281-1/1

金融蓝皮书
中国互联网金融行业分析与评估（2018~2019）
著(编)者：黄国平　伍旭川　2018年12月出版／估价：99.00元
PSN B-2016-585-7/7

金融科技蓝皮书
中国金融科技发展报告（2018）
著(编)者：李扬　孙国峰　2018年10月出版／估价：99.00元
PSN B-2014-374-1/1

金融信息服务蓝皮书
中国金融信息服务发展报告（2018）
著(编)者：李平　2018年5月出版／估价：99.00元
PSN B-2017-621-1/1

金蜜蜂企业社会责任蓝皮书
金蜜蜂中国企业社会责任报告研究（2017）
著(编)者：殷格非　于志宏　管竹笋
2018年1月出版／定价：99.00元
PSN B-2018-693-1/1

京津冀金融蓝皮书
京津冀金融发展报告（2018）
著(编)者：王爱俭　王璟怡　2018年10月出版／估价：99.00元
PSN B-2016-527-1/1

科普蓝皮书
国家科普能力发展报告（2018）
著(编)者：王康友　2018年5月出版／估价：138.00元
PSN B-2017-632-4/4

科普蓝皮书
中国基层科普发展报告（2017~2018）
著(编)者：赵立新　陈玲　2018年9月出版／估价：99.00元
PSN B-2016-568-3/4

科普蓝皮书
中国科普基础设施发展报告（2017~2018）
著(编)者：任福君　2018年6月出版／估价：99.00元
PSN B-2010-174-1/3

科普蓝皮书
中国科普人才发展报告（2017~2018）
著(编)者：郑念　任嵘嵘　2018年7月出版／估价：99.00元
PSN B-2016-512-2/4

科普能力蓝皮书
中国科普能力评价报告（2018~2019）
著(编)者：李富强　李群　2018年8月出版／估价：99.00元
PSN B-2016-555-1/1

临空经济蓝皮书
中国临空经济发展报告（2018）
著(编)者：连玉明　2018年9月出版／估价：99.00元
PSN B-2014-421-1/1

21

皮书系列 2018全品种
行业及其他类

旅游安全蓝皮书
中国旅游安全报告（2018）
著(编)者：郑向敏 谢朝武　　2018年5月出版　估价：158.00元
PSN B-2012-280-1/1

旅游绿皮书
2017~2018年中国旅游发展分析与预测
著(编)者：宋瑞　　2018年1月出版　定价：99.00元
PSN G-2002-018-1/1

煤炭蓝皮书
中国煤炭工业发展报告（2018）
著(编)者：岳福斌　　2018年12月出版　估价：99.00元
PSN B-2008-123-1/1

民营企业社会责任蓝皮书
中国民营企业社会责任报告（2018）
著(编)者：中华全国工商业联合会
2018年12月出版　估价：99.00元
PSN B-2015-510-1/1

民营医院蓝皮书
中国民营医院发展报告（2017）
著(编)者：薛晓林　　2017年12月出版　定价：89.00元
PSN B-2012-299-1/1

闽商蓝皮书
闽商发展报告（2018）
著(编)者：李闽榕 王日根 林琛
2018年12月出版　估价：99.00元
PSN B-2012-298-1/1

农业应对气候变化蓝皮书
中国农业气象灾害及其灾损评估报告（No.3）
著(编)者：矫梅燕　　2018年6月出版　估价：118.00元
PSN B-2014-413-1/1

品牌蓝皮书
中国品牌战略发展报告（2018）
著(编)者：汪同三　　2018年10月出版　估价：99.00元
PSN B-2016-580-1/1

企业扶贫蓝皮书
中国企业扶贫研究报告（2018）
著(编)者：钟宏武　　2018年12月出版　估价：99.00元
PSN B-2016-593-1/1

企业公益蓝皮书
中国企业公益研究报告（2018）
著(编)者：钟宏武 汪杰 黄晓娟
2018年12月出版　估价：99.00元
PSN B-2015-501-1/1

企业国际化蓝皮书
中国企业全球化报告（2018）
著(编)者：王辉耀 苗绿　　2018年11月出版　估价：99.00元
PSN B-2014-427-1/1

企业蓝皮书
中国企业绿色发展报告No.2（2018）
著(编)者：李红玉 朱光辉
2018年8月出版　估价：99.00元
PSN B-2015-481-2/2

企业社会责任蓝皮书
中资企业海外社会责任研究报告（2017~2018）
著(编)者：钟宏武 叶柳红 张蒽
2018年6月出版　估价：99.00元
PSN B-2017-603-2/2

企业社会责任蓝皮书
中国企业社会责任研究报告（2018）
著(编)者：黄群慧 钟宏武 张蒽 汪杰
2018年11月出版　估价：99.00元
PSN B-2009-149-1/2

汽车安全蓝皮书
中国汽车安全发展报告（2018）
著(编)者：中国汽车技术研究中心
2018年8月出版　估价：99.00元
PSN B-2014-385-1/1

汽车电子商务蓝皮书
中国汽车电子商务发展报告（2018）
著(编)者：中华全国工商业联合会汽车经销商商会
　　　　　北方工业大学
　　　　　北京易观智库网络科技有限公司
2018年10月出版　估价：158.00元
PSN B-2015-485-1/1

汽车知识产权蓝皮书
中国汽车产业知识产权发展报告（2018）
著(编)者：中国汽车工程研究院股份有限公司
　　　　　中国汽车工程学会
　　　　　重庆长安汽车股份有限公司
2018年12月出版　估价：99.00元
PSN B-2016-594-1/1

青少年体育蓝皮书
中国青少年体育发展报告（2017）
著(编)者：刘扶民 杨桦　　2018年6月出版　估价：99.00元
PSN B-2015-482-1/1

区块链蓝皮书
中国区块链发展报告（2018）
著(编)者：李伟　　2018年9月出版　估价：99.00元
PSN B-2017-649-1/1

群众体育蓝皮书
中国群众体育发展报告（2017）
著(编)者：刘国永 戴健　　2018年5月出版　估价：99.00元
PSN B-2014-411-1/3

群众体育蓝皮书
中国社会体育指导员发展报告（2018）
著(编)者：刘国永 王欢　　2018年6月出版　估价：99.00元
PSN B-2016-520-3/3

人力资源蓝皮书
中国人力资源发展报告（2018）
著(编)者：余兴安　　2018年11月出版　估价：99.00元
PSN B-2012-287-1/1

融资租赁蓝皮书
中国融资租赁业发展报告（2017~2018）
著(编)者：李光荣 王力　　2018年8月出版　估价：99.00元
PSN B-2015-443-1/1

皮书系列 2018全品种

行业及其他类

商会蓝皮书
中国商会发展报告No.5（2017）
著(编)者：王钦敏　2018年7月出版／估价：99.00元
PSN B-2008-125-1/1

商务中心区蓝皮书
中国商务中心区发展报告No.4（2017~2018）
著(编)者：李国红　单菁菁　2018年9月出版／估价：99.00元
PSN B-2015-444-1/1

设计产业蓝皮书
中国创新设计发展报告（2018）
著(编)者：王晓红　张立群　于炜
2018年11月出版／估价：99.00元
PSN B-2016-581-2/2

社会责任管理蓝皮书
中国上市公司社会责任能力成熟度报告No.4（2018）
著(编)者：肖红军　王晓光　李伟阳
2018年12月出版／估价：99.00元
PSN B-2015-507-2/2

社会责任管理蓝皮书
中国企业公众透明度报告No.4（2017~2018）
著(编)者：黄速建　熊梦　王晓光　肖红军
2018年6月出版／估价：99.00元
PSN B-2015-440-1/2

食品药品蓝皮书
食品药品安全与监管政策研究报告（2016~2017）
著(编)者：唐民皓　2018年6月出版／估价：99.00元
PSN B-2009-129-1/1

输血服务蓝皮书
中国输血行业发展报告（2018）
著(编)者：孙俊　2018年12月出版／估价：99.00元
PSN B-2016-582-1/1

水利风景区蓝皮书
中国水利风景区发展报告（2018）
著(编)者：董建文　兰思仁
2018年10月出版／估价：99.00元
PSN B-2015-480-1/1

数字经济蓝皮书
全球数字经济竞争力发展报告（2017）
著(编)者：王振　2017年12月出版／定价：79.00元
PSN B-2017-673-1/1

私募市场蓝皮书
中国私募股权市场发展报告（2017~2018）
著(编)者：曹和平　2018年12月出版／估价：99.00元
PSN B-2010-162-1/1

碳排放权交易蓝皮书
中国碳排放权交易报告（2018）
著(编)者：孙永平　2018年11月出版／估价：99.00元
PSN B-2017-652-1/1

碳市场蓝皮书
中国碳市场报告（2018）
著(编)者：定金彪　2018年11月出版／估价：99.00元
PSN B-2014-430-1/1

体育蓝皮书
中国公共体育服务发展报告（2018）
著(编)者：戴健　2018年12月出版／估价：99.00元
PSN B-2013-367-2/5

土地市场蓝皮书
中国农村土地市场发展报告（2017~2018）
著(编)者：李光荣　2018年6月出版／估价：99.00元
PSN B-2016-526-1/1

土地整治蓝皮书
中国土地整治发展研究报告（No.5）
著(编)者：国土资源部土地整治中心
2018年7月出版／估价：99.00元
PSN B-2014-401-1/1

土地政策蓝皮书
中国土地政策研究报告（2018）
著(编)者：高延利　张建平　吴次芳
2018年1月出版／估价：98.00元
PSN B-2015-506-1/1

网络空间安全蓝皮书
中国网络空间安全发展报告（2018）
著(编)者：惠志斌　覃庆玲
2018年11月出版／估价：99.00元
PSN B-2015-466-1/1

文化志愿服务蓝皮书
中国文化志愿服务发展报告（2018）
著(编)者：张永新　良警宇　2018年11月出版／估价：128.00元
PSN B-2016-596-1/1

西部金融蓝皮书
中国西部金融发展报告（2017~2018）
著(编)者：李忠民　2018年8月出版／估价：99.00元
PSN B-2010-160-1/1

协会商会蓝皮书
中国行业协会商会发展报告（2017）
著(编)者：景朝阳　李勇　2018年6月出版／估价：99.00元
PSN B-2015-461-1/1

新三板蓝皮书
中国新三板市场发展报告（2018）
著(编)者：王力　2018年8月出版／估价：99.00元
PSN B-2016-533-1/1

信托市场蓝皮书
中国信托业市场报告（2017~2018）
著(编)者：用益金融信托研究院
2018年6月出版／估价：198.00元
PSN B-2014-371-1/1

信息化蓝皮书
中国信息化形势分析与预测（2017~2018）
著(编)者：周宏仁　2018年8月出版／估价：99.00元
PSN B-2010-168-1/1

信用蓝皮书
中国信用发展报告（2017~2018）
著(编)者：章政　田侃　2018年6月出版／估价：99.00元
PSN B-2013-328-1/1

皮书系列 2018全品种 — 行业及其他类

休闲绿皮书
2017~2018年中国休闲发展报告
著(编)者：宋瑞　2018年7月出版 / 估价：99.00元
PSN G-2010-158-1/1

休闲体育蓝皮书
中国休闲体育发展报告（2017~2018）
著(编)者：李相如　钟秉枢
2018年10月出版 / 估价：99.00元
PSN B-2016-516-1/1

养老金融蓝皮书
中国养老金融发展报告（2018）
著(编)者：董克用　姚余栋
2018年9月出版 / 估价：99.00元
PSN B-2016-583-1/1

遥感监测绿皮书
中国可持续发展遥感监测报告（2017）
著(编)者：顾行发　汪克强　潘教峰　李闽榕　徐东华　王琦安
2018年6月出版 / 估价：298.00元
PSN B-2017-629-1/1

药品流通蓝皮书
中国药品流通行业发展报告（2018）
著(编)者：佘鲁林　温再兴
2018年7月出版 / 估价：198.00元
PSN B-2014-429-1/1

医疗器械蓝皮书
中国医疗器械行业发展报告（2018）
著(编)者：王宝亭　耿鸿武
2018年10月出版 / 估价：99.00元
PSN B-2017-661-1/1

医院蓝皮书
中国医院竞争力报告（2017~2018）
著(编)者：庄一强　2018年3月出版 / 定价：108.00元
PSN B-2016-528-1/1

瑜伽蓝皮书
中国瑜伽业发展报告（2017~2018）
著(编)者：张永建　徐华锋　朱泰余
2018年6月出版 / 估价：198.00元
PSN B-2017-625-1/1

债券市场蓝皮书
中国债券市场发展报告（2017~2018）
著(编)者：杨农　2018年10月出版 / 估价：99.00元
PSN B-2016-572-1/1

志愿服务蓝皮书
中国志愿服务发展报告（2018）
著(编)者：中国志愿服务联合会
2018年11月出版 / 估价：99.00元
PSN B-2017-664-1/1

中国上市公司蓝皮书
中国上市公司发展报告（2018）
著(编)者：张鹏　张平　黄胤英
2018年9月出版 / 估价：99.00元
PSN B-2014-414-1/1

中国新三板蓝皮书
中国新三板创新与发展报告（2018）
著(编)者：刘平安　闻召林
2018年8月出版 / 估价：158.00元
PSN B-2017-638-1/1

中国汽车品牌蓝皮书
中国乘用车品牌发展报告（2017）
著(编)者：《中国汽车报》社有限公司
　　　　　博世（中国）投资有限公司
　　　　　中国汽车技术研究中心数据资源中心
2018年1月出版 / 定价：89.00元
PSN B-2017-679-1/1

中医文化蓝皮书
北京中医药文化传播发展报告（2018）
著(编)者：毛嘉陵　2018年6月出版 / 估价：99.00元
PSN B-2015-468-1/2

中医文化蓝皮书
中国中医药文化传播发展报告（2018）
著(编)者：毛嘉陵　2018年7月出版 / 估价：99.00元
PSN B-2016-584-2/2

中医药蓝皮书
北京中医药知识产权发展报告No.2
著(编)者：汪洪　屠志涛　2018年6月出版 / 估价：168.00元
PSN B-2017-602-1/1

资本市场蓝皮书
中国场外交易市场发展报告（2016~2017）
著(编)者：高峦　2018年6月出版 / 估价：99.00元
PSN B-2009-153-1/1

资产管理蓝皮书
中国资产管理行业发展报告（2018）
著(编)者：郑智　2018年7月出版 / 估价：99.00元
PSN B-2014-407-2/2

资产证券化蓝皮书
中国资产证券化发展报告（2018）
著(编)者：沈炳熙　曹彤　李哲平
2018年4月出版 / 定价：98.00元
PSN B-2017-660-1/1

自贸区蓝皮书
中国自贸区发展报告（2018）
著(编)者：王力　黄育华
2018年6月出版 / 估价：99.00元
PSN B-2016-558-1/1

国际问题与全球治理类

"一带一路"跨境通道蓝皮书
"一带一路"跨境通道建设研究报（2017~2018）
著(编)者：余鑫 张秋生　2018年1月出版 / 定价：89.00元
PSN B-2016-557-1/1

"一带一路"蓝皮书
"一带一路"建设发展报告（2018）
著(编)者：李永全　2018年3月出版 / 定价：98.00元
PSN B-2016-552-1/1

"一带一路"投资安全蓝皮书
中国"一带一路"投资与安全研究报告（2018）
著(编)者：邹统钎 梁昊光　2018年4月出版 / 定价：98.00元
PSN B-2017-612-1/1

"一带一路"文化交流蓝皮书
中阿文化交流发展报告（2017）
著(编)者：王辉　2017年12月出版 / 定价：89.00元
PSN B-2017-655-1/1

G20国家创新竞争力黄皮书
二十国集团（G20）国家创新竞争力发展报告（2017~2018）
著(编)者：李建平 李闽榕 赵新力 周天勇
2018年7月出版 / 估价：168.00元
PSN Y-2011-229-1/1

阿拉伯黄皮书
阿拉伯发展报告（2016~2017）
著(编)者：罗林　2018年6月出版 / 估价：99.00元
PSN Y-2014-381-1/1

北部湾蓝皮书
泛北部湾合作发展报告（2017~2018）
著(编)者：吕余生　2018年12月出版 / 估价：99.00元
PSN B-2008-114-1/1

北极蓝皮书
北极地区发展报告（2017）
著(编)者：刘惠荣　2018年7月出版 / 估价：99.00元
PSN B-2017-634-1/1

大洋洲蓝皮书
大洋洲发展报告（2017~2018）
著(编)者：喻常森　2018年10月出版 / 估价：99.00元
PSN B-2013-341-1/1

东北亚区域合作蓝皮书
2017年"一带一路"倡议与东北亚区域合作
著(编)者：刘亚政 金美花
2018年5月出版 / 估价：99.00元
PSN B-2017-631-1/1

东盟黄皮书
东盟发展报告（2017）
著(编)者：杨静林 庄国土　2018年6月出版 / 估价：99.00元
PSN Y-2012-303-1/1

东南亚蓝皮书
东南亚地区发展报告（2017~2018）
著(编)者：王勤　2018年12月出版 / 估价：99.00元
PSN B-2012-240-1/1

非洲黄皮书
非洲发展报告No.20（2017~2018）
著(编)者：张宏明　2018年7月出版 / 估价：99.00元
PSN Y-2012-239-1/1

非传统安全蓝皮书
中国非传统安全研究报告（2017~2018）
著(编)者：萧枫 罗中枢　2018年8月出版 / 估价：99.00元
PSN B-2012-273-1/1

国际安全蓝皮书
中国国际安全研究报告（2018）
著(编)者：刘慧　2018年7月出版 / 估价：99.00元
PSN B-2016-521-1/1

国际城市蓝皮书
国际城市发展报告（2018）
著(编)者：屠启宇　2018年2月出版 / 估价：89.00元
PSN B-2012-260-1/1

国际形势黄皮书
全球政治与安全报告（2018）
著(编)者：张宇燕　2018年1月出版 / 定价：99.00元
PSN Y-2001-016-1/1

公共外交蓝皮书
中国公共外交发展报告（2018）
著(编)者：赵启正 雷蔚真　2018年6月出版 / 估价：99.00元
PSN B-2015-457-1/1

海丝蓝皮书
21世纪海上丝绸之路研究报告（2017）
著(编)者：华侨大学海上丝绸之路研究院
2017年12月出版 / 定价：89.00元
PSN B-2017-684-1/1

金砖国家黄皮书
金砖国家综合创新竞争力发展报告（2018）
著(编)者：赵新力 李闽榕 黄茂兴
2018年8月出版 / 估价：128.00元
PSN Y-2017-643-1/1

拉美黄皮书
拉丁美洲和加勒比发展报告（2017~2018）
著(编)者：袁东振　2018年6月出版 / 估价：99.00元
PSN Y-1999-007-1/1

澜湄合作蓝皮书
澜沧江-湄公河合作发展报告（2018）
著(编)者：刘稚　2018年9月出版 / 估价：99.00元
PSN B-2011-196-1/1

皮书系列 2018全品种
国际问题与全球治理类

欧洲蓝皮书
欧洲发展报告（2017~2018）
著（编）者：黄平 周弘 程卫东
2018年6月出版 / 估价：99.00元
PSN B-1999-009-1/1

葡语国家蓝皮书
葡语国家发展报告（2016~2017）
著（编）者：王成安 张敏 刘金兰
2018年6月出版 / 估价：99.00元
PSN B-2015-503-1/2

葡语国家蓝皮书
中国与葡语国家关系发展报告·巴西（2016）
著（编）者：张曙光
2018年8月出版 / 估价：99.00元
PSN B-2016-563-2/2

气候变化绿皮书
应对气候变化报告（2018）
著（编）者：王伟光 郑国光
2018年11月出版 / 估价：99.00元
PSN G-2009-144-1/1

全球环境竞争力绿皮书
全球环境竞争力报告（2018）
著（编）者：李建平 李闽榕 王金南
2018年12月出版 / 估价：198.00元
PSN G-2013-363-1/1

全球信息社会蓝皮书
全球信息社会发展报告（2018）
著（编）者：丁波涛 唐涛 2018年10月出版 / 估价：99.00元
PSN B-2017-665-1/1

日本经济蓝皮书
日本经济与中日经贸关系研究报告（2018）
著（编）者：张季风 2018年6月出版 / 估价：99.00元
PSN B-2008-102-1/1

上海合作组织黄皮书
上海合作组织发展报告（2018）
著（编）者：李进峰 2018年6月出版 / 估价：99.00元
PSN Y-2009-130-1/1

世界创新竞争力黄皮书
世界创新竞争力发展报告（2017）
著（编）者：李建平 李闽榕 赵新力
2018年6月出版 / 估价：168.00元
PSN Y-2013-318-1/1

世界经济黄皮书
2018年世界经济形势分析与预测
著（编）者：张宇燕 2018年1月出版 / 估价：99.00元
PSN Y-1999-006-1/1

世界能源互联互通蓝皮书
世界能源清洁发展与互联互通评估报告（2017）：欧洲篇
著（编）者：国网能源研究院
2018年1月出版 / 定价：128.00元
PSN B-2018-695-1/1

丝绸之路蓝皮书
丝绸之路经济带发展报告（2018）
著（编）者：任宗哲 白宽犁 谷孟宾
2018年1月出版 / 估价：89.00元
PSN B-2014-410-1/1

新兴经济体蓝皮书
金砖国家发展报告（2018）
著（编）者：林跃勤 周文
2018年8月出版 / 估价：99.00元
PSN B-2011-195-1/1

亚太蓝皮书
亚太地区发展报告（2018）
著（编）者：李向阳 2018年5月出版 / 估价：99.00元
PSN B-2001-015-1/1

印度洋地区蓝皮书
印度洋地区发展报告（2018）
著（编）者：汪戎 2018年6月出版 / 估价：99.00元
PSN B-2013-334-1/1

印度尼西亚经济蓝皮书
印度尼西亚经济发展报告（2017）：增长与机会
著（编）者：左志刚 2017年11月出版 / 定价：89.00元
PSN B-2017-675-1/1

渝新欧蓝皮书
渝新欧沿线国家发展报告（2018）
著（编）者：杨柏 黄森
2018年6月出版 / 估价：99.00元
PSN B-2017-626-1/1

中阿蓝皮书
中国-阿拉伯国家经贸发展报告（2018）
著（编）者：张廉 段庆林 王林聪 杨巧红
2018年12月出版 / 估价：99.00元
PSN B-2016-598-1/1

中东黄皮书
中东发展报告No.20（2017~2018）
著（编）者：杨光 2018年10月出版 / 估价：99.00元
PSN Y-1998-004-1/1

中亚黄皮书
中亚国家发展报告（2018）
著（编）者：孙力
2018年3月出版 / 定价：98.00元
PSN Y-2012-238-1/1

皮书系列
2018全品种

国别类·文化传媒类

国别类

澳大利亚蓝皮书
澳大利亚发展报告（2017-2018）
著(编)者：孙有中 韩锋　2018年12月出版 / 估价：99.00元
PSN B-2016-587-1/1

巴西黄皮书
巴西发展报告（2017）
著(编)者：刘国枝　2018年5月出版 / 估价：99.00元
PSN Y-2017-614-1/1

德国蓝皮书
德国发展报告（2018）
著(编)者：郑春荣　2018年6月出版 / 估价：99.00元
PSN B-2012-278-1/1

俄罗斯黄皮书
俄罗斯发展报告（2018）
著(编)者：李永全　2018年6月出版 / 估价：99.00元
PSN Y-2006-061-1/1

韩国蓝皮书
韩国发展报告（2017）
著(编)者：牛林杰 刘宝全　2018年6月出版 / 估价：99.00元
PSN B-2010-155-1/1

加拿大蓝皮书
加拿大发展报告（2018）
著(编)者：唐小松　2018年9月出版 / 估价：99.00元
PSN B-2014-389-1/1

美国蓝皮书
美国研究报告（2018）
著(编)者：郑秉文 黄平　2018年5月出版 / 估价：99.00元
PSN B-2011-210-1/1

缅甸蓝皮书
缅甸国情报告（2017）
著(编)者：祝湘辉
2017年11月出版 / 定价：98.00元
PSN B-2013-343-1/1

日本蓝皮书
日本研究报告（2018）
著(编)者：杨伯江　2018年4月出版 / 定价：99.00元
PSN B-2002-020-1/1

土耳其蓝皮书
土耳其发展报告（2018）
著(编)者：郭长刚 刘义　2018年9月出版 / 估价：99.00元
PSN B-2014-412-1/1

伊朗蓝皮书
伊朗发展报告（2017~2018）
著(编)者：冀开运　2018年10月 / 估价：99.00元
PSN B-2016-574-1/1

以色列蓝皮书
以色列发展报告（2018）
著(编)者：张倩红　2018年8月出版 / 估价：99.00元
PSN B-2015-483-1/1

印度蓝皮书
印度国情报告（2017）
著(编)者：吕昭义　2018年6月出版 / 估价：99.00元
PSN B-2012-241-1/1

英国蓝皮书
英国发展报告（2017~2018）
著(编)者：王展鹏　2018年12月出版 / 估价：99.00元
PSN B-2015-486-1/1

越南蓝皮书
越南国情报告（2018）
著(编)者：谢林城　2018年11月出版 / 估价：99.00元
PSN B-2006-056-1/1

泰国蓝皮书
泰国研究报告（2018）
著(编)者：庄国土 张禹东 刘文正
2018年10月出版 / 估价：99.00元
PSN B-2016-556-1/1

文化传媒类

"三农"舆情蓝皮书
中国"三农"网络舆情报告（2017~2018）
著(编)者：农业部信息中心
2018年6月出版 / 估价：99.00元
PSN B-2017-640-1/1

传媒竞争力蓝皮书
中国传媒国际竞争力研究报告（2018）
著(编)者：李本乾 刘强 王大可
2018年8月出版 / 估价：99.00元
PSN B-2013-356-1/1

传媒蓝皮书
中国传媒产业发展报告（2018）
著(编)者：崔保国
2018年5月出版 / 估价：99.00元
PSN B-2005-035-1/1

传媒投资蓝皮书
中国传媒投资发展报告（2018）
著(编)者：张向东 谭云明
2018年6月出版 / 估价：148.00元
PSN B-2015-474-1/1

皮书系列 2018全品种 — 文化传媒类

非物质文化遗产蓝皮书
中国非物质文化遗产发展报告（2018）
著(编)者：陈平　2018年6月出版 / 估价：128.00元
PSN B-2015-469-1/2

非物质文化遗产蓝皮书
中国非物质文化遗产保护发展报告（2018）
著(编)者：宋俊华　2018年10月出版 / 估价：128.00元
PSN B-2016-586-2/2

广电蓝皮书
中国广播电影电视发展报告（2018）
著(编)者：国家新闻出版广电总局发展研究中心
2018年7月出版 / 估价：99.00元
PSN B-2006-072-1/1

广告主蓝皮书
中国广告主营销传播趋势报告No.9
著(编)者：黄升民　杜国清　邵华冬　等
2018年10月出版 / 估价：158.00元
PSN B-2005-041-1/1

国际传播蓝皮书
中国国际传播发展报告（2018）
著(编)者：胡正荣　李继东　姬德强
2018年12月出版 / 估价：99.00元
PSN B-2014-408-1/1

国家形象蓝皮书
中国国家形象传播报告（2017）
著(编)者：张昆　2018年6月出版 / 估价：128.00元
PSN B-2017-605-1/1

互联网治理蓝皮书
中国网络社会治理研究报告（2018）
著(编)者：罗昕　支庭荣
2018年9月出版 / 估价：118.00元
PSN B-2017-653-1/1

纪录片蓝皮书
中国纪录片发展报告（2018）
著(编)者：何苏六　2018年10月出版 / 估价：99.00元
PSN B-2011-222-1/1

科学传播蓝皮书
中国科学传播报告（2016~2017）
著(编)者：詹正茂　2018年6月出版 / 估价：99.00元
PSN B-2008-120-1/1

两岸创意经济蓝皮书
两岸创意经济研究报告（2018）
著(编)者：罗昌智　董泽平
2018年10月出版 / 估价：99.00元
PSN B-2014-437-1/1

媒介与女性蓝皮书
中国媒介与女性发展报告（2017~2018）
著(编)者：刘利群　2018年5月出版 / 估价：99.00元
PSN B-2013-345-1/1

媒体融合蓝皮书
中国媒体融合发展报告（2017~2018）
著(编)者：梅宁华　支庭荣
2017年12月出版 / 定价：98.00元
PSN B-2015-479-1/1

全球传媒蓝皮书
全球传媒发展报告（2017~2018）
著(编)者：胡正荣　李继东　2018年6月出版 / 估价：99.00元
PSN B-2012-237-1/1

少数民族非遗蓝皮书
中国少数民族非物质文化遗产发展报告（2018）
著(编)者：肖远平（彝）　柴立（满）
2018年10月出版 / 估价：118.00元
PSN B-2015-467-1/1

视听新媒体蓝皮书
中国视听新媒体发展报告（2018）
著(编)者：国家新闻出版广电总局发展研究中心
2018年7月出版 / 估价：118.00元
PSN B-2011-184-1/1

数字娱乐产业蓝皮书
中国动画产业发展报告（2018）
著(编)者：孙立军　平平　牛兴侦
2018年10月出版 / 估价：99.00元
PSN B-2011-198-1/2

数字娱乐产业蓝皮书
中国游戏产业发展报告（2018）
著(编)者：孙立军　刘跃军　2018年10月出版 / 估价：99.00元
PSN B-2017-662-2/2

网络视听蓝皮书
中国互联网视听行业发展报告（2018）
著(编)者：陈鹏　2018年2月出版 / 定价：148.00元
PSN B-2018-688-1/1

文化创新蓝皮书
中国文化创新报告（2017·No.8）
著(编)者：傅才武　2018年6月出版 / 估价：99.00元
PSN B-2009-143-1/1

文化建设蓝皮书
中国文化发展报告（2018）
著(编)者：江畅　孙伟平　戴茂堂
2018年5月出版 / 估价：99.00元
PSN B-2014-392-1/1

文化科技蓝皮书
文化科技创新发展报告（2018）
著(编)者：于平　李凤亮　2018年10月出版 / 估价：99.00元
PSN B-2013-342-1/1

文化蓝皮书
中国公共文化服务发展报告（2017~2018）
著(编)者：刘新成　张永新　张旭
2018年12月出版 / 估价：99.00元
PSN B-2007-093-2/10

文化蓝皮书
中国少数民族文化发展报告（2017~2018）
著(编)者：武翠英　张晓明　任乌晶
2018年9月出版 / 估价：99.00元
PSN B-2013-369-9/10

文化蓝皮书
中国文化产业供需协调检测报告（2018）
著(编)者：王亚南　2018年3月出版 / 定价：99.00元
PSN B-2013-323-8/10

文化传媒类 · 地方发展类-经济

皮书系列
2018全品种

文化蓝皮书
中国文化消费需求景气评价报告（2018）
著(编)者：王亚南　2018年3月出版／定价：99.00元
PSN B-2011-236-4/10

文化蓝皮书
中国公共文化投入增长测评报告（2018）
著(编)者：王亚南　2018年3月出版／定价：99.00元
PSN B-2014-435-10/10

文化品牌蓝皮书
中国文化品牌发展报告（2018）
著(编)者：欧阳友权　2018年5月出版／估价：99.00元
PSN B-2012-277-1/1

文化遗产蓝皮书
中国文化遗产事业发展报告（2017～2018）
著(编)者：苏杨　张颖岚　卓杰　白海峰　陈晨　陈叙图
2018年8月出版／估价：99.00元
PSN B-2008-119-1/1

文学蓝皮书
中国文情报告（2017～2018）
著(编)者：白烨　2018年5月出版／估价：99.00元
PSN B-2011-221-1/1

新媒体蓝皮书
中国新媒体发展报告No.9（2018）
著(编)者：唐绪军　2018年7月出版／估价：99.00元
PSN B-2010-169-1/1

新媒体社会责任蓝皮书
中国新媒体社会责任研究报告（2018）
著(编)者：钟瑛　2018年12月出版／估价：99.00元
PSN B-2014-423-1/1

移动互联网蓝皮书
中国移动互联网发展报告（2018）
著(编)者：余清楚　2018年6月出版／估价：99.00元
PSN B-2012-282-1/1

影视蓝皮书
中国影视产业发展报告（2018）
著(编)者：司若　陈鹏　陈锐
2018年6月出版／估价：99.00元
PSN B-2016-529-1/1

舆情蓝皮书
中国社会舆情与危机管理报告（2018）
著(编)者：谢耘耕
2018年9月出版／估价：138.00元
PSN B-2011-235-1/1

中国大运河蓝皮书
中国大运河发展报告（2018）
著(编)者：吴欣　2018年2月出版／估价：128.00元
PSN B-2018-691-1/1

地方发展类-经济

澳门蓝皮书
澳门经济社会发展报告（2017～2018）
著(编)者：吴志良　郝雨凡
2018年7月出版／估价：99.00元
PSN B-2009-138-1/1

澳门绿皮书
澳门旅游休闲发展报告（2017～2018）
著(编)者：郝雨凡　林广志
2018年5月出版／估价：99.00元
PSN G-2017-617-1/1

北京蓝皮书
北京经济发展报告（2017～2018）
著(编)者：杨松　2018年6月出版／估价：99.00元
PSN B-2006-054-2/8

北京旅游绿皮书
北京旅游发展报告（2018）
著(编)者：北京旅游学会
2018年7月出版／估价：99.00元
PSN G-2012-301-1/1

北京体育蓝皮书
北京体育产业发展报告（2017～2018）
著(编)者：钟秉枢　陈杰　杨铁黎
2018年9月出版／估价：99.00元
PSN B-2015-475-1/1

滨海金融蓝皮书
滨海新区金融发展报告（2017）
著(编)者：王爱俭　李向前　2018年4月出版／估价：99.00元
PSN B-2014-424-1/1

城乡一体化蓝皮书
北京城乡一体化发展报告（2017～2018）
著(编)者：吴宝新　张宝秀　黄序
2018年5月出版／估价：99.00元
PSN B-2012-258-2/2

非公有制企业社会责任蓝皮书
北京非公有制企业社会责任报告（2018）
著(编)者：宋聘伦　冯培
2018年6月出版／估价：99.00元
PSN B-2017-613-1/1

29

皮书系列 2018全品种 　地方发展类-经济

福建旅游蓝皮书
福建省旅游产业发展现状研究（2017~2018）
著（编）者：陈敏华 黄远水　2018年12月出版 / 估价：128.00元
PSN B-2016-591-1/1

福建自贸区蓝皮书
中国（福建）自由贸易试验区发展报告（2017~2018）
著（编）者：黄茂兴　2018年6月出版 / 估价：118.00元
PSN B-2016-531-1/1

甘肃蓝皮书
甘肃经济发展分析与预测（2018）
著（编）者：安文华 罗哲　2018年1月出版 / 定价：99.00元
PSN B-2013-312-1/6

甘肃蓝皮书
甘肃商贸流通发展报告（2018）
著（编）者：张应华 王福生 王晓芳
2018年1月出版 / 定价：99.00元
PSN B-2016-522-6/6

甘肃蓝皮书
甘肃县域和农村发展报告（2018）
著（编）者：包东红 朱智文 王建兵
2018年1月出版 / 定价：99.00元
PSN B-2013-316-5/6

甘肃农业科技绿皮书
甘肃农业科技发展研究报告（2018）
著（编）者：魏胜文 乔德华 张东伟
2018年12月出版 / 估价：198.00元
PSN B-2016-592-1/1

甘肃气象保障蓝皮书
甘肃农业对气候变化的适应与风险评估报告（No.1）
著（编）者：鲍文中 周广胜
2017年12月出版 / 定价：108.00元
PSN B-2017-677-1/1

巩义蓝皮书
巩义经济社会发展报告（2018）
著（编）者：丁同民 朱军　2018年6月出版 / 估价：99.00元
PSN B-2016-532-1/1

广东外经贸蓝皮书
广东对外经济贸易发展研究报告（2017~2018）
著（编）者：陈万灵　2018年6月出版 / 估价：99.00元
PSN B-2012-286-1/1

广西北部湾经济区蓝皮书
广西北部湾经济区开放开发报告（2017~2018）
著（编）者：广西壮族自治区北部湾经济区和东盟开放合作办公室
　　　　　广西社会科学院
　　　　　广西北部湾发展研究院
2018年5月出版 / 定价：99.00元
PSN B-2010-181-1/1

广州蓝皮书
广州城市国际化发展报告（2018）
著（编）者：张跃国　2018年8月出版 / 估价：99.00元
PSN B-2012-246-11/14

广州蓝皮书
中国广州城市建设与管理发展报告（2018）
著（编）者：张其学 陈小钢 王宏伟　2018年8月出版 / 估价：99.00元
PSN B-2007-087-4/14

广州蓝皮书
广州创新型城市发展报告（2018）
著（编）者：尹涛　2018年6月出版 / 估价：99.00元
PSN B-2012-247-12/14

广州蓝皮书
广州经济发展报告（2018）
著（编）者：张跃国 尹涛　2018年7月出版 / 估价：99.00元
PSN B-2005-040-1/14

广州蓝皮书
2018年中国广州经济形势分析与预测
著（编）者：魏明海 谢博能 李华
2018年6月出版 / 估价：99.00元
PSN B-2011-185-9/14

广州蓝皮书
中国广州科技创新发展报告（2018）
著（编）者：于欣伟 陈爽 邓佑满　2018年8月出版 / 估价：99.00元
PSN B-2006-065-2/14

广州蓝皮书
广州农村发展报告（2018）
著（编）者：朱名宏　2018年7月出版 / 估价：99.00元
PSN B-2010-167-8/14

广州蓝皮书
广州汽车产业发展报告（2018）
著（编）者：杨再高 冯兴亚　2018年7月出版 / 估价：99.00元
PSN B-2006-066-3/14

广州蓝皮书
广州商贸业发展报告（2018）
著（编）者：张跃国 陈杰 荀振英
2018年7月出版 / 估价：99.00元
PSN B-2012-245-10/14

贵阳蓝皮书
贵阳城市创新发展报告No.3（白云篇）
著（编）者：连玉明　2018年5月出版 / 估价：99.00元
PSN B-2015-491-3/10

贵阳蓝皮书
贵阳城市创新发展报告No.3（观山湖篇）
著（编）者：连玉明　2018年5月出版 / 估价：99.00元
PSN B-2015-497-9/10

贵阳蓝皮书
贵阳城市创新发展报告No.3（花溪篇）
著（编）者：连玉明　2018年5月出版 / 估价：99.00元
PSN B-2015-490-2/10

贵阳蓝皮书
贵阳城市创新发展报告No.3（开阳篇）
著（编）者：连玉明　2018年5月出版 / 估价：99.00元
PSN B-2015-492-4/10

贵阳蓝皮书
贵阳城市创新发展报告No.3（南明篇）
著（编）者：连玉明　2018年5月出版 / 估价：99.00元
PSN B-2015-496-8/10

贵阳蓝皮书
贵阳城市创新发展报告No.3（清镇篇）
著（编）者：连玉明　2018年5月出版 / 估价：99.00元
PSN B-2015-489-1/10

地方发展类-经济

皮书系列 2018全品种

贵阳蓝皮书
贵阳城市创新发展报告No.3（乌当篇）
著（编）者：连玉明　2018年5月出版 / 估价：99.00元
PSN B-2015-495-7/10

贵阳蓝皮书
贵阳城市创新发展报告No.3（息烽篇）
著（编）者：连玉明　2018年5月出版 / 估价：99.00元
PSN B-2015-493-5/10

贵阳蓝皮书
贵阳城市创新发展报告No.3（修文篇）
著（编）者：连玉明　2018年5月出版 / 估价：99.00元
PSN B-2015-494-6/10

贵阳蓝皮书
贵阳城市创新发展报告No.3（云岩篇）
著（编）者：连玉明　2018年5月出版 / 估价：99.00元
PSN B-2015-498-10/10

贵州房地产蓝皮书
贵州房地产发展报告No.5（2018）
著（编）者：武廷方　2018年7月出版 / 估价：99.00元
PSN B-2014-426-1/1

贵州蓝皮书
贵州册亨经济社会发展报告（2018）
著（编）者：黄德林　2018年6月出版 / 估价：99.00元
PSN B-2016-525-8/9

贵州蓝皮书
贵州地理标志产业发展报告（2018）
著（编）者：李发耀　黄其松　2018年8月出版 / 估价：99.00元
PSN B-2017-646-10/10

贵州蓝皮书
贵安新区发展报告（2017~2018）
著（编）者：马长青　吴大华　2018年6月出版 / 估价：99.00元
PSN B-2015-459-4/10

贵州蓝皮书
贵州国家级开放创新平台发展报告（2017~2018）
著（编）者：申晓庆　吴大华　季泓
2018年11月出版 / 估价：99.00元
PSN B-2016-518-7/10

贵州蓝皮书
贵州国有企业社会责任发展报告（2017~2018）
著（编）者：郭丽　2018年12月出版 / 估价：99.00元
PSN B-2015-511-6/10

贵州蓝皮书
贵州民航业发展报告（2017）
著（编）者：申振东　吴大华　2018年6月出版 / 估价：99.00元
PSN B-2015-471-5/10

贵州蓝皮书
贵州民营经济发展报告（2017）
著（编）者：杨静　吴大华　2018年6月出版 / 估价：99.00元
PSN B-2016-530-9/9

杭州都市圈蓝皮书
杭州都市圈发展报告（2018）
著（编）者：洪庆华　沈翔　2018年4月出版 / 定价：98.00元
PSN B-2012-302-1/1

河北经济蓝皮书
河北省经济发展报告（2018）
著（编）者：马树强　金浩　张贵　2018年6月出版 / 估价：99.00元
PSN B-2014-380-1/1

河北蓝皮书
河北经济社会发展报告（2018）
著（编）者：康振海　2018年1月出版 / 定价：99.00元
PSN B-2014-372-1/3

河北蓝皮书
京津冀协同发展报告（2018）
著（编）者：陈璐　2017年12月出版 / 定价：79.00元
PSN B-2017-601-2/3

河南经济蓝皮书
2018年河南经济形势分析与预测
著（编）者：王世炎　2018年3月出版 / 定价：89.00元
PSN B-2007-086-1/1

河南蓝皮书
河南城市发展报告（2018）
著（编）者：张占仓　王建国　2018年5月出版 / 估价：99.00元
PSN B-2009-131-3/9

河南蓝皮书
河南工业发展报告（2018）
著（编）者：张占仓　2018年5月出版 / 估价：99.00元
PSN B-2013-317-5/9

河南蓝皮书
河南金融发展报告（2018）
著（编）者：喻新安　谷建全
2018年6月出版 / 估价：99.00元
PSN B-2014-390-7/9

河南蓝皮书
河南经济发展报告（2018）
著（编）者：张占仓　完世伟
2018年6月出版 / 估价：99.00元
PSN B-2010-157-4/9

河南蓝皮书
河南能源发展报告（2018）
著（编）者：国网河南省电力公司经济技术研究院　河南省社会科学院
2018年6月出版 / 估价：99.00元
PSN B-2017-607-9/9

河南商务蓝皮书
河南商务发展报告（2018）
著（编）者：焦锦淼　穆荣国　2018年5月出版 / 估价：99.00元
PSN B-2014-399-1/1

河南双创蓝皮书
河南创新创业发展报告（2018）
著（编）者：喻新安　杨雪梅
2018年8月出版 / 估价：99.00元
PSN B-2017-641-1/1

黑龙江蓝皮书
黑龙江经济发展报告（2018）
著（编）者：朱宇　2018年1月出版 / 定价：89.00元
PSN B-2011-190-2/2

31

皮书系列 2018全品种 — 地方发展类-经济

湖南城市蓝皮书
区域城市群整合
著(编)者：童中贤 韩未名　2018年12月出版 / 估价：99.00元
PSN B-2006-064-1/1

湖南蓝皮书
湖南城乡一体化发展报告（2018）
著(编)者：陈文胜 王文强 陆福兴
2018年8月出版 / 估价：99.00元
PSN B-2015-477-8/8

湖南蓝皮书
2018年湖南电子政务发展报告
著(编)者：梁志峰　2018年5月出版 / 估价：128.00元
PSN B-2014-394-6/8

湖南蓝皮书
2018年湖南经济发展报告
著(编)者：卞鹰　2018年5月出版 / 估价：128.00元
PSN B-2011-207-2/8

湖南蓝皮书
2016年湖南经济展望
著(编)者：梁志峰　2018年5月出版 / 估价：128.00元
PSN B-2011-206-1/8

湖南蓝皮书
2018年湖南县域经济社会发展报告
著(编)者：梁志峰　2018年5月出版 / 估价：128.00元
PSN B-2014-395-7/8

湖南县域绿皮书
湖南县域发展报告（No.5）
著(编)者：袁准 周小毛 黎仁寅
2018年6月出版 / 估价：99.00元
PSN G-2012-274-1/1

沪港蓝皮书
沪港发展报告（2018）
著(编)者：尤安山　2018年9月出版 / 估价：99.00元
PSN B-2013-362-1/1

吉林蓝皮书
2018年吉林经济社会形势分析与预测
著(编)者：邵汉明　2017年12月出版 / 定价：89.00元
PSN B-2013-319-1/1

吉林省城市竞争力蓝皮书
吉林省城市竞争力报告（2017~2018）
著(编)者：崔岳春 张磊
2018年3月出版 / 定价：89.00元
PSN B-2016-513-1/1

济源蓝皮书
济源经济社会发展报告（2018）
著(编)者：喻新安　2018年6月出版 / 估价：99.00元
PSN B-2014-387-1/1

江苏蓝皮书
2018年江苏经济发展分析与展望
著(编)者：王庆五 吴先满
2018年7月出版 / 估价：128.00元
PSN B-2017-635-1/3

江西蓝皮书
江西经济社会发展报告（2018）
著(编)者：陈石俊 龚建文　2018年10月出版 / 估价：128.00元
PSN B-2015-484-1/2

江西蓝皮书
江西设区市发展报告（2018）
著(编)者：姜玮 梁勇
2018年10月出版 / 估价：99.00元
PSN B-2016-517-2/2

经济特区蓝皮书
中国经济特区发展报告（2017）
著(编)者：陶一桃　2018年1月出版 / 估价：99.00元
PSN B-2009-139-1/1

辽宁蓝皮书
2018年辽宁经济社会形势分析与预测
著(编)者：梁启东 魏红江　2018年6月出版 / 估价：99.00元
PSN B-2006-053-1/1

民族经济蓝皮书
中国民族地区经济发展报告（2018）
著(编)者：李曦辉　2018年7月出版 / 估价：99.00元
PSN B-2017-630-1/1

南宁蓝皮书
南宁经济发展报告（2018）
著(编)者：胡建华　2018年9月出版 / 估价：99.00元
PSN B-2016-569-2/3

内蒙古蓝皮书
内蒙古精准扶贫研究报告（2018）
著(编)者：张志华　2018年1月出版 / 定价：89.00元
PSN B-2017-681-2/2

浦东新区蓝皮书
上海浦东经济发展报告（2018）
著(编)者：周小平 徐美芳
2018年1月出版 / 估价：89.00元
PSN B-2011-225-1/1

青海蓝皮书
2018年青海经济社会形势分析与预测
著(编)者：陈玮　2018年1月出版 / 定价：98.00元
PSN B-2012-275-1/2

青海科技绿皮书
青海科技发展报告（2017）
著(编)者：青海省科学技术信息研究所
2018年3月出版 / 定价：98.00元
PSN G-2018-701-1/1

山东蓝皮书
山东经济形势分析与预测（2018）
著(编)者：李广杰　2018年7月出版 / 估价：99.00元
PSN B-2014-404-1/5

山东蓝皮书
山东省普惠金融发展报告（2018）
著(编)者：齐鲁财富网
2018年9月出版 / 估价：99.00元
PSN B2017-676-5/5

地方发展类-经济

皮书系列
2018全品种

山西蓝皮书
山西资源型经济转型发展报告（2018）
著(编)者：李志强　2018年7月出版／估价：99.00元
PSN B-2011-197-1/1

陕西蓝皮书
陕西经济发展报告（2018）
著(编)者：任宗哲　白宽犁　裴成荣
2018年1月出版／定价：89.00元
PSN B-2009-135-1/6

陕西蓝皮书
陕西精准脱贫研究报告（2018）
著(编)者：任宗哲　白宽犁　王建康
2018年4月出版／定价：89.00元
PSN B-2017-623-6/6

上海蓝皮书
上海经济发展报告（2018）
著(编)者：沈开艳　2018年2月出版／定价：89.00元
PSN B-2006-057-1/7

上海蓝皮书
上海资源环境发展报告（2018）
著(编)者：周冯琦　胡静　2018年2月出版／定价：89.00元
PSN B-2006-060-4/7

上海蓝皮书
上海奉贤经济发展分析与研判（2017～2018）
著(编)者：张兆安　朱平芳　2018年3月出版／定价：99.00元
PSN B-2018-698-8/8

上饶蓝皮书
上饶发展报告（2016～2017）
著(编)者：廖其志　2018年6月出版／估价：128.00元
PSN B-2014-377-1/1

深圳蓝皮书
深圳经济发展报告（2018）
著(编)者：张骁儒　2018年6月出版／估价：99.00元
PSN B-2008-112-3/7

四川蓝皮书
四川城镇化发展报告（2018）
著(编)者：侯水平　陈炜　2018年6月出版／估价：99.00元
PSN B-2015-456-7/7

四川蓝皮书
2018年四川经济形势分析与预测
著(编)者：杨钢　2018年1月出版／定价：158.00元
PSN B-2007-098-2/7

四川蓝皮书
四川企业社会责任研究报告（2017～2018）
著(编)者：侯水平　盛毅　2018年5月出版／估价：99.00元
PSN B-2014-386-4/7

四川蓝皮书
四川生态建设报告（2018）
著(编)者：李晟之　2018年5月出版／估价：99.00元
PSN B-2015-455-6/7

四川蓝皮书
四川特色小镇发展报告（2017）
著(编)者：吴志强　2017年11月出版／定价：89.00元
PSN B-2017-670-8/8

体育蓝皮书
上海体育产业发展报告（2017~2018）
著(编)者：张林　黄海燕
2018年10月出版／估价：99.00元
PSN B-2015-454-4/5

体育蓝皮书
长三角地区体育产业发展报告（2017～2018）
著(编)者：张林　2018年6月出版／估价：99.00元
PSN B-2015-453-3/5

天津金融蓝皮书
天津金融发展报告（2018）
著(编)者：王爱俭　孔德昌
2018年5月出版／估价：99.00元
PSN B-2014-418-1/1

图们江区域合作蓝皮书
图们江区域合作发展报告（2018）
著(编)者：李铁　2018年6月出版／估价：99.00元
PSN B-2015-464-1/1

温州蓝皮书
2018年温州经济社会形势分析与预测
著(编)者：蒋儒标　王春光　金浩
2018年6月出版／估价：99.00元
PSN B-2008-105-1/1

西咸新区蓝皮书
西咸新区发展报告（2018）
著(编)者：李扬　王军
2018年6月出版／估价：99.00元
PSN B-2016-534-1/1

修武蓝皮书
修武经济社会发展报告（2018）
著(编)者：张占仓　袁凯声
2018年10月出版／估价：99.00元
PSN B-2017-651-1/1

偃师蓝皮书
偃师经济社会发展报告（2018）
著(编)者：张占仓　袁凯声　何武周
2018年7月出版／估价：99.00元
PSN B-2017-627-1/1

扬州蓝皮书
扬州经济社会发展报告（2018）
著(编)者：陈扬
2018年12月出版／估价：108.00元
PSN B-2011-191-1/1

长垣蓝皮书
长垣经济社会发展报告（2018）
著(编)者：张占仓　袁凯声　秦保建
2018年10月出版／估价：99.00元
PSN B-2017-654-1/1

遵义蓝皮书
遵义发展报告（2018）
著(编)者：邓彦　曾征　龚永育
2018年9月出版／估价：99.00元
PSN B-2014-433-1/1

地方发展类-社会

安徽蓝皮书
安徽社会发展报告（2018）
著（编）者：程桦　2018年6月出版／估价：99.00元
PSN B-2013-325-1/1

安徽社会建设蓝皮书
安徽社会建设分析报告（2017~2018）
著（编）者：黄家海　蔡宪
2018年11月出版／估价：99.00元
PSN B-2013-322-1/1

北京蓝皮书
北京公共服务发展报告（2017~2018）
著（编）者：施昌奎　2018年6月出版／估价：99.00元
PSN B-2008-103-7/8

北京蓝皮书
北京社会发展报告（2017~2018）
著（编）者：李伟东
2018年7月出版／估价：99.00元
PSN B-2006-055-3/8

北京蓝皮书
北京社会治理发展报告（2017~2018）
著（编）者：殷星辰　2018年7月出版／估价：99.00元
PSN B-2014-391-8/8

北京律师蓝皮书
北京律师发展报告No.4（2018）
著（编）者：王隽　2018年12月出版／估价：99.00元
PSN B-2011-217-1/1

北京人才蓝皮书
北京人才发展报告（2018）
著（编）者：敏华　2018年12月出版／估价：128.00元
PSN B-2011-201-1/1

北京社会心态蓝皮书
北京社会心态分析报告（2017~2018）
著（编）者：北京市社会心理服务促进中心
2018年10月出版／估价：99.00元
PSN B-2014-422-1/1

北京社会组织管理蓝皮书
北京社会组织发展与管理（2018）
著（编）者：黄江松
2018年6月出版／估价：99.00元
PSN B-2015-446-1/1

北京养老产业蓝皮书
北京居家养老发展报告（2018）
著（编）者：陆杰华　周明明
2018年8月出版／估价：99.00元
PSN B-2015-465-1/1

法治蓝皮书
四川依法治省年度报告No.4（2018）
著（编）者：李林　杨天宗　田禾
2018年3月出版／估价：118.00元
PSN B-2015-447-2/3

福建妇女发展蓝皮书
福建省妇女发展报告（2018）
著（编）者：刘群英　2018年11月出版／估价：99.00元
PSN B-2011-220-1/1

甘肃蓝皮书
甘肃社会发展分析与预测（2018）
著（编）者：安文华　谢增虎　包晓霞
2018年1月出版／定价：99.00元
PSN B-2013-313-2/6

广东蓝皮书
广东全面深化改革研究报告（2018）
著（编）者：周林生　涂成林
2018年12月出版／估价：99.00元
PSN B-2015-504-3/3

广东蓝皮书
广东社会工作发展报告（2018）
著（编）者：罗观翠　2018年6月出版／估价：99.00元
PSN B-2014-402-2/3

广州蓝皮书
广州青年发展报告（2018）
著（编）者：徐柳　张强
2018年8月出版／估价：99.00元
PSN B-2013-352-13/14

广州蓝皮书
广州社会保障发展报告（2018）
著（编）者：张跃国　2018年8月出版／估价：99.00元
PSN B-2014-425-14/14

广州蓝皮书
2018年中国广州社会形势分析与预测
著（编）者：张强　郭志勇　何镜清
2018年6月出版／估价：99.00元
PSN B-2008-110-5/14

贵州蓝皮书
贵州法治发展报告（2018）
著（编）者：吴大华　2018年5月出版／估价：99.00元
PSN B-2012-254-2/10

贵州蓝皮书
贵州人才发展报告（2017）
著（编）者：于杰　吴大华
2018年9月出版／估价：99.00元
PSN B-2014-382-3/10

贵州蓝皮书
贵州社会发展报告（2018）
著（编）者：王兴骥　2018年6月出版／估价：99.00元
PSN B-2010-166-1/10

杭州蓝皮书
杭州妇女发展报告（2018）
著（编）者：魏颖
2018年10月出版／估价：99.00元
PSN B-2014-403-1/1

地方发展类-社会

皮书系列
2018全品种

河北蓝皮书
河北法治发展报告（2018）
著(编)者：康振海　2018年6月出版 / 估价：99.00元
PSN B-2017-622-3/3

河北食品药品安全蓝皮书
河北食品药品安全研究报告（2018）
著(编)者：丁锦霞
2018年10月出版　估价：99.00元
PSN B-2015-473-1/1

河南蓝皮书
河南法治发展报告（2018）
著(编)者：张林海　2018年7月出版 / 估价：99.00元
PSN B-2014-376-6/9

河南蓝皮书
2018年河南社会形势分析与预测
著(编)者：牛苏林　2018年5月出版 / 估价：99.00元
PSN B-2005-043-1/9

河南民办教育蓝皮书
河南民办教育发展报告（2018）
著(编)者：胡大白　2018年9月出版 / 估价：99.00元
PSN B-2017-642-1/1

黑龙江蓝皮书
黑龙江社会发展报告（2018）
著(编)者：王爱丽　2018年1月出版 / 定价：89.00元
PSN B-2011-189-1/2

湖南蓝皮书
2018年湖南两型社会与生态文明建设报告
著(编)者：卞鹰　2018年5月出版 / 估价：128.00元
PSN B-2011-208-3/8

湖南蓝皮书
2018年湖南社会发展报告
著(编)者：卞鹰　2018年5月出版 / 估价：128.00元
PSN B-2014-393-5/8

健康城市蓝皮书
北京健康城市建设研究报告（2018）
著(编)者：王鸿春　盛继洪
2018年9月出版　估价：99.00元
PSN B-2015-460-1/2

江苏法治蓝皮书
江苏法治发展报告No.6（2017）
著(编)者：蔡道通　龚廷泰
2018年8月出版 / 估价：99.00元
PSN B-2012-290-1/1

江苏蓝皮书
2018年江苏社会发展分析与展望
著(编)者：王庆五　刘旺洪
2018年8月出版　估价：128.00元
PSN B-2017-636-2/3

民族教育蓝皮书
中国民族教育发展报告（2017·内蒙古卷）
著(编)者：陈中永
2017年12月出版 / 定价：198.00元
PSN B-2017-669-1/1

南宁蓝皮书
南宁法治发展报告（2018）
著(编)者：杨维超　2018年12月出版 / 估价：99.00元
PSN B-2015-509-1/3

南宁蓝皮书
南宁社会发展报告（2018）
著(编)者：胡建华　2018年10月出版 / 估价：99.00元
PSN B-2016-570-3/3

内蒙古蓝皮书
内蒙古反腐倡廉建设报告 No.2
著(编)者：张志华　2018年6月出版 / 估价：99.00元
PSN B-2013-365-1/1

青海蓝皮书
2018年青海人才发展报告
著(编)者：王宇燕　2018年9月出版 / 估价：99.00元
PSN B-2017-650-2/2

青海生态文明建设蓝皮书
青海生态文明建设报告（2018）
著(编)者：张西明　高华　2018年12月出版 / 估价：99.00元
PSN B-2016-595-1/1

人口与健康蓝皮书
深圳人口与健康发展报告（2018）
著(编)者：陆杰华　傅崇辉
2018年11月出版 / 估价：99.00元
PSN B-2011-228-1/1

山东蓝皮书
山东社会形势分析与预测（2018）
著(编)者：李善峰　2018年6月出版 / 估价：99.00元
PSN B-2014-405-2/5

陕西蓝皮书
陕西社会发展报告（2018）
著(编)者：任宗哲　白宽犁　牛昉
2018年1月出版 / 定价：89.00元
PSN B-2009-136-2/6

上海蓝皮书
上海法治发展报告（2018）
著(编)者：叶必丰　2018年9月出版 / 估价：99.00元
PSN B-2012-296-6/7

上海蓝皮书
上海社会发展报告（2018）
著(编)者：杨雄　周海旺
2018年2月出版 / 定价：89.00元
PSN B-2006-058-2/7

皮书系列 2018全品种

地方发展类-社会 · 地方发展类-文化

社会建设蓝皮书
2018年北京社会建设分析报告
著(编)者：宋贵伦 冯虹　2018年9月出版／估价：99.00元
PSN B-2010-173-1/1

深圳蓝皮书
深圳法治发展报告（2018）
著(编)者：张骁儒　2018年6月出版／估价：99.00元
PSN B-2015-470-6/7

深圳蓝皮书
深圳劳动关系发展报告（2018）
著(编)者：汤庭芬　2018年8月出版／估价：99.00元
PSN B-2007-097-2/7

深圳蓝皮书
深圳社会治理与发展报告（2018）
著(编)者：张骁儒　2018年6月出版／估价：99.00元
PSN B-2008-113-4/7

生态安全绿皮书
甘肃国家生态安全屏障建设发展报告（2018）
著(编)者：刘举科 喜文华
2018年10月出版／估价：99.00元
PSN G-2017-659-1/1

顺义社会建设蓝皮书
北京市顺义区社会建设发展报告（2018）
著(编)者：王学武　2018年9月出版／估价：99.00元
PSN B-2017-658-1/1

四川蓝皮书
四川法治发展报告（2018）
著(编)者：郑泰安　2018年6月出版／估价：99.00元
PSN B-2015-441-5/7

四川蓝皮书
四川社会发展报告（2018）
著(编)者：李羚　2018年6月出版／估价：99.00元
PSN B-2008-127-3/7

四川社会工作与管理蓝皮书
四川省社会工作人力资源发展报告（2017）
著(编)者：边慧敏　2017年12月出版／定价：89.00元
PSN B-2017-683-1/1

云南社会治理蓝皮书
云南社会治理年度报告（2017）
著(编)者：晏雄 韩全芳
2018年5月出版／估价：99.00元
PSN B-2017-667-1/1

地方发展类-文化

北京传媒蓝皮书
北京新闻出版广电发展报告（2017~2018）
著(编)者：王志　2018年11月出版／估价：99.00元
PSN B-2016-588-1/1

北京蓝皮书
北京文化发展报告（2017~2018）
著(编)者：李建盛　2018年5月出版／估价：99.00元
PSN B-2007-082-4/8

创意城市蓝皮书
北京文化创意产业发展报告（2018）
著(编)者：郭万超 张京成　2018年12月出版／估价：99.00元
PSN B-2012-263-1/7

创意城市蓝皮书
天津文化创意产业发展报告（2017~2018）
著(编)者：谢思全　2018年6月出版／估价：99.00元
PSN B-2016-536-7/7

创意城市蓝皮书
武汉文化创意产业发展报告（2018）
著(编)者：黄永林 陈汉桥　2018年12月出版／估价：99.00元
PSN B-2013-354-4/7

创意上海蓝皮书
上海文化创意产业发展报告（2017~2018）
著(编)者：王慧敏 王兴全　2018年8月出版／估价：99.00元
PSN B-2016-561-1/1

非物质文化遗产蓝皮书
广州市非物质文化遗产保护发展报告（2018）
著(编)者：宋俊华　2018年12月出版／估价：99.00元
PSN B-2016-589-1/1

甘肃蓝皮书
甘肃文化发展分析与预测（2018）
著(编)者：马廷旭 戚晓萍　2018年1月出版／定价：99.00元
PSN B-2013-314-3/6

甘肃蓝皮书
甘肃舆情分析与预测（2018）
著(编)者：王俊莲 张谦元　2018年1月出版／定价：99.00元
PSN B-2013-315-4/6

广州蓝皮书
中国广州文化发展报告（2018）
著(编)者：屈哨兵 陆志强　2018年6月出版／估价：99.00元
PSN B-2009-134-7/14

广州蓝皮书
广州文化创意产业发展报告（2018）
著(编)者：徐咏虹　2018年7月出版／估价：99.00元
PSN B-2008-111-6/14

海淀蓝皮书
海淀区文化和科技融合发展报告（2018）
著(编)者：陈名杰 孟景伟　2018年5月出版／估价：99.00元
PSN B-2013-329-1/1

地方发展类-文化

河南蓝皮书
河南文化发展报告(2018)
著(编)者：卫绍生　2018年7月出版 / 估价：99.00元
PSN B-2008-106-2/9

湖北文化产业蓝皮书
湖北省文化产业发展报告(2018)
著(编)者：黄晓华　2018年9月出版 / 估价：99.00元
PSN B-2017-656-1/1

湖北文化蓝皮书
湖北文化发展报告(2017~2018)
著(编)者：湖北大学高等人文研究院
　　　　　中华文化发展湖北省协同创新中心
2018年10月出版 / 估价：99.00元
PSN B-2016-566-1/1

江苏蓝皮书
2018年江苏文化发展分析与展望
著(编)者：王庆五　樊和平　2018年9月出版 / 估价：128.00元
PSN B-2017-637-3/3

江西文化蓝皮书
江西非物质文化遗产发展报告(2018)
著(编)者：张圣才　傅安平　2018年12月出版 / 估价：128.00元
PSN B-2015-499-1/1

洛阳蓝皮书
洛阳文化发展报告(2018)
著(编)者：刘福兴　陈启明　2018年7月出版 / 估价：99.00元
PSN B-2015-476-1/1

南京蓝皮书
南京文化发展报告(2018)
著(编)者：中共南京市委宣传部
2018年12月出版 / 估价：99.00元
PSN B-2014-439-1/1

宁波文化蓝皮书
宁波"一人一艺"全民艺术普及发展报告(2017)
著(编)者：张爱琴　2018年11月出版 / 估价：128.00元
PSN B-2017-668-1/1

山东蓝皮书
山东文化发展报告(2018)
著(编)者：涂可国　2018年5月出版 / 估价：99.00元
PSN B-2014-406-3/5

陕西蓝皮书
陕西文化发展报告(2018)
著(编)者：任宗哲　白宽犁　王长寿
2018年1月出版 / 定价：89.00元
PSN B-2009-137-3/6

上海蓝皮书
上海传媒发展报告(2018)
著(编)者：强荧　焦雨虹　2018年2月出版 / 定价：89.00元
PSN B-2012-295-5/7

上海蓝皮书
上海文学发展报告(2018)
著(编)者：陈圣来　2018年6月出版 / 估价：99.00元
PSN B-2012-297-7/7

上海蓝皮书
上海文化发展报告(2018)
著(编)者：荣跃明　2018年6月出版 / 估价：99.00元
PSN B-2006-059-3/7

深圳蓝皮书
深圳文化发展报告(2018)
著(编)者：张骁儒　2018年7月出版 / 估价：99.00元
PSN B-2016-554-7/7

四川蓝皮书
四川文化产业发展报告(2018)
著(编)者：向宝云　张立伟　2018年6月出版 / 估价：99.00元
PSN B-2006-074-1/7

郑州蓝皮书
2018年郑州文化发展报告
著(编)者：王哲　2018年9月出版 / 估价：99.00元
PSN B-2008-107-1/1

社会科学文献出版社　　**皮书系列**

❖ 皮书起源 ❖

"皮书"起源于十七、十八世纪的英国,主要指官方或社会组织正式发表的重要文件或报告,多以"白皮书"命名。在中国,"皮书"这一概念被社会广泛接受,并被成功运作、发展成为一种全新的出版形态,则源于中国社会科学院社会科学文献出版社。

❖ 皮书定义 ❖

皮书是对中国与世界发展状况和热点问题进行年度监测,以专业的角度、专家的视野和实证研究方法,针对某一领域或区域现状与发展态势展开分析和预测,具备原创性、实证性、专业性、连续性、前沿性、时效性等特点的公开出版物,由一系列权威研究报告组成。

❖ 皮书作者 ❖

皮书系列的作者以中国社会科学院、著名高校、地方社会科学院的研究人员为主,多为国内一流研究机构的权威专家学者,他们的看法和观点代表了学界对中国与世界的现实和未来最高水平的解读与分析。

❖ 皮书荣誉 ❖

皮书系列已成为社会科学文献出版社的著名图书品牌和中国社会科学院的知名学术品牌。2016年,皮书系列正式列入"十三五"国家重点出版规划项目;2013~2018年,重点皮书列入中国社会科学院承担的国家哲学社会科学创新工程项目;2018年,59种院外皮书使用"中国社会科学院创新工程学术出版项目"标识。

中国皮书网

（网址：www.pishu.cn）

发布皮书研创资讯，传播皮书精彩内容
引领皮书出版潮流，打造皮书服务平台

栏目设置

关于皮书：何谓皮书、皮书分类、皮书大事记、皮书荣誉、
        皮书出版第一人、皮书编辑部
最新资讯：通知公告、新闻动态、媒体聚焦、网站专题、视频直播、下载专区
皮书研创：皮书规范、皮书选题、皮书出版、皮书研究、研创团队
皮书评奖评价：指标体系、皮书评价、皮书评奖
互动专区：皮书说、社科数托邦、皮书微博、留言板

所获荣誉

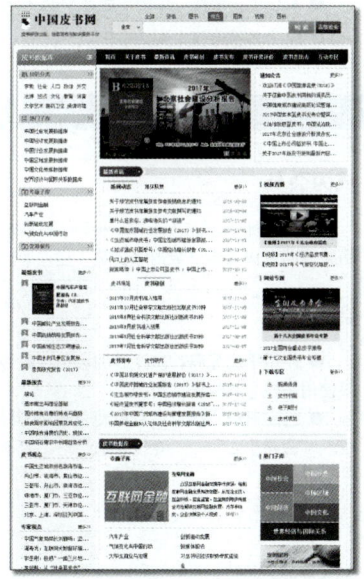

2008年、2011年，中国皮书网均在全国新闻出版业网站荣誉评选中获得"最具商业价值网站"称号；

2012年，获得"出版业网站百强"称号。

网库合一

2014年，中国皮书网与皮书数据库端口合一，实现资源共享。

权威报告·一手数据·特色资源

皮书数据库
ANNUAL REPORT(YEARBOOK) DATABASE

当代中国经济与社会发展高端智库平台

所获荣誉

- 2016年，入选"'十三五'国家重点电子出版物出版规划骨干工程"
- 2015年，荣获"搜索中国正能量 点赞2015""创新中国科技创新奖"
- 2013年，荣获"中国出版政府奖·网络出版物奖"提名奖
- 连续多年荣获中国数字出版博览会"数字出版·优秀品牌"奖

WWW.PISHU.COM.CN

成为会员

通过网址www.pishu.com.cn或使用手机扫描二维码进入皮书数据库网站，进行手机号码验证或邮箱验证即可成为皮书数据库会员（建议通过手机号码快速验证注册）。

会员福利

- 使用手机号码首次注册的会员，账号自动充值100元体验金，可直接购买和查看数据库内容（仅限使用手机号码快速注册）。
- 已注册用户购书后可免费获赠100元皮书数据库充值卡。刮开充值卡涂层获取充值密码，登录并进入"会员中心"—"在线充值"—"充值卡充值"，充值成功后即可购买和查看数据库内容。

数据库服务热线：400-008-6695　　　　图书销售热线：010-59367070/7028
数据库服务QQ：2475522410　　　　　　图书服务QQ：1265056568
数据库服务邮箱：database@ssap.cn　　　图书服务邮箱：duzhe@ssap.cn

更多信息请登录

皮书数据库
http://www.pishu.com.cn

中国皮书网
http://www.pishu.cn

皮书微博
http://weibo.com/pishu

皮书微信"皮书说"

请到当当、亚马逊、京东或各地书店购买，也可办理邮购

咨询／邮购电话：010-59367028　59367070
邮　　箱：duzhe@ssap.cn
邮购地址：北京市西城区北三环中路甲29号院3号楼
　　　　　华龙大厦13层读者服务中心
邮　　编：100029
银行户名：社会科学文献出版社
开户银行：中国工商银行北京北太平庄支行
账　　号：0200010019200365434

3. 汇聚人才资源，引领重点领域，实现产、学、研有效对接

人才是提高产业竞争力的关键。随着中部崛起战略、长江经济带和"中三角"发展战略的确立，武汉市作为中部地区的中心城市和对接"一带一路"的重要内陆城市，其区位优势更为突出。要充分发挥这一优势，培养引进一批善于开拓文化新领域的拔尖人才、掌握现代传媒技术的专门人才、懂经营善管理的复合型人才、适应文化"走出去"需要的国际化人才，打造全球文化创意产业的人才高地。

倾力做好数字创意产业的"内孵"和"外引"工作。其一，鼓励更多的高校及科研单位开设文化产业相关专业，增加人才储备。在课堂设置上，要充分结合经济学、管理学、历史学、美学、文学等学科及互联网知识，探索大类培养和交叉学科建设，培养高技能的跨学科复合型前沿人才。在培养模式上，尝试高校与文化企业合作，"订单式"培养高端数字文化创意人才。其二，深化与华中师范大学、华中科技大学、武汉大学等部属高校的合作，运用产、学、研一体化模式为湖北数字创意产业发展培养高端创新人才和经营管理人才。其三，建立和完善在岗职工短期培训机制，建议在武汉大学、华中科技大学、华中师范大学、湖北大学等机构设立湖北省数字创意人才培训基地，定期组织相关部门和文化单位的骨干力量进行数字创意产业的发展和管理、文化和科技融合等方面的专题培训。其四，建立更具竞争力的人才吸引制度，围绕现实需求，面向全球招纳高层次文化科技创新人才，促进人才双向流动，为产、学、研一体化创造有利条件。

B.13
湖北文化制造行业发展报告（2017）*

邹 荣**

摘　要： 本报告通过对湖北文化制造行业投入与产出绩效评价，进而分析湖北文化制造行业的发展现状，2016年湖北文化制造业规模以上文化制造业企业发展存在投入冗余或产出不足的问题。另外，湖北文化制造业主要集中于武汉、宜昌和襄阳，其他市州发展规模过小，区域发展不均衡；更为重要的是规模以上文化制造企业大多存在着科技与文化融合创新不足，科技含量较低的问题。同时，本报告提出通过改革发展破除国有文化制造企业的发展困境，按照比较优势进行存量调整和错位竞争，通过集聚发展形成产业增长极，充分利用后发优势促进跨界融合等对策建议。

关键词： 湖北文化制造业绩效评价　发展对策　创新

大数据时代的到来，给文化产业发展带来了新的变化：一是进入"十三五"时期文化产业的发展由高速增长进入结构性调整时期；二是传统文

---

* 本文系2016年湖北省社会科学基金"中部六省文化产业发展比较研究"（立项号2016147）和2017年湖北省领导圈批课题"湖北文化产业发展对策研究"的阶段性成果。
** 邹荣（1984~），男，湖北省社会科学院马克思主义研究所助理研究员，武汉大学信息管理学院博士后（2016~）。主持湖北省社科基金、湖北省委圈批课题等3项，参加省部级重点基金项目多项，出版学术专著1部，在《江汉论坛》《学习与实践》等核心期刊发表论文10余篇。

化行业日趋边缘化，而新兴文化行业因创新高效和适应消费升级，发展态势迅猛；三是文化产业逐渐成为区域发展的支撑点。工艺美术品的生产、文化产品的辅助生产、文化用品的生产、文化专用设备的生产等文化制造业为湖北文化产业的支柱行业，2014、2015 和 2016 年的资产总量分别占湖北规模以上文化及相关产业法人单位资产总量的 41.46%、42.44% 和 35.2%。本报告对湖北文化制造业发展现状、存在的问题进行系统的分析，同时以规模以上文化制造业企业为研究对象进行全国层面绩效分析，意在梳理湖北文化制造行业发展中的比较优势和提出一些有针对性的对策建议。

一 评价方法

本报告采用数据包络分析（DEA）对文化产业投入产出绩效进行评估，数据包络分析（Data Envelopment Analysis，DEA）是评价一组具有多输入和多输出的决策单元（Decision Making Unit，DMU）之间的相对有效性的数学规划方法，因 DEA 方法无须指定投入产出的生产函数形态，结果不受投入产出数据所选择的单位影响，且模型的权重不受人为主观因素的影响等特征，在评价文化产业投入产出绩效方面具有科学性。

DEA 是使用数学规划型来评价具有多个输入和多个输出的部门或单位（称为决策单元，简记为 DMU）间的相对有效性（称为 DEA 有效）。设 $k = \sum \lambda_i$，则 k 称为 DMU_0 的规模收益值。①当 $k = 1$，表示 DMU_0 的规模收益不变，此时 DMU_0 达到最大产出规模点；②当 $k < 1$，表示规模收益递增，且 k 值越小规模递增趋势越大，表明 DMU_0 在投入 X_0 的基础上，适当增加投入量，产出量将有更高比例的增加；③当 $k > 1$，表示规模收益递减，且 k 值越大规模递减趋势越大，表明在 DMU_0 投入 X_0 的基础上，增加投入量不可能带来更高比例的产出，此时没有再增加决策单元投入的必要性了。①

---

① 张仁寿等：《基于 DEA 的文化产业绩效评价实证研究——以广东等 13 个省市 2007 年投入产出数据为例》，《中国软科学》2011 年第 2 期。

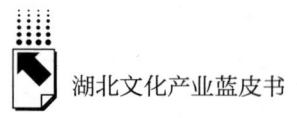

二 文化制造行业投入与产出绩效评价

（一）决策单元的选择

本报告选取全国各省份作为 DEA 评价的决策单元，通过横向比较分析各省份文化制造行业中企业的绩效，得出湖北省文化产业发展的优劣势，进而评价湖北文化制造行业发展的效率情况。

（二）评价指标的选择

本报告根据数据口径的统一性、可比性原则；同时考虑可得性，未将无形因素和难以测算的因素纳入比较指标，设置如下输入、输出指标。输入指标为企业单位数（个）、从业人员数（人）、资产总计（万元）、营业成本（万元）；输出指标为营业收入（万元）、营业税金及附加（万元）、利润总额（万元）。

（三）数据整理

本报告利用《2016 中国文化及相关产业统计年鉴》中规模以上文化制造业企业相关数据进行分析。

由于各指标的数据口径统一，且具有可比性，因此对统计结果并无太大影响。具体数据详见表1。

表1 2016年分地区规模以上文化制造业企业基本情况

地区	企业单位数（个）	亏损企业（个）	年末从业人员（人）	资产总计（万元）	营业收入（万元）	营业成本（万元）	营业税金及附加（万元）	利润总额（万元）
全国	20361	2154	5202723	333990778	494779537	428018252	2892317	29766990
北京	159	38	34799	4438859	3895421	3251378	17401	209713
天津	288	60	76012	6518635	11730673	9991578	42389	939335
河北	678	46	106951	6245544	10948296	9518145	52884	798541
山西	54	22	11790	601341	415531	348345	2801	12209

续表

地区	企业单位数(个)	亏损企业(个)	年末从业人员(人)	资产总计(万元)	营业收入(万元)	营业成本(万元)	营业税金及附加(万元)	利润总额(万元)
内蒙古	33	4	4743	434360	738523	582315	2143	112324
辽宁	129	27	36273	4167735	2597681	2181149	13116	164422
吉林	93	8	11083	1129119	1420484	1141325	32654	136754
黑龙江	72	12	11084	532871	1033885	926087	2578	58054
上海	389	103	91785	9329110	13108639	11366279	28142	717783
江苏	2831	314	754733	57049421	89488423	77873857	364143	5656760
浙江	2218	311	353880	28334856	27212352	23148919	134547	1582846
安徽	1089	71	155221	11249572	15640310	13521320	71315	963461
福建	1406	81	318642	12830096	25837963	22013047	136768	1706555
江西	692	25	177372	9077637	16936470	14571927	219227	1457905
山东	2181	132	512398	48495523	74731286	65558382	372648	4396072
河南	1034	47	306128	16646351	26525528	23024315	144373	1985910
湖北	569	67	100662	7900664	11859901	10130988	78617	597860
湖南	1464	30	382564	13292689	30868410	25858813	569647	1774648
广东	3554	599	1391412	65290171	92492344	81617131	318905	4120677
广西	244	29	86167	2682229	5500391	4765713	63794	388262
海南	7	1	3376	3165490	940696	743015	5767	66500
重庆	189	11	48289	4320357	5593824	4740413	32090	488408
四川	483	46	137330	13439992	16898804	14339796	120982	794745
贵州	131	11	17340	848398	1748573	1408596	23996	139186
云南	143	20	27271	2022040	2315495	1697471	17381	277921
西藏	6	1	828	81185	40913	37124	169	1742
陕西	131	12	23166	1734669	2676800	2270597	18606	140235
甘肃	29	7	6482	325479	220974	177162	1117	14162
青海	19	5	7600	1073401	944789	867177	2465	32555
宁夏	21	6	4299	522222	215331	189047	933	7816
新疆	25	8	3043	210764	200928	156840	719	23629

注：规模以上文化制造业指《文化及相关产业分类（2012）》所规定行业范围内，年主营业务收入在2000万元及以上的工业企业法人。

数据来源：国家统计局社会科技和文化产业统计司、中宣部文化体制改革和发展办公室编《2016中国文化及相关产业统计年鉴》，中国统计出版社，2016，第67页。

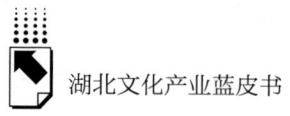

（四）模型测算结果

本报告利用 DEA – SOLVER – LV（V3）软件对 CCR 模型求解的结果详见表 2，将各省决策单元投影分析结果列于表 3。

从表 2 的测算结果可以看出，湖北纯技术效率值和规模效率值均小于 1，其纯技术效率和规模效率为无效。由此可见，2016 年湖北规模以上文化制造业企业发展出现投入冗余或产出不足的问题，说明湖北规模以上文化制造业企业在技术投入和强化资源优化配置方面未能取得应有的成效，以致未能达到相对较好的投入与产出状态。

表 2　各地区规模以上文化制造业企业 CCR 模型求解结果

DMU	综合效率值	纯技术效率值	规模效率值	评价结果
北 京	0.94536799	0.960223118	0.984529504	非 DEA 有效,规模效益递增
天 津	1	1	1	DEA 有效,规模效益不变
河 北	0.922318193	0.961719474	0.959030381	非 DEA 有效,规模效益递增
山 西	0.874484707	0.891583789	0.980821677	非 DEA 有效,规模效益递增
内蒙古	1	1	1	DEA 有效,规模效益不变
辽 宁	0.90261978	0.92140728	0.979609994	非 DEA 有效,规模效益递增
吉 林	1	1	1	DEA 有效,规模效益不变
黑龙江	0.933955836	0.984708053	0.948459631	非 DEA 有效,规模效益递增
上 海	0.962069046	0.982632529	0.979073069	非 DEA 有效,规模效益递增
江 苏	0.957227783	1	0.957227783	非 DEA 有效,规模效益递增
浙 江	0.86722144	0.983418422	0.881843802	非 DEA 有效,规模效益递增
安 徽	0.898171885	0.973480337	0.922639986	非 DEA 有效,规模效益递增
福 建	0.962352339	0.993299373	0.968844203	非 DEA 有效,规模效益递增
江 西	1	1	1	DEA 有效,规模效益不变
山 东	0.962077618	1	0.962077618	非 DEA 有效,规模效益递增
河 南	0.943522253	0.994192413	0.94903385	非 DEA 有效,规模效益递增
湖 北	0.93455793	0.985672554	0.948142389	非 DEA 有效,规模效益递增
湖 南	1	1	1	DEA 有效,规模效益不变
广 东	0.923078812	1	0.923078812	非 DEA 有效,规模效益递增
广 西	0.964299226	0.964903919	0.999373312	非 DEA 有效,规模效益递增
海 南	1	1	1	DEA 有效,规模效益不变

续表

DMU	综合效率值	纯技术效率值	规模效率值	评价结果
重 庆	0.972775383	0.977699971	0.994963089	非 DEA 有效,规模效益递增
四 川	0.992174563	1	0.992174563	非 DEA 有效,规模效益递增
贵 州	1	1	1	DEA 有效,规模效益不变
云 南	1	1	1	DEA 有效,规模效益不变
西 藏	0.807916086	1	0.807916086	非 DEA 有效,规模效益递增
陕 西	0.939095936	0.956563119	0.981739644	非 DEA 有效,规模效益递增
甘 肃	0.914383294	0.951447134	0.961044772	非 DEA 有效,规模效益递增
青 海	1	1	1	DEA 有效,规模效益不变
宁 夏	0.83501519	0.869842547	0.959961308	非 DEA 有效,规模效益递增
新 疆	0.939167239	1	0.939167239	非 DEA 有效,规模效益递增

注：表中综合效率是指不考虑规模收益时的技术效率；纯技术效率是指考虑规模收益时的技术效率；综合效率＝纯技术效率值×规模效率值。

从表3中各地区规模以上文化制造业企业投入与产出效率投影分析可见，湖北投入指标［企业单位数（qydws）、从业人数（cyrs）、资产总计（zczj）、营业成本（yycb）］、产出指标［利润总额（lrze）］与投影值大多不相同，表明湖北规模以上文化制造业企业的投入水平和产出水平未能达到相对最佳状态。

表3 各地区规模以上文化制造业企业投入与产出效率投影分析

No.	DMU I/O	Score Data	Projection	Difference	%
1	北 京	0.94536799			
	qydws	159	150.31351	-8.6864896	-5.46
	cyrs	34799	27519.749	-7279.251	-20.92
	zczj	4438859.3	4196355.49	-242503.81	-5.46
	yycb	3251378.3	3073748.97	-177629.33	-5.46
	yysr	3895420.6	3895420.6	0	0.00
	yysjfj	17401.3	17401.3	0	0.00
	lrze	209712.7	466260.76	256548.06	122.33

续表

No.	DMU I/O	Score Data	Projection	Difference	%
2	天 津	1			
	qydws	288	288	0	0.00
	cyrs	76012	76012	0	0.00
	zczj	6518634.6	6518634.6	0	0.00
	yycb	9991578.2	9991578.2	0	0.00
	yysr	11730572.8	11730572.8	0	0.00
	yysjfj	42388.7	42388.7	0	0.00
	lrze	939335.3	939335.3	0	0.00
3	河 北	0.92231819			
	qydws	678	625.331735	-52.668265	-7.77
	cyrs	106951	94260.9221	-12690.078	-11.87
	zczj	6245543.6	5760378.49	-485165.11	-7.77
	yycb	9518145.3	8778758.58	-739386.72	-7.77
	yysr	10948295.5	10948295.5	0	0.00
	yysjfj	52884	101656.312	48772.312	92.23
	lrze	798541.1	1210873.88	412332.78	51.64
4	山 西	0.87448471			
	qydws	54	25.6622733	-28.337727	-52.48
	cyrs	11790	4893.95703	-6896.043	-58.49
	zczj	601340.5	362868.188	-238472.31	-39.66
	yycb	348344.7	304622.113	-43722.587	-12.55
	yysr	415530.6	415530.6	0	0.00
	yysjfj	2801.3	3119.06089	317.76089	11.34
	lrze	12209	49874.7538	37665.754	308.51
5	内蒙古	1			
	qydws	33	33	0	0.00
	cyrs	4743	4743	0	0.00
	zczj	434359.8	434359.8	0	0.00
	yycb	582314.7	582314.7	0	0.00
	yysr	738523.4	738523.4	0	0.00
	yysjfj	2142.5	2142.5	0	0.00
	lrze	112323.7	112323.7	0	0.00

续表

No.	DMU I/O	Score Data	Projection	Difference	%
6	辽 宁	0.90261978			
	qydws	129	116.437952	-12.562048	-9.74
	cyrs	36273	22597.0071	-13675.993	-37.70
	zczj	4167734.6	3761879.69	-405854.91	-9.74
	yycb	2181149.3	1968748.5	-212400.8	-9.74
	yysr	2597681.2	2597681.2	0	0.00
	yysjfj	13115.9	16336.0519	3220.1519	24.55
	lrze	164422.2	295195.876	130773.68	79.54
7	吉 林	1			
	qydws	93	93	0	0.00
	cyrs	11083	11083	0	0.00
	zczj	1129118.9	1129118.9	0	0.00
	yycb	1141325.3	1141325.3	0	0.00
	yysr	1420483.5	1420483.5	0	0.00
	yysjfj	32653.9	32653.9	0	0.00
	lrze	136754.3	136754.3	0	0.00
8	黑龙江	0.93395584			
	qydws	72	46.3547068	-25.645293	-35.62
	cyrs	11084	10351.9665	-732.03351	-6.60
	zczj	532870.6	497677.607	-35192.993	-6.60
	yycb	926087.4	864924.732	-61162.668	-6.60
	yysr	1033884.9	1033884.9	0	0.00
	yysjfj	2577.6	13176.3573	10598.757	411.19
	lrze	58053.6	71173.9308	13120.331	22.60
9	上 海	0.96206905			
	qydws	389	374.244859	-14.755141	-3.79
	cyrs	91785	83127.1654	-8657.8346	-9.43
	zczj	9329109.6	8975247.57	-353862.03	-3.79
	yycb	11366278.8	10935145	-431133.8	-3.79
	yysr	13108639.4	13108639.4	0	0.00
	yysjfj	28142	46596.2041	18454.204	65.58
	lrze	717783	1266509.84	548726.84	76.45

续表

No.	DMU I/O	Score	Data	Projection	Difference	%
10	江苏	0.95722778				
	qydws		2831	2709.91185	-121.08815	-4.28
	cyrs		754733	637482.664	-117250.34	-15.54
	zczj		57049421.3	54609291.1	-2440130.2	-4.28
	yycb		77873856.6	74543019.1	-3330837.5	-4.28
	yysr		89488423.1	89488423.1	0	0.00
	yysjfj		364143.4	364143.4	0	0.00
	lrze		5656760.4	7982649.11	2325888.7	41.12
11	浙江	0.86722144				
	qydws		2218	1622.42976	-595.57024	-26.85
	cyrs		353880	306892.323	-46987.677	-13.28
	zczj		28334855.5	24572594.2	-3762261.3	-13.28
	yycb		23148919.3	20075239.1	-3073680.2	-13.28
	yysr		27212352	27212352	0	0.00
	yysjfj		134547	195530.827	60983.827	45.33
	lrze		1582845.5	3296148.89	1713303.4	108.24
12	安徽	0.89817188				
	qydws		1089	900.373665	-188.62634	-17.32
	cyrs		155221	139415.138	-15805.862	-10.18
	zczj		11249572.1	10104049.4	-1145522.7	-10.18
	yycb		13521319.7	12144469.2	-1376850.5	-10.18
	yysr		15640309.5	15640309.5	0	0.00
	yysjfj		71314.5	110515.855	39201.355	54.97
	lrze		963460.8	1936759.18	973298.38	101.02
13	福建	0.96235234				
	qydws		1406	1353.06739	-52.932611	-3.76
	cyrs		318642	271813.527	-46828.473	-14.70
	zczj		12830096.1	12347073	-483023.1	-3.76
	yycb		22013046.8	21184307.1	-828739.71	-3.76
	yysr		25837962.9	25837962.9	0	0.00
	yysjfj		136767.7	359736.429	222968.73	163.03
	lrze		1706554.8	2162668.76	456113.96	26.73

续表

No.	DMU I/O	Score Data	Projection	Difference	%
14	江 西	1			
	qydws	692	692	0	0.00
	cyrs	177372	177372	0	0.00
	zczj	9077636.7	9077636.7	0	0.00
	yycb	14571927.4	14571927.4	0	0.00
	yysr	16936470.3	16936470.3	0	0.00
	yysjfj	219226.9	219226.9	0	0.00
	lrze	1457905	1457905	0	0.00
15	山 东	0.96207762			
	qydws	2181	2098.29128	-82.708715	-3.79
	cyrs	512398	492966.647	-19431.353	-3.79
	zczj	48495523.4	46656457.6	-1839065.8	-3.79
	yycb	65558381.9	63072251.9	-2486130	-3.79
	yysr	74731286	74731286	0	0.00
	yysjfj	372648.3	372648.3	0	0.00
	lrze	4396072.4	6312460.78	1916388.4	43.59
16	河 南	0.94352225			
	qydws	1034	975.60201	-58.39799	-5.65
	cyrs	306128	205538.789	-100589.21	-32.86
	zczj	16646350.8	15706202.4	-940148.39	-5.65
	yycb	23024315.1	21723953.7	-1300361.4	-5.65
	yysr	26525527.8	26525527.8	0	0.00
	yysjfj	144373.1	144373.1	0	0.00
	lrze	1985910.4	2684584.76	698674.36	35.18
17	湖 北	0.93455793			
	qydws	569	531.763462	-37.236538	-6.54
	cyrs	100662	94074.4704	-6587.5296	-6.54
	zczj	7900663.6	7383627.82	-517035.78	-6.54
	yycb	10130988.4	9467995.55	-662992.85	-6.54
	yysr	11859901.2	11859901.2	0	0.00
	yysjfj	78617.3	78617.3	0	0.00
	lrze	597860.4	1498289.32	900428.92	150.61

续表

No.	DMU I/O	Score Data	Projection	Difference	%
18	湖 南	1			
	qydws	1464	1464	0	0.00
	cyrs	382564	382564	0	0.00
	zczj	13292689.2	13292689.2	0	0.00
	yycb	25858812.5	25858812.5	0	0.00
	yysr	30868409.7	30868409.7	0	0.00
	yysjfj	569647.4	569647.4	0	0.00
	lrze	1774647.8	1774647.8	0	0.00
19	广 东	0.92307881			
	qydws	3554	3280.6221	-273.3779	-7.69
	cyrs	1391412	606438.693	-784973.31	-56.42
	zczj	65290170.5	60267973	-5022197.5	-7.69
	yycb	81617130.8	75339044.1	-6278086.7	-7.69
	yysr	92492343.8	92492343.8	0	0.00
	yysjfj	318905	318905	0	0.00
	lrze	4120676.9	10849063	6728386.1	163.28
20	广 西	0.96429923			
	qydws	244	235.289011	-8.710989	-3.57
	cyrs	86167	58675.7126	-27491.287	-31.90
	zczj	2682228.7	2586471.06	-95757.642	-3.57
	yycb	4765712.9	4595573.26	-170139.64	-3.57
	yysr	5500390.8	5500390.8	0	0.00
	yysjfj	63794.3	77370.8317	13576.532	21.28
	lrze	388261.7	391778.969	3517.2687	0.91
21	海 南	1			
	qydws	7	7	0	0.00
	cyrs	3376	3376	0	0.00
	zczj	3165490.2	3165490.2	0	0.00
	yycb	743015.2	743015.2	0	0.00
	yysr	940696.2	940696.2	0	0.00
	yysjfj	5767.4	5767.4	0	0.00
	lrze	66499.6	66499.6	0	0.00

续表

No.	DMU I/O	Score Data	Projection	Difference	%
22	重庆	0.97277538			
	qydws	189	183.854547	-5.1454527	-2.72
	cyrs	48289	43399.9745	-4889.0255	-10.12
	zczj	4320357	4202736.93	-117620.07	-2.72
	yycb	4740413.3	4611357.36	-129055.94	-2.72
	yysr	5593824.4	5593824.4	0	0.00
	yysjfj	32090.3	32090.3	0	0.00
	lrze	488408.1	488408.1	0	0.00
23	四川	0.99217456			
	qydws	483	479.220314	-3.7796861	-0.78
	cyrs	137330	127877.231	-9452.7694	-6.88
	zczj	13439992.2	13334818.4	-105173.81	-0.78
	yycb	14339795.8	14227580.6	-112215.17	-0.78
	yysr	16898804.4	16898804.4	0	0.00
	yysjfj	120981.6	120981.6	0	0.00
	lrze	794744.9	1260115.27	465370.37	58.56
24	贵州	1			
	qydws	131	131	0	0.00
	cyrs	17340	17340	0	0.00
	zczj	848398.3	848398.3	0	0.00
	yycb	1408596.3	1408596.3	0	0.00
	yysr	1748573.1	1748573.1	0	0.00
	yysjfj	23995.6	23995.6	0	0.00
	lrze	139186.1	139186.1	0	0.00
25	云南	1			
	qydws	143	143	0	0.00
	cyrs	27271	27271	0	0.00
	zczj	2022040.3	2022040.3	0	0.00
	yycb	1697470.9	1697470.9	0	0.00
	yysr	2315495.4	2315495.4	0	0.00
	yysjfj	17380.6	17380.6	0	0.00
	lrze	277921.2	277921.2	0	0.00

续表

No.	DMU I/O	Score Data	Projection	Difference	%
26	西藏	0.80791609			
	qydws	6	2.52669243	-3.4733076	-57.89
	cyrs	828	481.856149	-346.14385	-41.80
	zczj	81184.7	35727.7897	-45456.91	-55.99
	yycb	37123.8	29992.9152	-7130.8848	-19.21
	yysr	40912.9	40912.9	0	0.00
	yysjfj	169.4	307.100912	137.70091	81.29
	lrze	1742.1	4910.63911	3168.5391	181.88
27	陕西	0.93909594			
	qydws	131	123.021568	-7.9784324	-6.09
	cyrs	23166	21755.0965	-1410.9035	-6.09
	zczj	1734669.2	1629020.8	-105648.4	-6.09
	yycb	2270596.8	2132308.23	-138288.57	-6.09
	yysr	2676799.8	2676799.8	0	0.00
	yysjfj	18606.3	18606.3	0	0.00
	lrze	140234.8	338768.938	198534.14	141.57
28	甘肃	0.91438329			
	qydws	29	13.6468775	-15.353123	-52.94
	cyrs	6482	2602.54542	-3879.4546	-59.85
	zczj	325479.4	192968.785	-132510.62	-40.71
	yycb	177162.3	161994.247	-15168.053	-8.56
	yysr	220974	220974	0	0.00
	yysjfj	1116.9	1658.67775	541.77775	48.51
	lrze	14161.9	26522.7732	12360.873	87.28
29	青海	1			
	qydws	19	19	0	0.00
	cyrs	7600	7600	0	0.00
	zczj	1073401.1	1073401.1	0	0.00
	yycb	867177.3	867177.3	0	0.00
	yysr	944788.9	944788.9	0	0.00
	yysjfj	2465.1	2465.1	0	0.00
	lrze	32554.5	32554.5	0	0.00

续表

No.	DMU I/O	Score Data	Projection	Difference	%
30	宁　夏	0.83501519			
	qydws	21	13.2983533	-7.7016467	-36.67
	cyrs	4299	2536.07966	-1762.9203	-41.01
	zczj	522221.5	188040.603	-334180.9	-63.99
	yycb	189047	157857.117	-31189.883	-16.50
	yysr	215330.6	215330.6	0	0.00
	yysjfj	933.1	1616.31719	683.21719	73.22
	lrze	7816.4	25845.4147	18029.015	230.66
31	新　疆	0.93916724			
	qydws	25	12.4088736	-12.591126	-50.36
	cyrs	3043	2366.45029	-676.54971	-22.23
	zczj	210764.3	175463.234	-35301.066	-16.75
	yycb	156839.6	147298.614	-9540.986	-6.08
	yysr	200927.9	200927.9	0	0.00
	yysjfj	719	1508.20747	789.20747	109.76
	lrze	23629	24116.7066	487.70655	2.06

三　存在的问题

（一）各市州林区强弱分明，文化制造企业区域发展不均衡

从 2016 年湖北分地区规模以上文化制造业法人单位基本情况来看，武汉、宜昌和襄阳三地处于第一集团，宜昌和襄阳两地虽然资产总计不如武汉，但是营业收入与武汉接近，法人单位数、年末从业人员数、营业税金及附加和应交增值税均高于武汉，据此可以看出三地发展水平相当，形成了"三足鼎立"的发展局面。同时，可以发现其他地区与这三强相比，无论在规模上，还是在发展状况上，都相去甚远。具体情况见表 4 所示。

表4 2016年湖北分地区规模以上文化制造业法人单位基本情况

地 区	法人单位数（个）	年末从业人员（人）	资产总计（亿元）	营业收入（亿元）	营业税金及附加（亿元）	应交增值税（亿元）
全 省	569	100662	790.1	1186.0	7.9	26.0
武汉市	73	14941	291.5	213.5	0.6	4.8
黄石市	21	3901	12.7	15.9	0.1	0.2
十堰市	14	1489	10.3	7.6	0.2	0.4
宜昌市	92	18970	172.3	244.9	1.0	6.4
襄阳市	100	20696	111.1	269.0	1.4	5.4
鄂州市	11	974	4.3	27.0	0.2	1.3
荆门市	24	2612	16.9	36.2	0.7	0.4
孝感市	64	9053	49.6	132.3	2.4	3.0
荆州市	28	6301	32.5	83.3	0.1	1.0
黄冈市	43	6649	29.5	33.9	0.2	0.8
咸宁市	36	4950	26.1	45.4	0.3	0.6
随州市	20	3047	10.8	22.1	0.1	0.3
恩施州	15	1688	4.2	7.7	0.1	0.1
仙桃市	15	2892	10.7	26.9	0.3	1.1
潜江市	6	370	1.6	9.3	0.1	0.02
天门市	7	2129	6.0	10.9	0.04	0.2
神农架林区						

注：规模以上文化制造业指《文化及相关产业分类（2012）》所规定行业范围内，年主营业务收入在2000万元及以上的工业企业法人。

资料来源：湖北省统计局社会和科技统计处、湖北省委宣传部文化产业处编《2016湖北文化及相关产业统计概览》，第16页。

（二）文化及相关产业创新程度不高，未能充分利用科教资源优势

从2016年全国分地区文化及相关产业专利授权情况（见表5）来看，北京、上海、广东、江苏、浙江等经济发达地区科技与文化整合创新程度较高，文化企业科技含量较高。具体而言，无论是文化及相关产业专利授权的合计数、发明专利数，抑或实用新型专利数和外观设计专利数均处于领先地位，这些地区处于第一集团，第二集团包括福建、山东和四川等地。就湖北文化及相关产业与科技融合情况而言，在全国层面处于第三集团，与湖南、

安徽、江西、重庆等中西部省市相当,说明湖北未能充分利用湖北教科丰富资源,实现产业与科技的有机融合。

表5 2016年全国分地区文化及相关产业专利授权情况

单位:件

地 区	合计	发明专利数	实用新型专利数	外观设计专利数
全 国	101495	12042	36356	53097
北 京	5416	1840	1701	1875
天 津	1963	149	1325	489
河 北	1531	86	581	864
山 西	309	24	167	118
内 蒙 古	242	14	128	100
辽 宁	905	121	407	377
吉 林	426	74	206	146
黑 龙 江	802	54	572	176
上 海	3594	950	1223	1421
江 苏	13578	1446	3463	8669
浙 江	13450	1025	5163	7262
安 徽	2259	412	1233	614
福 建	4553	377	1763	2413
江 西	2288	81	837	1370
山 东	4477	645	2494	1338
河 南	3182	169	1296	1717
湖 北	1884	215	849	820
湖 南	2164	179	769	1216
广 东	28207	3257	8812	16138
广 西	741	104	183	454
海 南	103	7	60	36
重 庆	1428	96	870	462
四 川	2380	369	1086	925
贵 州	294	29	147	118
云 南	410	33	172	205
西 藏	11		8	3
陕 西	4179	255	589	3335

续表

地区	合计	发明专利数	实用新型专利数	外观设计专利数
甘肃	271	9	126	136
青海	38	7	16	15
宁夏	67	3	43	21
新疆	343	12	67	264

资料来源：国家统计局社会科技和文化产业司、中宣部文化体制改革和发展办公室编《2017中国文化及相关产业统计年鉴》，中国统计出版社，2017，第57页。

（三）科技与文化融合创新不足，文化企业科技含量较低

从2016年分地区规模以上文化制造企业科技活动情况（见表6）来看，北京、上海、广东、浙江、江苏等经济发达地区无论在R&D人员折合全时当量、R&D经费内部支出、R&D项目数、新产品开发项目数、新产品开发经费支出、新产品销售收入和出口上，还是在专利申请数、发明专利和有效发明专利数上均处于全面领先地位。湖北不但在与经济发达地区规模以上文化科技企业科技活动情况的比较中差距甚为明显，而且在中部六省的比较中也不占据优势，落后于安徽、河南和湖南三省。

表6 2016年分地区规模以上文化制造企业科技活动情况

地区	有R&D活动的企业（个）	R&D人员折合全时当量（人年）	R&D经费内部支出（万元）	R&D项目数（个）	新产品开发项目数（个）	新产品开发经费支出（万元）	新产品销售收入（万元）	出口（万元）	专利申请数（件）	发明专利（件）	有效发明专利数（件）
全国	4419	122788	4606076	15856	18324	5213364	84209476	22476567	39134	13093	31338
北京	34	1062	27928	152	263	65176	744121	31456	406	82	1005
天津	107	4526	201328	641	624	184714	3801159	1282685	947	362	1794
河北	66	1688	34518	231	196	30869	408756	30803	191	99	481
山西	6	108	2125	17	15	1504	11885	351	16	5	17
内蒙古	2	2	904	2			99874		3	3	9
辽宁	15	82	38255	144	140	40265	293338	245106	110	48	291
吉林	1	3	189	3	4	288	29141	158	2		2

续表

地区	有R&D活动的企业（个）	R&D人员折合全时当量（人年）	R&D经费内部支出（万元）	R&D项目数（个）	新产品开发项目数（个）	新产品开发经费支出（万元）	新产品销售收入（万元）	出口（万元）	专利申请数（件）	发明专利（件）	有效发明专利数（件）
黑龙江	7	34	1411	13	6	1097	451	50	6	6	6
上海	79	2886	138155	414	552	168896	2974385	991763	1268	527	1868
江苏	1116	27493	860286	3109	3358	1066060	15443370	4148882	8483	2090	5365
浙江	770	13531	405124	2621	2876	422398	10765070	3544181	5256	703	1141
安徽	161	5010	202246	611	1000	258104	3135720	410512	1900	1028	1979
福建	232	6029	233419	620	612	222286	3366523	1720866	2479	502	1127
江西	117	1365	46709	238	345	84052	745502	172329	501	123	320
山东	305	12844	858061	1683	1553	768454	10599109	2790426	4934	3176	3394
河南	106	3948	97511	340	284	71880	802086	175640	521	99	466
湖北	105	2363	104046	337	297	95567	1231136	49255	376	136	629
湖南	181	3732	134685	307	355	134661	5535301	1031267	723	194	561
广东	811	25564	798784	3679	5120	1186468	15251616	5680634	8099	2720	8767
广西	12	249	9620	50	34	4292	120194	957	54	17	102
海南	2	94	1437	6	7	1443	53		24	17	20
重庆	47	830	51692	128	155	50686	1726215	37408	226	63	92
四川	50	7320	307700	242	270	303786	6401578	120987	2136	947	1319
贵州	13	91	12590	28	28	12853	285935	783	94	44	28
云南	43	628	18898	140	130	20728	219762	485	166	52	295
西藏											
陕西	23	417	16526	74	76	11607	98179	2764	154	18	183
甘肃	2	56	387	8	6	259	4004		2		23
青海	2	42	306	4	8	3048	89757	5000	45	22	15
宁夏	4	44	1236	14	9	1923	23954	1820			39
新疆					1	3	1305		12	10	

注：R&D（研究与试验发展）指在科学技术领域，为增加知识总量以及运用这些知识去创造新的应用而进行的系统的、创造性的活动，包括基础研究、应用研究、试验发展三类活动。R&D人员全时当量指报告期企业R&D全时人员（全年从事R&D活动累积工作时间占全部工作时间的90%及以上人员）工作量与非全时人员按实际工作时间折算的工作量之和。R&D经费内部支出指企业在报告年度用于内部开展R&D活动的实际支出。包括用于R&D有关的基本建设支出以及外协加工费等。不包括生产性活动支出、归还贷款支出以及与外单位合作或委托外单位进行R&D活动而转发拨给对方的经费支出。

资料来源：国家统计局社会科技和文化产业司、中宣部文化体制改革和发展办公室编《2017中国文化及相关产业统计年鉴》，中国统计出版社，2017，第81~82页。

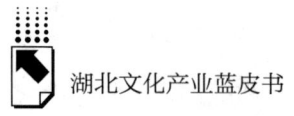

四 对策与建议

（一）改革发展：破除国有文化制造企业发展困境

深入认识第二阶段文化体制改革的特征，科学设计深化改革的策略与路径。"十三五"时期，必须深刻理解我国文化领域从以边缘性和外延式改革为特征的第一阶段进入以产权改革和内涵改革为核心的第二阶段的历史进程，认识和把握第二阶段深化改革的发展趋势，科学设定未来五年深化文化体制改革的目标和行动方案，推动国家文化治理能力的现代化进程。通过调整文化领域内党委与政府、政府部门与直属文化机构、政府与社会三大基本关系，建立能够包容政府和民间多种文化力量的开放型文化治理体系。充分发挥"移动互联＋社交＋大数据"所拥有的改造传统媒体和传统文化行业的力量，探索"文化＋互联网"的新兴发展道路，形成推动文化体制改革从第一阶段转入第二阶段的强大动力来源。

通过深化改革，去除国有文化制造企业的政策性负担，促进国有制造文化企业摆脱长期依赖财政投入的路径锁定，实现以市场机制配置资源的发展模式；建立信息对称和激励相容的管理体制，在管理层面为文化制造企业提高发展效率做出制度安排，针对从属不同行业的文化企业将社会价值实现和企业利润率、盈利能力等指标纳入干部升迁考核的硬性指标，并对考核指标进行实时更新。

（二）错位竞争：按照比较优势进行存量调整

随着文化产业区域竞争日益激烈，各个文化产业强省已经初步抢占了一些行业的制高点。为实现湖北文化产业跨越发展，突出湖北的特色竞争优势，落实与文化产业发达地区"错位竞争"的实现路径，建议"十三五"时期湖北文化产业发展的战略目标、规划布局和重点项目对接国家"长江文化产业带发展规划"和"一带一路"倡议。湖北拥有深厚的历史文化底蕴、丰富的文化资源、充裕的人才储备和独特的地缘条件,具有发展文化产业的后发优势,也有相当的产业支撑,在制造业、电子等新兴产业,都有很强的优势。从湖北文化行业发展现状来看,按照比较优势进行存量调整,结合文化制造业企业发展现状,扶持核心文化制造业企业成为全国范围内龙头企业,力争在同行业取得话语权和获得较大影响力。从武汉、宜昌和襄阳规模以上文化制造业发展水平相当来看,大力发展文化制造业,可结合各地优势产业打造"文化制造大省"。

(三)集聚发展:形成文化产业增长极

产业集群化发展是当今各地促进区域文化产业发展的基本方式之一。作为新兴产业的基本特性,其较强的产业融合性决定了其发展过程中需要整合各种文化、金融、人才、管理资源,集群化发展趋势日益明显。湖北的文化制造业要应对全球化挑战,必须顺应产业发展的"集群规律",实施"产业链集聚战略",推动资源的优化组合,形成若干个具有全国性和国际影响的文化产业集群。

(四)跨界融合:充分利用后发优势促进文化与科技融合

目前,湖北文化产业的发展现状与湖北科技文化大省的身份极不协调,在"十三五"时期文化产业需要奋起直追,特别是要充分利用后发优势加强文化与科技的融合,为湖北文化制造业的发展插上科技的翅膀。当前,"文化+互联网"是文化产业发展的新趋势,也对文化产业发展提出了新期待。以互联网技术为代表的现代数字信息科技发展迅猛,随之催生的相关新兴文化行业发展迅速,其发展速度远高于传统文化行业,湖北在互联网数字信息科技方面拥有较好的基础,要实现文化产业的弯道超车需要借助湖北科技方面的力量。同时,要充分利用湖北丰富的科教资源,推动高校与文化企业建立长期合作机制,构建产、学、研合作平台。

B.14
武汉市艺术教育产业发展报告（2017）

王希翀*

摘　要： 随着国家对素质教育的关注，艺术教育培训产业蓬勃发展。加之政府的政策与资金支持，该行业亦有效补充了义务教育的相关内容，对孩子的兴趣开发与引导起到了良好积极的作用。本报告针对2017年武汉市艺术教育市场的情况做了系统而全面的分析，以一手调研数据和问卷作为分析素材，就武汉市艺术教育产业呈现出的消费心理、现状做了深入的分析，并尝试提出相应的对策建议。

关键词： 艺术教育　素质教育　家庭共享式

艺术教育是一种提高个人素质、修养的新兴教育，随着中国第三产业的发展，艺术教育已经逐步占据教育体系的重要地位。艺术教育主要是提高人们对美的感受和理解，培养人们的艺术表现力和创造力。艺术教育必须进行必要的技术训练，不能停留在单纯的知识传播、感受音乐、鉴赏音乐阶段，而必须掌握一定的技能。

在当代社会中，"艺术教育"具有两种不同的含义和内容。狭义地讲，"艺术教育"可理解为对培养艺术家或专业艺术人才所进行的各种理论和实践教育，如各种专业艺术院校的工作，戏剧学院培养出编剧、导演和演员，音乐学院培养出作曲家、歌唱演员和器乐演奏员等。广义地

---

* 王希翀，文学博士，湖北大学文学院青年教师，主要研究英美文学、音乐文学、文化产业。

讲,"艺术教育"是美育的核心,它的根本目的是培养全面发展的人,而不是专业艺术工作者。在当代社会中,人的生活与艺术或多或少的存在着联系,例如读小说、看电影、听音乐、欣赏绘画等。因此,广义的艺术教育强调普及艺术的基本知识和基本原理,通过对优秀艺术作品的欣赏和评价,来提高人们的审美修养和艺术鉴赏力,培养人们健全的审美心理。

不断提升的艺术教育培训的需求,使得近些年来艺术教育从个体私营的商业模式逐渐进入产业化趋势。其主要的原因在于消费升级带动居民对文教娱乐的支出不断增加。中国产业信息网(http://www.chyxx.com/)的资料显示:2012年城镇居民人均文教娱乐支出首次突破2000元,2008~2013年人均文教娱乐支出CAGR(5)达11.1%,高于同期居民消费支出CAGR(5)9.9%的增长速度;居民消费水平的提升大大激发了市场艺术表演活力,演出场次屡创新高,从2012年的135万次提升至2015年的210.8万次,CAGR(3)达16.0%;观看艺术表演的观众也从2008年的6320万人次增长至2015年的9580万人次,CAGR(7)达6.1%。居民艺术素养得到熏陶,将进一步激发居民的艺术培训需求。

中国产业信息网2017年最新数据认定,艺术教育培训产业链包括:内容提供商,平台提供方,教学运营提供方,第三方服务提供方,平台入口,最终用户(见图1)。内容提供商即培训视频的制造商,他们将制造或者采购的培训视频在自营网站进行销售或者销售给平台提供商和线下培训机构等;平台提供方主要分为第三方交易平台和公司自营网站,第三方交易平台主要围绕撮合最终用户和培训机构或者个体教师达成交易展开相关业务,公司自营网站则主要向用户开放,提供教学视频等相关服务;教学运营提供方则负责具体的教学任务,主要以线下教学为主,也会拓展线上教学业务,但都是建立在线下体验的基础之上;第三方服务提供方则主要是给艺术培训机构提供所需要的技术、宽带、课件制作、支付等方面的支持;平台入口主要是将产品和服务推广给目标客户的平台。

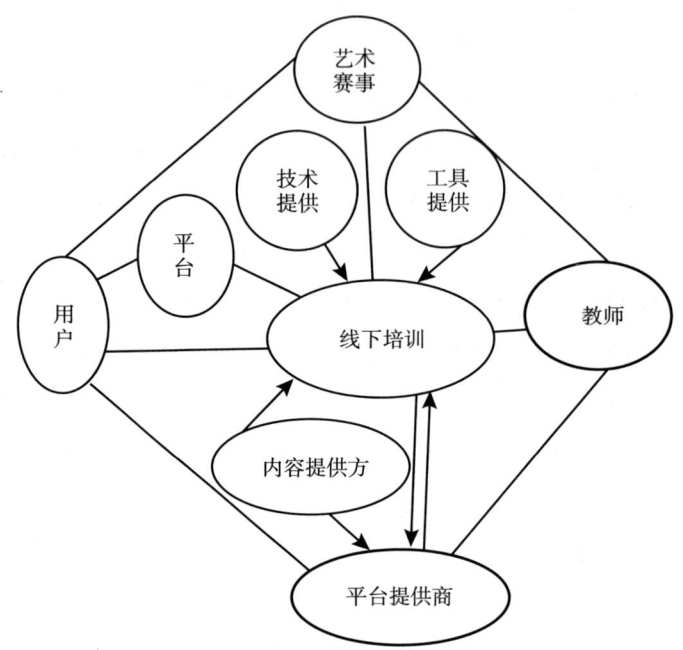

图1 艺术教育培训产业链

数据来源：据公开资料整理。

艺术教育产业中最大的市场份额来自少儿艺术教育培训部分，根据智研咨询整理的数据可以发现，2017年其市场规模已达814亿元，YOY比例达到18.67%。而这组数据还显示2020年市场规模有望达到1300亿元。据估算，2015年我国少儿艺术培训市场规模达574亿元，2020年规模将增至1316亿元，CAGR（5）达18.05%。

一 武汉市艺术教育行业消费需求分析

为了对武汉市艺术教育行业消费需求进行更为全面的分析，我们设计了相关联的一系列问卷，于2017年10月23日~2017年11月29日在武昌楚河汉街、武汉壹方购物中心、汉口花园道商区、武汉国际广场等高端艺术教育机构集中区域对超过 500 位消费者进行调查走访。以下的数据皆来源于收集之后的统筹分析结果。

（一）受访者组成分析

本次受访者 70% 为女性，30% 为男性。其中 26~40 岁的消费者占据半数以上，有孩子的受访者占六成以上；有孩子的人群中，孩子年龄在 7 个月~2 岁以及 3~9 岁的占大多数。即我们面对的受访者多为"80 后""90 后"有孩子的年轻女性（并要考虑孩子对其消费决策的决定性影响），她们对艺术培训消费的态度是此次调查关注的重点。我们调查分析了以上述样本为代表的武汉市场消费者对于艺术素质提升类培训消费的态度。

（二）孩子艺术素质提升类培训多元选择：综合素养提升类课程大受欢迎，更注重"通才"的养成

表1 "给孩子选择课程，您更倾向于选择？"结果统计

选项	小计	比例（%）
技能提升课程（如器乐、舞蹈培训）	108	21.57
智力开发课程（如数学、英语课程等）	74	14.71
综合素养提高课程（如逻辑思维培养、情商培养、乐感培养等）	290	57.84
其他	30	5.88
本题有效填写人次	502	

数据来源：调查问卷数据整理。

表1 数据显示，近 60% 的家长更青睐给孩子报名综合素养提高类课程。呼吁素质教育回归的急切诉求，让家长对具有激发人的内在积极资源的情商

培养、思维培养等性质的课程的选择占据了压倒性优势。相较于过去家长偏重于技能和智商的培养,为孩子能在学校取得优异成绩服务的传统局面不同,随着成长在信息网络日新月异,文化选择、价值选择更多元时代的"80后""90后"家长登上主舞台,他们带动当今的教育理念发生了巨大的转变。现在的家长更善于发现并鼓励孩子的个性,也更倾向于让孩子综合、全面地发展。可以说,"美育"作为我国古代的传统教育智慧,这种教导人如何发现美、创造美的艺术,在这个时代正在渐渐复兴。抓住机遇,艺术素质提升类培训将迎来一个崭新的春天。

(三)成人艺术素质提升类培训需求大增:注重原生家庭的自我完善,更是自我教育、终生学习意识的觉醒

表2 "如果提供一门成人提升课程,在您孩子上课的同时间同地点教学,您会感兴趣吗?"结果统计

选项	小计	比例(%)
会	226	45.1
不会	35	6.86
看是什么课程	241	48.04
其他	0	0
本题有效填写人次	502	

数据来源:调查问卷数据整理。

根据表2数据,对于成人提升课程,仅有不到7%的人不考虑参加。说明成人课程具有很大的市场潜力及空间。但是也有近50%的人需要看课程是什么,才会考虑上成人课,说明成人课程的内容设置和安排在很大程度上能影响成人课程的选择。

"教育不是孩子一个人的成长,而是一个家庭的共同成长。"当认识到孩子综合素质提升的重要性,把孩子送进大大小小的培训机构,让他们得到更充分的艺术陶冶机会的同时,家长们对自我素质的提升更应引起重视。这里有一个很明显的原因:如果孩子的素质在家庭以外的各种课程中逐步提升,而没有任何学习机会的父母的综合素质水平、对美的感知能力却一直在原地踏步,那么孩子的成长速度是远远高于其父母的,长此以往,代际的思维、认知水平差距会被不断拉大,于是我们说的"代沟"的出现就成了一种必然。一个家庭要幸福,不仅是夫妻要共同成长,还要和孩子们一起成长进步。当越来越多的成年人意识到这一点,成人艺术素质提升课程越来越成为必不可缺的选择。

如果充分利用好给孩子"陪读"的时间,家长也参与到课程设置合理的"成人素质提升"课堂中,两代人之间就可以分享更多学习、进步的喜悦,激发更多家庭成员间的情感共鸣。

(四)成人综合素质提升类课程选择多样,内外兼修为大势所趋

表3 "您会比较想要尝试什么类型的课程?(多选)"结果统计

选项	小计	比例(%)
强身健体型(如健身、体育锻炼等)	225	41.91
技能培养型(如外语培训、职业技能培训等)	335	62.5
综合提升型(包括形体艺术、社交礼仪等)	307	57.35
舒缓减压型(如瑜伽、音乐舒压等)	233	43.38
其他	28	5.15
本题有效填写人次	536	

数据来源:调查问卷数据整理。

从表3数据来看，技能培训需求量依然最高，占总人数的62.5%，主要体现出人们对于人生职业规划等的专业知识技能学习需求强烈。同时，随着人们自我意识逐渐增强，课程选择也体现出个性化趋势：57.35%的受访者想报名综合提升性课程，43.38%的受访者选择舒缓减压型课程，41.91%的受访者选择健身类课程。

这实际上说明了这些消费者更知道自己需要什么，他们不是为了事业而活，更不是为了他人而活，而是为了自我人生价值的实现而去判断、选择。调查数据显示出三方面的需求：身体健美、心理健康、人际关系健康。具体说来，面对当今快节奏、高压力的工作环境，选择强身健体课程代表着都市青年对形体美、健康体魄的高度重视，选择舒压减压课程代表着他们对于心理、精神健康的关注，而综合提升类课程则代表对一个人形象气质、内涵修养进行全方位打造，其能塑造的"高情商"，可以让人在群体环境中拥有更好的人际关系，更受欢迎。综上所述，调查样本群体显示出个人"科学发展观"的特点，他们追求全方位地完善个人素质，以更长远的眼光看待人生这场长跑。

（五）影响课程选择的因素：师资力量、先进教育理念为重要导向

表4 "什么会吸引您去购买教育课程？"结果统计

选项	平均综合得分
师资力量强,教育理念先进	5.85
交通便利,离家近	4.66
课程独具特色	4.04
用户口碑好	3.71
环境良好	2.78
配套服务周到(如赠送停车券,提供接送服务等)	2.3
活动促销,价格适中	1.98
服务人员态度好	1.88
其他	0.08

数据来源：调查问卷数据整理。

表4数据显示，教育品质无论何时都是吸引消费者购买课程的首要因素。师资力量强、教育理念先进，意味着教师的教育经验丰富、极具个人魅力，这都保证学生能较大程度地提升思维和眼界，取得较好的学习成果。艺术教育培训的开展可以解决教育资源不平衡的问题，让每个人都有机会接触名师和优秀的教学方法，从而提高生活品质。

二　武汉市艺术教育内容分析

（一）目前市场上已有的艺术教育内容

1. 成人类

随着经济的发展，人均收入水平的提高，越来越多的成年人为了满足社交、娱乐、陶冶情操等方面的需求，参加了大量的艺术培训课程（轻培训）。据估算，2015年成人艺术教育市场规模超过113亿元，较去年增长44.87%。我国目前参与艺术培训人口约占总人口的2.5%，远低于发达国家20%的渗透率。

原因有四个方面。①时间：成人大部分时间需要工作。②空间：大城市培训份额大、单次通勤成本高、教室容量有限。③教育资源不均衡：发达地区与欠发达地区人均占有的教育资源差距大。④不同地区收入差距大：收入水平也变相地限制了艺术培训的市场扩张。

相对于基础教育端，成人艺术培训对时间和空间等考量因素具有更大的弹性。所以，无论从基础教育端，还是从成人艺术培训端，艺术教育都将乘着"互联网+"的东风，获得巨大发展。

2. 少儿类

目前早教产业链主要涉及两大块，一是专业机构教育，二是家庭教育。专业机构教育主要包括线下早教中心（面向0到3岁儿童）、幼儿园（面向3到6岁儿童）、特长培训（少儿艺术、少儿英语等），同时围绕早教的专业机构涉及幼儿教育的教具教材、师资培训、教育信息化等业务。而家庭教育

则围绕儿童及父母的教育娱乐消费展开。

根据国元证券2016年初的测算，目前我国家庭教育的市场规模约为2000亿元，幼儿园市场规模约为1700亿元。儿童早教总的市场规模约为3700亿元。

未来三年我国每年将新增加640万名新生儿，将为早教市场带来358亿元的增量市场。预计到2018年，这部分市场规模将达到4565亿元，儿童早教在中国未来几年将迎来黄金发展期。

除去国家的政策利好外，二胎政策和消费升级是推动该市场发展的主要因素。

（1）二胎政策：国家统计局数据显示，2015年全国出生人口为1655万；随着2016年二胎政策全面开放，预计每年将另外新增250万名新生儿。

（2）消费升级：中国经历几十年的快速发展，高收入群体快速增多，同时随着"80后""90后"父母收入的增长，受教育程度的提高，家长更加意识到早期教育的重要性，并愿意为优质的教育内容付费。

如果按照每个孩子月消费额的30%用于教育消费，市场前景为数百亿元。随着人们对早教重要性认识的日益加强，高学历的年轻父母们在子女教育上的投入越来越大。调查表明，有56.5%的家长把孩子教育投资列在首位。很多家长不惜一掷千金，为的是让子女抢得学习能力与智力开发的先机。

同时，年轻父母们对于自身的文化素养、修养的要求日益增长。与其他年龄段的成年人来说，他们对于学习的需求更盛，而更多的学识能够帮助他们和自己的孩子更好地沟通、交流，促进家庭内部的和谐。

（二）家庭共享式艺术教育形式

为推动社会特别是学生家长树立正确的教育观念，提高家庭教育的科学性、针对性和适用性，2010年，教育部会同全国妇联出台了《全国家庭教育指导大纲》，明确各年龄段家庭教育指导要点，指导家长尊重儿童身心发展规律，尊重儿童合理需要与个性，创设适合儿童成长的必要条件和生活情境，促进儿童自然发展、全面发展、充分发展。2015年，教育部印发了

《关于加强家庭教育工作的指导意见》，特别强调要引导家长培养孩子积极的学业态度，与学校配合减轻孩子过重的学业负担，指导孩子学会自主选择。切实让学校减负、家长增负，消除不问兴趣、盲目报班的现象，不做"虎妈""狼爸"。

当然也不排除注重家庭共享式理念的教育培训机构，他们在课程设置上着重以家庭成员的共同学习为内容，更倡导和鼓励孩子和成人的兴趣养成。以下为部分课程。

1. 音乐剧课程

音乐剧（Musical Theater，简称 Musicals），早期译称为歌舞剧，是一种舞台艺术形式，结合了歌唱、对白、表演、舞蹈。通过歌曲、台词、音乐、肢体动作等的紧密结合，把故事情节以及其中所蕴含的情感表现出来。

通过音乐剧课程的学习，孩子能够学习到如何控制自己的情绪，同时学会更好地表达自我，提高情商。课程不仅只有孩子学习，更通过家长与孩子互动式练习和表演，达到家庭成员共同进步的效果。

2. 戏曲课程

中国戏曲主要由民间歌舞、说唱和滑稽戏三种不同的艺术形式综合而成。它起源于原始歌舞，是一种历史悠久的综合舞台艺术样式。经过汉、唐，到宋、金才形成比较完整的戏曲艺术，它由文学、音乐、舞蹈、美术、武术、杂技以及表演艺术综合而成，约有360多个种类。它的特点是将众多艺术形式以一种标准聚合在一起，在共同具有的性质中体现其各自的个性。

通过戏曲课程的学习，让孩子或成人深刻地认识中国的传统文化，加强对民族文化的认同感，同时在表现形式上，通过身段、唱腔等的学习，锻炼学员的肢体表达能力，提升个人文化底蕴。

三 武汉市艺术教育产业存在的问题

近年来，武汉市艺术教育市场蓬勃发展，外来以及本地的教育资源和品牌在市场上争相出现。2017年10月8日~12月1日，我们针对教育市场上七家主流艺术教育机构的店铺及课程情况做出了详细的市场调研，这份调研中的数据都是我们通过店铺走访与信息交流获取的一手资料。这为我们分析艺术教育市场的情况做了一定的铺垫。具体情况如表5所示。

表5 武汉七家主流艺术教育机构店铺及课程情况

机构	美吉姆早教中心	NYC纽约国际儿童俱乐部	罗兰数字音乐教育	新鸿书院	超级爸妈国际儿童教育中心	至慧学堂	番茄田艺术中心
主要细分市场	婴幼儿早教	婴幼儿早教	音乐教育	国艺国学修养教育	婴幼儿早教	数学逻辑思维教育	美术教育
店铺面积	仅一层，总面积在600平方米左右	仅一层，总面积在1600平方米左右	共有两层，总面积在400平方米左右	仅有一层，总面积在300平方米左右	仅有一层，总面积在500平方米左右	共有三层，总面积在500平方米左右	共有三层，总面积在400平方米左右
主要课程	欢动课、音乐课、艺术课	音乐课、厨艺课、艺术课、街舞课、芭蕾课、球类运动课、音乐剧课、健身课	青少年电爵士鼓、电吉他/贝斯、电子钢琴、电声小乐队	古筝、围棋、书法、国画、国学启蒙、茶艺	HABA逻辑数学课程、LEGO科学小超人课程、创意DIY课程	学前数学思维培优课程、幼儿大班数学思维精英课程、小学数学思维课程、寒假数学思维强化营	平面艺术玩习、立体艺术玩习
课程覆盖年龄层	0~6岁	0~7岁	4~10岁	无明显年龄限制，但主要针对4~12岁儿童	0~4岁	4~12岁	2~12岁
课时	一节课60分钟，每周2节课	一节课45分钟，按小孩接受能力安排每星期课时，一年共96课时	一节课50分钟，每周一节课，一年48课时	根据所学课程不同，一节课为60~90分钟，每周一次课	一节课50分钟，每周2节课，一年共96课时	一节课40分钟，每次2节课，共90分钟	一节课80分钟，每周2节课

续表

机构	美吉姆早教中心	NYC纽约国际儿童俱乐部	罗兰数字音乐教育	新鸿书院	超级爸妈国际儿童教育中心	至慧学堂	番茄田艺术中心
课程价格	一年1.5万元到2万元左右	一年2万元左右	一节课在150~220元之间（根据不同课程收费），按年收取费用7200~10560元	一节课在150~200元之间，根据课程不同收费不同	一年17800元	寒假班2000元左右，10次课。全年班在一万元左右	每节课100元左右，按照课程收费
授课形式	每班2个老师，13个学生，家长可以陪同	每班3~4个老师，学生15个左右	每班1个老师，2~5个学生	每班1个老师，每班不超过8个学生，大多课程（如书法课）是一对一教学	每班1~2个老师，3~5个学生，家长可以陪同	每班1个老师，4~8名学生	每班2个老师，3~4个学生，家长可以陪同
教师来源	通过美吉姆内部的培训及考核产生	大部分都是武汉音乐学院等专业院校与综合类院校的毕业生	大部分都是武音专业院校与综合类院校的毕业生	专业协会出身的老师，非常专业	通过内部培训及考核产生	特聘数学教授、教学专家	美术或艺术专业出身的老师
组织形式	全国连锁	全国连锁	全国连锁	全国连锁	武汉连锁	全国连锁	全国连锁
人员组成	老师8个左右	10余个老师	老师10个左右	老师8个左右	6~8个老师	4~6个老师	4~8个老师
是否有官网	是	是	是	是	是	是	是
是否有连锁品牌互相支持	是；包括杨梅红国际私立美校、瑞思学科英语	是；包括逻辑狗探索小镇	是；罗兰是世界上最大的电子音乐音响视频设备厂家	否	否	否	否

续表

机构	美吉姆早教中心	NYC纽约国际儿童俱乐部	罗兰数字音乐教育	新鸿书院	超级爸妈国际儿童教育中心	至慧学堂	番茄田艺术中心
是否有外国教育品牌/理念背景	有；美吉姆是美国人在1983年创立的教育品牌,有30多年的品牌历史	有；NYC纽约国际儿童俱乐部起源于美国纽约	有；世界乐器电声之父梯郁太郎是罗兰的重要技术顾问	否	有；超级爸妈自称英式早教领航者	有；至慧学堂由哈佛北大精英创立,使用哈佛案例教学法	否
是否有品牌代言人,是谁	有；官方代言人是知名教育家雷明；同时也有从学员中选拔的年度活动代言人	有；体操运动员龙清泉	否	否	否	有；学霸张,品牌创始人,哈佛大学硕士	否

数据来源：据公开资料、调查问卷数据整理。

1. 艺术教育课程缺乏完整的体系

通过调研，我们发现武汉市教育市场中的艺术教育机构的课程各有特色，例如新鸿书院通过推广以古筝、围棋、书法、国画、国学启蒙、茶艺等中国传统文化为特色的课程，一定程度上发掘了消费者对传统文化认知与修为的消费需求；罗兰音乐教育则从数字音乐技艺培训的角度，打造适合儿童的现代音乐课程；至慧学堂则从培养孩子的数字逻辑思维出发，推出了学前数学思维培优课程、幼儿大班数学思维精英课程、小学数学思维课程、寒假数学思维强化营等一系列课程。

如果从单一课程的效果来看，这些机构的课程会阶段性地培养孩子的某一项技艺，可是从整体上来看，它们却无法给予其系统性的引导。例如通过分析罗兰音乐教育的课程结构，我们发现其课程构架包括青少年电爵士鼓、电吉他/贝斯、电子钢琴、电声小乐队等，这些课程只是满足了不同孩子的不同需求，却并没有在课程与课程之间形成良好的联动效果。一个孩子如果学习了电爵士鼓，就很难同时选择其他的专业课程进行全方位提升；家长也很难进行二次投入。同时，电爵士鼓课程的教学目的也无法在提升孩子某一种综合能力的情况下，推导进入下一个新的素质提升阶段。

以此类推，我们可以进一步发现，课程缺乏完整的体系和授课逻辑成了时下武汉艺术教育市场的主要问题。这些机构在课程研发与组织阶段，更加投入在对市场需求的调研结果上。他们构建的课程大多数只是迎合了市场的各种单一需求。这就导致课程与课程之间没有太多逻辑关系，目的上追求短平快，缺乏全面提升的教学意识。

2. 教育咨询评估系统有待完善

缺乏系统完整的教学体系会导致教育咨询评估系统的不健全。当前各类教育组织所面对的管理、经营环境越来越复杂，对于教育从业者特别是校长等教育行政管理者的专业化要求越来越高，专业、科学的系统咨询需求越来越强。而由于教育组织特有的组织特质导致无法完全借鉴企业咨询的方法解决问题，因此针对教育咨询系统论甚而教育咨询学的研究变成可能。

教育咨询师在我国还是新兴职业，多任职于教育培训机构，也可自主创业。成为合格的教育咨询师先从考一个国家承认的教育咨询师上岗证书开始。其认证通常需要经过系统的教育专业知识和咨询业务技能的培训（培训方式有面授培训和网授培训），并需要通过材料申报、资格审查、理论考试、案例评审等环节的严格考核。通过后可获得人力资源和社会保障部中国就业培训技术指导中心（CETTIC）颁发的"教育咨询师职业培训证书"，全国可查。

教育咨询师职业主要涉及 12 个方面的工作内容，分别是预防、咨询、顾问、转介、协调、信息、过渡、评价、推动、领导、合作、履职。他们会结合受教育者的具体学习情况给予其阶段性以及全方位的学习能力评估，以专业化地引导与规划其学习生涯。

从调研情况看，武汉各大艺术教育机构中几乎没有拥有完整教育咨询系统的，更不用说，拥有那些持证的教育咨询师了。在这些机构中，课程反馈与评估一般都由授课教师本人和课程教务老师进行。而授课教师（偏早教领域的艺术教育课程）的基本学历多为大专文凭，在沟通过程中，他们更多的是通过观察和与孩子的互动予以偏感性的教学评估，并没有借助儿童评价系统（BASC）、儿童气质评估系统（CSTS）等专业性评估系统或测量方式。所以说，在给予学员相应的教育评估方案与结果时，他们的建议往往缺乏专业度与信服力。

3. 家庭共享式教育理念有待提升

现代教育除了完成个体的教学目标之外，还需要满足对家庭其他成员的素质提升。也就是说对每一个家庭成员进行教育，并在课程设计上创造良好的亲子互动也日渐成了教育时尚。

通过调研可以发现，其授课模式多以教师儿童一对一或一对多的形式进行。而有一些机构也已在课程中加入了亲子授课环节。例如，美吉姆在其欢动课、音乐课、艺术课的课程中允许家长陪同参与课程，超级爸妈国际儿童教育中心的创意 DIY 课程也加设了亲子互动环节。然而，通过对这些课程的受众年龄进行考察分析，不难发现，其增设亲子环节的原因主要是考虑到幼儿的安全问题。0~6 岁的儿童需要在家长的监管和配合下上课。也就是说，这些机构在增设亲子课程时，并没有以创造真正的家庭共享式授课模式为课程设置目的。另外，在 6~14 岁年龄段孩子的课程设计中，几乎没有亲子互动的课程内容。这更加反映了武汉的艺术教育机构在家庭教育这部分的缺失。

四 武汉市艺术教育产业提升对策

1. 加强艺术教育机构师资监管

针对武汉市场上艺术教育培训机构师资匮乏的现状，建议主要可以从师资专业化、职业化的方面进行监管。在因对教师的大量需求使培训机构急需招人填补岗位空缺时，很可能会降低甚至忽视人员招聘的规范化，致使聘用不合格的教师进入到教学队伍中来。

首先，必须严把招聘关口。明确将教师职务要求、职务范围、工作量，及师德、心理素质、能力、相关从业经验等作为核心考察标准，加强对教师艺术专业资格的检查与考评。严格遵守职务分析、能级对应、合法原则，对有才却无德的候选人坚决不予录用，确保招收的都是德才兼备的优秀人才。即对缺乏职业道德的竞聘者不录用，在招聘关口看重专业能力的同时以德为最优先，杜绝师资素质低的现象发生。

其次，要建立完善的绩效管理模式，全面激励、引导教师实现德育、美育与教学质量的统一。绩效能客观反映一名教师的工作业绩和效果，是对教师能力的全面公允评估。绩效考评的内容、过程、结果、反馈都应渗透到教学的各个环节，并充分引起每位教师的重视，在此数据化过程中，教师也能不断修正路线、习得技能，实现教学相长的良性循环。合理而可服众的绩效考评，是艺术教育机构作为现代化企业的科学经营模式、核心竞争力的重要组成部分。

再次，建立科学、完善的培训机制。定期组织不同培训目的的培训内容，丰富培训工作，实现培训内容的多样性。培训的内容既包括娱乐成分，可调适身心，也应有能力拔高课程内容，拓展教师的艺术和职业素养，从而提高整个师资团队的素质。

2. 推动一体化艺术教育课程体系的建设

艺术学习，相伴终生，且不同艺术门类之间存在触类旁通的关联性。所以，艺术类教育机构办学理念中应体现对于一体化艺术教育课程体系建设的推动。

纵向看来，一体化艺术教育课程是贯彻终身教育（Lifelong Education）的重要人生课题。终身教育是指人们在一生各阶段当中所受各种教育的总和，是人所受不同类型教育的统一与综合。它主张在每一个人需要的时刻以最好的方式提供必要的知识和技能。终身教育思想已成为很多国家教育改革的指导方针。作为艺术教育机构，课程设置上要注意课程系统能广泛涵盖人生的全部年龄段。按照教育阶段，艺术课程体系要跟进的时期分为：婴儿、幼少年、青壮年、中年、老年五大阶段。按照教育方式分为家庭教育、学校教育和社会教育（成人教育）三种教育方式。艺术课程设置应是以上的有机结合：它作为学校必修课程的延伸，是学校偏重理性思维，以考试为目的的重点学习的补充丰富，充分体现对于情感、审美的培养；艺术课程要让全家参与，例如开展亲子课堂、全家音乐剧等方式，针对每位家庭成员各自的特点因材施教，促进家庭成员间的互相交流、学习；面对社会上的不同职业，艺术教育机构课程要结合心理舒压、知觉唤醒、音乐治疗等元素，充分承担起美育的社会责任。

横向看来，艺术教育分门别类，教育机构的使命不只是让学习者掌握一种技能，更重要的是要掌握一种人生必需的知识体系，拥有触类旁通的能力。结合人的不同年龄段，对于艺术课程会有不同的需求偏好和学习优势，故而艺术教育课程设置上要体现课程间的彼此关联、前后要有衔接，最终养成综合素养高的复合型人才。如一开始学员可以根据教育咨询的建议，进行一些基础的感知能力启蒙、初级理论学习，当其特质充分体现后，则可推荐一门乐器进行学习，为了提升其自信力和表现力，在后期可衔接音乐剧课程。这样进阶且多元的课程设置，不仅使人在音乐艺术的探索上体悟更深，也会丰富其艺术修养维度，反过来在器乐舞台展现上更成熟、完善。同样，一个在音乐上展现出过人天赋的人，可能在美术、文学等方面也具有独特感知；而一个在音乐上表现不甚突出的人，其才能可能潜藏在美术、文学等其他艺术领域。艺术教育机构要提供宽松自由的环境，发掘每个人专属的艺术基因。

3. 推动教育咨询师认证与人才引进工作的进行

教育咨询师是一个专业性要求高的职业，咨询师本人必须是深谙教育理论、教育心理学等一系列复杂学科的专家。教育咨询师，是学生的导师，指导学生学习；是家长的顾问，为家庭教育提供咨询；是教师的教练，引导教师专业发展；也是成人学习的设计师，为其规划终身学习课程。

首先，应该进一步规范教育咨询师考核与认证的相关制度。目前，认证教育咨询师还未开通绿色通道，相关考试信息也只能通过网络进行零散收集和了解。咨询师的考试内容与备考策略只能通过心理学或教育学专业的内部信息获得。这对于针对性培养专门人才无疑是一个阻碍。为了提高认证标准，规范认证体系，应推出专门报名网站，关联社会保障部等官网将考试信息予以公示。同时，在申请、考核、审核与最后通过认证的全部过程中设置专门监管员。

其次，积极推动各大艺术教育机构聘用持证上岗的教育咨询师。通过政策的鼓励和引导，这些艺术教育机构可以建立更为完善的教育咨询系统，对儿童的教育课程设置更好的学习评估与能力测评系统。同时，加强咨询师与教育机构的推选工作，打造专业性人才服务。

4. 推动家庭共享式教育理念的普及

家庭是人生第二个重要的场所，人离开母亲的子宫来到这个世界，就进入了家庭。

这个时候和外部世界的交流实际上是依托父亲、母亲等家庭成员来进行的。因为这个时候，尤其是人生的早期，人还不能独立地行走，人还不能独立地生活，更要依托家庭。这个时候的父母亲对孩子的成长就具有非常关键的作用。他们带给孩子什么，往往就决定孩子拥有什么。

父母亲的养育方式的确非常重要。无论在哪里，我们都离不开父母的影响和父母教育的影响。父母不教育孩子，孩子难以成才；父母用错误的方式去教育孩子，孩子成才会更难。所以在优秀的孩子成为优秀的人才的背后，我们总能找到和谐温馨家庭的影子。同样，一个具有不健全的人格的人，我们可以在其家庭中找到矛盾和冲突的因素。父母对孩子的影响是非常巨大的。

因此，除了重视儿童个体接受教育之外，还需要将受教育的精神推及父母。这就需要相关单位推动父母课堂的建立与普及，引导艺术教育培训机构设立亲子类型的阶段性课程，推出"全家人共同学习，每一位家庭成员各自学习，家人之间相互学习"的共享式教育模式。

专题报告

Special Reports

B.15 湖北文化产业发展投融资分析（2017）

徐俊武　吕亚梅*

摘　要： 在党的十九大报告指引之下，坚持中国特色社会主义文化发展道路，坚持道路自信、理论自信、制度自信与文化自信，需要从根本上壮大湖北文化产业，而投融资无疑是其中的关键。本文从固定资产投资、财政性融资、金融机构贷款、民间资本投资、招商融资平台、投融资政策六个方面回顾了2017年湖北省文化产业投融资现状，在此基础上着重分析了湖北文化产业投融资产业发展中面临的主要问题，发现存在政府对文化产业支持作用有限、投融资渠道单一且不畅等六

---

* 徐俊武（1978~），男，湖北大学商学院副教授，经济学博士，硕士生导师，经济学系副主任。湖北省经济学会秘书、湖北省外国经济学说研究会理事。主持国家级研究项目1项、省级研究项目2项，在《统计研究》《财经研究》等核心期刊发表学术论文10余篇。吕亚梅（1992~），女，汉族，河南信阳人，湖北大学商学院西方经济学专业硕士研究生。

大问题。针对这些问题，提出了相应六个方面的解决方案：优化财政政策支撑体系、拓宽并疏通文化产业投融资渠道、鼓励培养文化产业专业投融资人才、以投融资促进文化企业平衡发展、积极推动文化企业直接融资、推动银行金融创新支撑等。

关键词： 文化产业　投融资　湖北

在2017年党的十九大报告中，习近平主席提出要坚持中国特色社会主义文化发展道路，激发全民族文化创新创造活力，建设社会主义文化强国。在如今巨大的经济全球化浪潮中，各方文化不断侵入，如何在全球文化浪潮中推动中国特色社会主义文化繁荣兴盛，如何做大做强中华民族文化产业，成为当下各地区研究的热门议题。想要推动文化产业的发展，投融资无疑是关键。如何进行投融资机制体制创新来实现文化与资本融合，从而推动文化产业的快速发展和繁荣是湖北省文化产业政策的重要内容。2017年4月份颁布的《文化部"十三五"时期文化产业发展规划》明确了"十三五"时期文化产业发展的主要目标：到2020年，文化产业整体实力和竞争力明显增强，培育形成一批新的增长点、增长极和增长带，全面提升文化产业发展的质量和效益，文化产业成为国民经济的支柱性产业。[①] 而实现这一目标，还需要文化产业投融资的快速发展。

一　湖北文化产业投融资现状

2004年国家统计局对文化产业进行定义，即"为社会公众提供文化娱乐产品和服务的活动以及与这些活动有关联的活动的集合"。文化产业的壮

---

① 《文化部：到2020年文化产业成为国民经济支柱性产业》，中国新闻网，http://www.chinanews.com/cj/2017/04-2018204709.shtml。

大需要融资和投资的物质支持。本文从湖北省文化产业固定资产投资、财政性投融资、金融机构贷款、民间资本投资、招商融资平台、投融资政策等六个方面描述湖北省文化产业的投融资现状。

（一）全社会对文化产业的固定资产投资

通过横向比较来看（表1）：从2010年以来文化产业总体固定资产投资来看，各文化行业的固定资产投资都在增加，其中文化、体育和娱乐业增长速度较快，广播、电视、电影和音像业及新闻出版业固定资产投资的增长速度较慢。

表1 各文化行业固定资产投资基本情况

单位：亿元

行业\年份	2010	2011	2012	2013	2014	2015	2016
文化、体育和娱乐业	107.17	119.73	175.68	194.01	280.95	314.06	323.91
广播、电视、电影和音像业	8.14	10	10.43	7.47	9.04	12.01	19.75
新闻出版业	2.11	1.57	2.65	4.01	0.92	3.02	—
文化艺术业	31.33	33.05	71.56	69.96	102.9	131.88	127.64
体育	17.95	5.36	22.09	34.04	59.49	53.89	65.38
娱乐业	47.63	69.75	68.96	78.54	108.6	113.25	111.13

数据来源：《湖北统计年鉴（2011~2017）》。

通过纵向比较（图1）各年文化产业固定资产投入占比后可以发现：文化、体育和娱乐业占比较大，尤其是文化艺术业和娱乐业；而广播、电视、电影和音像业及新闻出版业有进一步被压缩的可能性。这也能表明娱乐业和文化艺术业一直都是投资的重点对象，同时也反映出投资的走向。

（二）财政性投融资

从图2来分析，从财政性支出投入量来看，虽然地方财政对文化体育与传媒的财政性投入一直在增加，但是从预算支出占比来看，比重有小幅度下降，趋近于1.5%左右。这表明近年来地方政府对文化产业的财政性投入比重有所下滑。

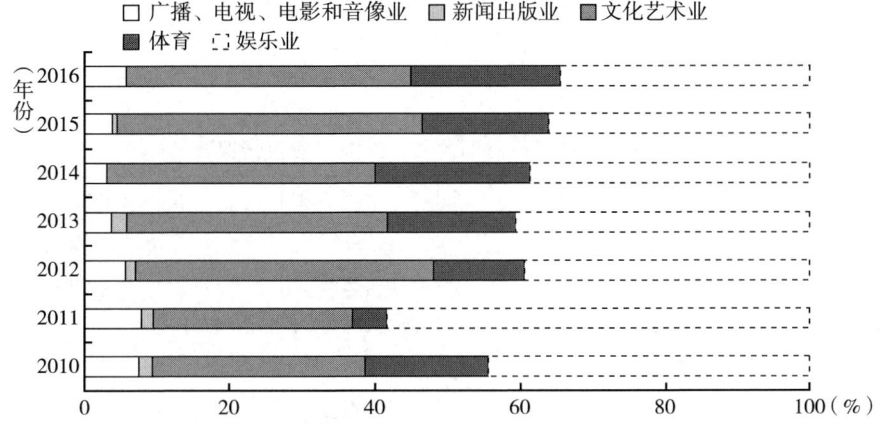

图1 各文化行业投资在文化产业投入中所占比重

数据来源:《湖北统计年鉴(2011~2017)》。

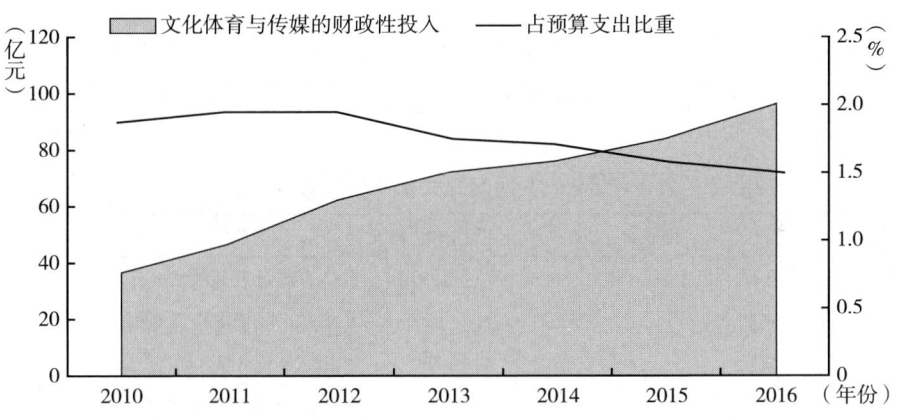

图2 地方财政对文体投入及占预算支出比重

数据来源:《湖北统计年鉴(2011~2017)》。

(三)金融机构贷款

向金融机构借贷是文化产业获得融资最主要的途径。近年来湖北省与上海证券交易所、中国银行湖北分行、中国工商银行湖北分行等金融机构签订金融支持文化产业振兴合作协议,从而取得金融支持授信1000

多亿元。① 表2展现的是一部分银行机构对湖北省文化产业投资和融资的情况，具体情况如下。

表2 部分银行对湖北文化产业投融资情况

时间	银行	项目	融资额(亿元)
"十二五"期间	汉口银行	文化产业	100
2015年	民生银行武汉分行	华中文交所	200
2015年	汉口银行	武汉银都传媒股份有限公司	0.02
2015年	平安银行	咸宁战略合作协议	100
2014年	浦发银行、武汉农商行等	文化创意企业	1.39

（四）民间资本投资

文化产业焕发生机离不开民间资本的支撑，表3展示的是近年来民营企业对湖北省文化产业的投资和融资情况，具体详情如下。

表3 部分民企对湖北文化产业投融资情况

时间	企业	投资额(亿元)	项目
2017年	华体集团有限公司	30	体育产业发展战略合作协议
2017年	卓尔集团	28	卓尔·赤壁羊楼洞系列文化旅游项目
2017年	远洋集团	300	归元文化片区
2017年	复地集团	32	长江数字文化产业园
2016年	鄂西生态文化旅游圈投资有限公司	100	排湖中国休闲谷
2016年	鄂西生态文化旅游圈	50	黄梅禅文化旅游区
2016年	深圳华强集团	120	荆州华强文化主题园
2015年	中央影视集团	65	影视文化产业基地
2015年	深圳大中艺文化集团	50	滨江文化城

---

① 《湖北文化产业发展报告》，湖北文化产业发展网，http://www.hbci.com.cn/sq/201506/t20150615_56758.shtml。

（五）招商融资平台

招商融资平台是大多数文化产业得到投融资的关键平台，表4展示的是近年来湖北省举办的部分文化产业招商融资大会。

表4 部分招商融资大会对湖北文化产业投融资情况

时间	名称	项目量（个）	投融资额（亿元）
2017年	深圳文博会	15	270
2017年	武汉文化产业招商推介会	13	258.55
2016年	深圳文博会	20	209
2016年	中国文化产业峰会	20	138
2015年	文化产业招商洽谈会	10	87.6
2015年	第二届楚商大会	40	260
2015年	长三角文化产业招商洽谈会	25	150
2015年	环渤海招商会	36	356
2014年	深圳文博会	15	202.1

（六）投融资政策

投融资性政策对于文化产业来说非常重要，它对于文化产业来说起到了保驾护航的作用，表5展示的是湖北省政府以及各地区政府颁布的有关文化产业投融资相关方面的政策。

表5 省级和地方部分文化产业投融资相关政策

类别	时间	名称
省级	2017年	《湖北省文物安全管理办法》
	2017年	《湖北省"十三五"文化产业发展规划》
	2016年	《湖北省扶持文化产业示范园区及基地发展专项资金管理办法》
	2016年	《湖北省重点文物保护专项资金管理办法》
	2016年	《湖北省"十三五"时期基层公共文化设施建设实施办法》
	2016年	《湖北省体育产业发展引导资金使用和管理办法（试行）》
	2014年	《湖北省文化产业发展战略规划》
	2014年	《关于深入推进湖北省文化金融合作的实施意见》
	2009年	《湖北省社会资本投资文化产业指导目录》

续表

类别	时间	名称
地方	2017年	《关于促进文化创意产业发展的意见》
	2017年	《武汉市文物保护若干规定》
	2017年	《襄阳古城墙保护条例》
	2016年	《武汉市非物质文化遗产保护条例》
	2016年	《孝感市本级文化产业发展专项资金管理办法》

二 湖北文化产业投融资面临的问题

随着《湖北省文化事业以及文化产业发展规划》和其他相关政策的出台，湖北省作为文化大省在文化产业上也取得了很大的进步，规划建设了一批产业园区，投融资环境也逐渐向好。但是和其他省份相比，湖北省的文化产业发展还远远不够，在文化产业投融资上还存在很多不容忽视的问题。主要表现在以下几个方面。

（一）政府对文化产业支持作用有限

2016年，湖北省文化事业总投入资金量为29.04亿元，同比增长了26.55%，全国排名第8位，基本与总量排名第7位的全省国内生产总值（32298亿元）保持一致。同时，全省人均文化事业费从40.27元增长到49.35元，同比增长22.55%，全国排名第19位，比上一年上升了2位（见表6）。但是相比于排名第11位的全省人均国内生产总值（5.52万元），全省的人均文化事业仍需要提升。①

地区间文化事业投入也存在较大差距。2016年，湖北省文化事业费为38.77亿元，其中省本级为8.87亿元，武汉市为9.95亿元，省本级和武汉市的文化事业投入加总将近占了全省文化事业费的一半，高达48.54%。

---

① 《湖北省2016年文化发展概况》，湖北省文化厅官方网站，http://www.hbwh.gov.cn/gk/tjsj/25706.htm。

2016年,全省人均文化事业费为49.35元,但17个地市林区中,仅有武汉市、宜昌市和神农架林区人均文化事业费超过了平均水平;各县(市、区)中,仅有汉南区、兴山县、秭归县、夷陵区、来凤县、保康县、五峰县和咸丰县八县(区)比全省平均水平高。①

表6　2012~2016年全国和湖北省人均文化事业费排名情况比较

	2012年		2013年		2014年		2015年		2016年	
	人均经费(元)	位次	人均经费(元)	位次	人均经费(元)	位次	人均经费(元)	位次	人均经费(元)	位次
全国	29.14		35.46		38.99		49.68		55.74	
湖北	24.00	25	26.58	24	28.89	25	40.32	21	49.35	19

数据来源:《中国统计年鉴2017》。

(二)投融资渠道单一且不畅

在"十二五"期间,湖北省推出一系列与文化产业相关的政策,主要目的还是加大政府对文化产业及文化事业的投入力度,从而加快文化产业的发展,满足人民日益增长的精神文化需求。但从近几年的发展来看,文化产业的投融资渠道还较为单一,并且由于融资方面的复杂性,在渠道上也较为不畅。主要表现在以下几个方面:一是财政资金有限,虽然文化产业资金投入在逐年增长,但同湖北省经济发展速度相比还较为不足,并且全省各地区文化产业投入资金差异较大;二是资本市场融资难,由于主板市场上市条件较高,而在文化产业中,中小型公司还是主力军,但对于中小型公司来说很难上市融资;三是银行信贷较难,文化产业在一定程度上属于高风险行业,在文化产业中大多数企业还是中小型企业,银行贷款抵押资产较少,造成银行信贷较为困难。表7展示近年来文化产业资金主要来源。

---

① 《湖北省2016年文化发展概况》,湖北省文化厅官方网站,http://www.hbwh.gov.cn/gk/tjsj/25706.htm。

表7　2010~2016年湖北省文化产业资金主要来源

单位：亿元

来源\时间	2010年	2011年	2012年	2013年	2014年	2015年	2016年
国有控股	5.22	50.54	93.65	87.37	112	144.55	163.63
集体控股	9.6	14.32	8.24	10.9	12.88	26.71	22.92
私人控股	44.77	52.74	72.5	79.95	136.24	124.79	121.01
港澳台商控股	0.01	1.86	0.79	0.11	1.09	—	—
外商控股	0.56	0.27	—	1.2	0.06	—	—

数据来源：《湖北统计年鉴（2011~2017）》。

形成多元化的投资主体和拓宽投融资渠道是发展文化产业的根本动力。从表7中可以发现，文化产业资金主要来自国有控股、私人控股以及集体控股三种渠道，利用较少的是港澳台商控股和外商控股。这表明当前湖北省文化产业的投融资渠道还比较少，目前文化产业的发展还需要大量资金注入，大部分依靠国有控股和私人控股还远远不够。

（三）缺乏专业投融资人才及金融中介机构。

目前湖北省文化产业缺乏一批专业投资人才，例如风投、创投、股权融资和产权交易方面的人才。这些人才可以将长期脱节的金融行业和文化行业相互连接起来，由此强化金融机构投融资文化产业的意识和提高投融资效率。这些人才能够切实解决文化产业投融资问题除了相关人才的缺失，为文化产业提供投融资金融中介的平台也很匮乏，由于文化产品市场价值很难准确评估，由此产生文化产业的高风险性产业特点，在投融资过程中，如果没有中介愿意为文化企业提供信用担保，文化企业的投融资能力将大大降低。文化产业的产品中无形资产占据大多数，例如版权、知识产权等，其非实物性、收益难以估计并且容易被替代和被模仿，因此其文化产品很难进行精确地价值估计。若有专门的机构评估部门对文化产业的收益进行评估，将有助于银行等一些金融机构将资金投入优质的文化产品中去，由此促进文化产业的发展。

（四）文化企业自身弱点较多

目前湖北省大多数文化企业都存在融资成本高、规模较小、无形资产比重较高、评估担保困难、投融资风险大及预期收益不确定等特点和弱点。甚至大多数文化企业达不到银行信贷要求，缺乏投融资意识和能力，不敢贸然寻求贷款。文化企业和金融机构之间缺乏必要的沟通，难以相互信任和合作。但是文化产业的壮大需要大量资金的投入，而湖北省大多数文化企业不仅有以上弱点，并且核心竞争力不强，起步也比较晚。同时，文化企业内部机制也不健全，资源配置上也存在不合理问题，抗风险能力弱，从而造成投资者对文化企业的投资更为谨慎。当前，湖北省文化企业的文化产品和服务在相关方面还停留在初级阶段，缺乏高新技术，与其他发达地区有较大的技术差距。这不仅影响湖北省文化产业竞争力和经济利益，也对文化产业投融资产生了较大影响。表8是2015、2016年中部省份文化及相关产业增加值的情况。

表8 2015~2016年中部省份文化及相关产业增加值情况

地区	2015年		2016年	
	增加值（亿元）	占GDP比重（%）	增加值（亿元）	占GDP比重（%）
湖北	853.8	2.89	954.5	2.92
湖南	1371.6	4.75	1459.3	4.63
河南	1111.9	3.00	1212.8	3.00
安徽	833.7	3.79	976.3	4.00
江西	613.9	3.67	703.0	3.80
山西	268.7	2.10	291.8	2.24

数据来源：《2017年中国文化及相关产业统计年鉴》。

从表8可发现湖北省文化及相关产业的增加值在中部地区处于中等偏下水平，并且其所占省GDP比重偏低。这也间接说明了当前湖北省文化企业技术和创新能力不强，还需提升自身核心竞争力。

（五）上市融资数量不足

文化产业想要获得快速融资，最好的方式是上市融资。但湖北省相比于全国平均水平来说，规模以上的文化企业较少，并且具有知名度的文化企业更少。表9展示了全国、北京及湖北省在上交所、深交所以及新三板上市的文化企业数量。

表9　全国、北京和湖北文化企业上市数

单位：家

	深圳交易所	上海交易所	新三板
全国	28	21	243
湖北	1	2	6
北京	5	2	95

数据来源：上海证券交易所、深圳证券交易所和全国中小企业股份转让系统。

如表9所示，湖北省在深圳交易所上市的文化企业仅有1家，在上海交易所上市的仅有2家，在新三板上市或协议上市的仅有6家，从整个文化企业来看，湖北省仅有9家上市文化企业，比北京少了93家，占全国上市文化企业的3.08%。这说明湖北省文化产业优势不明显，还需要加大力度进行赶超，才能构建与中部战略支点相对称的文化产业地位，才能实现构建"文化强省"的目标。

（六）风险（私募）投资基金匮乏

在文化产业中，风险（私募）投资基金逐渐成为中小型文化企业进行投融资的重要渠道。但相较于全国其他省市，湖北省文化产业风险（私募）投资基金发展比较缓慢。风险（私募）投资基金的匮乏也在一定程度限制了中小型文化企业的发展。表10展示的是近年来湖北省部分基金项目的情况。

表10 湖北部分基金项目情况

单位：亿元

时间	投资方	基金名称	规模
2017年	三峡集团	文旅产业发展基金	10
2016年	武汉非遗文化传播有限公司	中国非遗基金	30
2016年	盛世华韵	盛世汉阳文化产业投资基金	2
2015年	鄂西生态文化旅游圈、国开证券等	湖北省文化旅游产业发展基金	100
2014年	湖北日报传媒集团、协调创新基金	湖北日报产业发展基金	5
2011年	华彬国际集团	华彬中国文化旅游产业创新发展基金	200

三 提振湖北文化产业投融资举措

湖北省文化产业自20世纪90年代起，就在逐步加快发展的步伐。现在已经进入全面发展的新时代，基础条件逐渐改善，产业规模逐渐增大，综合实力也在不断增强。文化产业的壮大离不开投融资的支持，湖北省文化产业目前还处于摸索发展阶段，仍存在很多不足，需要改进。从经济学角度来看，文化产业投融资的发展不仅需要市场这一"无形之手"来合理调节，同时也需要政府这一"有形之手"进行辅助。从多维角度对文化产业的整体特征进行把握，科学促进文化产业投融资发展，从而加快推动文化产业成为国民支柱性行业。

（一）优化财政政策支撑体系

建立详尽的文化产业财政政策支撑体系是扶持文化产业的首要。政府增加投入是扶持文化产业的基础，同时优化财政政策是关键。首先，政府应该做的就是加大对文化产业的财政支出，面对当前大多数中小型文化企业投融资困难的局面，政府财政投入无疑是最好的扶持，但是在加大投入之前要准确判断其是否为国家文化产业鼓励型企业，即具有良好的市场前景和经济效益，附加值高，联动作用强的企业。有针对性地对文化企业进行财政扶持有利于优化产业结构，增加就业，扩大内需。

其次，政府应该优化当前对文化产业的财政政策，发挥好国有资本的引导作用，努力建设具有高度文化产业投融资吸引力的财政政策。例如，可以针对不同种类的文化产业提供不同的税率，实行差别税率；在通过深入的调查和研究后适当地降低文化企业整体的税率；按一定比例奖励、定向补贴等手段鼓励一些较有潜力的新兴的文化企业项目。政府的引导作用同样很重要，政府应大力鼓励和引导银行、民间资本以及一些金融机构对文化企业进行投融资，综合运用政策性和金融性的双重支持推动湖北省文化企业快速发展。

（二）拓宽并疏通文化产业投融资渠道

具有多元化和畅通的投融资渠道是发展文化产业的关键。要解决文化产业投融资问题，关键就要优化湖北省文化产业投融资模式，疏通文化产业投融资渠道，创造多元化文化产业投融资渠道。[①] 首先应该降低文化企业投融资门槛，细化投融资政策措施，鼓励更多的民间资本进入文化企业。

其次要重视资本市场在文化企业投融资的重要作用，相关部门要切实创造条件，优化政策，鼓励更多的文化企业上市融资，在资本市场上实现价值增值；加大金融支持力度，鼓励银行对文化企业信贷，切实解决文化企业信贷难的问题；鼓励更多的金融机构推出更好更多符合文化企业产品特点的金融产品，着力实现双方利益最大化。

（三）鼓励培养文化产业专业投融资人才

文化产业的兴旺发达离不开与文化产业群体特征相契合的专业投融资人才。应着力培养文化投融资专业人才，从而拥有熟悉文化产业投融资运作特点和具备创新能力的复合型人才为文化产业服务。

---

① 陈悦：《试论我国文化产业投融资的困境与对策》，《当代经济》2017年第6期，第132～133页。

文化产业的发展也少不了专业的金融机构为其服务[①]，目前湖北省缺少专门的文化金融服务中介。首先要做的就是针对文化产品的特征，组建专业的评估师对文化产业的无形资产价值进行有效评估，根据文化产品的社会性、效益性、产出过程的复杂性和动态性等多方面进行估值；其次要完善知识产权保护机制，联合各层次文化市场主体建立统一的奖惩规范制度；同时也要鼓励商业服务中介利用自身的信息网络技术为文化企业提供信息咨询、财务顾问、金融培训和上市服务等，以提升文化企业盈利能力和融资能力。

文化产业投融资难的根本原因在于文化产业属于高风险行业，文化企业往往因为担保不足而导致投融资困难，也导致外商和民营资本很少进入文化产业进行投资。由此需要建立文化产业投融资担保联盟，根据文化产业的群体特征，由相关的政府部门提供投融资直接风险补偿，由专门的保险公司创新开发适合文化企业特点的保险产品，由专业的商业担保公司对符合文化产业支持的项目进行担保，从而从多阶段分散文化产业项目运作风险。同时政府相关部门利用条件为文化企业搭建文化项目信息发布平台、文化产业政策信息平台等，以便文化产业及其他相关行业及时了解文化市场动态，从而鼓励更多的银行、外商和民营资本进入文化产业。

（四）以投融资促进文化企业平衡发展

针对文化企业自身的特殊性和弱点来提升企业自身的素质，例如文化数字化进程，提高行业技术水平等。可以通过对新闻媒体、广播电视等传媒行业技术装备的更新改造，推动文化产业对高新技术的应用，加快文化信息数字化进程，以此保证文化产业能在更新的平台上保持自身的核心竞争力。以提高文化产品及服务技术为重点，力图开发市场前景好、竞争力强、技术含量高，并且能形成产业规模的文化产品或服务。同时文化企业自身也应进行管理模式创新，提高企业管理和技术水平。

[①] 张志伟，石瑶：《关于文化金融服务体系建设的若干思考》，《西华大学学报》（哲学社会科学版）2017年第3期，第66～70、98页。

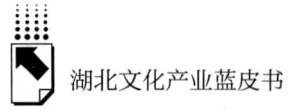

更为重要的是,在投融资政策上,文化产业要秉持平衡发展的理念,在现行继续发展具有优势的文化行业上,也应该重点支持一些处于劣势但很有潜力的文化行业;同时在继续保持武汉的中心发展地位时,也应重点支持其他地区的文化产业发展,从而推动整个湖北省文化产业的协调发展。

(五)积极推动文化企业直接融资

目前湖北省大多数文化企业都属于规模以下的中小型企业,它们的资产结构、经营模式和盈利能力都很难满足国内主板市场上的上市要求。与国内主板市场相比,海外市场的创业板入市门槛低很多,这为文化企业提供了新的融资途径。文化企业注重创意和信息化建设,若能在创业板上市,无疑能为文化企业注入充足资金,满足其自身发展。但是与东南沿海地区相比,目前湖北省中小型文化企业在创业板上市仍有一段差距。为加快中小型文化企业上市的步伐,政府应对争取上市的文化企业给予财政补贴及土地税收等政策倾斜,同时做好中小文化企业上市融资培育工作,加强中小文化企业服务体系建设,从而为中小企业上市创造良好的环境。

与上市融资相比,私募股权的资金提供者主要来自投资者,限制少、手续简单,具有一定的自由度和灵活性。并且私募股权的期限一般比较长,符合文化企业的运作特点。例如电影产业,一般融资期限在5~7年,片商可通过与投资者进行协议,通过在特定期限内回购股权的方式,保证了影片的版权完整。由此可见,私募股权可以为文化企业投融资提供新的方式。政府可以推出相关政策鼓励文化企业通过私募股权进行投融资,推动文化产业壮大。

(六)推动银行金融创新支撑

近些年来,政府通过与银行进行合作,共同构建了一些文化产业融资平台。例如湖北省政府与中国工商银行湖北分行、中国银行湖北分行和上海交易所合作,签订支持文化产业振兴合作协议,由此取得金融授信1000多亿元。政府应继续建设与银行的合作机制,由此共同为文化产业牵线搭桥。

由于文化企业的自身特征，文化企业很少有固定资产进行抵押贷款，一般通过无形资产进行抵押担保，银行可针对文化产业的特征，为其开发新的信贷模式，为文化企业提供资金支持。同时可以组织文化企业内部互助，结合各文化企业自身优势，建立联合担保、联合贷款模式，加强文化企业内部的监督，增强企业还贷的内部约束力。

B.16
湖北省三国文化产业发展研究报告（2017）*

邹福清**

摘　要： 湖北省是三国文化的富集区，近年有大批资金陆续涌入各地三国文化的开发领域，一批大型项目相继上马。这些项目投资规模较大，辐射当地经济建设的多个层面，对于促进当地经济的发展有重要作用。但是，由于交通及硬件配套建设不够完善，项目内容建设在资金和精力上的投入远远不够，缺乏从湖北省层面的顶层设计等原因，这些项目尚未成为带动当地经济发展的引擎。在现有条件下，尽快改善湖北省三国文化产业的经营状况，加强宣传力度是关键。为此，找准项目的主题，精准推介；整合本地的资源，共同推介，这些举措是当务之急，也切实可行。

关键词： 湖北省　三国文化产业　资源

公元200年（建安五年），曹操在官渡之战中彻底击败对手袁绍，奠定了统一北方的基础，随后将势力范围向南拓展。208年（建安十三年），赤

---

* 本报告是湖北省高等学校人文社会科学重点研究基地、湖北大学当代文艺创作研究中心开放基金项目"湖北省三国文化的产业开发与可持续发展研究"成果，项目编号是17DDWY09。
** 邹福清（1970~　），湖北大学文学院副教授，主要从事中国古代文学、传统文化的教学与研究，曾主持教育部人文社科青年项目等，发表论文20余篇，出版著作多种。

壁一战，曹操遭遇挫折，形成三分天下的政治局面。曹丕称帝于220年，随后，刘备于221年、孙权于222年先后正式称帝，魏、蜀、吴三国并存。263年，魏灭蜀，280年，取代曹魏的西晋灭吴，三国鼎立的局面正式结束。在约80年之久的三分天下时期，涌现出一大批杰出人物，在军事、政治、文学、哲学等各领域取得了辉煌的成就，给后人留下了灿烂的文化遗产。现湖北省所辖范围曾是三国争夺的重点区域，当时许多重大历史事件发生于此，湖北省成为三国文化资源的富集地区。有学者调研，就资源禀赋类型和功能区分而言，湖北三国文化大体上具有名人文化资源、军事文化资源、遗址文化资源、学术文化资源、文物文化资源、民俗文化资源六大构成维度。① 如何开发这些三国文化遗产，服务于文化建设与经济发展，一直是学界热议的话题，也是当前湖北省及相关市县极其重视的问题。让人振奋的是，近年来有一大批资金陆续涌进三国文化开发领域，上马了一批大型项目，还有一些重大项目正在规划当中。2017年暑假期间，笔者带领的湖北省三国文化产业调研小组进入荆州、赤壁、当阳、襄阳等地，深入了解了当地三国文化的开发、经营状况，在此基础上探寻湖北省三国文化产业的特点以及发展过程中遇到的问题等，并试图提出恰当的对策以供学界讨论，供政府、业界等参考。

一 湖北三国文化资源的分布概况

湖北省三国文化遗址主要分布于荆州、襄阳、赤壁、当阳、鄂州、宜昌、武汉等地区，这些地区或多或少留下了一批文化遗迹，为当地进行三国文化产业的开发提供了丰富的资源。这些文化资源具体分布情况如下。

（一）荆州

据统计，荆州三国文化遗址有110多处。2009年，荆州被授予"湖北

---

① 刘玉堂、陈绍辉：《三国文化资源与湖北文化产业发展》，《江汉大学学报》（人文科学版）2007年第6期。

关公文化之乡"的称号。这些三国文化遗址中最重要的主要有以下三处。

荆州古城。始建年代不详，据称三国时关羽曾依旧城另筑新城，晋代桓温将旧、新二城合并，后屡经重建、扩建，又屡遭毁坏，现存城墙为1646年（清顺治三年）在明旧基上重建而成。总面积4.6平方公里，分三层，外层为水城（护城河），中间为砖城，内层为土城。护城河全长10500米，宽30米，深4米。城墙原设6座城门，城门上有城楼，中华人民共和国成立后又新开3座城门。荆州是三国时期吴与蜀反复争夺的战略要地，荆州古城是刘备借荆州、关羽大意失荆州等重大历史事件的发生地，长篇历史小说《三国志通俗演义》的许多情节置于荆州展开，其120回中有70多回的情节背景地为荆州。荆州古城是中国南方不可多得的古城完璧，是国家4A级景区，全国重点文物保护单位。

关帝庙。位于荆州古城南纪门内，始建于1396年（明洪武二十九年），在关羽镇守荆州时的官邸旧基上建成，明万历年间又进行了重建，1650年（清顺治七年）、1732年（雍正十年）两次重修并扩建，曾占地50多亩，抗日战争时期全部毁坏。现在的关帝庙是1987年按清乾隆时的县志所载古关庙建筑布局图样，在原遗址上复建而成。荆州关帝庙与山西解州关祠、湖北当阳关陵、河南洛阳关林并列为中国四大关公纪念圣地。每年正月和农历五月十三，荆州都要在关帝庙举行大型庙会，上演舞龙灯、划采莲船、骑马射箭、吹喇叭套轿子等民俗活动。

关羽祠。位于荆州古城西南南门内环南路的卸甲山上，卸甲山据传是关羽镇守荆州时，战罢归来卸甲并犒赏将士、庆祝胜利的地方。关羽祠南靠砖城墙，东、西、北三面台基与土城垣融为一体。始建年代不详，最早见载于1640年（明崇祯十三年）至1653年（清顺治十年）所编《江陵志馀》。该祠毁于抗日战争时期，现存建筑为复建，2008年竣工。

（二）赤壁

赤壁是公元208年孙吴联军与曹军进行赤壁之战的发生地，也是吴国与蜀国争夺荆州、襄阳等地的后方战备之地，吴国长期在此驻扎训练水军，当时三国各方许多著名军事政治人物都在那里留下了痕迹。

赤壁古战场遗址。赤壁之战的发生地，战场遗址位于赤壁市西北 38 公里处的赤壁镇石头口村一带，北临长江，对岸即洪湖市乌林镇。赤壁之役奠定了曹操、刘备、孙权三足鼎立的局势。此后，赤壁又成为吴国的战略要地，吴国长期驻扎重兵于此，一度是进袭荆州的前哨。古战场所在的赤壁山矶头的临江崖壁共有 11 处石刻，为唐、宋、明、清等朝代的人所刻。其中最大的"赤壁"二字长 150 厘米，宽 104 厘米，十分壮观，风格古朴浑厚。

拜风台。又称武侯宫，位于赤壁遗址的南屏山顶，据称诸葛亮曾于此设七星祭坛借东风，后人便筑台建宫以示纪念。1383 年（明洪武十六年）始建，后于 1610 年（万历三十八年）和 1936 年重建，1948 年维修，现存前后相连的两殿一厅。1975 年又于台侧建东风阁供游人憩息。

凤雏庵。位于赤壁遗址的南屏山东南的金鸾山。庞统于赤壁之战前夕至此暂居观战并献连环计，后成为刘备军师。后人为纪念庞统而建此庵，屡经扩建，曾有九重大殿，后迭遭兵燹，现存三间，共约 300 平方米，系 1846 年（清道光二十六年）重建，庵外有一株千年银杏。

陆水湖。位于赤壁市南，水域面积 57 平方公里，有 800 多个岛屿，曾有河流与长江相通，因东吴大将陆逊得名，是陆逊曾经军屯的地方。此地还有诸多与陆逊有关的遗迹，如试剑石、观军台等。属于国家重点风景名胜区、国家 4A 级景区、国家湿地公园。

黄盖湖。位于赤壁市西南 16 公里与湖南临湘交界处，东、北水域属赤壁管辖，有河流与长江相通。赤壁之战前夕，黄盖曾于此训练水军，因此得名黄盖湖。

（三）当阳

当阳位于襄阳、荆州、夷陵（宜昌）形成的三角区域的中心点位置，是三国时期各方势力激烈争夺的地方，影响三方命运的一系列重大战事都发生于此或与此地密切相关。据统计，《三国志通俗演义》有 37 个故事是以当阳为背景展开的，此地留下了许多三国文化遗迹。这些文化遗迹主要有 4 处。

关陵。位于当阳市西北3公里处，据载是关羽身躯的埋葬地。关羽死后，孙权将关羽的躯体一分为二，将身躯葬于当阳，头颅则送给了曹操，被曹操葬于洛阳。1183年（南宋淳熙十年），襄阳太守王铢于墓前修筑祭亭，1467年（明成化三年），当阳令黄恕始建庙宇，随后扩建，并于1536年（明嘉靖十五年）落成，随后又进行了多次修缮。建筑群采用中轴对称的帝陵规制，陵区环以黄瓦红墙，共占地45000平方米。关陵为全国重点文物保护单位。自1991年始，关陵景区每年举办隆重的庙会，关陵庙会于2011年列入第三批国家级非物质文化遗产名录。

长坂坡遗址。位于今当阳市城区，是荆山东南的余脉，北临沮漳河，是襄荆古道的必经之地。赤壁之战爆发前，曹操追击意图南撤荆州的刘备至此，张飞曾断桥据水凭山，借有利地形于长坂坡成功地阻击了曹军。1582年（明万历十年），有识之士在此立"长坂雄风"碑。1936年，当阳县长熊杏圃与当地驻军共建长坂坡公园。抗日战争时期，日军掠走"长坂雄风"碑。1947年，当阳县长胡次平重刻"长坂雄风"碑。

太子桥遗址。位于长坂坡附近，清末曾立"太子桥"石碑。此桥原为青砖砌成的独孔拱桥，栏杆为青石雕琢，长2.5米，宽3米。后此地被填平，石栏被拆，但立有"太子桥遗址"石碑。相传当年刘备于此将赵子龙救回的刘禅掷于地，因此得名。

麦城遗址。位于今当阳市东20公里的两河镇麦城村境内，东周时期即为楚国重要城邑，现残存长约100米，底宽20米、顶宽8~12米，高6米的夯土垒筑城垣。219年（建安二十四年），关羽率兵进攻襄阳曹军，吴军乘虚袭取荆州，关羽被迫败走麦城，并在从麦城突围的过程中被吴军活捉后杀害。

（四）襄阳

襄阳历来都是兵家必争之地，更是三国时期各方势力激烈争夺的重要战场。据统计，襄阳现有三国历史文化遗迹50余处，主要遗址有以下5处。

古隆中。位于襄阳市西，诸葛亮曾隐居于此长达 10 年之久。刘备三顾茅庐拜访诸葛亮，诸葛亮为其陈述天下大势以及先取荆州然后西取益州的战略，后出山辅佐刘备，在赤壁之战中与周瑜共同抵抗曹军并发挥重要作用，是刘备最为倚重的谋士。隆中逐渐形成"隆中十景"，即草庐亭、躬耕田、三顾堂、小虹桥、六角井、武侯祠、半月溪、老龙洞、梁父岩、抱膝石等，中华人民共和国成立后又修建了一系列景点。现存建筑只有草庐遗址旁的水井为三国遗物，其他建筑多为明清时所建。是国家重点风景名胜区、国家 4A 级旅游景区，全国重点文物保护单位。

襄阳古城。位于今襄阳市汉水南岸，始建于公元前 201 年（西汉高祖六年）。东汉末，刘表治荆州时于原襄阳城东北修筑新城，并以此为州治，宋时又改土城为砖城。现存城墙为明清时建筑，总长 7322 米，护城河最宽处达 250 米，共有 6 座大城门，是全国重点文物保护单位。

马跃檀溪处。位于襄阳城西门外真武山北侧，南侧岩壁上刻有"马跃檀溪遗址"6 个大字。据说刘备曾赴襄阳投奔刘表，结果，刘表部将蔡瑁预谋杀掉刘备，刘备闻讯后慌忙乘马逃离，受阻于檀溪，紧急时刻，他扬鞭跃马，越过溪水，并于此留下马蹄痕迹。此处现为襄阳市重点文物保护单位。

水镜庄。位于襄阳市南漳县城南，距襄阳市 37 公里，南倚玉溪山，北临蛮河。东汉末名士雅号水镜先生的司马徽曾隐居于此，因而得名。206 年（建安十一年），刘备从襄阳逃脱蔡瑁的追杀，行至水镜庄，司马徽向其推荐诸葛亮和庞统。1742 年（清乾隆七年），南漳知县徐彦于庄前立"汉水镜栖隐处"石碑，碑左为荐贤堂，为两进院落，每进三间，占地 300 多平方米。

水淹七军鏖战岗。位于襄阳市樊城区西十余里，是关羽大败曹军的战场遗址。219 年（建安二十四年）夏，关羽趁曹军在汉中、淮南两线分别与刘备、孙权作战之机，进攻樊城守军曹仁。当时天降大雨，汉水溢出堤岸，关羽降驻守城北的于禁、斩驻守城北的庞德，声威大振，史称"水淹七军"。据载，后来关羽在攻打樊城时为毒矢所中，曾刮骨疗伤。

（五）鄂州

吴王城遗址。位于鄂州市城区南，原为三国东吴都城。现存夯土墙基长60米，宽10米，高4米，墙外是护城河，现存一段，名为濠塘。孙权始称吴王，于此筑城，取名武昌，称帝后又改其为吴大帝城，后迁都建业，命陆逊辅佐太子留守于此，成为吴国陪都。265年（甘露元年）九月，吴帝孙皓徙都武昌，建业则成为陪都。现为全国重点文物保护单位。

（六）宜昌

猇亭三国古战场遗址。位于宜昌市下辖猇亭区长江岸，两岸悬崖陡壁，绝壁上有长1500米的古栈道，是吴、蜀夷陵之战决战之地。221年，刘备在益州称帝，为报关羽被杀之仇，并夺回荆州，亲率大军攻打孙吴。孙权命陆逊为大都督率军迎战，陆逊避开锋芒，并不急于与刘备决战，一直退至猇亭一带。刘备的军队进入狭长不易展开的山地，锐气也逐渐低落。次年夏，陆逊趁夜实施火攻，发动反击，烧毁蜀军营寨。蜀军大乱，全线崩溃，刘备侥幸摆脱追兵，逃至今奉节永安宫，并死在那里。此战役蜀败吴胜，但两方消耗巨大，只得议和共同对付曹魏，因而是三国时期政治局势的重要转折点。

（七）武汉

黄鹤楼。据阎伯理《黄鹤楼记》引《图经》、宋代乐史《太平寰宇记》，因三国时期蜀汉大臣费祎登仙，驾黄鹤于此憩息而得名。

古卓刀泉。据称是208年（建安十三年）蜀将关羽驻兵于武昌伏虎山，因缺水而以刀卓地，水涌成泉而得名。

龟山鲁肃衣冠墓。始建不可考，清嘉庆年间（1796～1820）汉阳知县裘行恕曾重修，后屡毁屡修。原位于龟山南麓，1955年因建长江大桥而迁至山腰。

综上所述，湖北省三国文化资源仅就遗存而言，数量就很大，如果再加上传说、民俗，数量就更巨大了。这些文化资源就其文化内核而言可以归纳为四个关键词：智、忠、义、隐。它们为各地三国文化资源的开发与推介提供了充足的演绎空间。

二 湖北三国文化产业的发展现状

作为三国文化的富聚区，湖北省相关各地一直试图打三国文化牌，开发三国文化，为当地经济建设服务。早在1992年，武汉市即着手打造龟山三国城，因资金问题一度中断，导致建设期达20多年之久，现建有赤壁之战全景画馆和系列三国人物雕像。近十年左右，各地则加快了对三国文化的开发，陆续上马了一批大项目，这些项目的建设和经营状况大致如下。

（一）各项目建设状况

1. 荆州关公义园

位于荆州古城外东南角，北、东两面依护城河，规划用地面积228亩。项目以"义"为主题，分两期建设。一期已经完成，建成大型青铜关公雕像、关公大戏台、关圣宫、关帝庙、财神殿等，其中，关公青铜雕像由当代著名艺术家韩美林设计，内部为钢结构，外部为4000余片青铜，总重达1200余吨，高58米，寓关羽度过了58个春秋之意。关公雕像双目微醺，侧身迎风而立，右手拖一把70米长的大刀，整个身躯如山峦一般。关圣宫由三座大殿组成，其主殿武圣殿供奉有三尊关公像，两侧殿为忠义殿和财神殿，还有祈福堂、福应堂、结缘堂等附属建筑。2016年6月17日，荆州义园已正式开园迎客。二期建设主要包括展现荆州古城特色，以三国文化为背景的三台大戏：其一是《入城仪式》，内容为关羽水淹七军，大获全胜后，凯旋荆州；其二是《刘备招亲》，是以三国吴蜀文化为背景，包括《归航》《追杀》《对阵》《扬帆》《大婚》等内容的户外实景演绎；其三是《关公的世界》，是以关公文化为背景，采用多维立体环绕式影像与动感战车观众席的交互表演。

2. 赤壁三国古战场遗址公园

位于赤壁市西北长江南岸赤壁镇的赤壁之战遗址所在地，核心区占地约为1.59平方公里。项目以军事智慧为主题，规划期限为10年（2011~2020年），分为三期建设。目前，从2014年初开工的第二期建设已经完成，建设项目包括：酒店（赤壁驿馆）、会议中心（集贤殿）、三国特色饮食文化中心（御膳坊）、洗浴中心（赤壁古温泉）、赤壁军市、指挥中心、财神殿、游客中心、停车场、超市、公厕、水寨、古战船及大型演艺项目《圣火赤壁》晚会。景区主要景观包括赤壁摩崖石刻、周瑜塑像、拜风台、凤雏庵、翼江亭、赤壁大战陈列馆、赤壁碑廊、千年银杏、三国雕塑园等。目前，景区由投资方注册成立的湖北三国赤壁旅游股份有限公司在负责运营。现已打造成国家4A级景区、国家重点文物保护单位、国家研学旅游示范基地。为了创建国家5A级景区，2017年又在基础设施、安全保障、旅游环境、服务质量等方面加强了建设力度。

3. 当阳关公文化旅游城

位于当阳市区西北，东北临长坂坡古战场遗址，是在当阳关公文化园原址上扩建而成的。该项目以关公文化为主题，共占地1630亩，包括关公文化演义、旅游配套、现代游乐、传统文化教育四大板块，和关公文化展示区、旅游配套服务区、现代主题游乐区、儿童乐园区、水上乐园区、传统文化教育区等八大功能区，是集关公朝拜、休闲度假、商务会议、冒险游乐、楚汉风情体验、革命传统教育于一体的大型城市旅游文化综合项目。项目于2012年9月17日开工，原计划建设周期为2~3年。但是目前只有关公文化朝拜广场、财神商业街区、水岸观光体验区等项目的主体基本完成，三国欢乐世界园区已投入运营，居民住宅区虽未完工，但已售出一半。由于资金问题，2015年9月30日停止建设，现由政府引导重新融资，处于积极准备复工中。

4. 其他

龟山三国城。1992年，汉阳区成立"龟山开发指挥部"，并以三国历史为主题来开发龟山旅游风景区，建设三国城，现已建成群英道、全景画馆、计谋殿等。900米长的龟山脊道上建有120尊三国群英雕像，赤壁大战全景画馆中的全景画高18米，长35米，展示1800多年前的历史画卷，是美术杰作。龟山三国城的建设备受争议，曾一度受资金不足困扰，建成后对外开放。

襄阳三国城。襄阳正着手打造华中文化旅游特色城市，建设三大文化旅游影视基地，其中之一是在隆中景区建设襄阳三国城，为游客提供场景化、情景化、体验化的"三国文化之旅"。

鄂州继襄阳、荆州和河北的涿州、河南的许昌之后于2015年成功申报创建三国文化之乡。当地正在努力逐步恢复吴王城遗址原貌。

（二）产业特点

1. 投资规模大

湖北省近几年上马的三国文化产业开发项目的投资规模都很大，当地政府采取了灵活的融资方式，或全部引进外来资金进行建设，或由当地政府与外来资金共同开发，并在土地、税收、拆迁等方面予以支持。

荆州关公义园是荆州市先成立荆州市文旅投公司并将持有的古城墙、张居正故居、关帝庙三个景区折合资本1500万元，然后与湖北省鄂西生态文化旅游圈投资有限公司（简称鄂旅投公司）出资3500万元共同成立荆州关公文化园投资有限公司来具体实施建设的。2014年4月双方股东同比增资至2.5亿元，组建荆州旅游投资开发集团有限公司，负责荆州古城历史文化旅游区扩建升级项目一期工程，总投资15亿元，其规模相当于当地年固定资产投资的15%。

赤壁三国古战场遗址公园的第二期建设是在原遗址进行了一期初步清理的基础上进行的，由嘉禾集团实际投资4.8亿元建成，其规模相当于该项目开工当年即2014年全市固定资产投资的1.7%。不过，这只是核心区的建设投资，按规划未来还有辅助区、发展区的建设，需要巨额资金。据《赤壁市2016年政府工作报告》，就在赤壁三国古战场遗址第二期建设开工的2014年，全市的固定资产投资为286.7亿元，与此相比，就可以看出赤壁三国古战场二期建设投资规模已不算小了。

当阳关公文化旅游城由湖北当阳市盛鹏达文化旅游城开发置业有限公司（注册资金6000万元）出资5亿元购得当阳市长坂坡路六宗地约1230亩作为文化旅游综合体开发项目，整个项目建设计划投资50亿元，其规模相当于当阳市2015年固定资产投资的11.8%。

襄阳三国城已由鄂旅投公司与湖北襄阳签订战略合作协议，计划投资100亿元。三国文化产业项目与区域投资规模对比详见表1。

表1　三国文化产业项目与区域投资规模对比

单位：亿元

资金\项目	荆州关公义园	赤壁三国古战场遗址公园	当阳关公文化旅游城
三国文化项目投资	15	4.8	50
2015年固定资产投资	1950.5	286.7	425

如此规模巨大的投资必须依靠外来资金，当地政府必须面对引进资金难的问题，投资企业融资的难度也较大，给项目的建设带来一定资金风险，当阳关公文化旅游城中途停工就是因为投资公司的股东撤资导致资金链条中断。如此规模巨大的投资势必延长企业回收投资成本的周期。这些项目普遍采用"PPP模式"招商引资，就调查来看，现已开放的项目，游客日均数量很难达到1500人次，企业很难在一般约定的30年期限内回收投资成本，给企业的后期运营带来了挑战。

不过，湖北省三国文化开发投资的总体规模依然存在提升空间，与其他三国文化富集地相比还有差距，如河南许昌市第十届（2016）三国文化旅游周期间签约项目达24个，总投资达133.4亿元。

2. 辐射范围广

各项目往往对接当地经济区划、城市功能区划乃至新城区建设，承担着提升当地经济主要动力的角色。

荆州关公义园是荆州古城历史文化旅游区的扩建升级，意在整合荆州古城历史文化旅游区、楚王车马阵国家考古遗址公园等著名景区景点,创建荆州古城五环5A景区。更重要的是,还要以此项目带动荆州城南片区旧城的改造,将城南片区打造成文创产业新城,从而将荆州建设成三国历史古城与文创产业新城,这是所谓的"双城记"。

赤壁三国古战场遗址公园仅占地1.59平方公里,但这只是核心区。规划的辅助区占地3.77平方公里,覆盖了赤壁镇城镇范围,并将该范围划分为一镇三区,即赤壁风情小镇、旅游综合服务区、观光休闲农业区、滨水休闲区。规划的发展区则占地119.2平方公里,将赤壁镇、柳山湖镇、黄盖湖镇全部纳入规划,划分为一廊一城两区四园四组团,即三国演义文化长廊、赤柳新城、滨水休闲区、休闲农业区、文化创意产业园、世界和谐文化主题公园、世界百大战役主题公园、周郎文化休闲园、松柏湖尚品休闲颐养组团、国公湖水韵吴乡体验组团、沧湖生态休闲农业组团、黄盖湖军事游乐组团。该规划的中远期目标是建立一个三国文化旅游产业集群,使其成为赤壁市旅游产业龙头、中国三国文化旅游产业龙头,解决赤壁市旅游资源丰富,但产业链较短的问题。显然,这是将三国文化的开发与特色城镇、生态农业、休闲养生产业等对接起来,使其成为整个赤壁市的支柱产业。

当阳关公文化旅游城建设的最终意图是打造一个新中式的富有传统色彩的小镇,该特色小镇的主题是关公文化,融合中国民居建筑风格和长江流域地域文化,使其成为湖北中部最成熟的城市旅游文化综合体。该项目的建设与此前开发并获得成功的以佛教文化为核心的玉泉寺文化旅游区共同构成当阳市旅游业的名片,从而促进当地的经济发展。这是以三国文化的开发对接当地现有旅游项目和新城区的开发。

特别需要指出的是,荆州、当阳等地三国文化产业开发项目明显辐射至房地产领域,或者说,房地产开发本就属于这些三国文化开发项目的一部分。文化产业园的开发存在投入大、回报周期长的问题,将新城区的建设、房地产开发纳入三国文化开发项目一并规划、建设,可以大大缩短投资企业收回成本的周期,有利于吸引投资商参与三国文化项目的开发,但是,也要防止文化产业空壳化,并沦为地产业。

3. 内容建设难

消费者对三国文化旅游目的地哪些项目比较感兴趣？这是项目建设必须首要弄清楚的问题，只有弄清楚这一点，建设和运营过程中才能精准发力，吸引并留住消费者，并通过他们扩大项目的影响力。通过调查得知，游客在三国文化旅游目的地游览感兴趣的主要还是历史古迹及背后的历史文化内涵（见表2）。

表2 游客在三国文化旅游目的地的游览兴趣点占比

占比＼兴趣点	历史古迹	民俗风情	餐饮娱乐	创意文化	智能科技	数字传媒	其他
比例(%)	78.30	53.77	27.36	21.70	8.49	5.66	7.55

鉴于此，如果将这些内容呈现出来，让游客不仅看得到，而且能够参与进来，体验得到，不仅需要将遗迹复原，还要通过包括科技手段、艺术手段在内的各种方式进行内涵建设。严格地说，湖北省各三国文化开发项目目前已完成或即将完成的都是基建项目，作为文化产业核心竞争力的内容建设远远不够，尽管各项目在规划中都强调了这一点，但目前资金和智力投入显然不到位。赤壁三国文化古战场遗址公园打造了大型演艺项目《圣火赤壁》晚会，但游客的评价不高；在荆州关公义园的二期建设规划里还有《入城仪式》《刘备招亲》《关公的世界》三台大戏需要建设，一直未见上演；当阳关公文化旅游城也有打造以声、光、电等科技手段结合智能设备演绎当阳三国文化的规划。真正考验这些项目建设成功与否的关键在于这些以演艺节目为形式的内涵建设是否能够得到消费者的认同。然而，大型演艺节目的开发不仅涉及资金的问题，还涉及人才、科技等因素，由于湖北省各三国文化开发项目多位于中小城市，人才、科技的引进迫在眉睫，显然人才问题一时难以真正解决。

三 促进湖北省三国文化产业发展的对策

尽管目前湖北省三国文化的开发如火如荼，项目较多、投入较大，但这些项目的开发与经营其实都存在一定的困难，远未达到带动当地旅游业发展甚至经济发展的目标，面临的困难主要是：其一，包括交通在内的基础设施不够完善，不能充分吸引域外的消费者；其二，企业的开发能力包括资金投入、精力投入不够理想，硬件不完善，定位不精准，内容建设缺乏力度等；其三，最突出的问题是，项目都是由当地政府主导，缺少从整个湖北省层面进行的顶层设计，当地政府各自为政，处于"三国演义"的局面。如何继续增加投入，逐步改善硬件、软件？如何在现有条件下多措并举，快速突破？如何尽快改善湖北省三国文化开发项目的经营状况？本调研团队对于这些项目的消费者来源进行过调查，发现这些项目的消费者以本地居民为主，连省内的消费者比例都相当小，更不要说省外和国外了（见表3）。

表3 湖北三国文化产业项目消费者来源地分析

占比\来源地	本地	本市	本省	省外	境外
比例(%)	37.74	50.94	9.43	1.89	0

因此，如何吸引省内游客，将这些三国文化项目及所在地作为周末游的目的地是当务之急。同时，本调研团队对消费者获取信息的渠道也进行了调查，发现消费者获取信息主要还是靠亲眼所见、口耳相传等传统方式，远未发挥传播效果更好、传播速度更快的新媒体的作用（见表4）。

表4 湖北三国文化产业项目消费者获取信息渠道分析

占比\信息渠道	附近居民	亲朋介绍	新媒体	传统媒体	其他
比例(%)	45.28	37.74	16.04	7.55	18.86

鉴于此，项目的宣传、推介上发力、创新，是当务之急，也切实可行。建议如下。

(一)找准项目主题,精准推介

目前,湖北省三国文化的开发项目中,当阳、荆州、赤壁基本上都打了关公牌。的确,关公为世人熟知,在全世界华人圈也具有号召力,但是,三国文化的影响力远不止关公及其所代表的"义"这一个元素,还有智、隐、忠等文化元素。应该说,就小说《三国演义》、各种以三国文化为背景或主题开发的影视娱乐节目、游戏产品等在全世界风行的现象来看,智——三国文化中蕴含的政治智慧、军事智慧以及人生智慧更受人瞩目,吸引眼球,抓人灵魂。鉴于此,各地三国文化开发企业可以结合当地三国文化的主要元素,错开主题,避免撞车。其实,这一点各地政府与企业不是不明白,关键是在开发过程中没有精准发力,往往偏题、跑题,导致缺乏主题、内容散乱。如荆州关公义园,就名称来看,自然是以"义"为主题的,但是,财神殿的建造肯定分散了主题,景区还有一些佛教、道教等方面的建筑,宣传设施也与关公之"义"的主题不符。赤壁市委宣传部所编写的《赤壁文化读本》将赤壁三国文化的核心定位为"智慧",但是,赤壁三国古战场遗址的建筑、展览存在游离"智慧"主题的元素。这些为以后各地三国文化的开发与推介提供了教训与经验。像樊阳一地三国文化资源类型众多,看似纷杂,其实也可以提炼出一个主题,那就是以"身在江湖,心存魏阙"的政治智慧、人生智慧为内核的隐逸文化,司马徽、诸葛亮、庞统、孟浩然等曾经隐居于此,羊祜、山简等曾任职于此的文人都有这种智慧,后来,宋代范仲淹将其总结为"居庙堂之高则忧其民,处江湖之远则忧其君",这是中国古代士人文化中的绵延不绝的优良传统。鉴于此,各三国文化开发项目所在地政府有必要深入论证,提炼当地旅游资源的主要元素和核心内涵,并将其凝结成一个关键词,统一规划当地旅游项目的推介,打造旅游宣传片,让人一看就记得住,忘不了。就像前几年武当山的宣传片那样,一个"灵"字将山水之灵秀、道教养生文化之灵验和盘托出。

(二)整合本地资源,共同推介

湖北省三国文化资源的开发需要整合,这已是学界、业界、政府的共识。但是，相关人员普遍对各地的三国文化开发项目需要打破区域壁垒，打包旅游资源，形成一条湖北省境内的三国文化旅游线路，强调得比较多。如果做到了这一点固然好，问题是，如此整合的前提是，各项目的差异明显。不得不指出的事实是，湖北省各三国文化开发项目明显差异化不够。目前，在很难打破区域界限进行整合的情况下，各地的三国文化开发项目如何利用所在地现有的资源，并与其对接、联合，这些问题的解决显然更为紧迫。据调查统计，各三国文化开发项目的游客还是以所在地县市或湖北省内的居民为主，吸引或留住这些游客，使这些项目成为他们的周末休闲目的地，可以说是当务之急。为此，各地需要将三国文化开发项目与当地其他旅游资源打包推介，延长当地旅游线路。如当阳迫切需要将三国文化资源与以玉泉寺为代表的佛教文化资源进行打包，共同推介；赤壁迫切需要将三国文化项目与以茶文化为主要内容的养生文化项目进行打包，共同推介；荆州迫切需要将三国文化资源与以纪南城为代表的楚文化资源以及其他考古资源进行打包，共同推介；襄阳不仅三国文化资源丰富，其他各个时期都留下了丰富、独特、深厚的文化资源，要将这些资源整合、提炼，统一对外推介，让消费者知道，那里不仅有隆中，还有岘山、鹿门寺、米芾祠、习家池等等。

总之，对于各区域来说，现在最为迫切、较易实施的就是要让消费者尽快知道，当地不仅仅只有三国文化旅游项目，而且还有其他旅游资源值得去观光游览，值得去深度旅游。

B.17 湖北省新华书店发展报告（2017）

张萱 熊旭华*

摘 要： 2017年，新华书店①成立80周年，湖北新华书店（集团）在长江出版传媒股份有限公司的指导下，出台"两个规划"，从战略高度为新华书店在全省发行行业制定了政策方向，尤其是在创新营销模式、实体书店升级、分级管理制度的机制改革三个方面取得了显著成效，有力地推动了湖北新华的品牌建设。

关键词： 营销模式 实体书店 机制改革

一 湖北新华书店发展环境与总体概况

（一）政策环境

1. 国家顶层设计完善

自2013年以来，政府相关部门相继出台了一系列文化发展政策，从顶

---

* 张萱（1981～），湖北大学新闻传播学院副教授。武汉大学博士、博士后，美国北卡罗来纳大学教堂山分校（UNC）访问学者（2014），出版个人专著《见证主流》（南京大学出版社，2013）。中国新闻史学会应用新闻传播学研究委员会常务理事（2016）。主持湖北省社科基金、教育厅人文社科基金等课题4项，在国内核心期刊发表学术论文20余篇。熊旭华（1984～），湖北省新华书店（集团）有限公司综合管理部部长，华中科技大学工程硕士。

① 新华书店，1937年4月24日诞生于革命圣地延安，是具有悠久革命历史的红色文化企业，是党的重要的思想宣传阵地、国家重要的文化机构、国家出版发行事业的主渠道、广大读者的精神家园。

层设计的高度为我国发行行业与产业提供了政策性保障。2016年以后，各项扶持政策的全面实施为全国新华书店的发展方向、发展框架和具体路径指导提供了完备的保障。

一是2016年《国民经济和社会发展第十三个五年规划》、《国家"十三五"时期文化发展改革规划纲要》以及供给侧结构性改革导向目标的提出，从宏观层面为以新华书店为代表的发行行业提供了政策方向。

二是2016年12月颁布的《全民阅读"十三五"时期发展规划》，2017年9月颁布的《新闻出版广播影视"十三五"规划》《出版物发行业"十三五"时期发展规划》，从体系构建层面奠定了实体书店发展的基本框架。

三是国务院办公厅印发的《关于推动实体零售创新转型的意见》、《关于积极推进"互联网+"行动的指导意见》、《关于推进线上线下互动加快商贸流通创新发展转型升级的意见》以及中宣部、总局等11部门发布的《关于支持实体书店发展的指导意见》，从具体落实层面为实体书店发展提供了路径导引和动能转换保障。

2. 湖北地方政策实施到位

2017年，湖北地方政府进一步完善了相关的地方配套政策，湖北新华在其中对公共文化建设和服务的提升起到了"领军者"的作用，同时，湖北新华也制定了"两个规划"并实施到位。

一方面，2016年6月，湖北省全阅办组织实施了"全民阅读三年行动计划"。以湖北新华为主要建设力量，在全民阅读活动中共计兴建希望书屋150个、爱心书屋100个；向中小学、农村留守儿童、监所、农民工、扶贫点等捐赠图书40余万册，码洋超过800万元。该计划参与人数超过1000万人次。2017年，湖北省委宣传部、湖北省新闻出版广电局等11部门联合印发了《关于支持实体书店发展的实施意见》，从完善规划、加强财税扶持等方面，推进了省内实体书店的建设。

另一方面，2017年，湖北新华在中长期规划战略思想的指导下，出台了"两个规划"。一是《新华书店集团"十三五"发展规划》，通过总结"十二五"期间的成就与不足，总结提炼出了湖北新华书店"十三五"期间的五个"新"理念,分别为:以文化教育为核心的产品集成商、平台服务商和产业发展商的"新定位";以传统出版业务为根基,同时拓展多元化发展进入新兴业务领域的"新布局";以整合资源推行价值营销的"新举措";大力推进产业与产业融合、文化与科技融合、文化与资本融合的"新融合";推动组织创新,深化机制创新,推进模式创新,加强人才团队建设的"新动力"。二是湖北新华制定出台了《文化中心(实体书店)转型升级行动计划(2017~2020)》及其配套落实的方案,分别为:文化中心(实体书店)转型升级项目建设方案(2017—2020);文化中心(实体书店)转型升级项目运营实施方案;文化中心(实体书店)转型升级项目信息技术支撑方案;文化中心(实体书店)转型升级项目文化消费服务团队建设方案(2017—2020)。2017年,"两个规划"的出台与落实,为湖北新华在当年的发展以及未来的方向,提供了更为明确的政策保障。

(二)经济环境

1. 经济增长推动湖北新华书店产业结构调整

2017年9月6日国家统计局发布的文化产业最新数据显示,2016年全国文化及相关产业增加值为30785亿元,同比增加13.0%,占GDP的4.14%,占GDP比重同比增加0.17个百分点,文化产业增加值占GDP比重逐年增长(见图1)。

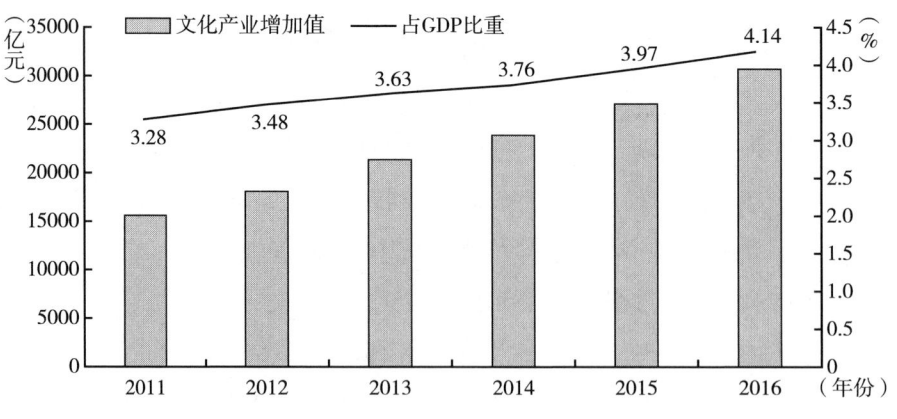

图1 2011~2016年全国文化产业增加值及其占GDP比重

其中，文化服务业增加值为16024亿元，增长17.5%，占比为52.1%，已成为推动文化产业发展的主体力量（见图2）。

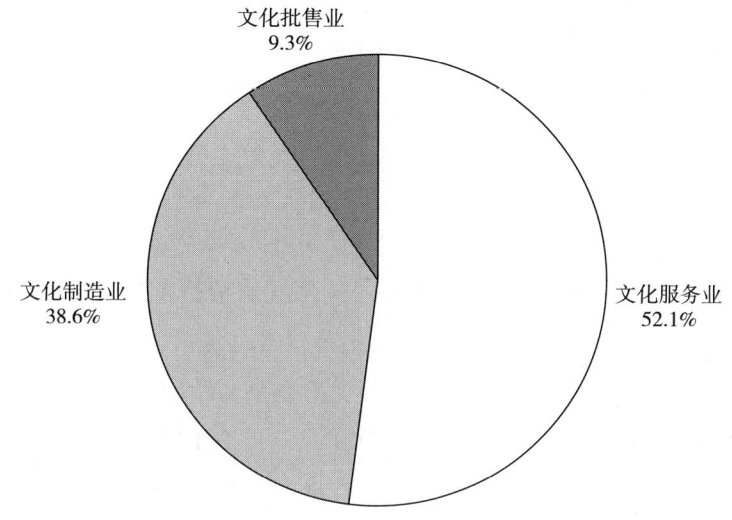

图2　2016年全国文化及相关产业营收构成

数据来源：公开资料整理。

湖北省的统计数据显示，2017年武汉市文化产业增加值为477.28亿元，占GDP比重为4.01%，见表1。

表1　湖北省及武汉市2013~2017年文化产业增加值与占GDP比重

湖北省							
	全省	文化产业增加值（亿元）	—	686.1	850	853.78	—
		占GDP比重（%）	—	2.78	3.1	—	—
	武汉	文化产业增加值（亿元）	216	—	360.36	409.31	477.28
		占GDP比重（%）	2.8	—	3.58	3.75	4.01

党的十九大报告明确指出，"十三五"期间，文化产业将成为国民经济支柱性产业，结合上述图表与数据来看，湖北省文化产业的总体趋势的转变与结构性调整的紧迫性已势在必行。作为全省文化产业中重要一支的湖北新华，一方面，具有巨大的增值空间；另一方面，也应该重视文化产业结构向

着服务型产业转型,通过寻找新的经济增长点,来把握当前湖北省经济增长带来的发展机会。

2. 消费需求转变推动新华书店产业融合发展

国家统计局发布的《2017年国民经济和社会发展统计公报》显示,2017年全年国内生产总值为827122亿元,比上年增长6.9%;全年人均国内生产总值为59660元,比上年增长6.3%;全年国民总收入为825016亿元,比上年增长7.0%。统计公报中有多项涉及文化及相关产业的数据。其中,2017年文化、体育和娱乐业固定资产投资(不含农户)达7327亿元,比上年增长18.1%。全国居民人均教育文化娱乐消费支出为2086元,占全部支出的11.4%。可见,随着经济的发展,居民生活水平的提高,全国居民在大众娱乐、教育等方面的文化消费支出也呈持续增长态势。同时,全国居民用于文化娱乐的人均消费支出为800元,比2013年增长38.7%;属于文化服务业的文化娱乐支出占全部消费支出的4.7%,高于2013年4.4%的水平。如前所述,在政策鼓励及文化市场的推动背景下,"十三五"期间我国文化消费将成为居民消费的重要增长点。

2017年,湖北省居民消费价格上涨1.5%。其中,农村上涨1.2%,城市上涨1.7%。从文化消费的分类情况来看,八大类商品服务价格中,教育文化和娱乐价格上涨1.7%,位列增速第三位。

由此可知,无论是全国范围还是湖北省内,居民对文化服务的消费需求均呈同比上升趋势,其中,与湖北新华相关的居民阅读消费情况也呈现出了新的特征。2017年,全国居民的阅读行为尤以数字阅读的消费热度最为明显。从全国范围来看,2016年,我国数字阅读行业市场规模为120亿元,同比增长25.0%,五年均复合增长率高达34.76%,2017年达到151亿元,同比增长25.83%,预计2018年将达到179亿元(见图3)。

其中,移动阅读已成为数字阅读的主流方式和发展方向。截至2016年12月,我国手机网民规模已达6.95亿,占整体网民的95.01%。手机使用率达95.1%。其中,手机端阅读在数字阅读中占比高达63%,若加上平板电脑、Kindle等移动阅读设备,各类移动数字阅读方式合计所占比例更加可观。

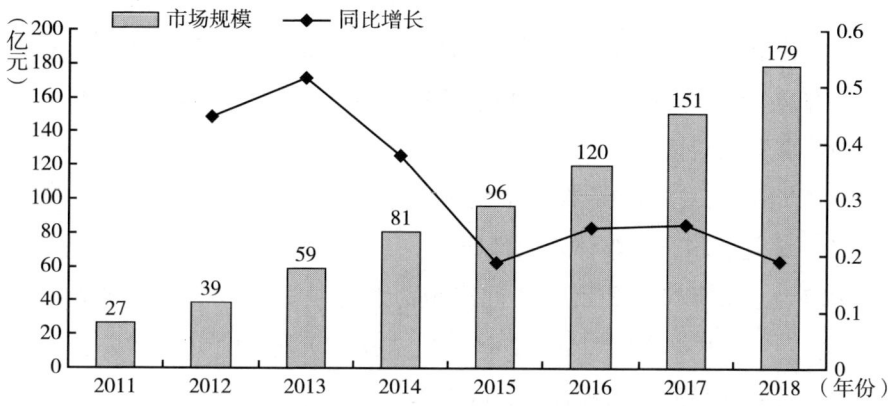

图3 2011~2018年我国数字阅读行业市场规模及增速变化

数据来源：公开资料整理。

综上所述，居民消费行为及消费理念的转变，为我国以及湖北省发行行业提供了必要的风向标。消费者逐渐增加的对于文化教育服务消费需求、对于数字化阅读的文化消费需求以及对于打破空间限制的跨地区跨平台消费需求，都应被以新华书店为代表的发行行业充分意识到。湖北省发行行业应致力于对传统与新兴、纸质与数字、零售与多元等领域的融合，在满足消费者新消费需求的过程中，积极在传统文化产业内注入新的血液，完成从传统图书零售到多元文化服务提供的升级转型。

（三）2017年行业总体概况

1. 全国新华市场表现吸引眼球

2016年是国家"十三五"发展规划和全面建成小康社会决胜阶段的开局之年，新华书店（集团）围绕党和政府的中心工作，坚持履行社会责任，在网点布局建设、门店转型升级、重点图书发行、全民阅读活动、公益扶贫捐赠等方面的积极改革已初显成效。

2017年，全国新华书店取得成果的经验多，市场表现吸引眼球，尤其是在多样化实体书店——如新型文化综合体、复合书店、主题书店、24小

时书店，以及社区书店、校园书店、乡镇书店等大量涌现的基础上，新华书店集团实体书店在平台集聚功能、复合经营、专业细分、跨界连锁、创新驱动等方面初步形成了以企业为主体、政府为引导、市场机制有效、宏观调控有力的管理发展新格局。

2. 湖北新华2017年的营收情况与亮点

（1）湖北新华全年整体营收情况

2017年，新华书店集团在长江出版传媒的领导下，全年实现营业收入40.18亿元，其中主营收入29.02亿元，完成年初预算的107.48%；实现净利润3.4亿元，完成年初预算的106.25%。

结合2013到2016年间，湖北新华整体营业收入指标保持平稳中速增长，2016年与2013年相比增长31.5%，年均增长10%。2017年与2016年相比，增长了3.83亿元。

教材、教辅、一般零售、新业务四项主营业务营业收入均有不同幅度的增长。教材教辅业务受全省书刊社完成脱钩划转及教育新政等影响，销售逐年上升，在总营业收入中占比已超过70%；教材销售码洋增长10%，教辅码洋则增长65%。一般零售业务在2014到2016年间，年均增长近7%，高于我国图书出版物营收整体增速，也高于地面销售增速。文教新业务从无到有，三年营收增长近2倍，亦为后续文教业务发展打下了基础。

2017年，湖北新华基层分公司进一步彰显活力，销售收入过5000万元的分公司增至19家，净利润过千万元的分公司从2016年的2家增至5家。各主营业务板块中，教材教辅持续保持稳中有升；一般图书业务坚持走出店外拓展市场，销售收入6.38亿元，同比增长14.17%；教育装备和教育信息化业务以市场化的办法运营，销售收入达到2.33亿元，同比翻了一番。

2017年，湖北新华也获得了多项荣誉。被国家新闻出版广电总局评为"全国新华书店系统先进集体""全国三科教材出版印制发行工作先进集体"，被省委、省政府授予"省级文明单位"等荣誉称号，再次被长江传媒评为"先进集体"；近40家市县分公司被当地党委政府评为先进集体，10多家门店被评为全国"最美新华书店""百佳文化地标"；多名基层员工被国家、省有关部门以及行业组织评为先进个人。10位地方党政主要领导到湖北新华书店调研指导工作，各大行业媒体关注报道湖北新华转型发展经验，内蒙古、山东、江西、云南等省份发行集团前来交流考察，湖北新华的社会影响力和号召力逐步回升。

（2）湖北新华四项业务均有亮点

纵观"十二五"期间，2017年湖北新华在传统图书发行主业和文教等新业务领域，整体上已经实现了营业收入的稳步增长。具体表现为以下四点。

一是教材教辅稳中有升。面对2017年春季义教阶段教材全免费、鄂价费〔2017〕5号文件出台导致的义教阶段选修选订教材征订的政策支持全部丧失，湖北新华积极应对，实现了教材销售码洋13.27亿元，完成全年目标任务的102%。教材板块大中专教材市场占有率由28%拓展到34%，增加销售额3000万元；教辅销售码洋11.5亿元，完成全年目标任务的103.6%，生均额度达到223元。

二是一般图书销售逆势上扬。一方面，湖北新华"走出店外"拉动店外市场，实现了销售额4.79亿元，全年完成5亿元，同比增长18%。同时，电商创新运营模式，实现销售2704万元；另一方面，湖北新华"走出省外"拓展馆配等团供业务市场空间，实现销售额1.05亿元。并且还加大项目业务、重点产品和零售市场营销力度，本版图书销售实现销售码洋1.2亿元，同比增长11%，创历史新高。

三是多元业务实现历史突破。2017年湖北新华的教育装备和教育信息化业务实现销售2.33亿元，完成年度任务的129.35%，与20多家多元产品供应商形成战略合作关系，丰富了产品结构与类型，形成了"新华书店+战略合作商"快速抢占市场的发展路径。

四是2017年湖北新华共建成了6个重点项目，分别是：随州书城、鄂州书城、武汉万隆书城、黄冈遗爱湖书城、宜昌伍家岗书城和智慧书城软件建设项目。其中，智慧书城信息化建设项目包括九丘网及智慧书城项目、共享阅读社区项目和CNONIX应用示范项目。

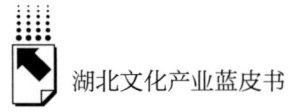
湖北文化产业蓝皮书

二 湖北新华书店发展新特征

（一）创新营销方式，塑造"湖北新华"品牌

1. 三大阅读品牌，创新湖北新华的品牌营销

湖北新华在近几年一直着力打造具有湖北特色的三大阅读品牌，分别是：以覆盖幼儿群体为主的"起点阅读""朝读经典"阅读品牌；以覆盖青少年为主，践行社会主义核心价值观的"楚天少儿悦读季""青少年爱国主义读书教育活动"阅读品牌；以覆盖大众群体为主，涵盖"朗读者"、文化沙龙、亲子教育等子主题的"慧悦读"读书会阅读品牌。三大阅读品牌定位清晰，由此形成了精准的目标受众营销策略。

一方面，在店内借助三大阅读品牌的细分市场，开展各类阅读活动并带动文化产品的销售。

湖北新华通过在书店内举办"慧悦读"读书会、"阅界大讲坛"、"朗读者"、名家签售等活动，把书店打造成传播思想、文化阅读、休闲交流的多元文化体验场所，满足了读者的多元文化需求。在此基础上，通过为目标读者群体提供购买图书、品质阅读等知识型、综合型消费的一体化解决方案，从卖产品向卖文化转型，为读者提供了更多增值服务。如鄂州市分公司在门店改造升级中引入九丘咖啡、茶书院、绘本馆、儿童益智馆等多元经营业态，采取会员制经营，4个月实现多元业务收入35万余元。

另一方面，在店外以阅读为核心组织和承办大型全民阅读活动，通过对三大阅读品牌的推广，衍生了湖北新华的品牌营销，进一步扩大了品牌影响力。2017年，湖北新华举办了"湖北省全民阅读社区行"活动、"爱与阅读同行"关爱留守儿童活动、首届"荆楚书香节"、第16届华中图书交易会、党的十九大文件湖北首发式等活动，形成了较大的社会影响力，带动了一般图书销售逆势上扬。同时，也进一步提升了城市的文化氛围与文化消费品位。

2. "教育服务团队",升级湖北新华的品牌服务

2016年,湖北新华启动了教育服务团队的建设,2017年教育服务团队在完成教辅销售目标任务上起到了关键性作用,有效应对了政策和市场环境的变化,规避了经营中的风险。在此基础上,2017年,湖北新华进一步推出了"校园店综合平台+教育服务专员"的服务模式,考核到岗到人,打破"大锅饭"模式,调动了教育服务专员工作积极性。如谷城县分公司对教育服务专员实行分片管理,细化、量化考核,通过月考核、季总结、年考评,激发了团队活力,有效推动了试卷类产品销售。在恩施、襄阳、荆州、黄冈等4个区域组织实战培训,并在鄂州和随州召开教育服务专员推进工作现场会,全面提升教育服务专员的营销能力和防范风险的能力,真正把营销和服务做到学校,强化了终端市场掌控力,打通了营销"最后一公里"。

湖北新华通过在营销服务方面改变了传统的粗放型模式,打造细化、专业化服务,升级了湖北新华的品牌。

(二)项目建设驱动实体书店的转型升级

1. 四类书店建设项目,塑造湖北新华完整体系

2017年,湖北新华各类门店全面转型升级,通过加强对子品牌的设计、管理和知识产权保护,实现了全省新华书店完整的品牌体系。

"新华书店—××书城"、"新华书店—九丘书馆"、"新华书店—格致"校园书店、"湖北省外文书店"为湖北新华的四大书店子品牌。其中,新华书店—××书城主要应用于城市文化中心、城市旗舰店(县市连锁店使用新华书店+地名+店);新华书店—九丘书馆主要应用于以特色书店、24小时书店以及以社区为主的书吧、书社等;新华书店—格致主要应用于高校及中小学校校园书店。

在2016已建成一批校园书店的基础上,2017年,湖北新华重点建设了一批书城与特色书店,分别为随州书城、鄂州书城、万隆书城等一批集新空间、新业态、新体验于一体的新型书城和以"红T书店""荆门九渊书吧"为代表的特色书店。全年共计新建网点48家,新增营业面积7000平方米。

进一步丰富了湖北新华在全省实体书店中的数量与内涵。

四种不同定位的新华书店子品牌实体门店，通过衍生新华书店系列品牌，赋予了湖北新华品牌的新内涵。目前湖北新华已形成了体系化的品牌CI和VI，通过全省统一规范使用，既打造了一大批有格调、有温度、有品质、有情怀的特色书店，提升了门店整体社会形象，又实现了一店一特色的和而不同。

2."文化+""图书+"项目驱动下的文创产品创新

2017年，湖北新华在推进项目建设的过程中，以业态组合模块化为重点，大力推行"文化+"和"图书+"的业态融合发展模式，实现以图书为核心的多元业态、多元产业深度融合，经营品类从低质化向引领文化消费转型。

所谓"文化+"，即大型文化综合体以文化为核心，集书城、影城、文化休闲娱乐城、青少年科技体验城、餐饮空间、儿童主题公园等多元业态融合为一体，通过引领文化生活方式来打造城市文化消费客厅。所谓"图书+"，即中小型门店要以阅读为核心业态，延伸周边产品，形成阅读+咖啡、阅读+文创、阅读+教育、阅读+培训、阅读+沙龙等为一体的主题场景，为消费者打造情景式阅读新空间。

截至2017年末，湖北新华各门店实现了多元业态的深度融合，并自创了一批文化品牌，如"新华百遗工坊""阅界文创""九丘咖啡"等。2017年，武汉、荆门、京山、沙洋、丹江口、大悟、巴东、荆州8家分公司联营销售额大幅增长，鄂州、黄冈、麻城、浠水、枣阳、建始等6家分公司自营产品销售额有较大突破。

（三）深化机制改革，实施分级管理制度

1. 总部运营管控体系精细化

从传统的连锁经营来看，湖北新华总部只提供商品组织服务，以指标分解、下达和最终结果考核进行粗放式管理。2016年，湖北新华推行了业务板块公司化运营模式改革，加强了各业务板块对自身业务的运营管控能力，

这种新型的运营管控模式，要求总部建立规范标准并指导分公司的业务运作；为分公司提供服务共享能力、新业务孵化和哺育能力。

在2017年新一轮的组织架构改革中，湖北新华进一步开始推动总部职能的转型，形成"四公司、两中心"的运作机制，强化集团总部的专业化运作和服务职能，从而实现资源的整合优化。连锁事业部改为连锁分公司，实现了从管理型部门向市场化公司的转型升级；同时，理顺了分公司管理体制，将原有"总－分"公司扁平化管理模式转变为业务扁平化、职能"市－县"两级分层的管理模式，逐步完善了与"省管市、市管县"分级管理体制相适应的管理机制，实现了权责利对等统一。如：黄冈市分公司带领黄冈区域营业收入和净利润两项核心指标排名均有较大提升；荆州市分公司为整个区域的发展营造了良好的环境。

2. "一长三员"责任制与市场化考核体系建立

2017年，湖北新华为进一步凸显实体书店运营能力、营销能力及信息化建设水平，在区域中心设立"一长三员"的架构模式。该模式以店长负责制为核心，在不同层面、不同类别的新华书店中开展了试点工作。

"一长三员"即为，一个主要负责人，三个业务骨干的架构模式。店长主要负责区域内实体门店、商品管理、资产管理、团队建设、人员考核以及完成公司下达的各项任务指标；选品员，主要负责区域内商品信息获取、商品选择报订、业务数据分析、提升区域内营业员荐书能力；营销员，主要负责区域内营销工作统筹、策划、实施、新媒体营销及相关指导工作；信息员，主要负责区域内信息化建设，配合集团总部信息部开展区域内货架位管理、会员体系建设及门店大数据分析。该运营管理机制通过岗位工资与服务水平挂钩，绩效工资同任务完成情况挂钩的双考核模式，打破"大锅饭"模式，着力满足"新零售"发展要求，提升门店员工的服务水平、选品能力、营销策划能力和整体运营能力。

除了店长负责制之外，湖北新华在2017年考核体系上的改革力度也较大，打破传统薪酬模式，建立以业绩为导向的考核和分配机制。教育服务专员全员竞聘，及时兑现奖惩，实行多劳多得；中层干部竞聘上岗，打破论资排辈；坚持人岗相宜、有岗必有责的落实考核原则，打破原有固定薪酬模式，干部员工积极性普遍得到调动。同时，适当调整待遇水平偏低员工的劳动报酬，在2016年消除了人均年收入低于4万元分公司的前提下，2017年又消除了人均年收入低于5万元的分公司。

三 主要问题与挑战

（一）整体发展水平滞后

1. 湖北新华整体块头过小，发展不足

一方面，湖北新华在全国新华中，整体规模偏小。从2015年我国发行集团经济规模排行来看，湖北新华在总体经济规模综合评价中排名靠后，未进入前十，与湖北作为文化教育大省的身份明显不匹配。具体来看，湖北新华在传统主业商业模式上较先进企业发展滞后，特别是教育类业务仍以传统的教材教辅发行模式为主，市场天花板明显，亟待创新工作模式；一般图书销售占整体业务量小，在门店综合业态改造、O2O等连锁模式建设方面严重滞后；教育装备还处于业务探索和发展期，没有形成产品和品牌优势，与教育产业发展结合不紧密。

由表2、表3可知，安徽、四川、湖南、浙江、江西、山东、河北、河南、重庆的新华发行集团保持较大领先优势。通过对比上述数据，湖北新华在资产总额、净利润两项上均位于第三方阵，仅销售收入挤进第二方阵。

表2 部分省份的新华发行集团2016年营业收入、资产情况

类目	100亿元以上	50亿~100亿元	30亿~50亿元
销售收入	安徽、江苏	河北、湖南、浙江、四川、湖北、山东	河南、山西、江西、云南
资产总额	四川、安徽	湖南、浙江、河北、江西、广东、河南、山东、重庆	湖北、山西、上海

表3 部分省份的新华发行集团2016年利润情况

类目	10亿元以上	5亿~10亿元	3亿~5亿元	2亿~3亿元
净利润	湖南、安徽	四川、江西	山东、浙江、河北、河南、云南、湖北、重庆	山西、福建、上海、广东

另一方面，湖北新华的业务结构相对落后。2016年，湖北新华的大宗贸易业务所占比重较大，利润率低，且市场不确定性风险大；在图书销售业务（教育征订和一般零售）中，教育征订占比超过80%，远高于周边先进发行集团的业务比例。

在湖北新华业务结构尚未得到调整的背景下，我国教材教辅的政策环境正在发生变化。政策规定，"十三五"期间，九年义务教育学生学杂费全免，逐步对中等教育学生学杂费全免；国务院和教育部陆续出台的多项政策也明确指出了加强教育信息化和教育装备现代化建设的发展方向；新的《出版物市场管理规定》规定了中小学教材发行权企业资质，实质上已打破了新华书店独家发行的地位。可见，若湖北新华的教材征订比例得不到及时改观，未来将存在巨大的风险。

2.湖北新华实体书店的整体水平落后

习近平总书记在党的十九大报告中指出，新时代我国社会主要矛盾是人民日益增长的美好生活需要和不平衡不充分的发展之间的矛盾。从全国新华实体书店发展现状看，目前，湖北新华正处于转型的关键期。新的体制机制尚待完善，旧的顽疾和问题未彻底解决。特别是发展不平衡不充分、发展质量和效益不高等问题仍然突出。

由于持续性投入不足，历史欠账太多，湖北新华书店集团实体书店普遍存在小、旧、差的状况，经营面积和销售规模在中部地区垫底，在全国靠后。湖北新华的实体书店依然是公司长远发展的短板，与长江传媒"进一步突出主业发展，进一步突出创新发展"的要求还有较大差距。虽然，2017年湖北新华的实体书店建设取得了阶段性成果，卖场面积增加至10.5万平方米，但江西、安徽、湖南等邻省均超过20万平方米，卖场面积与周

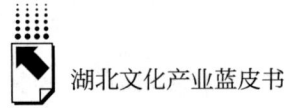

边省份差距依然较大，多元业态融合、选品、招商、营销等方面的综合能力都有待提升。

（二）融合理念与市场化程度不够

1. 实体书店面对新一轮竞争的意识不足

2017年的"双十一"，京东共售图书6000万册，总码洋超过23亿元；当当1个小时销售图书370万册。这种销售态势给实体书店带来了巨大的心理冲击和挑战。2016年，我国出版物零售额为1440亿元，其中，网络发行为443亿元，占30%。

近几年来，网络发行市场份额不断扩大，从2010年到2015年，销售额连续5年保持50%以上的增速。同时也可观察到，2016年，网络发行增速仅达到8.7%，随后出现了一个重要拐点，即当当、京东等电商开始积极进行线下布局。截至2017年10月，当当实体书店已经建成150多家，京东也推出了"千城千店"计划。这种格局演变表明，实体和网络的界限在发行业中逐渐模糊，实体书店未来竞争的激烈程度将更加明显。虽然，在这一背景下，湖北新华在拓展市场化业务领域虽取得了一定突破，但其市场化敏感度和创新意识还不够强。总体上思想解放不够，站位不高，视野不宽，业务发展思路和内部运营理念仍然比较传统。虽然很多分公司能够主动思考、探索业务创新，但仍有一部分"自我感觉良好"，认为任务完成了就行，改不改革、创不创新都无所谓，等着去"复制"别人的经验，尤其是担心创新带来的风险，不敢也不愿主动创新。

2. 实体书店人员结构与市场化的脱节

截至2017年7月底，湖北新华全省中心连锁门店88家，特色书店17家，校园店125家，门店营业面积约9.5万平方米，现有在职正式员工947人，劳务派遣用工280人，合计1227人。然而，从人员的结构来看，存在三点问题。

一是人才结构不尽合理，队伍老化、断层严重，能力素质与未来实体书店的发展要求不相匹配。

二是从年龄结构上看，平均年龄42岁。根据正式员工的统计结果，其中34岁以下的员工192人，占人员总数的20.2%，35岁至44岁的员工349人，占人员总数的36.8%，45岁至55岁的员工396人，占人员总数的41.8%，55岁以上的员工的10人，占人员总数的1%。整体年龄结构不合理，员工老龄化严重。

三是从学历结构上看，本科以上学历的109人，占人员总数的11.5%；大学专科学历的408人，占人员总数的43.1%；高中及中专以下的430人，占人员总数的45.4%。

可见，整个集团大部分人员是"60后"，50岁以上的员工是主力军，学历水平偏低，高端人才数量偏少，年轻的专业人才基本没有，人才断档、结构断层等问题比较突出。同时，在用人机制上也不够灵活，尤其是市场类业务，没有市场化的人才引进和市场化的考核机制，项目策划、招商、投资、互联网营销、多媒体营销、大型门店运营等急需人才方面几乎是空白，部分新业务所需对口专业人才严重缺乏已经严重影响了湖北新华的发展。

四 湖北新华提升发展的对策

（一）立足核心主业基础，重点整合终端市场

1. 立足教材、教辅、一般图书三大核心主业

教材、教辅和一般图书是湖北新华的核心主业，应逐步形成由单一产品销售向提供服务和完整解决方案的全产业链商业服务模式的转变。

当前，教材发行面临的政策风险和环境变化的压力已经凸显，作为湖北新华"保命钱"的教材收入就更需要集聚优势资源，细分市场，深度挖掘潜力。一是整合内部资源提升营销合力。包括对教材运营中心内部国标教材、选修选定教材、大中专教材等板块进一步融合，发挥各自优势，积极寻求教育部门的政策支持，稳步提升必修必订教材销售。二是整合上游出版社资源强化营销水平。从满足多样化教学需求出发，开发更多符合地方教育部

门、学校师生需求的教育产品,在营销上与本地出版社融为一体,共同分析市场环境、共同策划营销方案、共同强化推广实施。如可重点以《戏曲进校园》《校园足球》等自主研发产品为抓手,进一步拓展选修选订教材市场。三是加强战略合作攻占大中专教材市场。摸清全省大中专院校这一庞大市场需求,特别是武汉市场,通过与影响力较大的出版社、省内代理商开展战略合作,构建与供应商共同拓展市场的业务运行机制,改变当前"单打独斗"的局面,力争市场占有率超过50%,使其在整个教材板块中引领增长。

另外,教辅和一般图书也是新华书店传统教育产品销售额增长的主力,同时也是目前湖北新华的短板。"十三五"期间,湖北新华将加大传统业务"互联网+"应用的开发和创新。只有在立足传统三大主业的基础上,才能够有序开展"互联网+"的改革。

2. 重点整合终端服务资源

以往教育服务(主要是教材教辅)业务的运营模式,主要围绕地方教育和行政部门开展,而当前不论是教育服务行政体制改革趋势,还是多业务板块市场化融合发展的需要,都意味着湖北新华在终端市场客户对象的延伸和市场需求挖掘上需要更加深化。一方面,未来客户对象将会从以政府采购销售和服务为主,向兼顾政府教育机构与终端客户的市场化服务营销转变,因此,未来教育服务板块的终端客户群体,除了地方教育行政部门、学校和学生外,还将通过业务协同发展延伸到合作单位和人员、零售门店消费者以及其他产品服务需求方。

另一方面,过去传统的大客户销售主要依赖个人销售经验的关系型销售,随着未来各市县分公司需要利用终端渠道优势来加强传统图书业务销售和其他多余业务营销推广能力,渠道公司着力大客户销售管理精细化运作转型也迫在眉睫,因此建立"市场服务专员"体系,通过细化客户关系管理,将大客户业务的销售过程标准化,并进行统筹管理,变个人能力为组织营销能力,深度挖掘客户需求,持续经营客户,最大化地挖掘湖北新华自身区域渠道优势和资源整合能力将是必然趋势。

（二）定位同心非图多元产业，强化创新协同发展意识

面对市场快速发展带来的消费习惯及模式的改变以及行业内强大的同业竞争压力，湖北新华应该坚持以文化教育为核心，对同心非图文化产业的发展强调信息化、协同化和体系化的创新。

1. 强化教装和教育信息化转型

近年来，国务院和教育部陆续出台了相关政策，明确提出加强教育信息化和教育装备现代化建设。我国教育经费占 GDP 比重逐年提高，这对教育装备市场产生了积极影响，可以预见"十三五"期间会是我国教育装备产业的加速发展期，其中教育信息化更是重中之重。

成立于 2013 年的湖北新华文化教育有限公司，主要负责湖北新华教育装备和教育信息化业务。作为湖北新华的新兴业务方向，在"十二五"末期实现业务营收 1.25 亿元，为湖北新华的教装业务的转型升级奠定了基础。然而，湖北新华依托文教子公司开展的教装业务所掌握的技术含量不高，不具备产品和核心技术服务的开发能力，现有教育信息化业务带来的经济效益低且风险较高，长期来看发展空间有限。因此，强化教装和教育信息化转型是文教公司下一阶段的创新方向。文教公司可以结合在教育内容、产品和渠道资源等方面的优势，打造产品集成、教育内容开发以及教育信息化综合解决方案的能力，形成教育装备业务发展的核心竞争力。在此基础上，文教公司还可通过开发教育服务系统平台，提供多样性的教育信息化服务，在教育信息化平台基础上，紧跟 AI、AR/VR、大数据、云平台、直播等先进技术和传播模式，利用内容和渠道优势，不断创新平台服务内容和拓宽教育装备产品外延，实现公司教育装备板块的质变。

2. 重点打造研学旅游的协同化创新

近几年，我国旅游市场持续增长，营业收入和旅游人数不断创造新高，对 GDP 拉动效果不断增强的旅游业已发展成国民经济支柱产业之一。近年来，中小学生研学旅行相关政策也不断落地，从宏观上规范和推进了研学旅行市场的发展。2016 年 11 月，教育部、国家发展改革委等十五部门联合下

发了《关于推进中小学生研学旅行的意见》，文件明确指出研学旅行是教育教学的重要内容，是学校教育和校外教育衔接的创新形式；还重点提出了五大任务：（将研学旅行）纳入中小学教育教学计划，加强研学旅行基地建设，规范研学旅行组织管理，健全经费筹措机制，建立安全责任体系。

当前，长江传媒旗下两大旅游业务主体是湖北长江传媒国旅和湖北中青旅，其中长江国旅已划入湖北新华业务板块，承接文化旅游、特色旅游和研学旅行等业务。

2017年，湖北新华在基础条件较好的分公司开展了研学旅行试点工作，摸索了一些行之有效的营销模式和产品方案。下一阶段，湖北新华还可加快推进研学旅行在"消费者—渠道—产品—目的地"全产业链各环节的开发，释放湖北新华的渠道和品牌优势，进一步扩大研学旅行市场规模。具体来看，"十三五"期间，湖北新华可整合长江传媒旅游业务资源，通过嫁接强大的新华书店销售网络和客户资源，拓展旅游上下游产业链，加强研学旅行和社会旅游产品研发，将旅游板块打造成公司稳定的多元化利润中心。比如，选择优质目的地资源，进行研学旅行和特色旅游上游产品开发，包括研学旅行基地、特色旅游目的地、景区托管运营等，打造湖北新华文化教育旅游的上游产业群。再如，推动湖北中青旅业务划入湖北新华，利用公司渠道优势，加强资源共享和开发，形成湖北新华研学旅行＋社会旅游的综合旅游服务商地位。

3. 多元文创产业的体系化创新

目前，湖北新华的文创产业还处于培育期，多元经营团队的不足、文创产品的低质化等问题依然明显。因此，要实现做大多元文创产业，就需要围绕"四个体系"来理顺多元业务发展思路，打造未来重要增长极。

一是理清多元文创业务体系。在上游通过与设计团队合作形成核心支撑；在中游形成与生产厂家的战略合作；在下游不断拓展线上线下、省内省外零售渠道。通过电商平台扩大销售，探索跨区域"产品互换"打通省外市场。二是构建多元文创产品体系。通过联合开发、个性定制、品牌合作、自主研发等方式，精心打造"一县一品""阅界文创"等一批核心拳头产品，突出湖北特色，推动文创品牌化建设，以主打产品带动一般产品销售。三是加快营销体系建设。由点到面抓示范店建设，在具备条件的门店推行鼓励政策，成熟后逐步推广。打造丰富的多元产品体系展示大厅，提供一站式多元产品展示平台供参观和选品；抓好以店长队伍为主的营销团队建设，进一步提升营销能力，打通图书和非图书产品营销，满足读者多元化需求。四是完善激励管理体系。加强信息化管理，出台相应制度和办法规范选品和采购业务流程；对多元业务占比、招商等严格把关；加强流程管控，优化全省多元文创产品的运营管理。

（三）以实体书店为"主战场"，提升战略布局与扩张模式

1. 对全省实体书店建设的战略布局：立标杆、抓示范、优布局、带全面

实体书店是服务全民阅读和湖北新华转型发展的"主战场"，湖北新华的"根"和"源"就是书店，因此围绕"店"来做文章是提升湖北新华的重要一极。在战略布局上，应以立标杆、抓示范、优布局、带全面为框架。"立标杆"就是以一流的标准、一流的策划、一流的设计，包括把武汉的外文书店打造成湖北一流、全国领先的新型文化消费中心并正式开业运营；"抓示范"就是突出地市实体书店的地方特色，把襄阳书城、宜昌伍家岗书城等项目建设成地市的示范性文化地标；"优布局"就是结合各地实际和发展趋势，重点在高等院校，以及其他具有较大发展潜力和阅读需求的地方拓展网点；"带全面"就是通过由点及面，既体现实体书店的文化内涵，又满足年轻读者对新时尚的不同需求，统筹推进全省各种类型实体书店建设。形成以市州文化为地标、文化消费中心为骨干，县市特色书店、校园书店，社区、乡镇书店为补充的新的网络布局。

2. 丰富"文化+商业"的实体书店扩张模式

目前，湖北新华在实体书店建设模式上，主要采取的是"文化+商业"的合作模式，通过与房地产开发商合作，拓宽建设文化消费中心的渠道。

未来还需进一步发展该合作模式，逐步将现有的以自建为主，转变为向社会渠道输出管理模式和品牌，形成"品牌+资产""书店+资产""品

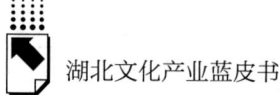

牌+资本"等更为丰富的"文化+商业"实体书店扩张模式,不断增强市场份额和占有率,成为具有较强社会影响力的品牌运营商。具体而言,在合作方式上有四种模式:书店出地或共同拿地进行合作开发;以文化地产项目为切入点,积极争取地方政府的大力支持,将书店纳入棚户区改造范畴;根据旧城改造、拆迁还建或置换资产进行合作开发;整合文旅、文创、文娱、文智等大文化资源进行合作。

湖北新华在2017年的"两个规划"中,明确了未来的发展目标:到2018年底,湖北新华进入全国发行集团前十强,整体实力进入全国发行集团第一方阵;到2020年,公司综合实力稳居全国发行集团第一方阵。

附　录

Appendix

B.18
湖北文化产业发展大事记（2017）

1月

2017年1月3日　全国66处试点国家湿地公园通过国家林业局验收转正，后官湖名列其中。在冲刺国家湿地公园的过程中，该地打造了生态文化旅游国家品牌。近年来，蔡甸通过政府和私人组织共同合作等方式筹集湿地建设资金4亿元，用于水环境治理，已为蔡甸带来世茂嘉年华、中国健康谷等8个重点项目，总投资超千亿元。

2017年1月4日　央视关注了鄂产动漫《饼干警长》签约欢乐谷动态。华侨城欢乐谷与江通传媒在京举行签约，开启由"欢乐谷+饼干警长IP"深度聚合品牌驱动的趣味旅游项目。

2017年1月11日　"长江云杯"湖北微电影之夜暨"8·20"工程优秀网络视听节目颁奖晚会在武汉举行。

2017年1月14日　我国首部文化金融蓝皮书——《中国文化金融发展

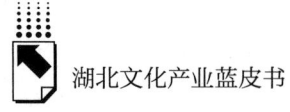

报告（2017）》阶段性成果于 1 月 14 日发布，文化金融蓝皮书显示 2016 文化金融发展遇局部调整。

2月

2017 年 2 月 6 日 国家旅游局 4 日称，全国 5A 级旅游景区都应配备"第三卫生间"。今年将建设 604 座"第三卫生间"，其中新建 271 座，改扩建 333 座。

2017 年 2 月 9 日 为加强美育，培养学生良好的审美情趣和艺术素养，自 2005 年以来，教育部、文化部、财政部联合开展高雅艺术进校园活动，截至 2016 年，中央财政共投入 5.55 亿元，其中 2016 年投入 7500 万元。

2017 年 2 月 20 日 商务部发布数据：2016 文化产业展会数量超百场。

2017 年 2 月 在国家新闻出版广电总局人事司主办，北京印刷学院、中国编辑学会承办的"首届全国新闻出版行业平面设计大赛"中，湖北省有三件作品荣获大奖：湖北科学技术出版社喻杨、曾雅明的《科比布莱恩特全传》获职工（专业）组书籍设计三等奖，武汉工程大学王娇的《爱回收》获学生组海报设计一等奖，湖北商贸学院田锦的《绿色洸能量》获学生组海报设计二等奖。

3月

2017 年 3 月 13 日 武汉文化产业招商推介恳谈会在北京国际会议中心举行，各界人士对武汉文化产业发展建言献策。武汉市委常委、宣传部部长李述出席，并邀请在现场的企业家和投资人到武汉投资创业。据悉，现场共达成 13 个签约项目，包括武汉城市乐园项目、武胜国际文化城、中建光谷之星等项目，签约金额达 258.55 亿元。

2017 年 3 月 14 日 襄阳市财政拨专款，设立 53 万元专项资金用于戏曲保护与发展、50 万元专项资金用于京剧振兴发展，加大力度传承保护发展襄阳市地方戏曲。

2017 年 3 月 15 日 湖北 45 家景区建成旅游消费维权服务站。

2017 年 3 月 16 日 湖北省文化厅举办文化产业项目对接推介会，邀请北上广深 10 多家文化企业代表，与省内 40 多位文化产业示范园区及基地负责人齐聚一堂，共谋湖北文化产业发展。在看好湖北文化产业发展的基础上，北上广深 20 多个文化产业项目寻求与湖北合作。

2017 年 3 月 21 日 国家质检总局在北京发布区域品牌价值评价结果，宜昌三峡旅游以 717.41 亿元品牌价值，获评全国旅游类第一。

2017 年 3 月 23 日 湖北知音动漫有限公司启动股改，成功牵手湖北广电等，引资 5.67 亿元，开始向中国动漫航母目标发起冲击。

2017 年 3 月 23 日 新湖北知音动漫有限公司成立（由湖北知音传媒集团与湖北长江广电传媒集团共同持股 71%），并宣布引资 5.67 亿元，启动业务重组及股改，全力推动知音动漫上市。

2017 年 3 月 省文化厅召开湖北文化产业项目推介对接会。

2017 年 3 月 《中华人民共和国电影产业促进法》正式实施。

2017 年 3 月 湖北电影制片有限责任公司及其托管的湖北电视剧制作有限责任公司和扬子江音像出版社影视部 3 家单位顺利划转长江电影集团。

2017 年 3 月 国家出版基金规划管理办公室公布 2017 年度国家出版基金资助项目评审结果，湖北省 10 家图书出版单位的 14 种项目入选，资助金额达 872 万元，其中 3 个项目资助金额过百万元。获资助项目数比去年增加 1 个，资助总额增长 363 万元，增长 71.3%，再创湖北省获资助项目数量和资助金额历史新高。获资助的 14 种图书出版项目分别为：崇文书局《马克思主义大辞典》《湖北家谱总目》、湖北教育出版社《易学源流举要》《全球教育治理研究系列》、湖北科学技术出版社《湖北省古生物与珍稀古生物群落丛书》、湖北人民出版社《治国重器：全面依法治国的法理释讲》《农村留守群体家庭离散问题及其治理》《楚国纹样研究》、长江文艺出版社《中央苏区文艺丛书》、武汉大学出版社《云环境下网络信息服务组织与安全保障研究丛书》、华中科技大学出版社《移植医学——

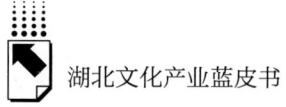

从基础到临床》、华中师范大学出版社《高等教育与社会发展论丛》、武汉理工大学出版社《数字制造科学与技术前沿研究丛书（二期）》和武汉出版社《先楚史》。

4月

2017年4月7日 湖北代表组团参加意大利米兰旅游展，推广"知音湖北、楚楚动人"旅游品牌形象。

2017年4月8日 湖北·天门多宝沙滩旅游文化周盛大开幕。

2017年4月9日 第二届武汉马拉松赛于7时30分在汉口沿江大道青岛路口准时开跑。来自国外和国内的约2.2万名运动员和马拉松爱好者一同出发。本届汉马共有5264名志愿者、900余名医疗工作者、670名医疗志愿者、100名医师跑者全程投入医疗保障中。最终，摩洛哥选手获得男子马拉松冠军，埃塞俄比亚选手获得女子组冠军。

2017年4月13日 由华中文交所主办的"华中文创汇"项目路演第一期活动正式启动。来自金融界、投资界、文化界等30余家企业、机构的嘉宾代表齐聚昙华林1号，在近三小时时间里，热议文创，共谋发展。

2017年4月18日 湖北省旅游发展委员会再获精准扶贫优秀单位殊荣。

2017年4月18日 襄阳市文体新广局印发《关于向社会购买2017年度"欢乐襄阳"文化惠民公益性演出的通告》，拟出资60万元，面向社会力量购买2017年度"欢乐襄阳"文化惠民公益性演出120场。

2017年4月19日 第八届海峡两岸文化创意产业展19日下午在台北开幕，展会聚焦"互联网+丝绸之路文物文化IP设计产业对接"主题。

2017年4月20日 2017年湖北省"书香荆楚·文化湖北"全民读书月活动在湖北省图书馆举行启动仪式。省委书记蒋超良精心挑选《习近平总书记系列重要讲话读本（2016年版）》、《学习关键词》、《大国信仰——社会主义理想信念读本》和《工匠精神》四本好书，向全省人民推荐。

2017年4月21日 第四届中国英山茶文化旅游节开幕式暨"相聚茶

乡，花海欢歌"文艺演出在湖北英山县四季花海蝶恋花绿荫广场举行。22日，还举行英山云雾茶网交易平台上线仪式，在网上推广茶叶企业，对接苏宁、京东、淘宝等电商平台，开展英山云雾茶网络营销活动。

2017年4月25～30日 2017年亚洲羽毛球锦标赛于4月25～30日在武汉体育中心体育馆举行。作为亚洲顶级羽毛球赛事，羽毛球亚锦赛成为羽坛高手云集的舞台，来自日本、韩国、泰国、马来西亚、印度等亚洲20几个国家和地区的近300人参赛。中国赢得三项冠军。

2017年4月25～28日 德国巴伐利亚州电影文化产业代表团考察湖北。

2017年4月30日 湖北省人民政府办公厅正式对外发布《湖北省关于加快健身休闲产业发展的实施意见》，此实施意见是在国发办〔2016〕77号文件的基础上，结合湖北实际，就进一步加快全省健身休闲产业发展提出的实施意见。

2017年4月 湖北省29个项目入选2017年度国家艺术基金。

2017年4月 湖北省文化厅与中国文化娱乐行业协会签署战略合作协议。

5月

2017年5月3日 湖北省博物馆和中国文物交流中心、北京鲁迅博物馆（北京新文化运动纪念馆）在北京大学红楼举行签约仪式，就文化创意产品开发及互联网电商推广等相关领域形成全面战略合作关系。中国文物交流中心主任王军、北京鲁迅博物馆（北京新文化运动纪念馆）党委书记李游、湖北省博物馆馆长方勤分别代表三家机构签署文创战略合作协议。

2017年5月11日 第十三届中国（深圳）国际文化产业博览交易会在深圳市会展中心拉开帷幕，宜昌在全省文化产业招商推介会上现场签下两个项目，投资额达22.3亿元。

2017年5月23日 湖北旅游企业荣膺"飞马奖"，23个项目入选全国优选旅游项目。

2017年5月23～25日 "2017俄罗斯·湖北新闻出版广电传媒周"在

莫斯科举行，此次"湖北传媒周"是"中俄媒体交流年"系列活动之一，由中国国家新闻出版广电总局、湖北省人民政府支持，由湖北省委宣传部主办，湖北省新闻出版广电局承办。"湖北传媒周"活动是以新闻出版、电影电视、动漫及新媒体为核心内容，通过举办展览展销、图书翻译、作家对话、版权贸易、招商引资、文化互动等多种形式活动，全方位展示荆楚文化的独特魅力。

2017年5月25日 恩施州文化产业招商初见成果，全州到目前为止共签约80多亿元。其中，州政府与华体集团有限公司达成体育产业发展战略合作协议，签订合作框架性协议30亿元，咸丰县青灵山森林公园文化旅游建设项目签约10亿元，巴东花天河文化旅游度假区项目签约15亿元。

2017年5月 湖北省京剧《在路上》、《美丽人生》和京剧传统武戏《泗州城》、《三战张月娥》入选第八届中国京剧艺术节。

2017年5月 湖北省派武当武术团参加第十届莫斯科国际军乐节。

2017年5月 湖北省文化厅与长江产业基金签署合作备忘录，以金融助推文化产业发展。

2017年5月 由黄冈广播电视台、黄梅县政府与中国电影艺术研究中心、北京赤壁风情文化传媒有限公司联合摄制的黄梅戏电影《传灯》，在第二十四届大学生电影节上荣获"戏曲片特别推荐奖"。

2017年5月 在2017年度国家新闻出版广电总局新闻出版改革发展项目库项目评审中，湖北省华中科技大学出版社有限责任公司申报的"国家数字复合出版工程系统与云章ERP系统集成应用示范"等14个项目入选。该数据意味着湖北省推荐的所有项目中有近50%的项目得到总局专家评委的充分认可，创造了历史新高。

6月

2017年6月10日 国务院批准设立的首个"文化和自然遗产日"活动暨中国世界自然遗产推进会在湖北神农架林区举行。

2017 年 6 月 16~17 日　在中国自然水域漂流之都兴山县朝天吼国家级漂流赛区隆重举行"中国·宜昌自然水域国际漂流大赛",来自52个国家的117支专业代表队及1000多名龙舟和漂流爱好者分别进行了专业和业余两个组别的比赛。

2017 年 6 月 27 日　载有近千人的湖北"重走昭君路"昭君专列,从内蒙古包头车站发车返程湖北宜昌。活动期间,先后在西安古城墙上举行了"昭君出长安城"仪式以及文艺表演;在呼和浩特市,举行了昭君专列欢迎仪式暨兴山县与该市玉泉区旅游战略联盟签字仪式。

2017 年 6 月　中宣部和国家新闻出版广电总局公布2017年主题出版重点出版物选题,湖北省《马克思主义大辞典》(崇文书局)、《扎紧制度的笼子——全面从严治党视野下党内法规制度的重大发展》(武汉出版社)、《"一带一路"青少年普及读本》(长江少年儿童出版社)、《河长制　河长治》(长江出版社)和《中华海权史》(长江文艺出版社)5种图书选题入选,总量除北京地区外,蝉联全国各省区市第一。

2017 年 6 月　湖北话剧《董必武》入选2017年度国家舞台艺术精品工程。

7月

2017 年 7 月 3 日　湖北省文化系统与香港驻汉经贸办事处深入交流,协调两地文艺团队进行系列文化交流活动,纪念香港回归20周年。

2017 年 7 月 14 日　在2017年武汉产学融合与成果推介对接之文创IP专场活动上,电影《恋·战光谷》受到各方关注。

2017 年 7 月 15 日　"2017中日动漫专家项目制作企划训练营"启动仪式在华中师范大学国家文化产业研究中心举行。该项目由武汉动漫协会与日本MAPS国际动漫协会联合举办。

2017 年 7 月 16 日　第43届武汉7·16渡江节在武汉举行。51支方队的5309名选手参赛。其中年龄最大的73岁,年龄最小的14岁,除此之外还有

10 名外籍运动员参赛。本次活动分为个人抢渡赛和群众方队横渡。

2017 年 7 月 19 日 宜昌市组织专家评审该市黄花场"金钉子"地博园设计方案，一旦敲定即动工建设，预计明年底建成。

2017 年 7 月 27~30 日 第十五届中国国际数码互动娱乐展览会将在上海新国际博览中心举行。在这一全球数码互动娱乐领域最具影响力的盛会上，武汉泛娱信息技术有限公司将携其重量级大世界 IP 项目"六迹"登陆，点燃全民创作新风潮。

2017 年 7 月 27 日 宜昌市民期盼已久的古城改造项目，日前启动征迁。该项目占地 5 万平方米，总投资 24 亿元，将打造"新八景"，再现宜昌古城的巴楚文化韵味。

2017 年 7 月 27 日 华科大数字 PET（正电子发射断层成像）实验室谢庆国团队近日与意大利莫里塞大区达成协议，地中海神经研究所将引进该团队自主研发的人体临床全数字 PET 设备，中意还将合作建立数字 PET 莫里塞研究中心，共同开展脑科学研究。

2017 年 7 月 28 日 大别山红色遗址遗迹正式纳入国家文物局"五年行动计划"，黄冈 792 处革命旧址有了"维修清单"。黄冈市文广新局负责人说，黄冈力争用 10 年时间，计划筹措资金 110 亿元，建设大别山红色文化遗址保护区，传承红色文化。

2017 年 7 月 襄阳花鼓戏《长山壮歌》参加文化部全国基层院团戏曲会演。豫剧《婆媳冤家》入选第四届中国豫剧节。

2017 年 7 月 第四届"中国电影—长江论坛"在武汉举办。

8月

2017 年 8 月 13 日 湖北旅游援疆专列"鄂博号"抵达博州。

2017 年 8 月 17 日 在被评为"中国 20 世纪 100 项考古重大发现"之一的天门石家河遗址上建设的国家考古遗址公园的建设又迈出了实质性步伐。据了解，石家河国家考古遗址公园计划总投资 11 亿元，拟于 2020 年建成。

2017年8月23日 第四届中国茶业大会将于9月15~16日在湖北省五峰土家族自治县举办。这是中国茶业大会首次走出北京，走进中国著名茶叶之乡五峰举行。届时，大会将推出"一带一路"与中国茶等板块。五峰是湖北茶产业的代表，产业基础很好，举办茶业大会正迎合了湖北加快对外交流合作步伐，对五峰乃至湖北的茶产业都起到了积极的促进作用。

2017年8月26日 楚桑丝博园AAA级景区正式开园。据悉，这是中国首家以"楚桑文化"为主题的特色产业旅游景区，也是湖北省首家丝绸工业旅游项目与桑蚕文化旅游文化旅游目的地。

2017年8月31日 国务院国资委发布消息称，经报国务院批准，中国轻工集团公司、中国工艺（集团）公司整体并入中国保利集团公司，成为其全资子企业。三家企业的业务在产业链上优势互补，有利于做大做强文化企业，对于文化产业回归实体经济、促进文化"走出去"具有较强的示范作用。

9月

2017年9月1~4日 湖北省旅游商品荣获首届特色旅游商品博览会12项大奖。

2017年9月5~6日 湖北省文化产业工作会在襄阳举行，为第三批湖北省文化产业示范园区（10个）和第六批湖北省文化产业示范基地（43个）授牌。来自省内近百家文化企业的代表与各地文化部门负责人，一起调研优秀文化企业，交流文化产业发展典型经验。襄阳唐城这一文化产业园总投资为63.3亿元，占地3300亩。枣阳汉城的总投资为22.87亿元，总占地面积为1800亩。

2017年9月7日 在湖北省出版工作会上，获第三届湖北出版政府奖的一批单位及个人受到表彰。湖北出版政府奖是省政府设立的省级新闻出版最高奖，由省政府主办，省新闻出版广电局承办。经严格评审，省政府决定授予《秦简牍合集》等25种图书、《湖北日报》等4种报纸湖北出版政府奖。

2017年9月22日 中国京剧艺术基金会在鄂州启动"传承的力量——中青年教师深入基层进校园资助计划",每年拨专款用于帮助湖北省京剧二团培养后备人才。

2017年9月22~30日 2017年第四届武汉网球公开赛在光谷国际网球中心开战。作为级别仅次于大满贯和皇冠赛WTA"超五"的赛事,武网吸引了全世界的顶尖女子选手,7位大满贯得主参赛。

2017年9月23日 第三届中国(京山)绿林网球·英雄会22日晚上开幕。持续一周时间,来自全国19个省区市的32支网球代表队的480多名运动员相约中国-京山网球特色小镇,参与多个项目的角逐。

2017年9月28日 "书香荆楚 文化湖北"2017年湖北省全民阅读周暨"书香门第·耕读人家"主题活动在湖北广播电视台2000平方米的演播厅隆重举行。该活动由省全民阅读领导小组办公室、省新闻出版广电局、湖北广播电视台共同举办。

2017年9月 黄梅戏《妹娃要过河》和楚剧《万里茶道》参加中宣部文艺司文化部艺术司主办的全国地方戏曲南方会演。

2017年9月 第五届中国诗歌节、第八届中国长江三峡国际旅游节、第七届长江钢琴音乐节、第二届宜昌艺术节四节同时在宜昌举办。

2017年9月 由长江电影集团等联合出品的电视剧《海棠依旧》和电影《血战湘江》荣获全国第十四届精神文明建设"五个一工程"优秀作品奖。电影《血战湘江》荣获第三十一届中国电影金鸡奖组委会特别奖、第二十届上海国际电影节组委会电影频道传媒关注单元特别荣誉奖。电视剧《海棠依旧》获得第二十三届上海电视节白玉兰奖组委会特别奖。

2017年9月 第十二届华语青年影像论坛在武汉开幕。

2017年9月 国家新闻出版广电总局对2017年丝路书香工程重点翻译资助项目进行公示,长江传媒4种图书入选,入选数量居全国地方出版集团前列。

10月

2017年10月18日 武汉东湖高新区国家大学科技园与光谷VR·AR产业联盟战略合作签约,同时,光谷VR·AR产业基地揭牌。天之逸、知人科技、天宇至强、灵图互动、幻亦互动、亿诺凌科六家VR·AR企业入驻。

2017年10月27日上午8点 对面墩汉墓遗址博物馆建设项目奠基开工仪式在中环路工地举行。对面墩汉墓遗址博物馆由古墓展示区、陈列展览区及安防监控中心和辅助功能区等组成。总建筑面积约2003平方米,主体建筑总投资约1500万元,计划2018年4月启动内部装修及展陈工作,2019年1月正式对外开放。

2017年10月28日 中国民间文艺家协会在巴东县水布垭镇廪君文化广场为巴东县授牌"中国廪君文化之乡"。巴东县委书记单艳平表示,将加大投资力度,把巴人文化核心区的水布垭镇和三里城村,打造成旅游胜地,让其在鄂西生态文化旅游圈中得到深度开发。

2017年10月28日 中国(湖北)汽车驾游集结赛暨第二届湖北省汽车运动嘉年华首站集结大洪山。来自全国各地的100辆自驾游车辆分成10个小组,以麻竹高速大洪山出口处为起点、大洪山游客服务中心为终点展开比赛。本次活动由国家体育总局汽车摩托车运动管理中心、湖北省体育局、湖北省旅游发展委员会、湖北省鄂西生态文化旅游圈投资有限公司联合主办。

2017年10月28~29日 第十六届华中图书交易会在武汉国际会展中心举行。来自全国的400多家出版发行商参展。本届交易会展场规模20000多平方米,设置展位1100个。与此同时,本届交易会还组织了文化惠民及公益活动。围绕提升阅读活动的品质,邀请了部分名人名家进场开展"导读"及与读者的互动活动,从不同角度诠释"阅读文化",发挥阅读活动的引导作用。

2017年10月 第十四届精神文明建设"五个一工程"入选作品揭晓,

此次评选共有67部作品获奖,其中特别奖7部,优秀作品奖60部。由长江文艺出版社出版的长篇小说《雪祭》荣获图书类优秀作品奖。《雪祭》围绕一个家庭父子两代军人展开叙事,展现了儿子所在的连队官兵在雪域高原筑路的艰难历程。他们不畏艰险,勇于奉献,用生命打通了绝地上的通道。小说又以父亲的视角,以回忆的方式表现了上一代军人维护国家和平、建设边疆的感人事迹。通过驻扎在藏北雪拉山上的武警官兵各自不同的命运,再现了中华人民共和国成立后西藏的风云变化,讴歌了几代西藏军人的使命担当、牺牲奉献与异乎寻常的情感坚守、精神坚守。《雪祭》不仅是一部诚意满满的军旅文学精品,更展现了中国军人的血性和担当!

11月

2017年11月4日 为期4天的2017年首届通用航空国际航联飞行者大会(WFE)在武汉汉南通用机场盛大开幕。大会吸引了来自世界六大洲的40多个国家的飞行者的参与和关注,其中,体育赛事项目包含了中国国际热气球公开赛、动力伞国际邀请赛、跳伞国际邀请赛三项国际赛事和全国无人机职业技能大赛、创意飞行器挑战赛两项国内赛事。

2017年11月5日 2017武汉首届水上马拉松在武汉市东湖风景区郭郑湖水域举行。本次赛事由国家体育总局游泳运动管理中心、中国游泳协会、武汉市人民政府和湖北省体育局主办,武汉东湖生态旅游风景区管委会等承办,安排有10公里百人专业竞技游和千人方队健康游两项活动。

2017年11月7日 中国水上飞机航空旅游高峰会议暨宏泰湖北通航旅游小镇投资集中签约仪式在汉南举行,湖北将打造首个水上飞机通航旅游示范省。

2017年11月11日 武汉市新洲区汪集街八里乡举办弦歌节,20多个精彩民俗节目轮番上演,让来自周边7个村的2000多名乡亲大饱眼福和耳福,掌声、叫好声不断。文艺演出是由当地程山村村民、民营武汉恒基市政工程公司负责人程书麒出资6万多元,在当地社区和学校的组织、帮助下举办的。

2017 年 11 月 16 日 第四届全国水墨漫画理论研讨会暨《全国水墨漫画理论研讨论文集》首发式在安陆举行，来自中国漫画艺术之乡——湖北安陆、河北邱县、浙江桐乡三地以及全国各地的近百名漫画名家参加会议。此次活动由中国美术家协会漫画艺术委员会，安陆市委、市政府联合主办。

2017 年 11 月 17 日 省民族宗教事务委在京与中央民族歌舞团签订战略合作协议。双方将开展深度合作，挖掘湖北省少数民族文化，打造更多在全国有影响力的少数民族剧目。这是中央民族歌舞团首次与省市民族工作部门签订战略合作协议。

2017 年 11 月 18 日 2017 数字艺术产业高峰论坛在武汉国际会议中心召开。论坛以"发展数字艺术，点亮创意之光"为主题，经文化部批准，由中国动漫集团、武汉市文化局、汉阳区人民政府联合主办，中城乐（北京）文化产业投资管理有限公司承办。

2017 年 11 月 22 日 第三届全国剧本创作交易会在潜江闭幕。为期两天的交易会吸引了全国剧作家及影视剧院代表 300 多人参与，中国戏剧文学学会首次携 30 多位国家一级编剧、戏剧理论家组团参会。交易会共征集戏剧、影视剧本 1121 部，其中 100 部剧本成功签约。近些年，为打造曹禺文化品牌，建设"中国戏剧之都"，潜江先后投入 20 多亿元完善文化设施，成功举办三届"曹禺文化周"；每年投入近千万元支持"戏迷潜江"等群众文化活动。

2017 年 11 月 23 日 中国游戏行业年会在武汉召开。文化部、国家互联网信息办公室、公安部、湖北省文化厅、中国文化娱乐行业协会等相关主管部门负责人出席会议。中国文化娱乐行业协会发布了《2017 年中国游戏行业发展报告》。

2017 年 11 月 24 日 全国红色旅游经典景区"升级"，湖北省 12 处景区入列。

2017 年 11 月 首届国际戏剧影像展在武汉举行。

2017 年 11 月 湖北大鼓《讲孝心》和木偶剧《错误的奖赏》参加全国曲艺、木偶剧、皮影戏优秀剧（节）目展演。

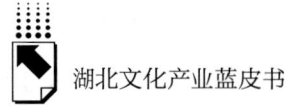

2017年11月 第三届湖北地方戏曲艺术节在汉开幕。

2017年11月 "2016~2017中俄媒体交流年"活动举办，湖北省新闻出版广电局作为"中俄媒体交流年"活动组委会成员单位将出席活动闭幕式。"2016~2017中俄媒体交流年"活动项目一共有260多项，成果丰硕。以上项目中，活动组委会评出的优秀项目有政策交流类1项、相互报道类7项、大型活动类10项、合作制作类10项、出版发行类6项、互译互播类4项、媒体产业类4项、新兴媒体类6项、教育培训类1项、少儿媒体类1项，获奖项目共计50项。

12月

2017年12月8日 全国首个地市州级文化艺术基金会——黄冈市文化艺术基金会正式成立。黄冈市委书记、市人大常委会主任刘雪荣，黄冈市委常委、宣传部部长陈继平出席成立大会。黄冈市文化艺术基金会原始基金数额为人民币1000万元，基金会将通过向海内外热心支持黄冈老区文化事业的企事业单位、社会团体和个人募集资金，以所募资金的利息及投资收益来资助、扶植、推动全市文化艺术事业的发展。

2017年12月8日 国家数字复合出版系统工程应用试点现场会暨图书出版数字化流程再造会议在湖北省召开，华中科技大学出版社作为工程应用试点单位承办此次会议。国家新闻出版广电总局信息中心副主任兼国家新闻出版广电总局新闻出版重大科技工程项目领导小组办公室副主任刘成勇等总局领导，中国大百科全书出版社原社长、编审、教授田胜立，北京印刷学院教授张志林，华中科技大学出版研究所所长陈少华等专家出席会议。

2017年12月20日 湖北出台特色小镇创建实施方案，同时公布了首批20个特色小镇创建名单。

2017年12月28日 荆州市总占地5000余亩，凭借数字化、实时影像等高科技手段展示楚文化精髓，引进120亿元打造的"荆楚大观园"首期项目——楚市水街开建。

2017 年 12 月　波兰电影武汉展映活动在银兴院线光谷巨幕影城启动。

2017 年 12 月　2017 湖北游戏游艺产业展示招商会成功举办。

2017 年，湖北省内共有院线 23 条，新增影院 56 座，新增银幕 382 块，新增座位数 5.16 万个，其中县级影院 26 座，银幕数 151 块，座位数 1.98 万个。全省影院数 363 座，银幕 2112 块，座位 30.48 万个。产生电影票房 24.7 亿元，同比增长 10.2%，位居中部六省第一、全国第七；观影人数达到 8312 万人次，同比增长 10%，放映场次 400.59 万场，同比增长 19.55%。

B.19 后　记

2017年，文化部正式印发了《文化部"十三五"时期文化产业发展规划》。在我国这部文化产业的新时期纲领中，明确提出了"推动文化产业成为国民经济支柱性产业，建设社会主义文化强国，进一步坚定文化自信，增强文化自觉，坚持创新驱动，推动文化产业转型升级、提质增效，实现文化产业成为国民经济支柱性产业"的战略目标。

毋庸置疑，随着文化事业成为时代主题，我国的文化产业正在迎来蓬勃奋进的黄金时代。在时代的感召下，作为文化大省的湖北，将在迈向文化强省的转型之路上阔步前行。文化产业倍增工程、公共文化服务能效提升工程、文艺精品创作工程、优秀传统文化保护传承工程等一系列重点工程都将持续推进，以长江为脉，以楚文化为根，以新业态为翼，湖北迈上文化事业新的高峰，产业发展是关键载体，也是重要前提。

下面就报告的研创思路做简要说明。

1. 报告的研究目的

在《湖北文化产业发展报告（2017）》全面梳理"十二五"阶段湖北文化产业发展的基础上，《湖北文化产业发展报告（2018）》将更多的注意力聚焦于新业态、新趋势上，更注重探寻湖北文化资源的开发与转化路径，在找准亮点与重点的前提下，抓住难点与痛点，力求为湖北文化产业发展提供新思路。

2. 报告的研究对象

本报告采取"总报告+指数报告+行业报告+专题报告"的结构，试图构建起一个点面结合、视角立体的产业发展理论模型。具体针对湖北报业、出版产业、广播电视产业、电影产业、广告产业、演艺产业、动漫产业、文化旅游产业、休闲体育产业、数字文化创意产业、文化制造业11个研究对象等做了行业分析报告;同时,针对典型问题,做了三个专题报告,包括湖北新华书店发展报告、湖北文化产业发展投融资分析、湖北三国文化产业发展研究报告。

3. 报告的数据来源

本报告以国家统计局、湖北省统计局、省委宣传部、湖北省文化厅、湖北省财政厅等机构的官方数据为依据,如《湖北文化及相关产业统计概览》等。同时,以多家文化企业的公开数据为补充,并以主流报刊、专业数据库的数据作为参考与印证,组织团队进行专题调研,力求做到数据的真实、准确、可靠。

4. 报告的编撰团队

本报告的编写者来自湖北大学、湖北省社科院、湖北工业大学、武汉市文化局、湖北人民出版社、长江日报社等机构,既有思路开阔的中青年骨干学者,也有从业多年的资深业界人士。令我们倍感鼓舞的是,在本蓝皮书的编写过程中,编撰团队得到了湖北省委宣传部、湖北省文化厅等政府部门的大力支持,得到了湖北省社科院、武汉大学、华中师范大学和湖北大学诸多研究机构的前辈学人的热忱关心与无私帮助。这为本蓝皮书不断提升编写质量奠定了坚实基础。与此同时,"中国文化传承与发展优势学科群"所提供的经费支持,当代文艺创作研究中心、湖北大学高等人文研究院、湖北文化建设研究院及湖北大学各相关院系为本书提供的人力与物力支持,都使我们深怀感激与敬意。

本报告是我们为推进湖北文化产业发展所做的又一次努力探索,限于才智、眼界,报告必然存在不尽如人意之处,我们诚恳希望专家、读者与各界朋友批评指正,以期为我们今后的研究和后续蓝皮书的编写积累宝贵经验。

最后,对所有帮助与支持本蓝皮书研创出版的单位与个人表示衷心的感谢!

黄晓华
"湖北文化产业发展报告"课题组组长
湖北大学文学院副院长
湖北大学湖北文化产业研究中心常务副主任

Abstract

In 2017, as new policies continue to develop and new technologies are effectively driven, the development of cultural industries in Hubei has emerged a new bright spot: industrial features have become more prominent, the brand strategy has achieved initial results, new leading enterprises have emerged, and industrial blood vessels have become more fluent. The upper and lower barriers were further opened up to preemptively deploy the product's modern logistics industry; the industrial functions were more diverse; the development of resources was combined with cultural and poverty alleviation; the level of public cultural services and grassroots cultural facilities was improved; the industrial integration was deepened, the technological advantages were demonstrated, and the formation of all-media and wide entertainment has achieved, which accelerated the proximity to the first square of the national cultural industry.

The "Hubei Cultural Industry Development Report (2018)" (hereinafter referred to as the "Report") comprehensively sorted out the development of Hubei's cultural industry in 2017, striving to see clearly the development situation and opportunities, explore bright spots, grasp key points, and find difficulties and pain points. Therefore, it can provide timely intellectual support and reference for the development of Hubei cultural industry.

The "Report" believes that in response to the problems of the lack of cultural consumption power and the pains of traditional industrial transformation, in the face of a series of new cultural development environmental characteristics such as networking, information, and digitization, the development focus of Hubei in the "13th Five-Year Plan" period is: to be based on the emerging pillar industries, to upgrade the cultural industry structure, to strengthen the supply side reform, and to build an industry structure with all media and trans-regional operations; to enhance the cultural consumption demand of the residents, to enlarge and

Abstract

strengthen the cultural content industry, to enhance the social and cultural atmosphere, to form a talent pool, and to promote the production and sales of high-value-added cultural products and services; to promote innovation in industrial systems, to strengthen operability, and to stimulate the transformation and upgrading of cultural enterprises, to strengthen the construction of grass-roots cultural facilities, and to make up for rural cultural shortcomings; to promote the transformation and upgrading of industrial parks and to establish a "network port" for the cultural industry.

The "Report" is the second Hubei Industrial Blue Book written by this research team. After a new year's accumulation and exploration, the team's thinking and the research path is more clear, and more attention is paid to the in-depth grasp of the new industry trends. In terms of structure and method, we have adopted the ideas of previous years. On the one hand, we have adopted a combination of points and surfaces, which is to adopt the structure of "general report + index report + industry report + special report"; on the other hand, the research ideas are unified, for example, all the industry reports take the same method of analyzing based on five elements — "development environment, development trends, characteristics, problems and countermeasures". On this basis, we will further expand our research horizon according to the new business model and its trends. For example, we have added the "Hubei Internet Creative Design Industry Development Report (2017)" and "Hubei Cultural Manufacturing Development Report (2017)". During the research and writing process, we established a good and in-depth cooperation relationship with a number of provincial and national research institutes and representative enterprises. All the friends from all walks of life have given great attention and support to the preparation of the "Report", which indirectly confirmed the good status quo and prospects for the development of cultural industries in Hubei.

Key words: Emerging Pillar Industries; New Formats; Cultural Consumption; Cultural Supply

Contents

I General Report

B.1 Report on Hubei Culture Industry Development (2017)
Huang Xiaohua, Niu Min / 001

Abstract: After entering the "13th Five-Year" period, with the driving force of the new policy guidance and new technology, Hubei cultural industry continues to thrive, the level of public cultural services continuously improves, cultural industries and the real economy accelerate the integration, and "Internet Plus" transformation begins to take shape. Hubei cultural industry accelerates closer to the first party of national cultural industry. On the one hand, because of the popularity and innovation of new technology and new media, traditional forms of the cultural industry are changing, collaborative production mode of enterprise and government is integrating, a new format has been gradually built up, so as to promote the government and enterprises to seek innovative thinking and seek a new combination of technology, culture and market. On the other hand, the accelerated development and transformation of cultural industry also put forward new requirements for management system and personnel training, and promote innovation in cultural management systems and professionals, so as to adapt to the urgent needs of new era and new format.

Keywords: New Format; Cultural Consumption; Cultural Supply

Ⅱ Index Report

B.2 Report on Hubei Province Cultural Industry Development Index Release and Evaluation (2017)

Qing Jing, Qin Ran / 023

Abstract: Cultural industry is an important strategic support for Hubei's construction of a strong cultural province. It can satisfy people's diverse spiritual and cultural needs, enhance the construction of cultural soft power, and promote economic and social transformation and upgrade. By constructing the index system of cultural industry development, this report analyzed the specific indicators of cultural industry about 17 cities and counties in Hubei Province, and drew up the index ranking of cultural industry development in 2016, in order to make an objective evaluation of the level of cultural industry development in various regions. It provided a useful reference for the formulation of public cultural policy.

Keywords: Hubei Province; Cultural Industry; Index; Evaluation

Ⅲ Industry Reports

B.3 Report on Hubei Newspaper Industry Development (2017)

Fu Lu, Zhai Lanlan and Nie Yuanzheng / 035

Abstract: In 2017, under the new media situation, the newspaper industry in Hubei faced new competitive media and environment, which resulted in many new changes and new adjustments. In the news business, emerging industry forms in the Internet environment reconstructed multivariate production, and the simplified news production was gradually exploring breakthroughs in cross-border news production. In terms of media operations, since 2012, the overall situation of the "break cliff" declining in the newspaper industry has not been fundamentally

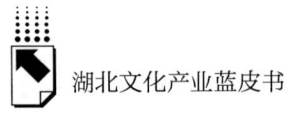

changed, but the decline momentum has gradually slowed down. The declining of traditional newspaper advertising revenue began to shrink, at the same time, diversified business income gradually increased. From these phenomena, it can be seen that the development of the newspaper industry in the first half of 2017 began to show a partial recovery. Dozens of newspapers in Hubei show some common characteristics, for example, the value of the party newspaper is gradually becoming prominent, the newspaper industry is increasingly diversified, and the arrival rate of newspapers is marginalized, the provincial party newspapers, metropolitan newspapers and non-provincial city newspapers have their own characteristics. In the face of severe situations and development opportunities, the newspaper business in Hubei will develop in the direction of diversification, multipolarization, high-end and specialization.

Keywords: Newspaper Industry; Transformation; Diversification; Convergence

B.4 Report on Hubei Publishing Industry (2017)

Zhang Qi, Chen Ge / 057

Abstract: 2017 is the year in which Hubei publishing industry fully implemented the "13th Five-Year Plan" and comprehensively promoted the development of the publishing industry. This article first analyzes the development environment of Hubei publishing industry from four aspects: policy environment, legal environment, economic environment and social environment. Secondly, it summarizes the development of Hubei publishing industry in terms of social benefits, industry scale, integration development, business structure, and going global. Third, through the comparison with the publishing industry in the central region, we analyzed the problems in the Hubei publishing industry from the perspective of cultural influence, overall economic strength, development of the main industry, ability to create best-selling book sales, and development of new publishing. Fourth, we analyzed the development trend of the publishing industry in Hubei, and put forward suggestions for focusing on publishing resources, advancing high-quality publishing, developing new publishing, integrating production, learning and research to help development, promoting integrated development, and deepening institutional and institutional reforms.

Keywords: Integrative Development; High Quality Publishing; Reform of Institutional Mechanisms

B. 5   Report on Hubei Radio and Television Industry Development (2017) *Lu Junwei, Lu Songlin* / 081

Abstract: 2017 is the year when Hubei Province opens the new journey of constructing a province with powerful press, publishing, and broadcasting. With the continuous reform and development of media integration, Hubei radio and television industry has upgraded its infrastructure and public service capabilities throughout the year, and has created new steps in the production of premium products and "going out", and has further strengthened its industrial strength. At the same time, however, the lack of content innovation has led to the development of Hubei radio and television industry because of the limited number of quality works, low level of integrated development, shortage of talents for financing, and the capacity for "creating in Hubei" to be improved. In response to these problems, this report presents a corresponding development strategy.

Keywords: Film Industry; Media Integration; Public Service; Content Production; Policy; Film Creation

B. 6   Report on Hubei Film Industry Development (2017)
Liu Li / 098

Abstract: Hubei film market remain in a rapid development with accelerated speed of increase in 2017 in both industrial scale and stock of films. The film output and box office come to a new record equally in this year. Still, there are some problems which we can not ignore. How to improve film culture and quality, how to attract more spectators, and how to regulate the domestic film market are the challenges that must be addressed by Hubei's film industry. Some countermeasures are provided in this thesis and the future of Hubei film industry is discussed in the end.

Keywords: Hubei; Film Industry Spiritual Content; Order

B.7 Report on Hubei Advertising Industry (2017)

Li Ming, Shu Xiang / 125

Abstract: In 2017, the advertising industry in Hubei province was facing the opportunity of transformation and upgrading and innovation in a favorable policy environment. On the one hand, with the gradual maturity of the regional advertising industry and the rise of the Internet industry, the emerging media has expanded rapidly. The traditional media has begun to show its edge at the beginning of change exploration. The operating conditions have changed, and the integration of new and old media will usher in a new starting point. On the other hand, with the rise of IP content and native advertising, the trend of content integration has begun to take shape. The industry that is involved in the development of pan-entertainment production of IP content and the integration of advertising and content has attracted attention from the industry. Meanwhile, as the opportunities and challenges brought about by the changes in the new technologies coexist, new demands are placed on business innovations.

Keywords: Advertising Industry; Mobile Internet; Advertising Form; Content Production.

Contents

B.8 Report on Hubei Performing Arts Industry Development

(2016 -2017) *Hu Xiaoya, Liang Yanping* / 140

Abstract: 2016 -2017 Hubei performing arts industry (The industry of the performing arts analyzed in this industry report is an art industry based on stage and live performance. Mainly based on physical performance, such as drama, musicals, children's plays, tourism performances. The data is mainly 2016, including some of the industry development trends in 2017 and 2018.) had a more definite development goals and role positioning. The government's guidance to the performing arts industry was more standardized and systematic, and it gradually transited from a microscopic "doing" culture to a macro "managed" culture. The state-owned arts continued its in-depth reforms, and the artistic creation presented a new atmosphere. Performance and income were generally stable. The performance theater with the Polytechnic Theatre as a leader operated well, foreign exchanges were frequent, and the performance level and performance income continued to increase. At the same time, the industry chain for performing arts in Hubei is still not perfect. It is urgent to further standardize the performing arts market and promote the development of the performing arts industry by deepening the reform of arts and academies, strengthening the copyright protection of performing arts, encouraging the development of private performance groups, integrating theater resources, and encouraging cultural consumption.

Keywords: Administrative Guidance; Performing Arts Industry Chain; Deepen the Reform; Performing Copyrights; Resource Integration

B.9 Report on Hubei Animation Industry Development (2017)

Niu Min / 157

Abstract: In 2016 -2017, the transformation of Hubei's animation industry entered a new stage, and the upstream and downstream of the industrial chain further opened up. The "unbalanced" business mode has improved, the Internet has been deployed, the advancement has been achieved, and the pan-entertainment industry structure integrating comics, animation, novels and games has been integrated. Hubei animation industry has begun to deploy overseas and output its fist products. Based on a series of new cultural strategies such as the world's design capital, the national center city and the new first-tier city, Hubei animation industry has embarked on a path of cross-industry, cross-formation, and cross-media innovation.

Keywords: Opening up the Industry Chain; Originality; Brand Operation; Pan-entertainment; Hubei Mode

B.10 Report on Hubei Cultural Tourism Industry
Development (2017) *Li Zhifei, Yu Zhen* / 177

Abstract: In recent years, the cultural tourism industry has developed rapidly and has become an indispensable part of people's life and leisure. Through the analysis of the developed environment and current situation of Hubei cultural tourism industry, it is found that Hubei cultural tourism industry has strong vitality and steady status. New forms of business emerge constantly. The product system is becoming perfect. The effect of reform and innovation is prominent. The market management is becoming more standardized and the marketing expansion is strengthened. The tourism image is deeply rooted in the people's heart. However, the cultural tourism industry in our province still has unbalanced development and insufficient product innovation. In order to promote the development of cultural tourism industry in Hubei Province, this paper puts forward some countermeasures and suggestions, such as optimizing the development pattern, increasing the input of product innovation and strengthening the construction of new type tourism talents and so on.

Keywords: Hubei Province; Cultural Tourism Industry; Optimization; Upgradation

Contents

B.11 Report on Hubei Leisure Sports Industry
Development (2017) *Shi Wenwen, Hou Guangding* / 199

Abstract: With the rapid development of economy and people's constant pursuit of healthy entertainment in our country, leisure has become a manifestation of people's pursuit of high quality of life. With the support and advocacy of national policies for leisure sports, the development space for the leisure sports industry has been greatly improved. This report uses literature, questionnaires, and interviews to conduct surveys on urban and rural residents and sports department managers in Hubei Province. The purpose is to interpret the status quo of the leisure sports industry in Hubei Province in 2017 and find out the problems, and to propose targeted development strategies.

Keywords: Leisure Sports; Leisure Sports Industry; Sports and Leisure Characteristic Town; Integration

B.12 Report on Hubei Digital Cultural and Creative
Industry Development (2017) *Jiang Keyu, Tong Dan* / 213

Abstract: The year of 2017 is the beginning of the development of digital cultural and creative industry in Hubei. The overall characteristics of its development are as follows: the traditional cartoon enterprises have gradually transformed into "Internet +"; the game industry chain has been extended, new modes such as live gaming have become new growth points; immersive interactive experience industry has been booming; digital education and publishing industry has created education revolution; with the appearance of internet literature IP, industry development has been driven by premium copyright; internet companies have come to the ground to create new opportunities for the development of new media services. However, cultural and technological integration was still weak, digital transformation needed to be accelerated; private equity digital cultural and creative companies had poor financing channels, and industrial competitiveness needed to be improved; the training model for digital cultural and creative industries needed to be improved. All of these were the problems and challenges that Hubei digital cultural and creative industry faced in 2017.

Keywords: Hubei Province; Digital Cultural and Creative Industry; Integration of Culture and Science Technology; Internet

B.13 Report on Hubei Cultural Manufacturing Industry Development (2017)　　　　　　　　　　　　　Zou Rong / 232

Abstract: This report evaluates the performance of input and output of Hubei cultural manufacturing industry, and then analyzes the status quo of Hubei's cultural manufacturing industry. In 2016, Hubei cultural manufacturing industry had a redundant input or insufficient output in the development of large-scale cultural manufacturing enterprises in Hubei. In addition, Hubei's cultural manufacturing industry was mainly concentrated in Wuhan, Yichang and Xiangyang. The development of other cities and counties was too small and the regional development was unbalanced. What's more important is that most of the cultural manufacturing enterprises above designated size had insufficient integration of science and technology and cultural innovation. At the same time, this report proposes to eliminate the development difficulties of state-owned cultural manufacturing enterprises through reform and development, carry out dislocation competition according to comparative advantages, form industrial growth poles through agglomeration, and make full use of late-coming advantages to promote cross-border integration and other countermeasures.

Keywords: Hubei; Cultural Manufacturing Industry; Performanceappraisal; Development Countermeasure; Innovation

Contents

B.14　Report on Wuhan Art Education Industry (2017)

Wang Xichong / 252

Abstract: With the attention of the state to quality education, the art education and training industry is booming. Coupled with government policy and financial support, the industry also effectively complements the contents of compulsory education, which plays a positive and positive role in developing and guiding children's interests. In view of the situation of 2017 Wuhan art education market, this paper has made a systematic and comprehensive analysis. Taking the survey data and questionnaires as the analysis materials, this paper makes an in-depth analysis of the consumption psychology, current situation and corresponding solutions in the art education industry in Wuhan and forms its development report.

Keywords: Art Education Industry; Quality Education; Family-sharing

Ⅳ　Special Reports

B.15　Analysis on Investment and Financing of Hubei Cultural

　　　Industry Development (2017)　　*Xu Junwu, Lv Yamei* / 270

Abstract: It is necessary to fundamentally strengthen Hubei's cultural industry by adhering to the road of development of socialist culture with Chinese characteristics under the guidance of 19th CPC National Congress's report, which stresses that we must insist on road confidence, theoretical confidence, system confidence and cultural confidence. Investment and financing is undoubtedly the key to this problem. This paper reviews the present situation of culture industry in Hubei Province in 2017 by focusing on six aspects such as fixed assets investment, financial financing, loans from financial institutions, private capital investment, investment and financing platform. And it analyzes the main problems in the development of investment and financing industry of cultural industry in Hubei based on the present situation. It is found that there are six problems, including the limited role of the government in supporting the cultural industry, the single and unobstructed investment and financing channels, and so on. In view of these problems, the corresponding six solutions are put forward: optimizing the fiscal policy support system, broadening and clearing the investment and financing channels of cultural industries, encouraging the cultivation of professionals in investment and financing of cultural industry, promoting the balanced development of cultural enterprises with investment and financing, actively promoting direct financing of cultural enterprises, and promoting the support of bank financial innovation.

Keywords: Investment and Financing; Cultural Industry; Hubei

B.16　Report on Hubei Three-Kingdom Culture Industry Development (2017)　　*Zou Fuqing* / 286

Abstract: Hubei Province is an enriched area of the Three Kingdoms culture. In recent years, a large number of funds have poured into the development of the Three Kingdoms culture and a number of large-scale projects have been launched one after another. These projects have a large scale of investment and radiate many levels of local economic construction. It plays an important role in promoting the development of the local economy. However, the supporting hardware construction, including transportation, is not perfect, the investment in the construction of the project content is far from enough in terms of capital and intelligence, and the top-level design of the project is lacking from the level of Hubei Province. These projects have not yet become an engine for local economic development. Under existing conditions, improving the operating conditions of the three-kingdom cultural industries as soon as possible, publicity is the key. Identifying the theme of the project, promoting and advertising it accurately, integrating local resources and promoting and advertising together are both urgent and practical.

Keywords: Hubei Province; Three-Kingdom Culture Industry; Resources

B. 17　Report on Hubei Xinhua Bookstore Development (2017)
　　　　　　　　　　　　　　　　　　　　Zhang Xuan, Xiong Xuhua / 302

Abstract: In 2017, Xinhua Bookstore has been established for 80 years, Hubei Xinhua Bookstore (Group) issued "Two Plans" under the guidance of Changjiang Publishing & Media Group (stock) Co., Ltd, which has set the policy direction for Xinhua Bookstore from the strategic height. Especially, significant achievements have been made in the three aspects of innovative marketing models, physical bookstore upgrading, and hierarchical management system reforms, which has effectively promoted the brand construction of Hubei Xinhua.

Keywords: Marketing Model; Physical Bookstore; Mechanism Reform

V　Appendix

B. 18　Chronicle of Culture Industries Development in
　　　　Hubei (2017)　　　　　　　　　　　　　　　　　　/ 323

B. 19　Postscript　　　　　　　　　　　　　　　　　　　　/ 338

社会科学文献出版社　　　　　　　　　　　　　**皮书系列**

❖ 皮书起源 ❖

"皮书"起源于十七、十八世纪的英国，主要指官方或社会组织正式发表的重要文件或报告，多以"白皮书"命名。在中国，"皮书"这一概念被社会广泛接受，并被成功运作、发展成为一种全新的出版形态，则源于中国社会科学院社会科学文献出版社。

❖ 皮书定义 ❖

皮书是对中国与世界发展状况和热点问题进行年度监测，以专业的角度、专家的视野和实证研究方法，针对某一领域或区域现状与发展态势展开分析和预测，具备原创性、实证性、专业性、连续性、前沿性、时效性等特点的公开出版物，由一系列权威研究报告组成。

❖ 皮书作者 ❖

皮书系列的作者以中国社会科学院、著名高校、地方社会科学院的研究人员为主，多为国内一流研究机构的权威专家学者，他们的看法和观点代表了学界对中国与世界的现实和未来最高水平的解读与分析。

❖ 皮书荣誉 ❖

皮书系列已成为社会科学文献出版社的著名图书品牌和中国社会科学院的知名学术品牌。2016年，皮书系列正式列入"十三五"国家重点出版规划项目；2013~2018年，重点皮书列入中国社会科学院承担的国家哲学社会科学创新工程项目；2018年，59种院外皮书使用"中国社会科学院创新工程学术出版项目"标识。

中国皮书网

（网址：www.pishu.cn）

发布皮书研创资讯，传播皮书精彩内容
引领皮书出版潮流，打造皮书服务平台

栏目设置

关于皮书：何谓皮书、皮书分类、皮书大事记、皮书荣誉、
　　　　　皮书出版第一人、皮书编辑部

最新资讯：通知公告、新闻动态、媒体聚焦、网站专题、视频直播、下载专区

皮书研创：皮书规范、皮书选题、皮书出版、皮书研究、研创团队

皮书评奖评价：指标体系、皮书评价、皮书评奖

互动专区：皮书说、社科数托邦、皮书微博、留言板

所获荣誉

2008年、2011年，中国皮书网均在全国新闻出版业网站荣誉评选中获得"最具商业价值网站"称号；

2012年，获得"出版业网站百强"称号。

网库合一

2014年，中国皮书网与皮书数据库端口合一，实现资源共享。

权威报告·一手数据·特色资源

皮书数据库
ANNUAL REPORT(YEARBOOK) DATABASE

当代中国经济与社会发展高端智库平台

所获荣誉

- 2016年，入选"'十三五'国家重点电子出版物出版规划骨干工程"
- 2015年，荣获"搜索中国正能量 点赞2015""创新中国科技创新奖"
- 2013年，荣获"中国出版政府奖·网络出版物奖"提名奖
- 连续多年荣获中国数字出版博览会"数字出版·优秀品牌"奖

成为会员

通过网址www.pishu.com.cn访问皮书数据库网站或下载皮书数据库APP，进行手机号码验证或邮箱验证即可成为皮书数据库会员。

会员福利

- 使用手机号码首次注册的会员，账号自动充值100元体验金，可直接购买和查看数据库内容（仅限PC端）。
- 已注册用户购书后可免费获赠100元皮书数据库充值卡。刮开充值卡涂层获取充值密码，登录并进入"会员中心"—"在线充值"—"充值卡充值"，充值成功后即可购买和查看数据库内容（仅限PC端）。
- 会员福利最终解释权归社会科学文献出版社所有。

卡号：339371578632
密码：

数据库服务热线：400-008-6695
数据库服务QQ：2475522410
数据库服务邮箱：database@ssap.cn
图书销售热线：010-59367070/7028
图书服务QQ：1265056568
图书服务邮箱：duzhe@ssap.cn

基本子库
SUB DATABASE

中国社会发展数据库（下设12个子库）

全面整合国内外中国社会发展研究成果，汇聚独家统计数据、深度分析报告，涉及社会、人口、政治、教育、法律等12个领域，为了解中国社会发展动态、跟踪社会核心热点、分析社会发展趋势提供一站式资源搜索和数据分析与挖掘服务。

中国经济发展数据库（下设12个子库）

基于"皮书系列"中涉及中国经济发展的研究资料构建，内容涵盖宏观经济、农业经济、工业经济、产业经济等12个重点经济领域，为实时掌控经济运行态势、把握经济发展规律、洞察经济形势、进行经济决策提供参考和依据。

中国行业发展数据库（下设17个子库）

以中国国民经济行业分类为依据，覆盖金融业、旅游、医疗卫生、交通运输、能源矿产等100多个行业，跟踪分析国民经济相关行业市场运行状况和政策导向，汇集行业发展前沿资讯，为投资、从业及各种经济决策提供理论基础和实践指导。

中国区域发展数据库（下设6个子库）

对中国特定区域内的经济、社会、文化等领域现状与发展情况进行深度分析和预测，研究层级至县及县以下行政区，涉及地区、区域经济体、城市、农村等不同维度。为地方经济社会宏观态势研究、发展经验研究、案例分析提供数据服务。

中国文化传媒数据库（下设18个子库）

汇聚文化传媒领域专家观点、热点资讯，梳理国内外中国文化发展相关学术研究成果、一手统计数据，涵盖文化产业、新闻传播、电影娱乐、文学艺术、群众文化等18个重点研究领域。为文化传媒研究提供相关数据、研究报告和综合分析服务。

世界经济与国际关系数据库（下设6个子库）

立足"皮书系列"世界经济、国际关系相关学术资源，整合世界经济、国际政治、世界文化与科技、全球性问题、国际组织与国际法、区域研究6大领域研究成果，为世界经济与国际关系研究提供全方位数据分析，为决策和形势研判提供参考。

法律声明

"皮书系列"(含蓝皮书、绿皮书、黄皮书)之品牌由社会科学文献出版社最早使用并持续至今,现已被中国图书市场所熟知。"皮书系列"的相关商标已在中华人民共和国国家工商行政管理总局商标局注册,如LOGO( )、皮书、Pishu、经济蓝皮书、社会蓝皮书等。"皮书系列"图书的注册商标专用权及封面设计、版式设计的著作权均为社会科学文献出版社所有。未经社会科学文献出版社书面授权许可,任何使用与"皮书系列"图书注册商标、封面设计、版式设计相同或者近似的文字、图形或其组合的行为均系侵权行为。

经作者授权,本书的专有出版权及信息网络传播权等为社会科学文献出版社享有。未经社会科学文献出版社书面授权许可,任何就本书内容的复制、发行或以数字形式进行网络传播的行为均系侵权行为。

社会科学文献出版社将通过法律途径追究上述侵权行为的法律责任,维护自身合法权益。

欢迎社会各界人士对侵犯社会科学文献出版社上述权利的侵权行为进行举报。电话:010-59367121,电子邮箱:fawubu@ssap.cn。

社会科学文献出版社